환경과 자연: 조화와 공생의 류流

한국창작음악 – 비평과 해석 사이 **007**

환경과 자연: 조화와 공생의 류流

초판1쇄   2024년 10월 16일

지은이   (사)음악미학연구회 엮음
            원유선, 오희숙 책임편집

발행처   모노폴리
발행인   강정미
출판등록 2008년 5월 21일   제2023-000054호
주소   경기도 파주시 회동길 480 아트팩토리엔제이에프 B동 437호
전화   031-944-6692
팩스   031-944-6693
홈페이지 www.mpmusic.co.kr

ISBN 978-89-91952-87-4   [94670]
ISBN 978-89-91952-39-3   [세트]

환경과 자연: 조화와 공생의 류流

(사)음악미학연구회 엮음
원유선, 오희숙 책임편집
강지영, 노재현, 손민경, 임현택, 지형주 편집위원

모노폴리

서문

지구가 뜨거워지고 있다. 여름마다 최고 기온이 갱신되는 중이며, 지구의 평균 온도도 꾸준히 상승하고 있다. 반면 겨울에는 폭설과 한파가 우리를 엄습한다. 기후와 환경 문제는 이제 의식 있는 사람들만의 걱정거리가 아니라 우리 모두의 삶에 직접적인 영향을 미치고 있다. 음악가들은 이러한 현실 속에서 과연 무엇을 할 수 있을까?

사실 자연과 환경은 오래전부터 인간의 안식처였을 뿐 아니라, 많은 작곡가들에게 영감을 주는 대상이었다. 풀벌레 소리, 천둥소리, 새 소리, 물 소리 등 일찍부터 많은 작품들이 눈에 담긴 풍경이나 귀로 들리는 소리를 모방하고 변형해왔다. 비발디의 〈사계〉(1725), 베토벤의 〈전원 교향곡〉(1808), 슈트라우스의 〈알프스 교향곡〉(1915), 메시앙의 〈새의 카탈로그〉(1958)에 이르기까지 수많은 작품들이 자연과의 교감을 노래해왔다. 자연은 절망에 빠진 음악가에게 삶의 의지를 불어넣었고, 새로운 발견과 창조를 가능케 했으며, 최고의 스승이 되어주는 존재였다.

그러나 20세기를 거치며 자연과 환경의 정의는 급격히 변화되었고 음악의 양상도 달라졌다. 급격한 도시화, 산업화, 기술의 발전으로 기계문명을 반영하는 소음이 등장하였고, 도시의 소리를 채집하고 편집한 사운드 스케이프 음악이 나오기도 했다. 결정적으로 2020년 팬데믹을 거치며 자연과 환경은 기후위기와 동의어로 사용되었고, 불확실한 두려움을 주는 존재로 전락하였다. 거리두기, 급격한 기후 변화, 사막화와 온난화는 인류와 공간의 관계를 급격히 변화시켰고, 아울러 환경에 대한 우리의 감각도 변화시키는 중이다. 이제 환경은 자연 환경만을 일컫는 것이 아니며, 음악 속 환경은 사회 문제로 확장되었다.

2024년 [한국창작음악 비평과 해석 사이] 비평집은 이와 같은 문제의식에서 출발하여 '환경과 자연: 조화와 공생의 류(流)'라는 주제로 발간하게 되었다. 특별히 이번 시리즈에서는 오늘날의 도시, 바다, 온난화, 자연 재해, 기후 위기 등을 독자적인 시선과 사고로 성찰한 작품들에 주목하였다. 7권에서는 총 31명의 작곡가와 그들의 음악세계 및 작품을 조명하였고, 각 음악이 자연과 환경을 다루는 양상을 여섯 개의 범주로 분류하였다.

1장 '21세기 현대의 자연과 도시'에서는 동시대 자연 환경의 다양한 소리와 일상의 소리, 지역의 소리가 담긴 작품들을 조명하였다. 강은경(이혜진 저)은 욕망과 소통의 부재로 기후변화 및 자연재해라는 파국에 치달은 현대 사회를 혼돈으로 향해가는 음악으로 표현해냈다. 또한 김자현(원유선 저)과 김서량(강지영 저)은 지역의 고유한 소리들로 재작업했다. 김자현이 서울 뒷동네인 서계동에서 녹음한 소리들을 악보로 옮겨서 소리 풍경을 그려냈다면, 김서량은 해남에서 녹음한 소리들을 그대로 재가공하여 지역의 자연, 일상, 역사를 의미심장하게 담아냈다. 유진솔(박수인 저)은 쓰레기가 쌓여가는 모습을 고스란히 모방하며 "쓸모없음의 미학"을 선보였으며, 한대섭(정다운 저)은 논리적인 서정성이 돋보이는 음악으로 현대 도시의 새로운 감성과 풍경을 그려냈다.

2장 '기후위기에 대한 비판적 울림'에서는 오늘날 환경 문제의 심각성을 반영한 일곱 작품을 다뤘다. 김유신(김주희 저)의 작품이 지구온난화, 대기오염, 생태계 파괴 등의 비극적 상황에 대한 무력감을 드러냈다면, 정진욱(박진주 저)은 고조되는 사운드로 불안의 정서를 형성하면서 기후 변화의 위기와 심각성을 호소하였다. 또한 박명훈(이민희 저)은 지구의 소멸을 직관적인 사운드로 표현해냈고, 이문희(이예지 저)는 일상의 사물들을 악기들로 탈바꿈하여 주제의식을 선명하게 드러내면서 환경문제의 심각성을 알렸다. 조윤제(오희숙 저)와 최한별(이창성 저)은 오랫동안 타자로 간주되었던 동물들에 대한 공감과 애도를 불러일으켰다. 조윤제가 갖가지 특수주법으로 고래의 다채로운 사운드를 구현하면서 고래의 고통을 환기시켰다면, 최한별은 동물들의 객관적 묘사를 통해 벼랑 끝에 서 있는 동물들의 현실을 담아냈다. 한경진(권애영 저)의 작품은 음악에 시를 활용해서 자연의 소중함과 죽음을 연결시키며, 환경에 대한 경각심을 불러 일으켰다.

3장 '대자연이 빚어낸 소리의 풍경화'에서는 자연의 숭고함, 위대함, 경이로움을 표현한 작품에 대한 비평이 실려 있다. 조아라(김예림 저)는 숲속의 신비로운 풍경을 다채로운 음향층으로 구현하였다. 이재구(안정순 저)와 이혜성(안정순 저)의 작품에서는 자연에 대한 깊은 사색과 성찰이 돋보인다. 이재구는 멈춤과 흐름이 교차되는 음악으로 물의 순환적 속성을 그려냈고, 이혜성은 미니멀한 음향으로 산사의 풍경과 정취를 담아내며 치유와 위로의 손길을 건넸다. 박수정(조민경 저)은 직접 경험했던 기억 속 자연의 생생한 아름다움을 그려냈으며, 백승완(박수인 저)은 호수 표면에서 별빛이 요동치는 움직임을 음악적 정지와 운동의 상태를 조합해서 구현하였다. 그런가 하면 인간의 죽음이라는 자연의 섭리를 다루는 김승연(박진주 저)의 작품은 죽음을 맞이하는 다양한 모습을 긴장과 화해가 반복되는 음악적 드라마로 풀어냈다.

4장 '한국적 자연을 노래하다'에는 한국 고유의 자연에서 배어나는 아름다움을 그려낸 작품들을 조명하였다. 김대성(임현택 저)은 청산별곡 선율을 비롯한 여러 전통음악에 현대적 감수성을 덧붙여 우리나라 자연의 정취를 표현하였다. 김범기(윤예원 저)는 지역의 바다에서 관찰한 파도를 틀에 얽매이지 않는 음악들로 표현했으며, 유진선(김연수 저)은 내장산에서 경험한 바람, 새, 물 소리 등을 주제로 삼아 자연의 생성, 변화, 소멸의 과정을 들려줬다. 또한 황혜정(노재현 저)은 제주의 사려니숲을 감각적인 표현과 형식으로 묘사하였다.

5장 '자연과 타 매체의 만남'에서는 사진, 회화, 전자음악으로 매개되거나, 타 장르와의 융합을 거쳐 자연을 표현한 작품들에 집중하였다. 강혜리(조민경 저)는 조선시대 화가 정선의 <진경산수화>에 담긴 자연경관을 자연스러운 음악으로 재구성했고, 강종희(지형주 저)는 사진에서 본 해령의 검은 분출구가 만들어 내는 신비와 경이로움을 표현하였다. 또한 이은지(김예림 저)는 시에 나타난 공감각적 자연과 복합적인 심상을 소리로 번역해냈다. 조미나(손민경 저)는 재즈와 국악을 물 흐르듯 엮어내며 자연을 노래하였고, 전현석(이예지 저)은 전자음악으로 우주의 시공간에 대한 드넓은 음악적 상상력을 펼쳐냈다.

6장 '자연에 대한 절대음악적 사고'에서는 자연에 대한 형식적 성찰이 돋보이는 작품들에 주목하였다. 문석민(송예진 저)과 이지애(원유선 저)는 자연에 대해 개념적으로 접근하였다. 문석민은 '자연스러움'에 대한 사고를 본인의 음악적 경험에 빗대어 재해석하였고, 이지애는 '음악적 쓰레기'에 관한 고찰을 통해 쓰레기라는 사회적 문제를 음악적으로 환원하여 작업하였다. 장은호(정다운 저)는 자연이 지닌 추상적인 에너지와 움직임을 흡인력 있는 소리들로 표현했으며, 정현수(장유라 저)는 제주의 자연을 묘사하는 전통 민요에 세련된 서정성을 덧입혀 음악 그 자체의 아름다움을 보여주었다.

올해 [한국창작음악-비평과 해석 사이] 7권에서는 23명의 필자님들이 열정적으로 참여해주었다. 지난 1년간 매달 진행된 세미나에서는 선정된 작품의 분석, 해석, 비평을 비롯하여, 기후 위기를 대하는 음악의 사회적 소통방식, 동시대 환경에 대한 음악적 성찰, 자연의 정의 등에 대한 심도 있는 논의들이 끝도 없이 이어졌다. 논의에 적극적으로 뛰어들어 참신한 의견을 제공해주고, 예리한 시각이 돋보이는 글을 정성스레 집필해주신 필자님들께 깊이 감사드린다. 또한 완성도 있는 원고로 갈무리될 수 있도록 거듭 검토하며 귀중한 의견을 주신 편집위원님들께도 각별한 감사의 말씀을 드린다.

책이 나올 때마다 많은 분들의 도움과 협조에 마음 깊이 감사 드리게 된다. 악보, 음원, 영상 자료를 기꺼이 제공해주고 진솔한 음악적 대화를 나눠주신 31명의 작곡가님들께 특별히 감사 인사를 드린다. 독자들이 함께 음악을 들을 수 있도록 늘 꼼꼼하고 친절하게 작업해주시는 하지원님과, 편집 작업에 도움을 준 김가온님께 감사 드린다. 올해도 교정부터 디자인, 발행, 마케팅까지 다방면으로 애써주시는 배상연 대표님께 진심으로 감사의 마음을 표현하고 싶다. 기술 발전으로 숨 가쁘게 달려가는 사회 속에서 이 책이 우리 시대의 자연과 환경을 남다른 시각으로 성찰하고 사색하는 매개체가 될 수 있기를 염원해본다.

책임편집위원 원유선, 오희숙

차례

IV. 한국적 자연을 노래하다

V. 자연과 타 매체의 만남

VI. 자연에 대한 절대음악적 사고

I. 21세기 현대의 자연과 도시

작곡가 **강은경**

강은경
5중주를 위한 〈바벨, 혼돈의 도시〉

글 · **이혜진**

강은경(1968-)은 급변하는 시대의 흐름 및 환경과 유연하게 교감하고 음악 활동의 외연을 끊임없이 확장시키는 작곡가이다. 성신여자대학교 작곡과 및 동 대학원을 졸업하고 미국 존스홉킨스대학교 피바디 음악원에서 석사학위를, 보스톤대학교 대학원에서 작곡으로 박사학위를 취득했다. 현재는 성신여자대학교 작곡과 겸임교수로 재직 중이며, 예술의전당 영재원에서도 후학을 양성하고 있다. 또한 '앙상블 칸탄도', '㈜트링아이뮤지엄', '파사지오앙상블' 등의 여러 예술단체의 음악감독으로서 다양한 음악 공연을 기획, 운영하고 있으며, (사)한국여성작곡가회 회장으로 활동 중에 있다.

시대의 변화에 대한 예민한 감각,
그리고 끊임없는 변용

작곡가 강은경은 다작 작곡가이다. 2008년 보스턴대학교에서 작곡으로 박사학위를 취득한 이후 총 여섯 차례의 개인 작곡발표회를 비롯해 대한민국 실내악작곡제전, 한국여성작곡가회, 신음악회, 창악회, 21세기악회, ACL-Korea 등의 국내외 음악제에서 다수의 위촉 및 공모 작품들을 꾸준히 그리고 성실하게 발표해오고 있다. 그러나 무엇보다 주목해야 할 대목은 끊임없이 변화되고 확장되며 새롭게 생성되는 그의 예술세계 및 예술가로서의 행보에 관한 것이다. 그리고 이것은 지금도 현재 진행 중이다.

종교, 삶, 그리고 변화에 대한 사유

강은경의 작품세계는 다채롭다. 무엇보다 그 자신이 기독교 신자로서 강은경의 음악작품은 종교와 인연이 깊다. 천지창조 이야기를 내레이션과 함께 구성한 〈카이로스〉, 요나서의 이야기를 다룬 〈스올의 뱃속〉, 히브리어 '셀라'에 착안하여 창작된 〈셀라〉, 러시아의 대문호 톨스토이의 단편 『사람은 무엇으로 사는가』를 음악극 형식으로 구성한 〈사람은 무엇으로 사는가〉 등 그의 많은 작품이 종교적 주제에서 영감을 받아 창작되었다.

한편 강은경은 종종 인간의 삶 혹은 작곡가 자신의 삶에 대한 성찰을 작품에 담아내기도 하는데, 2023년에 개최된 개인 작곡발표회 '회상'은 그 대표적인 예라 할 수 있다. 호기심 많고 경이로운 순간을 담은 현악4중주를 위한 〈플라잉 피쉬〉, 역동적인 에너지를 표출하는 현악4중주를 위한 〈프로세스 2〉, 슬픔 가운데 찾은 기쁨의 순간을 표현한 대금과 피아노를 위한 〈…한 복판에서〉, 인생의 가장 치열했던 시기를 재현하는 바순을 위한 〈스올의 뱃속〉, 그리고 앞으로의 삶을 계획하는 5중주를 위한 〈아니마민 2〉 등, 이 리사이틀에서 그는 그동안의 삶의 여러 흔적들을 기억하고 통찰하며 미래를 준비하고자 했다.

또한 '변화'와 '발전'을 사유한 작품들도 흥미롭다. 클라리넷, 바이올린, 첼로, 피아노를 위한 〈Work in Progress〉(2014). 장2도 및 3온음에 기초한 유니즌의 조합이 작품의 도입부를 구성한 후 곡은 끊임없이 생성되는 짧은 음가들이 배음렬의 기초위에 흩어지고 변화·반복되면서 전체 요소가 모두 결합된 유니즌으로 절정을 이룬 후 음향이 점차 소멸되면서 마무리된다. 이는 끝없이 카이로스의 시점을 향해 갈 뿐 궁극의 도달이 아닌 끊임없이 변화하고 발전하는 지금 여기의 순간들을 효과적으로 재현해낸다.

'현재'를 사는 작곡가

연주자 및 타 예술 분야와의 협업, 그리고 음악인으로서의 끊임없는 외연의 확장은 강은경의 예술 활동에서 또 하나의 중요한 축을 차지한다. 그는 현재 '앙상블 칸탄도', '㈜트링아이뮤지엄', '파사지오앙상블' 등 여러 예술단체의 음악감독으로 활동하면서, 지속적인 작품 개발, 연주자와의 적극적인 협업, 타 예술장르와의 융합 등을 통해 동시대 새로운 음악문화콘텐츠 구축을 위한 다양한 실험을 시도해오고 있다.

무엇보다 인상적인 대목은 음악인으로서 시대의 변화를 예민하게 인지하고 거기에 유연하게 대응해오고 있다는 점이다. 그 대표적인 예가 올해 기획된 '메타무지카 x 파사지오앙상블 정기연주회 프론티어 스피릿'이다. 2024년 9월 23일 그가 음악감독으로 있는 '파사지오앙상블'은 4차 산업 예술악회인 '메타무지카'와의 공동 음악회를 준비 중에 있다. '메타무지카'는 '변화'와 '혁신'의 기치 하에 예술과 4차 산업혁명의 첨단 기술과의 융합을 모색하기 위해 결성된 단체이다. 2018년에 이미 작곡가 강은경이 음악감독으로 있는 '파사지오앙상블'의 리더이자 클라리네티스트인 양송희는 AI가 작곡한 콘체르티노를 미디로 재생하고, 여기에 클라리넷이 라이브로 연주하면서 AI와 클래식 연주의 콜라보를 시도한 바 있는데, 이 두 단체가 공동 개최하는 이번 무대에서는 AI와 영상, 그리고 클래식 실황 연주의 협업을 통해 보다 전문화되고 고도화된 융복합예술 공연을 선보일 예정이다.

이처럼 강은경은 현대음악 창작의 영역 안에만 머무르지 않고, 동시대 음악문화콘텐츠 개발에도 관심을 가지고 타 분야와 교감하고 소통함으로써 음악 활동의 영역을 끊임없이 확장시키고 있다. 이러한 그의 행보는 음악교육자로서도 예외가 아니다. 작곡, 분석, 화성학 등 기존의 전통적인 작곡 수업 외에 '몰입형 미디어아트 디자인', '영상매체와 사운드 디자인' 등의 수업에서 그는 디지털 미디어가 주도하는 새로운 커뮤니케이션의 환경 변화를 소개하고 사운드 디자인 소프트웨어 활용 능력을 가르치는 등, 교육자로서도 끊임없이 새로운 것을 시도하고 있다.

현대문명사회의 배치 속에 발생한 오작동

인류 사회는 문명의 변화와 발전을 거듭하면서 풍요로운 삶을 영위할 수 있게 되었다. 특히 현대 문명은 과학 기술의 발전과 함께 우주 정복, 디지털 기술 문명의 개발, AI의 발전 등 인류사의 급진적인 진보를 이루어냈다. 그러나 자연을 개발하고 정복한 문명은 이를 파괴하고 착취하는 결과를 초래하였으며, 오늘날 이는 극단적인 수준에 이르러 지구 온난화와 같은 인류의 생존을 위협하는 지경에 이르렀다.

강은경의 플루트, 클라리넷, 바이올린, 첼로, 피아노를 위한 〈바벨, 혼돈의 도시〉는 "소통의 부재와 혼란 가운데 무너지고 먼지처럼 흩어지는 과정을 통해 현대 문명 사회의 단면을 표현한" 작품이다. 제목 '바벨'은 성서의 창세기에 나오는 고대 바빌로니아의 도시를 지칭하는 용어로, 여기에서는 문명사회가 낳은 인류의 혼돈스러운 상태를 은유한다. 성서의 내용을 토대로 전체 네 개의 부분으로 이루어져 있으며, 자연 배음렬, 3:4 리듬, 호모포닉 텍스처 등의 주요 음악적 요소들이 어우러져 곡 전반에 걸쳐 유기적이고 응집력 있는 에너지를 생성해낸다. 그리고 이 요소들은 음악이 전개되면서 점차 음악적 '혼돈'을 향해 변화되고 해체된다.

먼저 제1부는 2도씩 쌓아 올린 네 개의 중심음 C, D, E, F#과 각 중심음에서 파생된 배음렬, 2도 음정 구성에 기반한 3:4분할에 의한 리듬 등의 음 요소들과 함께 안정감 있는 '초기 시스템 상태'를 구축한다. 이어지는 제2부에서는 비배음과 노이즈가 매개변수로 삽입되고, 즉흥적 성격의 리듬 패턴들이 성부 간에 자유롭게 이동하는 등 음향적·리듬적 측면에서 곡에는 미세한 변화가 나타나기 시작한다. 이 같은 음향의 변화는 미분음까지 가세된 제3부에서 더욱 본격화되고, 즉흥적이고 자유로운 리듬과 더불어 곡의 불규칙한 움직임은 더욱 확대된다. 그리고 마지막 제4부에서 소음과 특수주법까지 추가적으로 삽입되어 음악적 전개는 '초기 시스템 상태'에서 완전히 벗어나 예측도, 제어도 불가능한 완전한 카오스의 상태에 이른다. 이후 피아노의 페달링(pedal without pitch) 위에 클라리넷이 64분음표 및 32분음표 구성의 상행하는 리듬 단편을 두 차례 짧게 제시한 후 곡은 마무리된다.

〈바벨, 혼돈의 도시〉는 마치 현대 문명 사회의 '배치' 속에 우연히 발생하는 작은 오작동들이 인류 사회에 어떤 파국을 몰고 오는지를 소리로 표상해 낸 듯하다. '배치'(assemblaget)란 들뢰즈(Gilles Deleuze, 1925-1995)와 가타리(Pierre-Félix Guattari, 1930-1992)가 『천 개의 고원 - 자본주의와 분열증 2』(1980)에서 한 인간의 욕망과 그가 속한 사회를 분석하면서 사용한 개념으로, 이는 선들과 측정 가능한 속도들에 의해 구성된 역동적이고 복잡한 욕망들이 흘러가는 일종의 '판'이다. 현대 문명 사회는 흡사 지하실의 복잡한 배관 설비처럼 밸브가 있는 하나의 '체'로 볼 수 있다. 이러한 설비의 관, 즉 배치 속에 인간의 역동적이고 복잡한 욕망들이 자동적으로 흘러 다니며, 여기에는 의식적이고 무의식적인 오작동이 끊임없이 발생한다. 자본주의와 기술 문명의 발전은 인류의 삶을 진보시켰으나, 우리는 이것이 만들어낸 사회·경제·문화적 '배치', 그리고 거기에서 늘 발생하는 '오작동'에는 무지하다. 문명이라는 방벽을 쌓아 올려 그 안을 피난처로 삼아 "삶에 미미한 질서와 안정을" 부여해 온 인류. 그 속에서 명확하고 안전해 보이는 규칙들이 제대로 작동될 것이라 생각했던 인간의 예측은 완전히 빗나갔다. 자연재해, 기후변화, 환경오염 등에 의해 지구 생태계의 안정성은 위협받고 있으며, 기술 문명의 발전은 인간의 사유를 "상징적 가치체계" 속에 가둬버렸다. 문제는 이 모든 것들이 '우연히' 일어났다는 점이다. 문명의 진보에 의해 구축된 사회적 구조는 겉보기에 중심이 견고해 보이지만, 거기에서 자동적으로 파생된, 그리고 눈에 보이지는 않으나 분명히 존재하는 '배치'를 인류는 보지 못했다. 초기 상태의 작은 변화가 어떻게 나중에 예측 불가능한 변화로 이끌려 가는지를 불규칙한 움직임의 역학 관계로 구현해낸 작곡가 강은경의 〈바벨, 혼돈의 도시〉. 현대 문명 사회에 숨어 있는 '배치', 그리고 그 속에서 끊임없이 발생하고 있는 미세한 오작동들을 감지하지 못하는 우리의 무지에 일종의 경각심을 불러일으키는 듯하다.

[연주영상 보기]

Babel, The City of Chaos

for Flute, Clarinet, Violin, Cello and Piano

Score in C

EunKyoung Kang

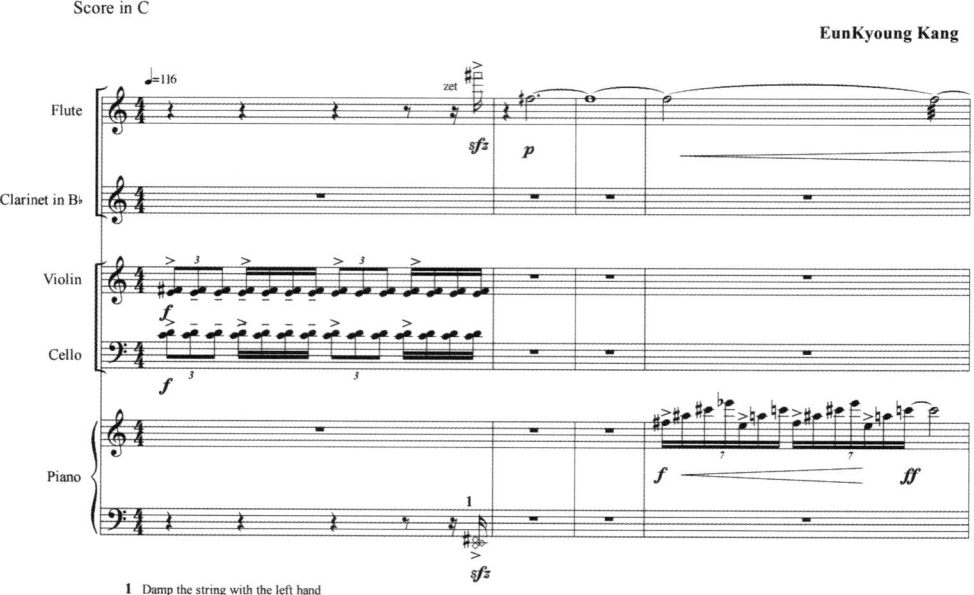

1 Damp the string with the left hand

이혜진: 무더운 여름이네요. 어떻게 지내시는지, 요즘 어떤 작업을 하고 계신지 최근 근황이 궁금합니다.

- 강은경: 요즘은 올해(2024년) 9월 말에 예정된 음악회 준비에 한창입니다. 이번에 새로 창단하는 '메타 무지카'라는 단체에서 마음에 맞는 작곡가들 다섯 명이 모여서 연주회를 기획하고 있어요.

이혜진: 어떤 콘셉트의 공연인가요?

- 강은경: 4차 산업혁명 시대에 화두로 떠오르고 있는 AI와의 협업을 이슈로 기획된 공연입니다.

이혜진: 흥미로운 음악회군요! 여기에서 AI는 어떤 역할을 하는지, 본 공연에 대해 좀 더 자세히 설명해 줄 수 있으신가요?

- 강은경: AI와 함께 작업을 해서 이를 어떻게 우리 안에서 실용화시킬 것인가에 관한 것이 현재 저희가 가장 집중하고 있는 이슈인데요. 실제로 AI가 모든 것을 다 한다고 생각할 수 있지만 결국은 그 AI가 작업을 할 수 있도록 명령을 내리고 그 모든 것들을 입력해서 원하는 결과물이 나올 수 있도록 지시하는 것은 사람이기 때문에 결국은 AI와 함께하는 예술 또한 예술가의 오롯한 몫이 아닌가 하는 생각이 듭니다. 물론 AI로 인해서 조금은 더 편리하고 방대한 정보들을 한 번에 수집할 수 있다는 이점이 있습니다. 기본적으로 영상과 음악이 결합된 결과물을 만들고 있고요. 특히 midjourney, runway와 같은 인공지능 기반의 프롬프트 엔지니어링 영상 프로그램을 활용해서 영상 작업에 AI의 도움을 받고 있어요.

이혜진: 이번 공연에서 선생님은 어떤 작품을 발표하실 예정인가요?

- 강은경: 제가 맡은 작품의 제목은 클라리넷/녹음된 베이스 클라리넷과 AI 내레이션을 위한 〈카이로스〉입니다. 〈카이로스〉는 7일간의 천지창조 과정을 다루는 제 기존 작품으로, 기존의 베이스 클라리넷 연주를 음원으로 재생하고, 여기에 AI로 구현한 내레이션과 새로 창작한 클라리넷 선율이 함께 연주될 예정입니다. 그리고 저와 AI가 함께 작업한 영상도 함께 재생됩니다.

이혜진: 그러니까 기존 선생님의 곡에 새롭게 창작된 선율이 추가되고, 또 선생님과 AI의 공동작품인 영상이 함께 재생이 되는 거군요. AI와의 영상작업은 어떠셨나요?

- 강은경: 매우 흥미로웠습니다. 제가 프롬프트로 명령을 하면 AI가 결과물을 만들어내는 과

정을 수차례 반복했는데, AI와의 이 상호 작용이 꽤 유익했어요. 무엇보다 AI와의 협업에서도 예술가의 작업이 꽤 주체적이라는 것을 알게 됐구요. 프롬프트가 구체적이고 세세할수록 결과물의 상태가 제가 의도했던 것과 더 근접해가는 것을 경험했거든요.

이혜진: 흥미로운 이야기이네요. 그런데 기존의 선생님 작품 목록을 보면 클래식 악기를 위한 작품들이 대부분인데, 이런 미디어 음악 분야에 관심을 가지게 된 특별한 계기가 있으신가요?
- 강은경: 제가 '트릭아이뮤지엄'이라는 단체에서 예술감독으로 활동하고 있는데요. 이곳에서 음악과 관련된 부분을 담당하고 있어요. 주로 이 갤러리에서 음악회를 할 때 관여를 하지만, 3년 전부터는 여기에서 미디어 아트 작업에도 참여하면서 본격적으로 미디어 아트를 위한 음악이나 사운드 디자인에 관심을 갖기 시작했습니다.

이혜진: 이번에는 화제를 조금 바꿔 선생님 작품 세계 전반에 대해 이야기 나누고 싶은데요. '스올의 뱃속', '셀라' 등 종교적인 제목의 작품을 다수 창작하셨어요. 작곡가 강은경에게 기독교란 어떤 의미인지 궁금합니다.
- 강은경: 저한테 기본적으로 기독교란 자연스러운 문화이자 삶 자체입니다. 개인적으로 성경만큼 제게 영감과 통찰력을 제공해준 장르를 발견하지 못했어요. 물론 제 작품 자체가 기독교적인 내용을 담고 있는 것은 아닙니다. 종교

적인 주제가 제 작품세계에서 영감으로 활용되었다고 이해하시면 될 것 같아요.

이혜진: 종교적 주제 외에 작품 세계에 자신 또는 인간의 삶에 대한 통찰을 담아낸 작품도 눈에 띕니다. 2023년에 개최하신 개인 리사이틀 '회상'이 특히 대표적인 예라 생각되고요.
- 강은경: 그때가 제 나이가 50살이 넘어가던 즈음이었는데요. 한평생을 100년이라고 본다면 인생의 절반에 도달한 시기에 한 번쯤 제 삶을 정리하고 싶었어요. 어린 시절의 추억, 갈등, 돌파해야 하는 상황 등 지나간 삶의 여러 계기들을 기억하고, 이를 모티브로 작업했던 작품들로 리사이틀을 구성했어요. 〈… 한 복판에서〉라는 작품은 리사이틀을 위해 새로 창작된 곡이었습니다. 코로나 상황에 대한 답답함, 전 인류가 동시에 겪는 아픔들. 그런 한복판에서 그 순간에 느낄 수 있는 인간의 감정이나 생각이 생생히 담긴 작품이어서 특별히 기억에 많이 남습니다.

이혜진: 이 작품에는 국악기가 사용되었지요?
- 강은경: 맞아요. 당시 대금이라는 악기에 심취해 있었어요. 이전에 정가와 대금을 위한 〈도봉〉이라는 작품을 쓰면서 대금주자 심성현 씨를 통해 대금이라는 악기에 새롭게 매료됐었습니다. 〈… 한 복판에서〉는 당시 가장 자극을 받고 있던 악기 '대금'과 가장 자극을 받고 있던 이슈인 '코로나'가 결합되어 구상된 작품이라 할 수 있어요.

이혜진: 이야기를 나누다 보니 선생님은 항상 '지금 최근'의 것에 늘 관심이 많으신 것 같아요. 그러고 보니 종교, 삶에 대한 성찰 외에 선생님 작품 세계에서는 '변화'와 '발전'을 사유한 작품들이 있어요. 예를 들어 〈Work in Progress〉에서처럼 음악 작품이 뭔가 고정되어 있는 실체를 전제해 두지 않고 변화와 발전 자체를 사유하고 있다는 점이 흥미로웠습니다.

- 강은경: 개인적으로 저는 지루한 것을 싫어해요. 하나에 매몰되어 있는 게 싫습니다. 끊임없이 변화하고 새로운 것에 흥미를 갖고 탐구하려는 성향이 있어요. 이런 제 성격이 제 작품세계에도 반영이 되는 것 같아요. 때로는 성찰이 필요하지만, 그 성찰의 과정이 어느 정도 마무리되면 다시 늘 새로운 것에 도전하고 싶어 해요. 약간 어린아이 같다고 할까요. 이를 그대로 반영한 작품이 〈Work in Progress〉입니다. '아직 나는 완성되지 않았고 끝없이 그 완성을 향해 갈 뿐이라는 것'을 이야기하고 싶었던 작품이에요. 서두에 말씀드린 AI와의 협업도 같은 맥락에 있어요.

이혜진: 굉장히 흥미로운 부분인데요. 굳어있는 것을 싫어하고 계속해서 새로운 것에 호기심을 가지고 이를 시도하고 계신 것 같아요. 작곡가로서 '유연함'과 '융통성'이라는 훌륭한 무기를 소유하고 계시다는 생각이 듭니다. 개인적으로 예술가에게 이런 성향은 매우 중요하다고 생각해요. 고정되어 있고 자기만의 세계를 고집하는 창작 방식에 답답함이 느껴질 때가 있거든요. 사실 우리가 예술작품을 감상하는 이유는 공감하거나 소통하고 싶어서잖아요. 또 지금 이 시대를, 우리의 삶을 기존의 언어나 미디어가 읽어주지 못하는 것을 예술이 해주길 바라기도 하고요. 앞으로의 창작 활동과 예술 활동 계속해서 응원하겠습니다.

작곡가 **김자현**

Jahyun Kim

김 자 현
〈서계동 사운드 2번〉

글 · 원유선

작곡가 **김자현**(1983-)은 클래식 음악과 전자음악의 언어를 바탕으로 동시대의 기술, 예술, 일상의 경계를 편안하게 넘나든다. 숙명여자대학교 작곡과를 졸업한 후, 한양대학교 대학원에서 컴퓨터음악작곡 전공으로 석사학위를 받았고, 상명대학교 대학원 뉴미디어음악학과에서 음악학 박사학위를 취득하였다. 국제컴퓨터음악컨퍼런스(ICMC), 서울국제컴퓨터음악페스티벌(SICMF), 미국여성전자음악페스티벌(Electrogals) 등에서 여러 작품들을 발표하였고, 한국문화예술위원회와 서울문화재단 등 다수 예술지원사업에 선정되어 다양한 장르와 매체의 경계를 넘나드는 프로젝트를 진행하였다. 또한 서울문화재단을 비롯한 여러 공공문화기관에서 예술교육 프로그램을 연구 개발 및 진행하며 많은 시민들과 만나왔다. 현재 '창작집합소 물오름' 멤버로 활동하고 있으며, 삼육대학교, 한경국립대학교, 숙명여자대학교 강사로 재직 중이다.

보이는 소리, 들리는 풍경

작곡가 김자현의 음악에는 소탈한 감성과 따스한 온기가 있다. "선인장 가시를 건드릴 때마다 소리가 나오는 음악"에 호기심을 갖게 되어 전자음악을 하게 된 그는 전문적인 기술을 사용하면서도 어렵지 않게 다가갈 수 있는 작품들을 만들어왔다. 김자현은 계속해서 확장된 개념의 음악을 선보이고 있다. 전자음악을 비롯하여 즉흥연주, 음악 전시, 실시간 코딩음악, 무용음악 등 계속해서 음악의 외연을 확장해가는 것이다. 그의 음악은 음악회장에만 머무르지 않고 시민들과도 자주 만남을 가지는 중이다. 그래서인지 김자현의 음악에서는 소리에 대한 유연하고 대중친화적인 사고방식이 느껴진다. 과도한 철학적 무게는 덜어내고 여유로운 호흡이 돋보이는 김자현의 음악을 들여다보자.

블랙박스를 열다

〈비디오푸가〉(2017)는 김자현의 대표작으로 소리와 영상을 전통적인 대위적 형식으로 엮어낸 음악이다. 얼핏 학구적인 인상을 주는 제목이지만, 작품의 주요 모토는 '음악의 구조가 보이는 전자음악'이었다. 전자음악이 우리에게 막연하게 위화감을 주는 이유는 그것이 어떠한 방식으로 만들어졌는지 알지 못할뿐더러 이해하기도 어렵기 때문이다. 김자현 역시 이러한 문제의식에 착안하여, 공연 중 음악이 만들어지는 과정을 블랙박스를 열 듯 스크린에 고스란히 노출시켰다. 이 작품에서 '음악의 구조를 보여준다는 것'은 두 가지를 의미한다. 1) 자동차의 후드를 열어젖히면 엔진, 냉각수 탱크, 배터리 등 내부 사물이 적나라하게 노출되듯이, 음악에 사용된 기술적 메커니즘을 그대로 보여주는 것, 2) 음악의 구조를 이해하기 쉬운 이미지로 표현하는 것이다. 무엇보다도 이 작품은 푸가라는 전통 형식을 시각적 요소와 전자음향으로 표현하여 기술로 재탄생한 '21세기형 푸가'를 선보였다.

예를 들어 〈비디오푸가〉 중 'Construction'에서는 푸가에서 주제와 응답이 일어나는 과정을 노이즈와 그래픽 악보로 표현하였다. 관객은 스크린에 띄운 그래픽 악보를 연주자가 노이즈 사운드로 연주하는 장면을 보고 들으며 이해할 수 있다. '프로토 타입 I'은 전자음악에서 영상과 소리를 제어하는 소프트웨어 Max/Msp/Jitter의 창을 스크린에 띄워서 곡이 프로그래밍 되는 구조를 그대로 보여준다. 그런가 하면 '비디오 푸가 #02'에서는 부엌에서 사용되는 도마를 두드리고 문지르는 모습이 계속해서 딜레이, 빨리감기, 되감기된 영상으로 스크린에 등장하면서 주제와 응답이 갖가지 방식으로 나타나는 푸가의 직관적 이해를 도모한다.

동네로 찾아온 사운드스케이프

김자현은 그동안 꾸준히 지역을 소재로 삼은 공연형 전시를 해왔다. 을지로, 서계동, 범계역 등 서울과 수도권 곳곳의 오래된 자취를 담은 소리 작업들은 참신하면서도 정겹다. 피아노와 전자음향을 위한 〈E.〉는 허름한 골목에 위치한 을지예술센터에서 발표된 전시형 공연이다. 을지로(Eulji-ro)의 약자인 E음을 배음으로 삼아 작곡한 이 곡에서는 귀에 들리지 않는 배음처럼 아직 오지 않은 도시의 미래를 상상하는 음악을 표현하고자 했다. 현대적 사고가 깃든 음악이지만 부담 없이 편하게 다가갈 수 있으며 유토피아적 희망을 내재한 작품의 관점이 특징적이다. 관객은 전시장 의자에 편안히 앉아 을지로의 전경을 바라보면서 오래된 도시의 공간에 자연스럽게 스며드는 음악을 감상한다.

지역사회와 연계된 음악활동도 김자현의 음악세계를 이루는 중요한 작업이다. 김자현은 오랫동안 서울 공공기관에서 여러 프로젝트를 개발하고 강사로 활동하면서 어린이, 성인, 노인 등 각계각층의 시민들을 대상으로 주변의 일상을 담은 음악들을 만드는 교육을 해왔다. '우리 동네 소리지도 만들기'(2018)에서는 아이들과 함께 동네에서 들리는 소리에 귀 기울이고, 녹음하며, 살고 싶은 도시를 상상해보는 작업을 했다. '나의 소리, 나의 음악'(2017)은 가장 주목할만한 프로젝트다. 여기서는 참여한 시민들에게 우연성 음악과 불확정성 음악의 원리를 소개하고 함께 연주하는 활동을 했다. 시민들은 "연필로 종이 위에 50개의 점을 찍는다", "손바닥으로 책상 위를 힘껏 내리친다" 등 악보에 적힌 미션들을 수행하거나, 의자 다리, 페트병, 나이프, 유리병 등 일상의 사물들로 합주하는 시간을 가졌다. 자칫 이론적으로만 머물 수 있는 '일상과 예술의 경계 허물기'라는 아방가르드 음악의 모토를 일상의 실천으로 끌어들인 것이 돋보인다.

김자현의 작품에서 기술과 도시는 결코 차갑거나 디스토피아적인 것이 아니다. 그는 누구나 일상의 요소로 음악을 작곡하고 즐길 수 있도록 손길을 내밀며, 그럼으로써 주변의 색다른 모습을 발견할 수 있도록 독려한다.

클라리넷, 바이올린, 첼로, 피아노를 위한 〈서계동 사운드 2번〉
(Seogye-dong Sound No.2 for Clarinet, Violin, Cello and Piano, 2020)

오래된 도심에서 포착한 소리의 온기

서울역 뒷동네에 위치한 서계동은 독특한 정취를 내뿜는 곳이다. 일제강점기에 서계동은 일본 관리들이 주거했던 지역이었고, 한국전쟁 후에는 서민형 양옥으로 가득 찬 곳이었다. 지금도 서계동에는 근대화의 흔적이 고스란히 남아있다. 서울역 동쪽으로는 고층빌딩이 가득하지만, 서쪽에 위치한 서계동에는 여전히 옛 일본 가옥과 함께 연립주택들이 오밀조밀 들어서있고, 허름한 봉제공장에서 재봉틀 돌아가는 소리가 들린다. 최근에는 기차역에서 내린 외국인 관광객들이 캐리어를 끌고 게스트하우스로 분주하게 이동하는 풍경도 목격할 수 있다.

〈서계동 사운드 2번〉은 이처럼 특수한 장소성을 띤 서계동 소리를 재료로 삼아 만든 작품이다. 도시 풍경을 소재 삼아서 작업하는 '도시재료' 프로젝트의 일환으로 작곡된 후, 2020년 10월 6일 일신홀에서 열린 제42회 신음악회 작품발표회에서 초연되었다. 주목할 점은 작곡가가 포착한 서계동의 소리가 소음에 바탕을 두고 있다는 것이다. 김자현은 전기가 내는 옅은 소음들이 지금 동네의 사운드스케이프라고 생각하였고, 거리 곳곳에 귀 기울이며 작품을 작곡하였다. 〈서계동 사운드 1번〉이 서계동의 소리들을 녹음하고 특정한 음높이로 변환시켜 발표한 사운드스케이프 음악이라면, 〈서계동 사운드 2번〉은 녹음된 소리들을 다시 악보로 옮겨서 만든 작품이다.

흥미로운 건 서계동에서 채집한 소리들을 어쿠스틱 악기로 옮기는 시도를 감행했다는 점이다. 보통의 사운드스케이프 음악이 소리를 악보로부터 구출시켜 자유롭게 풀어놓는다면, 이 곡은 반대로 일상의 소리풍경에 프레임을 씌워서 작품의 옷을 입혀놓았다. 왜 그랬을까? 여기에는 자칫 흘려들을 수 있는 사소한 소리들에도 귀 기울이게 하려는 작곡가의 의도가 담겨 있다.

전반부에서는 서계동의 독특한 호흡과 맥박을 느낄 수 있다. 주목할 점은 '리듬'으로 소리풍경을 그려내는 방식이다. 이 곡에서는 도시를 상징하는 도(C) 음과 시(B) 음 두 개의 음만 사용되면서 리듬이 강조된다. 첫 시작은 피아노에서다. 피아노의 왼손에서는 8분음표가, 오른손에서는 당김음이 재빠르게 교차되면서 반복되는 펄스를 형성한다. 분주하고 초조한 펄스 위로 바이올린과 첼로, 클라리넷이 짧은 음가의 리듬을 연주하는 가운데 탄력 있는 리듬이 만들어진다. 계속해서 피아노가 반복되는 펄스를 만들어내고, 첼로가 저음의 피치카토에 이어 스타카토를 연주하면서 긴장감을 더해가다가, 모든 악기들이 유니즌으로 연주한다. 이 부분에서는 동일한 음을 모든 악기가 정박으로 연주하면서, 당김음을 특징으로 하는 앞부분과 대조되는 양상을 보인다. 크레셴도로 점점 더 짧아지는 음가는 트레몰로로 연주되다가, 악센트로 B음을 강조하면서 마무리된다.

후반부에서는 서계동의 사운드스케이프를 본격적으로 경험할 수 있다. 곳곳에서 녹음한 전기 소음들을 컴퓨터로 편집하는 대신 악기가 연주하는 소리로 한 땀 한 땀 정성 들여 옮겨놓았기 때문이다. D음이 길게 이어지는 가운데, 두 번째 부분이 시작된다. 마치 가믈란 음악처럼 짧은 악구의 소리들이 반복적으로 등장한다. 때로는 이국적이고 신비로운 소리를 내는 음악은 호기심과 음악적 상상을 불러일으킨다. 가장 매력적인 것은 첼로가 끊임없이 글리산도로 연주하는 부분이다. 마치 낡은 전신주 위로 전기가 흐르는 듯한 소리는 끝까지 귀를 사로잡는다. 이후 음악은 끝난다는 느낌을 주지 않은 채 자연스럽게 마무리된다.

이 곡의 장점은 우리가 흔히 도시를 생각할 때 떠오르는 빤하고 진부한 음악적 표현들을 답습하지 않았다는 것이다. 대신 이 작품은 도시의 반복되는 패턴, 맥박, 호흡을 표현하는 것처럼 보인다. 그래서인지 〈서계동 사운드 2번〉은 프랑스의 철학자 르페브르(Henri Lefebvre, 1901-1991)가 『리듬 분석』에서 도시에서는 자본주의의 냉혹한 사회적 리듬과 속도를 감지할 수 있다고 이야기했던 대목을 상기시킨다. 그러나 〈서계동 사운드 2번〉에서는 오히려 자본주의의 개발 논리로부터 비껴간 소리를 들을 수 있다. 오늘날 대도시에서 동네란 부동산이나 학군과 동의어이다. 동네라는 단어가 주는 온기는 온데간데없이 사라져 버렸고, 건조한 숫자와 빠른 계산이 들어왔다. 하지만 이 작품은 일상의 소음을 바탕으로 하면서도 여전히 인간적인 모습을 간직한 서계동을 감각할 수 있으며, 따스한 시선과 온기가 느껴진다. 〈서계동 사운드 2번〉에는 아날로그적 노스탤지어와 미래에 대한 소박한 희망이 공존한다.

[연주영상 보기]

도시 재료 – 서계동 No.2

Score

Jahyun Kim

원유선: 그동안 선생님께서는 "제 주위의 모든 소리는 음악의 재료입니다"라는 모토 아래 주변에서 쉽게 들을 수 있는 일상의 소리들을 재료로 삼아 작품활동을 해왔습니다. 그동안 머레이 쉐이퍼를 비롯해서 많은 예술가들이 사운드스케이프 작업을 해왔는데, 선생님은 특별히 어떤 점을 염두에 두면서 작업하시나요?

- 김자현: 주변의 사운드를 잘 관찰하고 발견하는 과정을 가장 중요시하는 편이에요. 소리를 녹음할 만한 최적의 장소가 어딘지도 많이 고민하죠. 그런데 생각보다 도시에서 소리 녹음하는 과정이 어려워요. 어디를 가든지 자동차 소음이 들리거든요. 녹음을 마친 후에는 최대한 변형을 가하지 않고 채집한 소리 그 자체를 그대로 보여주려고 합니다. 변형을 많이 하는 것이 사운드스케이프라고 할 수 있을지 스스로 의문이 들거든요. 내가 함부로 헤집어 놓기에는 일상의 소리가 그 자체로 거대한 존재라는 생각이 들어서요.

원유선: 사운드스케이프 작업을 하면서 익숙한 주변 환경이나 공간, 자연에 대한 인식이나 관점이 바뀌게 된 적이 있는지 궁금하네요.

- 김자현: 예전에 서서울예술교육센터에서 '우리동네 소리지도 만들기'라는 교육프로그램을 기획하고 개발해서 운영한 적이 있어요. 그때 교육센터가 양천구에 있었는데요. 앞에는 공원이, 뒤에는 도로가, 오른쪽에는 주택가가, 왼쪽에는 교육센터가 우뚝 서 있어서 사방의 소리가 다 다르게 들리는 게 인상적이었어요. 지역의 개발 때문에 사운드스케이프가 이렇게까지 달라질 수 있구나 싶었죠. 책에서 도시개발로 사운드스케이프가 변한다는 내용을 읽은 적이 있는데, 그런 사실들을 그저 머리로 이해할 때와는 또 다른 경험이었어요. 소리를 통해 도시의 변화를 곧바로 체감할 수 있었거든요.

원유선: 그동안 여러 공공기관에서 강사로 활동하면서 어린이들과 음악을 만들고, 시민들과 함께 일상의 요소들로 음악을 만드는 작업들을 해오셨는데요. 일반 시민들을 만나 교육하고 함께 작업하면서 새로 느끼게 된 점이 있나요?

- 김지현: 확실히 어릴수록 소리에 열려 있다는 걸 느끼게 돼요. 성인들과 수업하는 시간이 제일 어려웠고요. 주변의 사물을 이용한 소리로 만드는 음악을 잘 이해하지 못하시거나, 듣기 어려워하시는 분들이 많았어요. 반면 어린이들의 경우에는 주변의 소리에 귀 기울이는 과정을 교육하는 것이 잠든 청각을 일깨우는 데 도움이 되었던 것 같아요. 아이들이 집에 와서 일상의 소리들에 관심을 가지고 자꾸 소리도 내보려고 한다는 부모님들의 피드백을 들은 적이 있거든요.

하나 흥미로웠던 건, 연구기간 중 시범수업을

할 때였어요. 진행자의 안내 하에 안대를 쓰고 지역의 소리를 들으며 걷는 시간이 있었는데, 얼마 지나지 않아 한 분이 털썩 주저앉더라고요. 눈이 안 보이는 상황에서 자동차가 지나가는 소리가 들려서 놀랐던 거예요. 이렇게 설정된 상황에서조차 소리를 듣고 몸이 반응하는 걸 보면서, 평소 우리의 감각이 얼마나 시각에 의존하는지 느낄 수 있었어요.

원유선: 〈E.〉에서는 을지로의 풍경을 음악화하는 시도를 하셨는데요. 을지로를 상징하는 'E'음을 재료로 삼았는데, 이렇게 일종의 소리 상징을 사용한 특별한 이유가 있었나요?

- 김자현: 사실 을지로에서 파생된 'E'음을 쓴 것 그 자체가 중요한 건 아니었어요. 이 곡에서는 보이지는 않지만 분명히 잠재해있는 미래를 이야기하고 싶어서 배음렬을 썼거든요. 배음을 제시하기 위해서는 기본음(fundamental frequency)이 필요했기 때문에 E음을 수단으로 쓴 거였죠.

원유선: 선생님의 음악적 정체성을 이야기할 때 빠뜨릴 수 없는 것이 전자음악입니다. 그동안 참 다양한 유형의 전자음악을 발표해왔는데, 선생님에게 전자음악이 주는 매력은 무엇인가요? 전자음악에 관심을 가지게 된 동기도 궁금했고요.

- 김자현: 고3 때 서울국제컴퓨터음악제에 다녀온 친구가 "선인장 가시를 건드릴 때마다 음악이 나오는 게 신기했어"라고 이야기했던 게 전자음악에 관심을 갖는 출발점이 되었어요. 막

연하게 그게 뭘까 계속 호기심을 가지고 있었죠. 대학교에 입학해서는 오노 요코(Ono Yoko) 전시에 간 적이 있었는데, 음악이 미술관에 전시될 수 있다는 점에 자극을 받았어요. 시각예술가 레베카 호른(Rebecca Horn)의 전시를 가서 움직이며 잉크를 내뿜는 작품을 볼 때도 '삐걱'거리고 '칙'하는 소리 자체에 관심이 가더군요. 그런 작품들을 하기 위해서는 전자음악을 배워야 한다는 걸 알게 되었고, Max/Msp부터 배워서 여기까지 오게 되었습니다.

악보로 정확하게 그리는 수고로움도 덜고, 연주자가 없어도 소리의 결과물을 오로지 혼자서 제어할 수 있다는 것에서 전자음악의 매력을 느껴요. 소리의 발생과정에 대해서 깊게 고민하고 프로그래밍으로 직접 실험하는 과정을 거쳐 나만의 고유한 소리를 만들어낼 수 있거든요. 프로그래밍으로 만들어낸 소리들은 오롯이 내가 만들어내는 것이니까요.

원유선: 전자음악 작품 중에서 특히 〈비디오푸가〉를 재밌게 들었어요. 컴퓨터로 소리를 만드는 과정을 노출시키고, 첨단의 매체들을 전통적인 대위적 형식으로 엮고 소리, 비디오, 연주자의 상호작용을 꾀하는 작업들이 설득력 있게 느껴졌거든요. 당시 관객들 반응은 어땠나요?

- 김자현: 전자음악을 잘 모르는 분들은 실시간으로 Max/Msp에서 프로그래밍된 화면을 보는 걸 좋아했어요. 날 것의 소리가 조작되는 과정 자체를 보여주는 것 자체가 신기하잖아요. 그렇지만 오히려 전공자 입장에서는 너무 다 보

여줘서 신비로움이 없다는 지적도 있었어요.

원유선: 그간 '닻올림'에서 즉흥연주도 하시고, 실제 공연에서도 즉흥적인 요소를 넣어서 발표하셨더라고요. 즉흥음악을 만들 때 어떤 기술적인 요소들이나 음악적 요소들을 고려하는지 알고 싶습니다.

- 김자현: 저한테는 컴퓨터가 일종의 악기이니 즉흥연주를 할 때 우선은 컴퓨터를 활용합니다. 즉흥에서는 시간을 어떻게 끌어갈지가 제일 중요하거든요. 그래서 '반복'과 '변환'을 생각하면서 빈 시간을 채워나가려고 해요. 또 저는 즉흥 전에 프로그래밍을 해가기 때문에, 큰 틀은 미리 결정하고 갑니다. 가령 미리 상대방의 소리를 녹음하거나 재생하는 기능, 재생할 때 변조시키는 다양한 버튼을 프로그래밍으로 만들고 가는 것이죠. 예전에 '닻올림'에서 파트너 한 명과 즉흥연주를 한 적이 있어요. 그때 저는 파트너의 소리를 컴퓨터에 녹음해서 그대로 루프 재생시키거나 변조하는 작업들을 했어요. 또 높은 소리와 낮은 소리의 스펙트럼을 채워주기도 했고요.

원유선: 선생님이 음악에서 가장 중요하게 여기는 가치가 무엇인지 궁금합니다. 또 앞으로 어떤 음악을 작곡하고 싶으신가요?

- 김자현: 제가 롤모델로 삼는 음악가가 바로 게이버드(GayBird)라는 홍콩의 작곡가인데요. 박과 리듬이 분명해서 듣기 편안한 전자음악을 많이 발표했어요. 몇 년 전에는 직접 홍콩에서

직접 〈One Zero〉라는 버드의 작품을 본 적도 있어요. 전시와 공연, 영상을 하나로 엮은 작품이었죠. 거기에 깊은 영감을 받아서 저도 멀티미디어 음악극을 작곡하고 싶다는 생각을 하게 됐어요. 기회가 된다면 전시와 공연이 혼합된 어린이 융합음악극을 발표하고 싶어요. 또 대학 바깥에서도 전공자가 아닌 다양한 사람들을 만나 프로젝트를 하다 보니, 음악이 어떻게 사회적 가치를 가질 수 있는지에 대한 사례 연구도 하고 싶습니다.

원유선: 어린이 융합음악극이라니 무척 흥미로운데요? 그동안의 음악 작업들이 총망라될 것 같다는 생각이 드네요.

- 김자현: 네, 저도 그렇게 생각하고 있어요.(웃음) 앞으로 많은 이들에게 영감을 주고 공감을 불러일으킬 수 있는 음악을 많이 작곡하고 싶습니다.

원유선: 진솔한 말씀 감사합니다. 앞으로의 음악 활동도 계속해서 기대하고 응원하겠습니다.

작가 **김서량**

김 서 량

〈기억되어지는 땅 해남_하늘 바람 바다 땅〉

글 · **강지영**

김서량(1978-)은 일상의 소리를 예술작품으로 포착하는 한국의 대표적인 사운드 아티스트이다. 대학에서 회화를 전공한 그는 이미지와 사운드의 결합 매체인 비디오 아트에 관심을 가졌고, 이는 독일 유학으로 이어졌다. 독일 자브뤼켄 조형예술대학에서 세계적인 1세대 사운드 아티스트 크리스티나 쿠비쉬(Christina Kubisch, 1948-)의 지도하에 사운드 아트(Sound Art)를 전공하여 디플롬을 획득하고, 이후 마이스터 슐러(최고 과정)를 이수했다. 귀국한 이후 2015년부터 지금까지 한국 곳곳의 도시들 및 프랑스, 독일, 캐나다 등에서 개인전 및 여러 단체전에 참여했으며, 수많은 프로젝트에 선정되어 레지던시 작가로 활동했다. 사운드 설치 작업을 위주로 사운드 퍼포먼스, 사운드 다큐멘터리 등으로 활동 영역을 넓히고 있다. 그의 주요 작품 시리즈로는 〈도시의 소리〉(Sounds of City), 프로젝트 〈공장의 소리〉(Project-Sound of Factory), 사운드퍼포먼스필름 〈순간의 포착-그곳에 있었다〉 등이 있으며, 작업과정 및 작품 일부는 유튜브 채널 '김서량/도시의 소리'에서 체험할 수 있다.

시공간의 특별한 의미를 포착하는 소리의 예술

21세기 현대인에게 가장 중요한 감각은 무엇일까? 거의 대부분 '시각'을 꼽는 데 주저함이 없을 것이다. 그만큼 우리의 생활에서 시각매체가 우위를 점하고 있고, 시각 정보에 의존적이다. 일반적으로 시각으로 전달되는 이미지 정보가 비교적 분명하고 명확한 반면, 청각으로 전달되는 소리는 상대적으로 불분명하고 모호하다고 여겨진다. 그러나 최근 들어, 청각과 소리에 대한 관심이 급증하고 있다. 기록과 정보전달에 능한 시각이 인간의 '인식' 영역에 관여하는 감각이라면, 청각은 보다 직접적으로 육체에 관여하는 '감각'이기 때문일 테다. 1970년대 즈음 서구와 미국에서 시각 예술가들이 소리를 소재로 하여 메시지를 전달하는 것에서부터 출발한 사운드 아트는 현재 이미지와 소리의 경계를 넘나들면서 다매체적 복합적 성격을 띠고 있다. 21세기 한국의 대표적인 사운드 아티스트 김서량의 작가 세계를 들여다보자.

소리를 통한 장소와 공간의 재해석

김서량 작가에게 소리는 그저 흘러가고 흩어지는 의미 없는 게 아니다. 그는 자신에게 특별하게 포착된 소리를 수집하고 녹음하는 한편, 특정한 의미를 담아내도록 소리를 스케치하고 오브제를 만들고 설치한다. 그의 대표작 〈도시의 소리〉는 사운드를 통해 도시를 탐색하고 만나는 작품 시리즈이다. 그는 특정 도시를 선정하여 여러 가지 흥미로운 소리와 오브제를 수집하고 이를 설치, 영상, 사진, 드로잉, 퍼포먼스 등 다양한 매체와 융합하여 흥미로운 결과물을 만들어낸다. 〈도시의 소리〉는 코펜하겐, 함부르크, 룩셈부르크, 자브뤼켄, 파리, 말뫼, 베를린 등 유럽 각국의 여러 도시들과 서울, 부산, 광명(설월리), 고흥(연흥도), 춘천, 의정부, 파주, 부평, 창원, 영천, 해남에 이르기까지 한국의 다양한 장소를 담았다. 작가는 도시 곳곳에 흐르는 일상의 소리들에 귀 기울이고, 때로는 우연히 발생하고 만들어지는 순간들에 관심을 가지며, 지리적 위치나 날씨, 환경에 따라 다양하게 변화하는 도시의 순간들을 포착한다. 〈도시의 소리〉 시리즈 중 사운드다큐멘터리 〈영천의 봄 / 나의 봄〉은 지방소도시 영천의 자연환경을 소리로 담을 뿐 아니라, 이 지역 사람들의 삶을 소리로 들여다본다. 이는 생태계 전체의 지속 가능한 공존을 고민하는 윤리적 사고 및 생태적 문제의식과도 맞닿아 있다.

작가의 2014년 작 〈걷고 서고 그리고 돌아서서 찾아보다/베를린〉(walk stand and turn around... Search in Berlin) 역시 소리로 장소와 공간의 재해석을 시도한 작품이다. 베를린 번화가에 있는 한국문화원의 창가. 유리창 너머로는 지나가는 사람들과 차, 잔디밭과 건물이 보인다. 외부에서 각종 소리들이 존재하지만, 이중창으로 가로막힌 내부의 공간에서는 들을 수 없다. 작가는 길 아래를 지나가는 지하철 소리, 잔디밭에서 사람들이 거니는 소리, 맞은편 사무실에서 나는 업무 소리 등을 녹음한 후 창가에 스피커를 설치하여 외부 소리를 안으로 가져왔다. 내부에서 보이는 풍경 이미지와 평소에는 듣지 못했던 외부의 소리가 합쳐져 관객은 이 공간을 다르게 경험하게 된다.

다매체의 활용으로 인한 복합적 감각의 경험

김서량은 소리를 채집하고 녹음하여 작품의 재료로 사용하는 것 외에도 드로잉, 사진 작업 및 오브제 제작, 스피커 및 조형물 설치를 비롯하여 영상도 직접 제작한다. 예술의 탄생 이후 예술은 얼마나 세밀하게 파편화의 과정으로 진화되었는가? 그러나 돌이켜보면, 음악은 춤과 애초에 분리할 수 없을 만큼 밀접하게 연결되어 있었고, 그림과 조각의 구분 역시 그다지 큰 의미가 없다는 것을 알게 된다. 김서량의 작업에서 파편화되었던 개별 예술분야들은 서로 결합되어 시너지 효과를 만든다. 때로는 사운드를 기반으로 하되 이미지와 제스처, 내러티브와 드라마를 연출하기 위해 배우, 바이올리니스트, 무용가와 협업하기도 한다.

그의 사운드 퍼포먼스 필름 〈순간의 포착-그곳에 있었다〉(The Capture of Moments, 2023)는 소리의 발생으로 인한 청각적 감각이 시각으로 전이되거나 이미지가 소리로 전이되는 순간을 포착하고, 감각의 융합과 증폭으로 인해 만들어지는 이야기를 그린다. 각 분야의 예술가들이 우연히 스쳐 지나가거나 만나고 복잡한 대도시 서울을 마주치는 일상의 순간들은 소리와 이미지가 만들어내는 작용으로 인해 아주 개별적이고도 특별한 드라마가 된다. 이때 관객들은 예술작품을 수동적으로 감상하는 데 그치는 게 아니라, 직접 참여하여 시청각의 감각적 확장을 능동적으로 경험하게 된다. 김서량의 작업은 예술을 일상에서 특별한 순간으로, 완성된 프레임으로서의 작품(work)에서 직관적 감각의 경험 세계로 이끈다.

〈기억되어지는 땅 해남_하늘 바람 바다 땅〉
(Sound installation & Sound documentary, 2024)

아로새겨진 삶과 역사의 흔적, 소리로 기억하다.

2004년 4월 말에서 5월 초 즈음, 전라남도 해남 황산면 옥동리 마을 일대에서 아트페스티벌 [아수라 활활타]가 개최되었다. 이 축제를 위해 전국 각지에서 선발된 15팀의 예술인들이 회화, 그래피티, 설치미술, 조각, 미디어아트, 사운드아트 등의 작품을 선보였으며, 대략 삼천여 명이 관람해 지역 청년들의 주도로 다양한 예술을 통해 지역에 신선한 활력을 불러일으키는 데 성공했다는 긍정적인 평가를 받았다.

김서량의 〈기억되어지는 땅 해남〉은 이 축제 참가작으로, 옥연마을의 대형 창고에서 선보인 10채널 사운드 설치작품이다. 작가는 먼저 해남의 하늘, 바람, 땅, 물 등 풍요로운 자연 환경에 주목했다. 비바람 치는 날씨가 자아내는 풍성한 사운드, 멀리서 들려오는 새소리, 창고 내부에 스며든 빗물이 똑똑 떨어지는 소리, 바다의 파도가 바위에 부딪히며 부서지는 소리 등이 담겼다. 그리고 해남 '옥매광산 118인 희생 광부 추모비'에 달린 커다란 쇠구슬이 바람을 만나 내는 소리도 들어갔다. 바람과 파도소리가 거세질수록 덩달아 커지는 구슬 소리는 일제의 압제에 희생될 수밖에 없었던 민초들의 고달프고 슬픈 삶과 우리의 한 많은 억울한 역사를 반증하는 듯하다.

들리는 모든 소리를 작가가 아무런 여과장치 없이 그대로 담아낸다고 생각하면 오산이다. 김서량은 작업 과정 중의 자신을 '주체적 필터'라고 표현하는데, 그러니까 작가는 스스로 거름망이 되어 흥미로운 혹은 의미 있는 소리를 걸러내고 재구성한다. 관객은 빛이 거의 들어오지 않는 매우 어둡게 세팅된 대형 창고로 들어가 작품을 마주하게 된다. 시각적 이미지를 차단한 채 창고 곳곳에 설치된 10개의 스피커를 통해서 들려오는 소리로만 귀 기울이게 되는 것이다. 작가는 관객으로 하여금 일차적으로 해남의 자연의 소리들을 한 특정 공간 안에서 특별히 주목하고, 소리 자극을 통해 시각과 촉각 등 공감각적으로 해남이라는 특정 장소를 경험토록 했으며, 작가의 작업을 토대로 관객들이 각자 나름대로 무한한 상상력을 펼치기를 바랐다.

우리가 잊었던 역사적 기억의 감각적 재구성

〈기억되어지는 땅 해남〉은 사운드 설치 작품과 함께 거의 동시에 사운드 다큐멘터리로도 발표되었다. 다큐멘터리에는 해안가의 강렬한 바람 소리, 바위에 부딪히는 파도 소리, 풀들이 바람에 흩날리는 소리 등 단순히 자연의 소리만 담기지는 않았다. 이 지역 사람들이 농사를 짓고 밭을 일구는 삶의 터전에서 나오는 소리, 닭과 개가 짖고 고장 난 가전제품을 찾는 확성기의 일상적 소리가 이미지와 함께 전달되는 데다, 118명의 광부가 목숨을 잃은 '옥매광산' 희생 광부 유족회 회장의 인터뷰도 짧게 들어가 있다.

당신은 '옥매광산' 사건에 대해 들어본 적이 있는가? 해남군 황산면 옥동리에는 일제가 군수품의 원료인 명반석을 채취하여 보관했던 콘크리트로 지어진 거대한 저장창고가 거의 원형 그대로 남아있다. 일제 침략기 시절 전쟁 말기, 제주도로 강제 동원되었던 이 지역의 광부들을 태우고 고향으로 돌아오던 배가 화재로 가라앉는 사건이 발생하여, 118명의 광부가 목숨을 잃었다고 한다. 배우지 않아서 몰랐던, 어쩌면 들었어도 잊고 있었던 그 역사적 사건을 김서량 작가는 소리를 통해 현재로 데려온다. 옥매광산 저장창고 앞에는 희생된 광부들을 기리는 추모비가 세워져 있다. 글이나 말과 같은 언어는 사건이나 사실의 기록과 정보 전달에 분명 용이하다. 반면 소리는 아무 의미를 담을 수 없어 보이는 텅 빈 추상성을 기반으로 하지만, 보다 직접적으로 우리를 '인식'과 '사유'의 세계에서 '감각'의 세계로 이끈다.

김서량의 〈기억되어지는 땅 해남〉에는 해남의 하늘, 바람, 바다, 땅이 만들어내는 자연 환경의 다채로운 소리와 이곳에 살고 있는 사람들의 일상적인 소리, 그리고 이 지역의 가슴 아픈 역사적 사건을 기억하는 소리가 담겨져 있다. 즉 그의 사운드 아트 작품은 인간에 의해 조직된 '음' 대신 가공되지 않은 '소리'를 재가공, 재구성하는 작업을 통해 특정 공간을 특별한 의미에서 감각적으로 경험하게 한다.

[연주영상 보기]　　[연주영상 보기]

강지영: 작가님은 원래 대학 때 회화를 전공하셨고, 비디오 아트에 관심을 가지다가 독일에서는 사운드 아트를 공부하게 되었다고 알고 있습니다. 회화에서 영상으로, 영상에서 소리로, 매체에 대한 관심사가 변화된 이유가 있으셨나요?

- 김서량: 원래 화가가 되는 게 꿈이었어요. 그런데 어느 순간 그림이 재미없게 느껴지더라고요. 대학 3학년 때 미디어 영상 수업을 듣게 되면서 제가 이 분야에 재능이 꽤 있다는 것을 알게 되었습니다. 그러다가 조소 전공으로 독일 유학을 떠났는데, 막상 가서는 사운드 아트 분야가 매우 흥미로웠고, 지도교수가 된 쿠비쉬의 작업에 무척 매료되었습니다. 제가 새로운 매체로 작업하는 것에 큰 저항이 없나 봐요. 도전 정신도 강하고요.

강지영: 독일 자브뤼켄에서 세계적인 사운드 아티스트 1세대 크리스티나 쿠비쉬에게 배우셨잖아요. 어떤 점이 제일 기억에 남으시나요? 특별한 영향이라든가 재미난 에피소드를 소개해 주신다면?

- 김서량: 미대에 들어가기 위해 소위 '마패'라 불리는 포트폴리오를 열심히 준비해서, 입시 인터뷰에 들어갔어요. 쿠비쉬 선생님이 지금까지 했던 제 작업을 쭉 훑어보시더니, 준비한 '마패'보다 오히려 대학교 때 만들었던 영상 작업을 마음에 들어 하셔서 제자로 받아들여졌죠. 입학하고 얼마 지나지 않아 교수와 학생 모두 프랑스 마르세유로 워크숍을 떠난 적이 있었는데, 그때 기술적인 습득이 매우 중요하다는 것을 배웠습니다. 현재 많은 작가들이 쓰고 있는 디지털 기술과 다르게, 제가 원하는 소리를 최대한 손상 없이 채집하고 레코딩해서 창작의 기초로 활용하는 방식, 즉 사운드 아트 1세대의 방식을 제대로 경험했죠. 아! 쿠비쉬 선생님은 기술도 기술이지만, 그 전에 "들을 수 있어야 한다"고 늘 말씀하셨습니다. 작가가 느낀 바를 표현하고 메시지를 전달하는 것도 중요하지만, 일단 무엇을 어떻게 듣느냐가 중요하다고 강조하셨죠. 지금 작가가 된 저도 '듣는 것'을 항상 중시합니다.

강지영: 〈도시의 소리〉 시리즈는 유럽과 한국의 여러 도시를 특정하여 벌써 상당수의 작품이 만들어졌는데요. 도시마다 지형이나 기후, 위치, 문화 등이 다르기 때문에 랜드마크처럼 도시의 '사운드 마크'가 있을 것 같아요.

- 김서량: 물론입니다. 해안가나 숲 혹은 도시나 시골 등의 지리적 다름으로 인해 만들어지는 소리들이 당연히 있고, 이를 가져오기도 합니다. 또한 지역 홍보 차원에서 지역의 정체성을 드러내려고 하는 상징적인 소리도 있어요. 예

를 들어 남원의 판소리가 대표적이죠.

강지영: 그 외에 작가님 개인적인 취향이나 성향, 관심사 등도 중요할 거 같습니다. 주로 어떤 소리에 귀 기울이시고 선택하시는지요?

- 김서량: 저는 주로 사람들이 발견하지 못한 소리에 관심을 기울입니다. 〈도시의 소리〉 시리즈 중 사운드 다큐멘터리 〈영천의 봄〉 같은 경우, 영천 지역 주민들의 삶의 소리를 담고자 했습니다. 저는 우리 주변에 있는 평범한 모든 것들이 사실은 예술의 가능성을 가진 특별한 것이라는 생각을 가지고 있는데요. 이는 존 케이지(John Cage, 1912-1992)한테 받은 영향 같아요.

강지영: 청중의 반응이 무척 궁금합니다.

- 김서량: 영천 분들이 제 작품을 보러 오셨는데, '내가 사는 곳이 이런 데였나' 하시면서 재미있어 하셨어요. 태어나 70세까지 일평생 살았던 곳을 새로운 시각으로 재발견하신 거죠. 제가 한국에 온 지 8년 정도 됐는데, 처음에 전시했을 때는 청중들이 무척 낯설어하셨어요. 지금은 관중의 수도 많아졌고, 서울이나 부산, 대구 등 도시 분들은 이제 익숙해하시죠. 그런데 지방 소도시에서는 난생 처음 이런 경험을 해보신다는 분을 의외로 많이 만나요. 단순히 시골이나 지방에서 경험하기 힘든 문화적 체험의 일종이라 여기시기도 하고, 나의 일상 공간과 삶의 소리를 낯선 예술 작품을 통해 새롭게 감각적으로 체험하는 흥미로운 경험이라 받아들이시기도 합니다.

강지영: 〈기억되어지는 땅 해남〉에서 자연의 소리 외에, '옥매광산'은 어떻게 작품의 소재가 되었는지 궁금합니다. 감상하는 우리는 무엇을 어떻게 들어야 할까요?

- 김서량: 해남에서 의뢰가 들어와 작업을 시작하게 되었는데요. 해남 하면 흔히 '땅끝마을'이라는 수식어가 붙잖아요? 그전에 우리나라 최북단 파주에서 작업했는데, 최북단 파주와 최남단 해남을 비교해보고 싶었습니다. 아시다시피 파주는 개성공단을 마주보고 있는 비무장지대(DMZ)에 인접해있는 지역이죠. 해남의 역사적 의미도 찾게 되어 자연스레 옥매광산으로 관심이 닿았습니다. '옥매광산 118인 희생 광부 추모비'는 국가의 지원 없이, 해남 지역주민들이 만 원씩 기부해서 만들어졌는데요. 작가님도 재능 기부하셨다고 들었고요. 추모비 위의 철로 된 구슬 118개는 희생된 광부들을 상징합니다. 바람이 심하게 불 때면 철이 서로 부딪히는 소리가 마치 그들이 우는 소리처럼 느껴졌는데, 제가 가서 직접 보고 듣게 되니 과거의 역사적 흔적이나 영혼의 숨이 강렬하게 와 닿았습니다.

강지영: 10월에 다시 해남에서 작업하신다고 들었습니다.

- 김서량: 네, 올해 봄에 했던 작업은 기간이 너무 짧아서 아쉬움이 많이 남았습니다. 사운드 설치 작업 말고 이번에는 사운드 다큐멘터리에 집중해서, 완성된 다음 영화관 같은 곳에서 상영할 예정입니다. 일반 다큐멘터리와 달리 조

금 더 '소리의 힘'에 집중해서 다뤄보려고 하는데요. 물론 시각적인 면과 내러티브도 들어가겠지만, 소리가 주가 되어 보시는 분들이 청각으로 해남을 새롭게 체험하게 하는 작업이 될 것 같아요.

강지영: 개인적으로 〈공장의 소리〉 프로젝트에 무척 관심이 갑니다. 문래 철강공단, 다대포 무지개공단, 장위동 봉제공단, 을지로 인쇄공단 등에서 작업하셨는데요. 공장의 기계 소리나 소음이 사운드 설치나 사운드 퍼포먼스의 소재가 된다는 게 흥미롭습니다. 어떻게 시작하게 되셨는지, 특별히 어떤 의도나 메시지를 작품에 담으시는지 궁금해요.

- 김서량: 처음에 부산 다대포 무지개공단에 입주 예술가로 참여하면서 시작하게 되었습니다. 공장의 소리는 제게 낯설었고, 그곳에 계신 노동자분들께는 말도 못 걸어 소통하기도 힘들었죠. 그런데 점점 기계가 내는 소리가 편하게 느껴지기 시작했고, 그 소리가 나름의 리듬과 박자감, 다이내믹 등 음악성을 띠고 있다는 것을 알게 되었습니다. 소리의 움직임만으로 스토리 혹은 내러티브를 짜고 구성을 한 후, 공장 노동자의 삶을 연결시켰고요. 사라져가고 잊혀 가는 공장의 소리를 붙잡아 남김으로써 청각으로 한 시대와 장소를 기억하는 작업이면서, 궁극적으로는 새로운 시선으로 도시 안의 공단을 바라고 해석하고자 했습니다.

강지영: 사운드 아트는 21세기에 어떠한 의미를 지닌다고 생각하십니까? 우리의 삶에 어떤 영향을 주는가 혹은 줄 수 있는가? 여쭙고 싶습니다.

- 김서량: 제가 이 책에 참여하고는 있지만, 클래식 음악과 사운드 아트는 많이 다르다고 생각합니다. 저는 매일 클래식을 들어요. 음악이 만들어지는 전통적인 방식을 배우고 익숙해지기 위해서죠. 그에 비해 사운드 아트는 전통보다는 혁신적이고 보다 현대적입니다. 사운드 아트는 시각과 청각이 융합되어 있고, 혹은 청각이 시각으로, 시각이 청각으로 감각의 전이가 일어나기도 하는 등 공감각적인 예술입니다. 게다가 여러 매체와 기술의 도움으로 매우 역동적인 방식으로 우리에게 익숙한 공간과 낡은 사고를 깨고 재인식하게 만들죠. 제 생각에 사운드 아트는 가장 현대적이고 가장 최신의 방식으로 21세기 현대사회를 반영하는 예술인 것 같습니다.

강지영: 대구예술발전소 레지던시 작가로 현재 대구에서 전시 중이시죠? 대구라는 도시를 어떻게 소리로 해석하셨는지 궁금합니다. 오늘 한국을 대표하는 사운드 아티스트로서 활발하게 활동 중인 작가님 작품에 대해 자세히 설명 들을 수 있어서 귀한 시간이었습니다. 감사합니다.

작곡가 **유진솔**

Jinsol Yu

유 진 솔
8대의 악기를 위한 〈Back in the day...〉

글 · 박수인

유진솔(1992-)의 음악 작업은 시각적 움직임을 청각적으로 변환하는 데서 출발한다. 그의 음악에서는 긴장과 이완, 에너지와 운동성, 극적 대조와 같은 이미지가 효과적으로 형상화된다. 최근에는 소리가 시각적 이미지를 넘어 신체적으로 경험되는 다중감각지각 개념을 음악에 적용하려고 시도하고 있다. 이화여자대학교에서 작곡을 공부한 후 한양대학교에서 박명훈에게 사사하며 석사 졸업, 현재 박사과정을 수료했다. 대전현대음악협회 젊은 작곡가의 밤 공모 당선, ACL Young Composer's Competition 대상, 앙상블 아인스 C10 Project 공모 당선, 팀프 앙상블 신작 위촉 등의 활발한 작곡 활동을 펼치고 있다. 인천예고, 경기예고 강사이고, 매년 주목할 만한 시의성 있는 주제로 신작 연주회를 개최하는 현대음악 앙상블 블랙 멤버로도 활동 중이다.

음악의 역설: 아무것도 아닌, 그러나 모든 것인

때로 음악은 특정 이미지를 시각적으로 선명하게 그려낸다. 또 때로 음악은 어떤 이야기를 극적으로 생생하게 상상하게도 한다. 작곡가 유진솔의 음악에서 소리는 시각화되거나 극화된다. 그 이야기를 만들어내는 '소리' 자체는 물체의 진동을 통해 만들어지는 물리적 현상이다. 소리가 물리적 현상이라는 것은, 그것이 아무리 눈에 보이지 않고 손에 잡히지 않는 것일지라도 우리 몸에 촉각적으로 작용할 수 있다는 것을 뜻한다. 유진솔이 자신의 음악 작업의 핵심 개념으로 '역설'과 '다중감각지각'을 내세운 데는 이러한 배경이 있다.

작곡가는 2024년 6월 24일 개최한 자신의 렉처 콘서트에 '소리 없는 아우성'이란 제목을 달았다. 역설적 표현의 대표 예로 꼽히곤 하는 이 제목은 그간 작곡가 자신이 지나온 음악 여정을 압축한다. 여기에는 아무것도 구체적으로 지시할 수 없는 음악이 어쩌면 가장 강력한 표현 수단일 수 있다는 인식과 함께, 소리로 이루어진 음악이 청각적 감각을 넘어 시각, 촉각, 후각으로 경험되기도 한다는 생각, 곧 '다중감각지각' 개념이 내재되어 있다. 소리만 들어도 장면이 보이거나, 질감이 만져지거나, 냄새가 맡아지는 음악이라. 유진솔의 음악에는 강렬하고 억센 소리부터 모든 에너지가 소진된 듯 빈약한 소리까지 다양한 스펙트럼의 소리들이 담긴다. 그의 음악에서 소리 울림의 강도와 밀도, 명도와 채도는 오감으로 전환된다. 그는 그 어떤 것도 명료하게 지시하지 못하는 '소리'가 그 무엇이라도 총체적으로 감각되도록 하는, 음악의 역설을 끌어안는다.

긴장과 이완 사이 줄 타는 에너지

작곡가가 이를 달성하는 방법은 두 가지 차원에서 나타난다. 하나는 연주 기법을 통한 사운드 효과, 다른 하나는 음악의 진행 과정에서 구현되는 극적 요인이다. 유진솔의 음악은 효과적인 특수 주법, 소음, 강렬한 소리나 성긴 성부 조직으로 다채로운 사운드를 만들어낸다. 역동적인 에너지를 품은 그 음악은 마치 무지개처럼 여러 색깔로 반짝인다. 이 무지개 같음은 순간순간의 소리 효과만이 아니라, 음악의 진행 과정에서도 나타난다. 특히 갑작스러운 템포나 리듬 기복, 음악 텍스처의 변화 등을 통해 만들어내는 긴장과 이완의 극단적 대비는 음악의 감각적 경험을 넘어 심리적 경험을 제안하기도 한다.

이 같은 특징이 가장 잘 드러나는 작품은 무엇보다 베이스 클라리넷, 바이올린, 피아노를 위한 〈두드리는 사람〉(People knocking onto..., 2022/2024)이다. 작곡가의 설명에 따르면 이 곡에는 경매장에서 듣게 되는 소리들이 담겼다. 이 작품이 흥미로운 건, 피아노와 바이올린, 베이스 클라리넷 세 악기만으로 경매장의 번잡하고 어수선한 환경과 경매장에서 듣게 되는 여러 가지 두드리는 소리들을 그럴싸하게 담아냈다는 데에만 있는 것은 아니다. 치솟는 호가와 함께 높아지는 긴장감, 더 높은 가격을 불러야 할까 고민하는 시간, 고민하는 동안에도 계속해서 올라가는 경매가격과 극도의 긴장감에 경직되어 가는 신체 같은 것들이 이 음악에서는 잦은 템포 변화와 크게 대비되는 사운드를 통해 효과적으로 그려진다.

The Color of Sense

작곡가 유진솔의 작품에서 작곡 동인 앙상블 블랙의 활동을 빼놓기 어렵다. 앙상블 블랙의 작업은 사회적, 문화적 문제들을 향한다. 이들의 음악에는 음악가의 시선을 통과한 사회가 담긴다. 특히 앙상블 블랙이 최근 선보인 기획 공연들, 'METAVERSE: The Color of Future'(2022), 'Earth: The Color of Trash'(2023)는 시의성 있는 주제들을 음악 안으로 끌고 들어온다. 지난 2년간 이들이 무대에 올린 'METAVERSE'와 'Earth'는 모두 2020년 시작된 전 세계적 전염병과 무관하지 않다. 'METAVERSE'가 코로나와 함께 크게 대두된 디지털 상의 가상 세계를 통해 미래의 색깔을 그린다면, 지난해 무대에 올린 'Earth'는 기후 위기와 병든 지구에 대한 뼈아픈 문제의식에서 출발한다.

'METAVERSE'에서 발표된 유진솔의 작품, 조명과 팀파니를 위한 〈타타-티-타〉(Tata-ti-ta, 2022/2024)에서 시각적 차원의 조명과 청각적 차원의 타악기는 서로 대화한다. 그리고 이들 대화의 수단이 되는 것은 모스부호다. 모스부호란 비밀리에 의사소통하기 위해 길고 짧은 신호들의 나열로 만든 일종의 암호다. 소리와 조명의 대화는 소리를 시각적으로, 조명을 청각적으로 변환되는 과정으로 형상화된다.

8대의 악기를 위한 〈Back in the day...〉
(Back in the day... for 8 Instruments, 2023)

누적되는 '쓸모없음'의 역설

〈Back in the day〉는 유진솔이 멤버로 활동하는 앙상블 블랙의 2023년 기획 공연 'Earth: The Color of Trash'에서 발표된 곡이다. 앙상블 블랙은 이 음악회에서 최근 무겁게 대두되는 기후 위기를 재고한다. 기후 위기와 관련한 여러 가지 이슈 중에서도 이들이 주목한 건 쓰레기다. 음악과 쓰레기. '쓸모없다'는 것 외에 딱히 교차점을 찾기 어려워 보이는 이 두 가지가 앙상블 블랙의 작업에서 만난다. 그렇지만 '쓸모없음'을 교차점으로 생각할 때조차 음악과 쓰레기는 닮은 구석을 발견하기 어렵다. 특히 예술음악은 쓸모없을수록 그 존재 가치를 인정받는 면이 있지만, 쓰레기의 쓸모없음은 즉시 버려지는 일 말고 달리 그 효용을 찾을 수 없다. 기실 쓰레기의 존재 가치는 버려지는 데 있다. 버려지는 것의 존재 가치라. 음악으로 쓰레기를 재고하겠다는 앙상블 블랙의 출발은 이렇듯 버려져야만 존재 가치를 발휘하는 쓰레기의 역설에서 시작된다.

그렇지만 유진솔은 쓰레기가 처음부터 쓰레기는 아니었다는 사실에 주목한다. 모든 쓸모를 잃고 닳고 해진 쓰레기도 처음에는 반짝이고 빛나는 새것이었다. 작곡가는 새 물건이 탄생하고 사용되는 과정, 그리고 소모되어 쓰레기가 되는 과정을 음악으로 만든다. 이 음악에 사용되는 다양한 리듬, 음형, 악기, 주법, 다이내믹 등의 요소들은 차츰차츰 쌓이면서 음악의 밀도를 조절한다. 그러나 그 과정이 명확한 대조를 만들거나 발전적 진행을 표방하지 않는다는 점은 주목할 만하다.

전체 음악은 세 부분으로 나뉜다. 첫 번째 부분(♩=60, 처음~레터 D)에서는 이 음악에서 지속적으로 들려올 주요 음악재료들이 제시된다. 주로 36분음표로 된 다섯잇단음표, 현악기 파트의 짧은 글리산도와 피치카토, 금관 악기의 글리산도 등의 요소가 특히 중요하게 다루어진다. 특히 레터 B부터는 'slowly(♩=ca. 52-54)-agitato(♩=ca. 120)'로 템포를 교대하는 부분이 나타나는데 이는 작곡가가 음악의 긴장과 이완 효과를 위해 자주 사용하는 장치다. 이 템포 교대 부분에서는 도입부에 일시적으로 등장하던 다섯잇단음표를 피콜로, 퍼커션, 트럼펫, 첼로 등 여러 악기가 빠르게 주고받으면서 주요 텍스처를 형성한다(레터 C~).

두 번째 부분(레터 E~H)은 레터 E 한 마디 전에 다소 긴 휴지부가 놓이면서 비교적 명료하게 그 시작을 알린다. 템포 또한 첫 번째 부분보다 더 느린 'much slower'(♩=ca. 40)로 설정된다. 이 부분은 노이즈 섹션이라고 이름 붙여도 좋을 만큼 악기와 소품이 발생시키는 다양한 소음들이 담긴다. 관악기 주자는 악기 외에 스펀지 비비는 소리를 지속적으로 만들어내고, 타악기는 스틱이나 브러시 같은 도구 외에도 손이나 팔 등 신체를 사용해 악기를 비비는 소리를 내기도 한다. 현악기는 활과 현의 마찰을 높이거나(high pressure) 브릿지와 가깝게 활을 긋고(molto sul ponticello), 활대로 현을 치고(col legno battuto), 활을 세로로 긋는(vertical bow) 등의 특수 주법을 통해 거칠고 투박한 음향을 발생시키는데, 한편으로는 첫 번째 부분에서 중요하게 제시되었던 글리산도가 여전히 중요하게 다루어진다. 다만 하모닉스나 노이즈를 동반하여 왜곡된다.

마지막 세 번째 부분(레터 I~J)은 다시 처음의 템포(♩=60)로 돌아온다. 음악은 첫 번째 부분에서 소개된 요소들로 시작하므로 일종의 재현부처럼 들리지만, 앞서 제시된 요소들 역시 계속해서 중요한 재료로 쓰인다. 이를테면 첫 번째 부분의 다섯잇단음표 리듬, 글리산도, 템포나 두 번째 부분에서 전면에 등장한 노이즈(특수 주법 및 소품 등)가 마지막 부분을 채운다. 이 부분을 앞의 두 부분과 구별해주는 요소는 첼로다. 첼로는 길게 지속되는 상행 글리산도, 또는 하행 글리산도를 들려주면서 이 부분의 기저를 이룬다.

이 음악이 진행되어 나가는 방식이 독특한 것은 쓰레기가 쌓여가는 모습을 청각화하기 때문이다. 도입부의 음악이 두 번째 부분에서도 사라지지 않는다거나 마지막 부분에서 앞선 모든 요소들이 뒤섞이는 제스처는 소리 요소들이 누적되어 가는 점진적인 과정을 형상화한다. 새 물건의 매끈한 표면을 소리화하는 화려하고 요란한 도입부의 사운드는 낡고 소모된 쓰레기를 그려내는, 얼마간 대조적인 부분처럼 보이는 두 번째 부분에서도 사라지지 않고 쌓인다. 마지막 부분에서도 음악 요소들이 겹쳐지는 일은 계속된다. 천문학적 시간이 지나도 썩지 않고 지구 표면에 자꾸자꾸 누적되는 쓰레기처럼, 음악은 '쌓인다.'

그런 점에서 〈Back in the day〉의 의미는 쓰레기를 모방한다는 데서 찾을 수 있다. 정교하게 조직화된 이 음악에는 쓰레기의 과정이 각인된다. 버려짐으로써 존재 가치를 획득하는 쓰레기가 이 음악의 쓸모없음의 미학을 확인시킨다.

[연주영상 보기]

박수인: 최근 근황 좀 들려주세요.

- 유진솔: 지난 학기에 박사 과정을 수료했습니다. 지금은 6월에 있을 박사 렉처 리사이틀 준비하느라 바쁘고요. 하반기에는 중요한 프로젝트가 두 개 있는데, 하나는 제가 소속되어 있는 작곡 동인 앙상블 블랙이 매년 여는 정기 공연이고, 또 하나는 웹툰 작가와 협업해서 만드는 음악극이에요. 그 밖에 학생들 대상으로 하는 수업은 내내 있고요.

박수인: 웹툰 음악극이라. 어떤 형태인지 궁금합니다.

- 유진솔: 일반적인 음악극에는 사람이 연기를 하고 노래를 부르면서 극적 요소를 만들어간다면, 이 프로젝트에서는 웹툰이 그 역할을 하게 될 것 같아요. 아직은 시작 단계고 확실하게 어떤 형태가 나온 것은 아니어서 구체적으로 어떤 형태를 띠게 될 것인지 말씀드리기는 어렵지만, 웹툰 작가들과는 처음 하는 작업이기도 하고요. 재미있을 것 같아서 기대하고 있어요.

박수인: 렉처 리사이틀은 어떻게 준비 중이신가요?

- 유진솔: 글쎄요. 어떤 형태로 하면 좋을지 고민하면서 만들어 나가는 중이에요. 제가 박사 과정 시기에 쓴 음악들을 쭉 살펴보면서 그동안 어떤 음악을 해왔는지 나름대로 객관적으로 보려고도 하고 있고요. 그동안의 작품들을 목록화해서 지금까지 공부해 온 것들이 어떻게 음악으로 나타나고 있는 건지도 살피고 있어요. 그러다 보니 떠오른 키워드가 '다중감각지각'(multisensory perception)이라는 건데요. 다중감각지각이란, 특정 감각의 자극이 다른 감각을 지각하게 하는 현상을 말하거든요. 흔히 말하는 오감, 즉 시각, 청각, 후각, 미각, 촉각 등의 감각은 독립적인 감각으로 존재하기도 하지만, 상호보완적으로 작용하기도 한다는 점에서 이 개념을 떠올리게 됐어요. 저도 이 개념을 알게 된 건 얼마 안 되었어요. 이런 아이디어에 대한 어렴풋한 인상 같은 것만 가지고 있었는데, 이런저런 자료를 찾다가 '다중감각지각'이라는 개념을 만났어요. 그동안 생각해 온 게 이거다 싶더라고요.

음악은 소리를 재료로 하잖아요. 그렇지만 그 소리가 청각적으로만 경험되는 것이 아니라 오감으로 느껴지고 감각되는 것을 원했어요. 예를 들면 음악의 어떤 소리, 혹은 패시지를 듣고 어떤 상황이나 장면, 분위기 이런 것들이 저절로 떠오르는 것 말이죠.

박수인: '다중감각지각'이라는 말은 조금 낯선데요. 흔히 말하는 '공감각'(synesthesia) 같은 건가요? 스크랴빈 같은 음악가는 특정 음이나 조성을

색깔로 인식했다고 하잖아요.

- 유진솔: 비슷하긴 하지만, 완전히 같진 않아요. 단순히 소리가 색깔로 느껴지거나 시각적인 차원으로 전환되는 것만이 아니라, 음악의 소리들이 신체적으로 감각되는 것을 염두에 두고 있어요. 음악을 듣는 것으로 끝나는 것이 아니라, 듣기 경험이 몸에 각인되고 그런 것들로 청중들과 소통하고 싶다는 생각입니다.

박수인: 앙상블 블랙의 작업도 궁금합니다. 지난해 올린 공연이 환경과 관련된 주제였던 것으로 기억해요.

- 유진솔: 네, 맞습니다. 앙상블 블랙은 작년에 'Earth: The Color of Trash'라는 공연을 올렸어요. 저희 앙상블 블랙은 매번 한 가지 콘셉트를 잡고, 그걸 주제로 멤버들이 각자 음악을 써서 공연을 만드는데요. 지난해의 경우에는 공모작 포함해서 총 여섯 작품이 연주되었어요.

최근 환경 문제가 크게 대두되면서, 저희 앙상블 블랙도 이 문제에 관해 이야기해 보고 싶었어요. 환경을 주제로 다룬다고 해도 이상 기온, 일산화탄소 등 구체적으로 무엇을 이야기하고 싶은가의 문제는 정말 다양할 수 있을 텐데요. 저희는 그중에서도 쓰레기에 주목했어요. 이 주제로 작업을 하면서 저희 멤버들은 쓰레기를 주제로 한다고 해서 이 문제를 일차원적으로만 다루지는 말자는 데 의견을 모았어요. 그러면서 쓰레기가 무엇인지, 그 본질적인 의미, 혹은 그것의 은유적, 상징적 쓰임들에 관해 각자 나름대로 고민했고, 그 결과물이 지난 공연이었어요.

박수인: 거기서 연주된 곡이 〈Back in the day...〉라는 작품이죠. 이 곡의 콘셉트는 무엇이었는지, 어떻게 접근하셨는지 궁금하네요. 그 밖에도, 이 곡을 비롯해서 작곡가님의 다른 여러 작품들을 들어보면서 했던 생각이지만, 재미있고 풍부한 사운드를 무척 잘 쓰는 것 같아요. 이 곡의 경우 강렬하고 에너제틱한 사운드들만이 아니라 노이즈로만 가득 채운 섹션도 있고요.

- 유진솔: 전 쓰레기가 처음부터 쓰레기는 아니었다는 점에 주목했어요. 사실 그렇잖아요. 아무리 쓰레기라도 처음엔 깨끗하고 반짝이는 새 것이었을 테니까요. 새 상품과 쓰레기는 한 끗 차이예요. 여전히 쓰임을 받는가, 흥미를 끄는가의 문제로 지금의 상품이 내일의 쓰레기가 될 수 있으니까요.

이렇게 생각하고 음악을 작업하려고 보니, 아주 화려한 소리들이 필요했어요. 왜냐하면 새 상품이 처음 공장에서 갓 나왔을 때는 아주 예뻐야 하니까요. 화려한 소리, 콧대 높아 보이는 그런 소리들을 쓰고 싶었어요. 피콜로를 쓴 것도 그런 이유였고, 중간에 선율적인 패시지를 넣은 것도 마찬가지고요. 그 소리들이 쓰임 당하고, 그 쓰임을 다하는 과정에서 점차 낡고 거칠어지는 과정을 소리로 담고 싶었어요.

박수인: 쓰레기와 상품을 독립적인 개별자가 아니라 어떤 스펙트럼의 양극단으로 보는 것이 흥미롭네요. 실제 음악에서도 그런 과정이 드러나는 것

역시 재미있고요. 이밖에 작곡가님의 작업들을 살펴보면, '환경 문제'와 같은 거대 담론만이 아니라 아주 사소하고 소박한 일상에서 출발하는 작업들도 눈에 띄어요.

- 유진솔: 일상에서 '이걸로 곡을 써봐야겠다' 이렇게 시작하지는 않아요. 오히려 '곡을 써야겠다'고 마음먹으면 그때부터 일상이 좀 달라져요. 저의 일상적인 행동이나 습관 이런 것들도 좀 다른 관점에서 관찰하게 되고요. 그런 음악들 중 하나가 바이올린과 테이프를 위한 〈While〉이란 곡이에요. 저의 주된 이동 수단은 자가용인데요. 집부터 학교까지 거리가 꽤 멀어서 이동 시간도 길고 길이 막힐 때는 차에서 보내는 시간이 정말 많거든요. 차 안에서 일어나는 여러 가지 소리 이벤트들을 음악으로 담아본 곡이 바로 〈While〉이에요.

박수인: 저도 공감되는 부분이 있네요. 반드시 글로 쓰고 싶은 주제가 있는 경우도 있지만, 또 어떤 경우는 소재를 찾기 위해 눈과 귀를 예민하게 열기도 하거든요.

- 유진솔: 맞아요. '작곡하고 싶어 미치겠다' 이런 경우는 거의 없는 것 같아요. (웃음) 어떨 때는 너무 힘들어요. 저는 발등에 불 떨어지는 게 너무 싫어서 (그렇지만 항상 발등에 불 떨어지긴 하지만) 꾸준히 하는 편이거든요. 이제는 조금씩 매일 하는 게 습관이 된 것 같아요. 사실 생각해 보면, 대체로 많은 사람들은 자신의 일을 '그냥' 하잖아요. '나는 왜 이 일을 하는가?', '이 일은 어떤 의미와 가치가 있는가?' 같은 철

학적인 물음을 매일같이 던지면서 업무 처리하는 사람 많지 않아요. 자신이 선택한 일을 꾸준히, 묵묵히 하는 거예요. 작곡도 마찬가지인 것 같아요. 작곡가도 직업이에요. 작곡가라는 직업 의식을 가지고 꾸준히 하는 게 정말 중요하다고 생각해요.

박수인: 중요한 말인 것 같아요. 무언가를 창작하는 작업이 약간은 신비로운 일처럼 인식되는 면이 있잖아요. '영감' 같은 표현도 그렇고요. 마치 가만히 누워있는데 갑자기 '그분'이 강림해서 번뜩이는 창의성이 촉발된다는 그런 인식 같은 것 말이에요. 그렇지만, 말씀하신 것처럼 어떤 면에서는 지루할 만큼 꾸준하게 하는 것이 창작 작업에서도 무엇보다 중요한 덕목이라는 생각이 듭니다.

작곡가 **한대섭**

한 대 섭
피아노 6중주를 위한 〈다섯 번째 계절〉

글 · 정다운

반복 속에서의 변화, 익숙한 요소 안에서의 낯섦을 추구하는 **한대섭**(1977–)은 독일의 바이마르 국립음대 연주자과정, 전문연주자과정, 최고연주자과정을 졸업하였다. 이후 독일 바이마르 국제작곡콩쿠르, 독일 전국음대연합작곡콩쿠르, 이탈리아 까밀로 토그니 국제작곡콩쿠르, 캐나다 몰리나리 국제작곡콩쿠르 등 다수의 국제콩쿠르에서 입상하였다. 또한 도나우싱겐음악제, ISCM에스토냐 국제현대음악제, ACL페스티벌 재펜, 미팅포이트 뮤직 메시앙, 범음악제, 화음프로젝트페스티벌 등에서 작품을 발표하였다. 현재 경기현대음악협회 대표, 서울모던앙상블에서 예술감독을 맡고 있다. 대표 작품으로는 체임버 오케스트라를 위한 〈Point, pooints, poooointss...〉(2017 rev.), 오페라 〈모던 걸 나, 혜석〉(2021), 음악극 〈어처구니 이야기〉(2022), 〈꼼싹 꼼싹〉(2023), 피아노 6중주를 위한 〈다섯 번째 계절〉(2021) 등이 있다.

이항대립의 모순적 조화

한대섭의 음악을 접했을 때 바로 떠오르는 것은 '이항대립의 모순적 조화'라는 모순적 표현이었다. 한대섭의 음악을 멀리서 보았을 때, 치밀한 설계 아래 여러 종류의 레고를 사용하여 근사한 작품을 만든 것 같다는 인상을 받았다. 그런데 가까이에서 돋보기로 들여다보니 곡을 이루는 레고 조각들이 전체의 구조물과 부분적으로 닮아있음을 발견하였다. 그러나 각 조직들이 자체 내에서 변화하는 방식과 조직들 간 결합하는 방식은 항상 다르기 때문에 엄밀한 프랙털 구조라고는 할 수 없다. 시각적으로 악보를 분석해보면 공학적인 구조물로서의 정교한 작품으로 인식되는데, 막상 음악을 들어보면 상당히 감각적이고 서정적이라는 느낌을 받는다. 또한 패턴의 반복이 주를 이루지만 반복 속에 미세한 변화들을 병치시켰다. 그래서 시각적으로 표현하자면 매직 아이처럼 일렁이는 그림, 일렁이는 생동감을 만든다. 패턴화 안에서 보이는 불규칙성, 치밀한 구조가 품은 서정성, 익숙함 속에서 이루어지는 낯선 새로움, 한대섭의 음악은 이처럼 이항대립적 요소가 조화를 이루는 모순을 품고 있다.

극음악과 현대음악 간 시너지

한대섭은 자신의 관심 분야가 극음악과 현대음악이라고 말한다. 그는 작곡의 첫발을 독일에서 내디뎠다. 대부분 조성음악을 기반으로 하여 실력의 토대를 마련하고 대학 입학 후 현대음악을 작곡하는 우리나라와 달리, 독일에서 현대음악으로 작곡 공부를 시작한 그에게는 조성음악이든 현대음악이든 구분 없이 음악의 재료로서만 의미를 지닌다. 그는 근래에 극음악 작업을 활발하게 벌이고 있다. 극음악은 다른 음악에 비해 시간과 노력을 많이 요하며 다른 분야의 전문가들과도 협업해야 하는 복잡한 작업이지만, 다양한 예술 형태와 결합하여 풍부한 표현을 가능하게 한다는 점이 매력적이다. 이를 통하여 현대사회의 복잡한 감정과 이야기를 음악으로 풀어내고자 하는 것이 극음악 작곡가로서 그의 지향점 중 하나이다. 음악 외에 극적인 요소가 더해지면 청중들에게 훨씬 이해하기 쉽게 다가갈 수 있기에 청취 외에도 다양한 감각적 경험을 통해 청중들에게 이야기를 전달하고 싶은 것이다.

현대의 감성을 일깨우는 공감의 언어

극음악이 아니더라도 그의 곡 중에는 낭독, 무용, 연기 등 극적인 요소를 활용한 작품이 많다. 낭독자와 금관악기 앙상블을 위한 〈경고의 언어〉(2014)에서는 창세기 3장을 읽는 동안 금관악기 앙상블은 텍스트의 내용과 분위기를 직관적으로 표현한다. 낭독자와 앙상블은 텍스트의 흐름을 따라 고조되기도 하고 완화되기도 하여 극적인 감정의 호흡을 같이 한다. 아담과 하와가 선악과를 먹고 하나님께 저주를 받는 클라이맥스 부분에서는 금관악기의 소리에 파묻혀 낭독이 들리지 않는 부분도 있는데, 이 역시 카오스를 표현하기 위해 선택한 방법이다. 자연스럽고 유연한 감정의 전달을 위해 단락마다 우연음악의 요소를 사용하기도 하였다. 소리꾼, 플루트, 첼로, 피아노를 위한 〈엽전 주머니〉(2022)는 소리꾼의 소리와 앙상블이 함께 연주하는 형태로, 해학적인 분위기를 현대음악의 언어로 표현하였다. 이 곡에서는 소리꾼이 판소리조로 내레이션을 하지만, 악기들이 연주하는 곡에는 국악적 요소가 전혀 보이지 않기 때문에 매우 새롭다. 〈춤추는 음악 동화〉(2019)는 성우의 낭독과 배우의 연기, 스크린에 비친 그림과 현대적 감성의 음악이 어우러지는 형태의 곡이다. 보통 동화의 배경음악으로 사용되는 상투적인 음악이 아니지만, 음악의 표현으로 분위기 파악이 가능하며 장벽 없이 들을 수 있다. 화음챔버오케스트라와 함께한 〈녹두영감과 토끼〉(2023)도 성우의 낭독과 스크린의 그림이 앙상블과 함께 진행되는 곡이다. 이러한 시도들은 스토리의 전달을 위한 부수적 요소로서의 음악이라기보다는 음악의 전달을 위한 전략으로서 극적 요소를 사용한 것처럼 보이기도 한다. 결과적으로 음악과 극적인 요소의 결합은 공감각적 자극을 촉진하여 현대음악에 대한 청중의 이해와 몰입도를 높인다. 그는 현대를 살아가는 사람들이 접하는 다양한 감성을 일깨워 깊은 공감을 이끌어 내는 음악을 만들고 싶어 한다. 그래서 상이한 장르를 오가며 누구보다도 열심히 전달 작업을 하고 있다.

피아노 6중주를 위한 〈다섯 번째 계절〉
(The Fifth Season, 2021)

논리적인 서정성의 세계로 초대합니다

비발디(Antonio Lucio Vivaldi, 1678-1731)의 바이올린 협주곡 〈사계〉(The Four Seasons)에서 얻은 아이디어를 바탕으로 작곡한 〈다섯 번째 계절〉은 1악장 '어두운 낮', 2악장 '잠들지 않는 나무', 3악장 '떠오르는 물', 4악장 '다섯 번째 계절'로 구성된다. 1~3악장은 각 악기가 선율을 주고받으며 만들어내는 조화를 통해 곡을 구성했으며, 마지막 악장은 독주와 합주가 되풀이되는 리토르넬로 형식으로 되어있다. 이 곡은 기존의 사계절 이외에, 변화하는 계절과 계절의 사이에 우연히 나타나는 예외적이고 독특한 기상 현상들을 경험하면서 느낀 감정을 표현한 것이다. 각 악기, 각 음형에 서로 다른 음색, 리듬이 겹쳐지면서 새로운 질감을 드러내고, 이를 통해 청중이 자연에 대해 품은 작곡가의 감성과 생동하는 다양한 감정들을 느낄 수 있도록 하였다. 마지막 악장은 비발디의 〈사계〉처럼 독주와 합주가 되풀이되는 리토르넬로 형식을 활용하여, 원래의 〈사계〉보다 복잡하고 현대적인 화성 진행과 자유롭게 변형된 형태의 구조로 되어있다. 바이올린 3대, 비올라, 첼로, 피아노의 편성으로 된 이 작품은 〈사계〉의 재해석을 통하여 전통과 현대의 조화를 시도한 작품이다.

제1악장 '어두운 낮'은 전체적으로 보면 A1에서 A7까지 A가 반복 변형되는 변형 론도 형식을 취한다. A가 반복될 때마다 이것의 패턴을 깨는 새로운 요소들이 한 층씩 추가되어 쌓인다. 이를 통하여 낯선 요소와 익숙한 요소의 조합, 불규칙한 것들의 패턴화를 이룬다.

이 곡을 좀 더 가까이에서 조망하면 모두 6개의 음형으로 곡이 구성되었음을 알 수 있다. 첫 번째는 반복되는 음형들로 16분음표, 3연음부, 8분음표와 4분음표의 세 종류가 한 세트로 되어 있다. 세 종류의 패턴은 약간의 변화를 거치기도 하며 꾸준히 반복된다. 두 번째는 8분음표와 3연음부로 이루어진 음형으로, 둘 사이에 불규칙하고 긴 쉼표가 존재한다. 세 번째는 16분음표와 쉼표 그리고 16분음표 묶음으로 구성된 음형으로, 불규칙하고 좁은 간격의 쉼표를 가진다.

각 음표의 묶음 사이에 쉼표가 삽입되는 경우도 있기에 패턴을 인지하기는 쉽지 않다. 네 번째는 아무 규칙도 역할도 없는 자유로운 선율이다. 다섯 번째는 패턴의 반복을 깨주는 자유 음형으로 각 단락 간 링크나 브리지 역할을 하며 분위기를 환기한다. 여섯 번째는 긴 음가이다. 이 음형은 일정한 구간에서의 동음반복이나 블록 코드의 반복, 슬러 스타카토 등도 포함한다. 이러한 여섯 개의 패턴들은 씨줄과 날줄처럼 얽혀 곡을 진행한다.

곡의 도입은 모두 첫 번째 음형으로만 되어있다. 제3 바이올린이 16분음표를, 비올라가 3연음부를, 피아노에서 8분음표와 4분음표의 당김음을 연주한다. 이 셋의 조합은 규칙적이고 단순할 것 같으나 내부를 자세히 보면 간단하지 않다. 우선 4개 단위의 16분음표 음형은 세 개씩 이음줄로 연결되어 있어 박절적 불협화(metrical dissonance)를 만든다. 16분음표들 사이로 미세하게 엇갈리는 3연음부가 연주되며 피아노에서는 8분음표와 4분음표의 당김음으로 3/4박을 둘로 가른다. 이 세 개의 조합은 시각적으로는 명확하게 박을 인지할 수 있으나 청각적으로는 딱 떨어지는 박절감을 느끼기 어렵다. 이후 링크와 브리지의 삽입으로 각 단편이 구분된다.

곡이 진행되며 텍스처는 점진적인 변화를 겪는다. 새로운 음형이 첨가되어 겹겹이 쌓이거나, 한 성부에서 연주했던 패턴 음형을 다른 성부에서 더블링하는 등의 방법으로 치밀해진다. 포화상태가 되면 자유 성부가 등장하여 빽빽하게 텍스처를 채웠던 모든 음형들이 일거에 소거되고 긴 음가가 나와 호흡을 고른다. 짧은 구간 안에서 피아노에서 포르티시모로 가는 급격한 다이내믹의 변화, 짧고 날카로운 블록 코드의 반복, 스포르찬도, 트레몰로 등으로 텍스처의 결에 변화를 준다. 두 번째 클라이맥스를 거친 후 마지막에서는 모든 패턴이 총 출현한다. 인상적인 것은 피아노 왼손 베이스가 긴 호흡의 협화적 선율을 연주하여 전체 음악에 서정성을 제공한다는 점이다. 마지막 단편 후에 온전한 한 마디의 휴지기에 들어간다. 에필로그에서는 제1바이올린이 홀로 3연음부 음형을 연주하고, 나머지 악기들은 흐리고 긴 음가 패턴을 연주하여 바이올린의 독주 선율을 두드러지게 만든다. 이렇듯 곡의 구조를 분석하면 한 치의 오차도 허용하지 않는 정밀한 기계 같다는 느낌을 주지만, 막상 곡을 청취하면 미니멀 음악 양식을 사용한 서정적인 영화음악 같다는 인상을 받는다. 음악은 미리 설계해 놓은 구조에 의해 진행되지만, 그 안에는 감성을 건드리는 서정성이 심겨 있다. 논리성을 너무 차갑지 않게, 서정성을 너무 늘어지지 않게 담아, 새로운 감성을 일깨우는 음악, 바로 한대섭이 지향하는 음악이다.

[연주영상 보기]

피아노 6중주를 위한

다섯 번째 계절

I. 어두운 낮

한대섭
*2021

정다운: 선생님 작품을 보니 자연에 대한 것, 혹은 어떠한 것을 구체적으로 묘사하는 음악이 차지하는 비중이 큰 것 같습니다. 작곡 소재로서 특별히 흥미 있는 분야가 있으신지 궁금합니다. 또 평소 자연이나 환경에 관심이 많으신지도 알고 싶습니다.

- 한대섭: 도심에 살고 있는 저에게 자연이라는 단어는 휴식의 공간, 상상과 비밀의 공간이며 끝없는 영감의 보고입니다. 나무가 바람에 속삭이고, 파도가 해안에 부딪치며 이야기를 전할 때, 저는 그 속에서 음악적 씨앗을 발견합니다. 자연의 소리는 인간이 만든 소음과는 달리 순수하고 원초적인 아름다움을 지니고 있습니다. 종종 도심을 가득 메우는 다채로운 소음들 사이에서도 이러한 자연의 한 부분을 발견하게 될 때가 있는데요. 빌딩 사이를 지나는 바람 소리, 가로수에서 들려오는 나뭇잎과 나뭇가지의 소리, 네온사인의 불빛 너머로 아스라이 보이는 달빛과 같이 일상에서의 소리와 자연에서의 소리가 현대 문명의 다채로운 소음, 복잡한 감정과 연결되며, 이를 통해 새로운 멜로디와 리듬, 음색을 떠올리게 합니다. 이렇게 도시와 자연의 대조되는 심상을 연결하며 새로운 영감을 얻는 과정은 저에게는 마치 신비한 모험과 같습니다. 다만 복합적으로 뒤섞이는 소음의 자극을 음악의 색으로 변화시키는 과정에서 여러 연주 기법들을 활용하게 되는데, 이러한 특수 기법들이 단순히 흥미로운 소리에서 그치지 않고 현대인의 감성을 드러낼 수 있는 표현 방법으로써 활용되어야 한다는 생각을 합니다. 원래 처음에는 자연의 소리를 표현한다면 감성적일까를 생각해보다가 그 소리를 그대로 묘사하는 것이 의미가 있을까라는 회의를 하게 되었고, 단순 모방이 아닌 나만의 감성으로 바꾸면 어떤 소리일까를 고민하게 되었습니다. 그러면서 반대 급부로 도시의 소리에도 관심을 갖게 되었습니다.

정다운: 작곡할 때 주로 어디에서 아이디어를 얻는 편이신가요? 그리고 작곡 과정도 궁금합니다. 작곡가마다 이 방법이 각기 다른 게 재미있습니다.

- 한대섭: 분주한 도심의 거리, 고요한 산책로, 또는 잠 못 이루는 밤의 침묵 등 일상의 작은 순간들 속에서 문득 떠오르는 생각이 음악적 영감이 되는 경우도 있습니다. 하지만 보통은 아이디어를 떠올리고 주제를 정하기 위해 들이는 시간과 노력이 작업 과정에서 큰 부분을 차지하고 있습니다. 사소하게라도 어떤 소재가 떠오르면 인터넷을 검색해보고, 관련 책을 찾아보고, 영화를 보면서 장면을 모으고, 갤러리에서 그림을 보면서 작품에 대한 작가의 설명을 주의 깊게 읽어보는 과정 속에서 영감을 얻는

경우가 많습니다. 작은 소재로 시작해서 주제로서의 가치의 유무를 결정하게 되거나 음악적 재료로 다듬어 낼 때까지 계속 파고 들어가 보는 거죠. 떠오르는 생각을 놓치지 않고 끌고 가며 구체화시켜보는 인내가 중요하다는 생각이 듭니다.

주제가 떠오르면 먼저 리서치북을 만들어 관련된 모든 자료를 수집하고 정리합니다. 선택된 악기의 특성을 연구하고, 독창적인 연주법을 탐구하며, 주제와 관련된 작품을 감상하고 분석합니다. 이 과정을 통해 각 파트의 음재료와 형식을 구상한 후, 전체적인 스케치를 그리며 구체화 작업을 진행합니다. 최종적으로는 꼼꼼한 수정과 보완을 통해 작품을 완성합니다.

정다운: 2018년에도 〈소리의 풍경〉으로 저희 책에서 선생님의 작품을 다루었는데, 그때와 지금을 비교해본다면 작곡가로서 어떠한 변화가 있었을까요?

- 한대섭: 저는 조성, 현대, 장르의 구분보다는 주제에 따른 재료로써 음악을 다루는 편입니다. 그럼에도 시기마다 관심사의 변화에 따라 취향이 기우는 방향이 있기는 합니다. 과거에는 실험한다는 것, 새로운 표현방식을 찾는다는 것에 집중했지만, 시간이 흐르면서 다양한 음악적 재료와 기법뿐만 아니라 조성적인 재료도 활용하여 감정과 감성을 표현하는 데 관심을 가지고 작업을 하고 있어요. 현대 사회에서 경험할 수 있는 새로운 감성과 소재를 음악적으로 담아내기 위해, 다양한 주제에 대해 고민

하고 경험하여 제 음악 세계를 다채롭고 풍부하게 만들고 싶습니다. 또한 주제나 공연의 형태에 따라 완전한 조성음악도 즐겨 작곡한다는 점이 과거와 다른 변화라고 할 수 있겠네요. 예를 들어 대안학교의 위촉으로 CCM을 작곡했을 때는 조금 낯설었지만 CCM의 어법을 이용해서 작곡을 했고, 한국 민담을 주제로 하는 작품에서는 국악의 장단을 활용하여 현대적이면서도 한국적인 음색을 표현했습니다. 현재 작업하는 오페라에서는 무용가의 캐릭터를 음악을 통해 드러내기 위하여 한국적인 리듬과 재즈의 어법이 동시에 나타날 수 있게 작곡하기도 했습니다.

정다운: 〈다섯 번째 계절〉을 들었을 때 미니멀 음악을 사용한 영화음악 같다는 느낌을 받았습니다. 마지막 악장은 조율이 되지 않은 비발디의 〈사계〉 같다는 인상을 받았는데요. 선생님이 영향을 받은 작곡가라면 누구를 꼽을 수 있을까요?

- 한대섭: 미니멀 음악의 단순함과 반복적 구조는 저에게 큰 영감을 줍니다. 그들의 음악은 단순한 반복 속에서도 복잡한 감정과 변화를 이끌어 내는데, 이는 제가 작곡할 때 추구하는 바와 일치합니다. 다만 필립 글래스나 스티브 라이히 등의 미니멀 음악뿐 아니라 비발디의 음악에서도 같은 방식과 감정을 찾을 수 있으며, 바르톡, 스트라빈스키, 프로코피예프 등 여러 작곡가의 음악에서 영향을 받았습니다. 이러한 복합적인 음악적 경향을 현대음악에 접목하여 새로운 형태의 음악을 만들어내고자 합니

다. 〈다섯 번째 계절〉은 첼리스트인 아내가 바로크 음악을 학생에게 레슨하던 때에, 반복적으로 음악을 듣게 되며 아이디어를 떠올린 곡입니다. 비발디의 〈사계〉에 이어 또 다른 계절을 표현하는 작품을 만들어 보고 싶다는 생각을 했는데요. 기존의 '사계'에 더해 변화하는 계절과 계절의 사이에 우연히 나타나는 예외적이고 독특한 기상 현상들을 경험하면서 느낀 감정을 표현한 것입니다. 각 악기, 각 음형마다 서로 다른 음색, 리듬이 겹쳐지면서 새로운 질감을 드러내고, 이를 통해 청중이 음악 안에 담겨 있는 작곡가의 감성을 느끼고, 생동하는 다양한 감정들을 느낄 수 있도록 하였습니다.

정다운: 선생님이 선호하는 사운드의 지향점도 궁금합니다.

- 한대섭: 사운드의 지향점에 대해서, 저는 음악적 경계를 확장하여 새로운 소리와 음색을 찾으려는 노력을 하고 있으며, 이를 위해 전통적인 악기뿐만 아니라 전자음악 기법, 악기가 아닌 사물의 다양한 음향을 결합하여 독특하고 창의적인 사운드를 만들어내고자 시도하고 있습니다. 음악을 통해 새로운 감성을 자극하고, 청중과 깊은 교감을 이루는 것이 저의 궁극적인 목표입니다.

정다운: 청중과 깊은 교감을 이루는 것을 궁극적 목표라고 한다면 극음악 작곡가로서의 선생님의 행보가 상당히 설득력을 가진다고 봅니다. 극음악 작곡가로서의 정체성과 활동에 대해 설명 부탁드

립니다.

- 한대섭: 극음악 작곡가로서 저는 음악을 통해 이야기를 전달하고 감정을 표현하는 데 중점을 둡니다. 이는 단순히 음악을 듣는 것을 넘어, 시각적, 감각적 경험을 통해 청중에게 깊은 인상을 남기고자 하는 것입니다. 극음악은 다양한 예술 형태와 결합하여 더욱 풍부한 표현을 가능하게 하며, 이를 통해 현대 사회의 복잡한 감정과 이야기를 음악적으로 풀어내고자 합니다. 극음악 작곡가로서의 활동은 이러한 목표를 달성하기 위한 지속적인 실험과 도전의 과정입니다.

정다운: 현재 작업 중인 오페라에 대해서도 소개해 주세요.

- 한대섭: 현대 오페라 〈리허설〉과 어린이 오페라 〈물의 아이〉를 동시에 작업하고 있습니다. 〈리허설〉은 무용가, 작곡가, 지휘자 3명의 예술가가 모여 하나의 공연을 만들어가면서 벌어지는 심리적, 예술적 갈등과 창작의 과정을 담아낸 이야기입니다. 3명의 작곡가가 협업을 하여 음악을 만들어 가는 작품인데요. 각 배역의 서로 다른 개성과 음악적 취향을 표현하기 위해, 3명의 작곡가가 참여하여 음악을 통해 각각의 캐릭터를 느낄 수 있도록 작업을 하고 있습니다. 〈물의 아이〉는 한국 민담에서 유래한 바다 소년 '오동이'와 인어 '아리'의 이야기를 각색한 작품으로, 바다를 배경으로 오동이와 아리의 우정을 신비롭게 그리는 오페라입니다.

II. 기후위기에 대한 비판적 울림

작곡가 **김유신**

Youshin Gim

김유신
해금, 피아노와 타악기를 위한 〈텅 빈 세계〉

글 · **김주희**

김유신(1997-)은 다양한 관점에서 음악을 탐구하고, 새로운 시도를 통해 자신만의 음악적 색을 찾아가는 중이다. 한국예술영재교육원 졸업, 독일 브레멘 예술대학교 교류수학 과정 이수 및 한국예술종합학교(황성호, 유병은 사사) 음악원을 졸업하였다. 이후 스페인 바스크 고등음악원에서 라몬 라즈카노(Ramon Lazkano) 사사 후 현재는 도독하여 드레스덴 국립예술대학교(HfM Dresden)에서 작곡 석사 과정을 밟으며 마크 앙드레(Mark Andre)와 마노스 창가리스(Manos Tsangaris)를 사사하고 있다. 국내 외 유수 현대음악제에서 위촉받았으며, 디알로그 클래시카 작곡 콩쿠르, 영남음악콩쿠르, 중앙음악콩쿠르에서 입상하기도 하였다. 피아니스트로서 대관령국제음악제 알펜시아 콘서트홀, 아뜰리에 노이에 무지크 브레멘의 현대음악 피아니스트로 활동하였으며, 현재는 영월현대음악제 감독, 소노르 21 앙상블 상주작곡가와 피아니스트로 활동 중이다.

소리로 그려낸 내러티브와 현실

김유신은 작곡의 의미와 자신의 소리에 대해 끊임없이 고민하면서 다양한 것을 시도 중이다. 한국 전통음악과 국악기에 깊은 애정을 가진 그는 평소에도 판소리를 즐겨 듣는다. 이러한 모습은 작곡 활동에도 반영되어 바이올린 독주를 위한 〈사자〉(使者, 2018/19)에서와 같이 5음음계를 사용함으로써 전통음악 요소와 서양악기의 조합을 시도하거나, 동서양의 악기를 함께 사용하기도 한다. 그뿐만 아니라 오케스트라, 피아노 솔로, 비올라-신디사이저, 프리페어드 피아노-전자음향, 해금-피아노-타악기 등 다양한 악기 편성의 새로운 조합을 통해 다채로운 소리의 가능성을 고민한다. 이처럼 그의 음악적 탐구의 중심에는 '소리'가 있다.

내러티브를 담은 소리

김유신의 작품은 곧바로 귀를 사로잡는다. 그는 다양한 방법으로 소리를 연구하는데, 악기 음색에 집중하고, 현대적 특수 주법을 탐구하며, 정적이거나 동적인 현상을 소리로 구현하는 등의 방식을 활용한다. 또한 그는 악기를 대할 때 전통악기와 서양악기로 나누기보다는 단지 악기로서 접근하고, 작품을 수학적이고 논리적으로 쓰는 것도 좋아하지만 소리와 음색에 더욱 집중하곤 한다. 이러한 모습은 '즉각적인 인상'이라는 아이디어에서 영감을 받아 작품 구조를 세세하게 설계하기보다 즉흥곡의 분위기를 의도한 〈즉흥적 인상〉(2016)과 음과 음색에 중점을 둠으로써 소리의 결합에 주력한 〈강림〉(2022/23)에서 잘 드러난다.

그는 피아노를 위한 〈열대우림의 밀도〉(2017) 그리고 현악 사중주를 위한 〈형광빛〉(2022/23)과 같이 음과 소리를 통해 그림이나 인상, 특정한 상황 및 경험을 음악으로 그려내는 것에 열중하기도 한다. 그 중 〈형광빛〉은 뉴질랜드 와이토모 동굴에 들어가 형광벌레로 둘러싸인 진풍경을 보는 '과정'을 녹여낸 작품으로, 사람의 시각적, 청각적 경험을 영감으로 작곡되었다. 예컨데 그는 동굴 속에서 물방울이 떨어지는 소리를 현의 피치카토로, 바람소리를 '몰토 술 타스토'(Molto Sul Tasto)로 표현하고, 이 요소의 세기와 밀도가 세밀하게 조절되며 즉각적인 인상을 불러일으킨다. 또한 마디49부터 동굴이 깊어지며 빛이 강해지는 시각적 현상을 음악적 요소의 증폭으로 동적으로 나타낸다. 가령 바이올린, 비올라, 첼로 모두 피아니시모(***ppp***)로 스타카토를 연주하며 여린 음량을 유지하지만, 마디53부터 음이 쌓이고 빨라지며 격한 트레몰로를 거쳐 마침내 마디131에 이르면 모든 성부에서 포르테시모(***ff***)의 글리산도로 음악적 진행이 절정에 다다른다. 이처럼 그는 하모닉스, 미분음, 다양한 특수주법 등으로 이러한 경험의 과정을 소리로 그려내며 경험적 내러티브를 형성하고자 한다.

현실을 담은 음악

'작곡가로서, 예술가로서 자신이 할 수 있는 일이 무엇인가?' 김유신이 항상 고민하는 질문이다. 김유신은 환경과 자연, 사회, 역사 등 우리 삶의 흔적을 작품에 담아내기도 하고, 자신의 의견을 암시하기도 한다. 고려인 역사에 대한 〈되돌릴 수 없는〉(2021/22)은 말 그대로 '되돌릴 수 없는' 역사의 비극을 음악으로 풀어낸다. 이 작품에서 플루트, 가야금, 더블베이스의 3중주는 의도적으로 어긋난다. 각 성부들이 조화와 화합을 이루지 않고 일방적으로 자신의 선율을 고집하기도 하며, 어느 순간 동화되기도 하는 흐름으로 나아간다. 이러한 방식으로 역사의 압제, 저항, 설득의 과정을 음악적 흐름의 구도에서 그려낸 것이다.

또한 두 대의 프리페어드 피아노와 전자음향을 위한 〈싫어할 놈은 싫어한다〉(2022)는 우리 사회에서 이슈가 되는 온라인 여론전을 주제로 삼고 있다. 온라인, 즉 익명이라는 가면 뒤에서는 진실성과 논리성이 흐려지며, 그 결과 극단적인 여론이 형성되기도 한다. 이 작품은 온라인에서 키보드로 메시지를 전달하는 행위를 피아노를 두드리며 음을 전달하는 것에 비유한 작품이며, 안티와 팬의 대결 구도를 갖는 두 대의 피아노는 대조적인 음악 제스처를 통해 대립된다. 또한 이 작품은 주제를 벗어나려고 하거나 어느 한 소재에서 파생되고 발전된 것이 아닌 논리성 없는 단편적인 소재들의 파편이 등장하기도 하고, 음을 몰아치면서 클러스터로 극단적이고 과장된 모습을 드러내기도 한다.

이처럼 김유신은 현대 사회의 복잡하고, 혼란스러운 면모를 음악으로 풀어낸다. 그는 단순한 감상 이상의 우리의 삶 그리고 사회에 대한 성찰과 비판을 담아내며, 이는 예술가로서의 책임과 역할을 되새긴 결과이다. 그의 작품은 역사, 사회, 자연 등 여러 현상을 예술의 언어로 대변하며, 우리에게 중요한 질문을 던지고 있다.

해금, 피아노와 타악기를 위한 〈텅 빈 세계〉
(Hueco Mundo for Haegeum, Piano and Percussions, 2023)

음악적 서사가 그리는 종말의 예고

지금 우리의 지구는 어떠한가? 인류가 마주한 가장 큰 환경 문제 중 하나는 지구온난화다. 오래전부터 경고되어온 이 실태는 이제 부정할 수 없는 현실이 되었고, 그로 인해 우리는 극심한 기상 변화와 생태계 파괴 등 불안정한 사회에 직면해있다. 또한 최근 발생한 러시아와 우크라이나 간의 전쟁, 그리고 하마스와 이스라엘 간의 전쟁 또한 세계의 안정을 위협하고 있다. 전쟁은 인간의 삶의 터전뿐만 아니라 동물, 대기 오염, 생태계 등 지구 환경에 수많은 영향을 미치고 있다. 김유신의 〈텅 빈 세계〉는 이러한 사회 문제를 감각적으로 드러낸 작품이다. 이 작품은 2023년 한국예술문화위원회 국제예술교류사업 선정프로젝트 〈Project 1.5℃ & 34.7℉〉로 위촉되었으며, 같은 해 8월 4일 일신홀에서 초연되었다. 편성은 해금, 피아노, 타악기로 총 다섯 악장으로 구성되었으며, 각 악장의 표제를 통해 내러티브를 형성한다.

제1악장 '종'은 마치 우리에게 들려오는 '예고'와 같다. 해금, 피아노, 티벳 싱잉보울의 연주는 모두 종을 연상하게 하는데, 해금은 논 비브라토(Non vibrato)와 건조한 소리가 나듯(as if dry sound)의 지시어로 거친 음색을 내며, 모든 음을 글리산도로 이음으로써 종의 여운과 잔향이 남는다. 이는 피아노의 하모닉스 테크닉과 저음역의 B음, 싱잉보울의 일정한 울림도 마찬가지다. 종소리는 오랜 기간 동안 죽음의 상징, 경고 전달 등 여러 의미를 암시하기 위해 쓰여왔다. 제1악장은 대부분 피아니시시모(*ppp*)에서 피아노(*p*)로 작고 여린 음량 속에서 진행되면서 마치 우리에게 앞으로 다가올 운명을 예고한다.

제2악장 '…을 위한 한탄(작곡가 헨리크 고레츠키를 오마주하며)'은 기후변화로 인해 희생된 사람들을 추념하기 위해 추모곡인 고레츠키 〈교향곡 3번 '슬픔의 노래'〉 3악장을 오마주하였다. 고레츠키 3악장의 빠르기는 렌토(Lento)로 느리게 연주되고, 몇 개의 음이 일정한 패턴을 가지는 반복적인 진행이 두드러진다. 이를 오마주한 김유신의 2악장은 피아니시시모(*ppp*)로 전제적으로 작고, 느리게 연주되며 시작부터 끝까지 일관된 패턴으로 진행된다. 또한 반복되는 화성은 극적인 변화를 일으키거나 끝을 맺지 않고 끊임없이 하행하는 해금의 선율과 함께 서서히 작아지며 끝이 난다.

제3악장 '풍경'도 특정 형태가 반복되지만, 1악장과 같이 음색적 특징이 두드러진다. 가령 마디1-5에서는 f음이 지속음으로 진행되는 중에, E♭, D, B음이 하나씩 쌓이며 화성을 형성하고, f음으로 시작되는 반음계적 스케일로 변형되는 구조로 전개된다. 즉 한 음에서 파생되는 음형들은 유기적인 발전을 일으키며 음색이 점진적으로 변화된다. 또한 다이내믹이 전반적으로 피아노로 진행되지만, 갑작스러운 스포르찬도(*sf*) 또는 피아노에서 스포르찬도로 빠르게 변화하는 반음계적 스케일은 역동감을 통해 미래에 대한 암울한 인상의 스산한 풍경을 암시한다.

제4악장 '…그리고 거기엔 오로지 쓰레기통-찬가'는 프로코피에프의 '전쟁 소나타'라고 불리는 〈피아노 소나타 7번〉을 부분 발췌하고, 유사한 리듬형으로 진행되기도 한다. 대부분 피아노를 타악기적으로 활용하고, 유리병 타악기로 빈 깡통 사운드를 구현함으로써 쓰레기만 굴러다니는 황폐한 세상을 보여준다. 마지막 5악장 '황무지는 꿈을 꾸었다'는 종처럼(like a bell)의 지시어와 함께 1악장과 유사한 형태로 진행되는 수미상관의 구조로 '종'의 상징을 강조한다.

이렇게 〈텅 빈 세계〉는 앞으로 일어날 일들에 대한 '운명' 또는 '예고'에서부터 시작하여 달라질 환경과 황폐한 세상으로, 현실의 우려와 과정을 암시하고 있다. 극적인 발전 및 변형이 없는 음악 구조, 음악적 재료의 단순화, 피아노에 머무는 다이내믹, 반복, 같은 음을 유지하는 타악기, 해금의 거친 음색 등의 음악적 특징은 '정체됨'을 암시하며 우리 세계 현실의 불확실성에 대한 예고 그리고 이런 상황에 저항할 수 없는 무력감과 황폐해진 '텅 빈 세계'의 현실을 보여주고 있다.

김유신의 음악은 무념과 체념의 시선에서 세상을 바라보고자 한 그의 의도를 여실히 드러낸다. 그러나 작품의 시작과 끝에서 반복적으로 나타나는 '종'의 상징은 단순한 체념을 넘어, 지속적인 경고와 경종을 울리고 있다. 이는 절망적인 상황 속에서도 우리가 할 수 있는 역할이 무엇인지 포기하지 않고 고민해야 한다는 작곡가의 잠재의식적 메시지일지도 모른다.

[연주영상 보기]

Hueco Mundo(2023)

for Haegeum, Piano and Percussion

Youshin Gim
(1997)

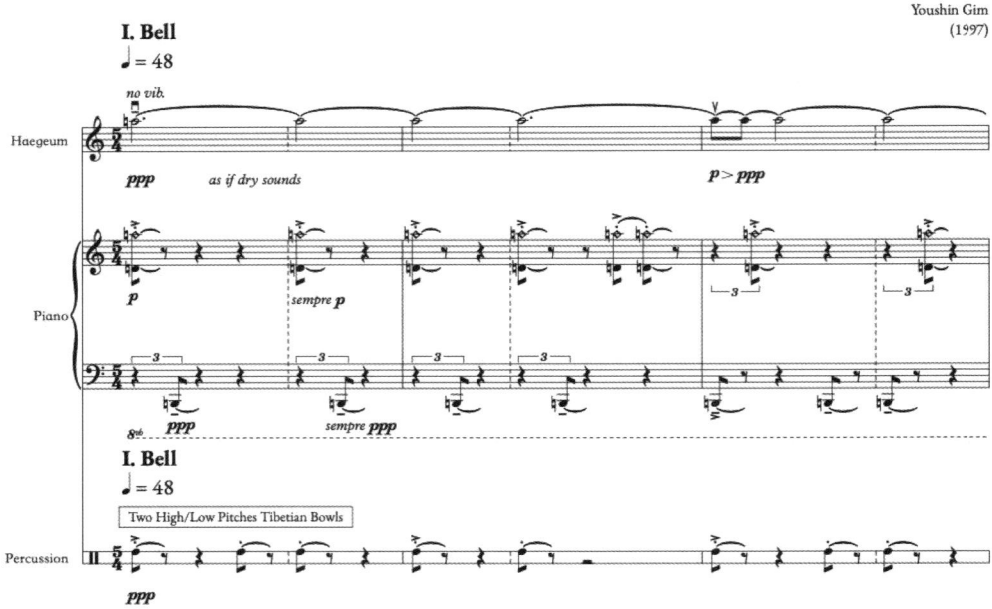

환경과 자연: 조화와 공생의 류流

김주희: 작곡가님의 음악관, 음악철학에 대해 말씀 부탁드리겠습니다.

- 김유신: 사실 아직은 뚜렷하지 않은 시기라고 할 수 있을 것 같습니다. 지금은 여러 가지에 많은 관심을 두고 있습니다. 음악을 한 가지의 관념이나 개념으로 접근한다기보다는 여러 각도에서 받아들이고, 여러 방향으로 발전시키는 것을 추구합니다. 그러다 보니 거의 작업을 할 때마다 이전 작품과 차별화를 하려고 하는 경향이 있습니다. 예컨대 '굿'에 대한 저의 작품인 〈강림〉이라는 작품을 쓴 후에는 문화를 바꿔서 이집트와 관련한 작품을 쓸 수 있는 것이죠. 이야기를 나누다 보니까 지금으로서는 '다양한 관점'이라는 단어가 제 음악을 표현할 수 있을 것 같아요.

김주희: 시기별로 영향을 끼쳤던 음악적 상황이나 인물들이 있으실 것 같습니다.

- 김유신: 일단은 초등학교 때로 돌아가야 할 것 같아요. 저는 사실 음악을 시작하게 된 계기가 베토벤이었어요. 특히 베토벤의 〈피아노 협주곡 5번〉을 듣고 너무 재미있었습니다. 당시에 모차르트랑 베토벤을 제일 좋아했는데, 베토벤을 한 번 듣고 나니까 모차르트에 대한 공부가 소홀했던 기억도 있습니다. 중고등학교 때는 정말 많은 작곡가들을 배웠던 것 같아요. 그 중에서도 브람스를 가장 많이 배웠어요. 대학생 때는 학교에서 가르침을 받았던 선생님이 프랑스적인 경향에 집중하시긴 했지만, 그것과는 무관하게 제가 그런 쪽을 좋아해서 음색에 대한 탐구에 집중을 한 것도 있습니다. 사실 독일에서는 재료에 대한 개념이라든지, 구조적인 개념들을 많이 다룹니다. 구조를 컴퓨터 계산하듯이 세우는 경향도 있고요. 물론 저도 그런 작품을 굉장히 좋아하지만, '음'을 다루는 데에 있어서 음색에 대한 탐구를 선호하는 편입니다. 또한 제가 독일로 오기 전에 스페인에서 1년 머물게 되었는데, 그때 만났던 선생님도 프랑스 양식과 스페인 바스크 지방의 음악들을 결합해서 작곡하셨습니다. 제가 지금까지 만나온 작곡가님들에게 영향을 받았다고 할 수 있을 것 같아요.

김주희: 작곡가님의 작품 목록을 살펴보면 표제음악이 상당수를 차지하는 것 같습니다. 아이디어를 소리로 만드시는 과정이 궁금합니다.

- 김유신: 제목을 정해놓고 작품을 쓰기도 하지만, 반대로 써놓고 제목을 정하는 경우도 있어요. 제 작품 중 〈돌이킬 수 없는〉 같은 경우에는 전통 음악에 관심이 많아서 1900년대 자료를 찾아서 선율을 구성하기 시작하였습니다. 작품에 쓰인 선율 자체가 이미 녹음이 되어 있던 선

율이라, 그 선율을 악보화시키고 그다음에 구조를 만듭니다. 선율이 처음부터 단편적으로 나오는 게 아니라 나중에 온전한 형태로 나타나기까지의 과정을 염두에 두는 경우가 많습니다. 또한 제가 작품을 쓰면서 중요시하는 것은 '반복'입니다. 사람이 음악을 듣는 경향에 있어서 '반복'을 중요한 개념으로 생각하기도 하고, 특정 반복을 통해서 통일성을 부여하고 싶기도 합니다. 악기를 고를 때는 가능하면 다양한 음역대와 보편성을 고려합니다. 특히 '보편성'은 악기를 선정할 때 항상 생각하는 부분입니다. 많은 음악제를 다니면서 아쉬웠던 것 중 하나는 작품이 보통 한 번만 연주되고, 다음에는 연주가 안 되는 경우가 생각보다 많다는 것이었습니다. 저는 작품이 언제, 어디서든 연주가 될 수 있게 준비가 되어 있는 것도 중요하다고 생각합니다. 그래서 저는 악보를 받았을 때 바로 연주를 올릴 수 있는 악기 선정을 선호하는 편입니다.

김주희: 유튜브에서 작곡가님의 〈렉처콘서트〉 영상을 찾아보았습니다. 청중에게 작곡가가 상상하는 것, 작곡가가 소리를 어떻게 끌고 가는지 여러 이야기를 해주신 것이 흥미로웠습니다.

- 김유신: 네, 저는 우선 현대음악이 과연 우리에게 어떤 의미가 있는가에 대해서 작곡가님들이 같이 상상을 했으면 좋겠다는 생각이 듭니다. 작품이 현실에서 가지는 의미가 무엇인가에 대해서 생각을 하는 게 굉장히 중요한 것 같아요. 또한 저도 많은 음악회들을 가봤지만 아

쉬웠던 점 중에 하나가 작곡가와 청중들이 이야기할 시간이 없다는 것입니다. 베니스 비엔날레라든지 혹은 스페인 마드리드 Fundacion Juan March 재단에서 운영하는 공연 같은 경우에 약 20-30분 정도 작곡가와 이야기하는 자리가 있습니다. 이와 같이 작곡가의 의견을 들을 수 있는 게 많이 활성화되어야 한다는 생각이 있고, 작곡가도 사람들에게 작품을 이야기할 수 있는 자리가 활발해졌으면 좋겠다고 생각합니다. 이제는 조금 나아가서 이야기를 하는 시대가 왔다고 생각해요. 오늘날 유튜브에서 유명가수들이 노래하는 뮤직비디오 같은 경우에도 영상 해석, 가사의 뜻, 소품이나 인물 움직임의 의도가 무엇인지 유튜브로 분석 및 소개해 줍니다. 이를 보면서 느꼈던 것은, 우리도 대중에게 조금 더 가까이 다가가는 게 중요하지 않을까 생각이 듭니다. 그럼에도 불구하고 작품으로서의 가치는 그대로 두어야 합니다. 이를 유지할 수 있으면서 접근 방식에 대해서 여러 가지를 생각해 보는 게 필요한 것 같습니다.

김주희: 평소에도 자연이나 환경 문제에 관심을 갖고 계셨는지요.

- 김유신: 네, 저는 강원도에서 자랐기 때문에 항상 산과 숲에 둘러싸여 있었습니다. 그런데 저는 자연과 환경 문제에 대해서 강력한 목소리를 낸다기보다는 '작곡가로서, 예술가로서 내가 할 수 있는 일이 무엇인가?', '내가 현실적으로 반응하는 게 무엇이 있을까?'에 대해 생각합니다. 자연과 환경 문제에 대해서 개인이 할

수 있는 일은 굉장히 한정적입니다. 그래서 〈텅 빈 세계〉도 그저 바라볼 수밖에 없는 사람의 시선을 담은 작품이라고 할 수 있습니다. 내가 잘하는 것도 중요하겠지만, 다 같이 잘하는 게 중요하잖아요. 우리가 또 살면서 할 수 있는 일이 무엇이 있을지, 어떻게 하면 다 같이 협력을 하고 이야기하며 나아갈 수 있는 방향이 있을지 생각해 보는 게 중요한 것 같아요.

김주희: 〈텅 빈 세계〉의 편성은 해금, 피아노, 타악기입니다. 이 악기들을 편성으로 둔 이유가 있으신지요.

- 김유신: 사실 이전에 편성 리스트를 받아 놓은 게 있었는데, 그 안에서의 조합을 어떻게 하면 좋을지 생각했습니다. 그런데 저는 서양악기, 국악기라는 관점에서 벗어나려고 했던 면이 있습니다. 진은숙 선생님 같은 경우에도 생황을 동양적인 악기로 본다기보다는 음색적인 면에서 바라보시는 면이 많으시잖아요. 저는 그 아이디어에 전적으로 동의하는 편입니다. 서양악기와 국악기를 구분하기보다는 단지 '악기'로서 접근하고자 하였습니다. 그리고 해금이 서양 악기같이 평균율로 조율되어서 정확한 음정이 나오는 게 아니다 보니 쉽지 않았습니다. 그렇지만 오히려 해금 자체의 캐릭터를 부각한다기보다는 해금, 피아노, 타악기의 조합을 더 중요하게 봤던 것 같아요.

김주희: 작곡가님의 최근의 음악적 관심사가 궁금합니다.

- 김유신: 관심을 두고 있는 것은 굉장히 많지만, 최근에는 사회적 또는 정치적 이슈에 관해 중점을 두고 있는 편입니다. 복잡한 이슈라기보다는 우리 사회에서 전반적으로 갖고 있는 문제들이 어떤 것들이 있는지 살펴보고, 일종의 비판이 될 수도 있고 동시에 자아 성찰이 되는 작품들을 주목해서 보고 있습니다. 제가 지금 학교에서 가르침을 받고 있는 슈테판 프린스(Stefan Prins) 교수님의 제너레이션 킬(Generation Kill) 작품이 있는데, 굉장히 재미있는 건 이 작품이 연주될 때 게임기를 활용한다는 것입니다. 게임을 하다 보면 일상에서 하지 못했던 일이 벌어지다 보니까 전쟁에 대한 심각성을 가볍게 인지할 가능성이 있습니다. 이런 부분들에 경각심을 주고자 게임기를 활용하셨더라고요. 이 작품을 보면서 작곡이라는 게 어떤 의미를 가지는가 생각하게 되었습니다. 단순히 작품을 쓰는 것을 넘어서, 작품을 하는 행위에 대해서 생각을 많이 하고 있습니다.

김주희: 음악뿐만 아니라 여러 현상에 대해서 늘 고민을 하고 계시는 모습이 가장 마음에 와닿는 것 같습니다. 진솔하게 이야기해 주셔서 감사드립니다. 작곡가님의 앞으로의 창작 활동을 진심으로 응원하겠습니다!

작곡가 박명훈

박 명 훈

베이스 플루트, 바리톤 색소폰 그리고 피아노를 위한 〈오염된 땅〉

글 · 이민희

박명훈(1980-)은 이성적인 음향의 직조자인 동시에 뚜렷한 문제의식을 갖고 청중에게 다가서는 폭넓은 스펙트럼의 작곡가다. 한양대학교 작곡과를 졸업하고 독일 쾰른국립음악대학교에서 작곡 디플롬 및 어쿠스틱 악기 작곡과 전자음악작곡 석사과정을, 뒤셀도르프 로베르트 슈만 국립음악대학교에서 최고작곡과정을 마쳤다. 2013년 〈퍼즐하우스〉로 한국인으로서는 최초로 윤이상국제작곡상 대상을 수상했으며, 이외에도 2004년 제26회 창악회 주최 콩쿠르 최우수상, 2004년 제2회 ACL-Korea 신인콩쿠르 대상, 2005년 제31회 중앙음악콩쿠르 작곡 부문 1등, 2016년 토루타케미츠작곡상 2등, 퀸엘리자베스 작곡콩쿠르 결승 진출 등으로 주목받았다. 국립심포니오케스트라의 상주작곡가로 활동했으며, 현재 한양대학교 교수 및 앙상블아인스(Ensemble Eins)의 예술감독이다.

정교한 사운드를 기반으로 한 가독성이 좋은 음악

다양한 유형의 현대음악이 범람하는 21세기, 그 누구보다도 정교하게 수공예적인 방식으로 리듬과 음향을 다루는 작곡가들이 있다. 박명훈도 그 중 하나다. 활동 초기에서 현재에 이르는 박명훈의 작곡 궤적 안에서, 그의 음악을 관통하는 구조나 논리의 일부는 변화했다. 하지만 그 중심에는 늘 정교하게 만든 음향이 놓여 있었다. 인상적인 것은 그가 '직조한 음향'을 다루는 방식이다. 박명훈은 이런 음향을 그저 나열하지 않으며, 자신만의 세계에 갇힌 채 구조 안에만 침잠시키지도 않는다.

예컨대 박명훈은 청중이 곡을 들을 때 작곡가의 의도 '안'에서 작품을 듣고 이해할 수 있도록 음향을 제시한다. 난해한 소리 뭉치를 들려주되 이를 특정한 맥락에 배치하는 것이다. 이 과정에서 특수주법으로 구성된 음향들이 반복되기도, 그러는 가운데 구조와 주제 의식이 뚜렷하게 드러나기도 한다. 비교적 최근 작품들 안에서 나타나는 이러한 경향은 음향이나 기법에 대한 작곡가 개인의 탐색이 어느 정도 마무리되었음을, 그리고 본격적으로 '무언가'를 청중에게 말하기 시작했음을 의미한다.

섬세하고 독특한 음향의 직조

박명훈의 작품을 처음 접하고 드는 인상 중 하나는 이색적인 편성이 주는 신선함이다. 이를테면 〈조우〉(2014)는 알토 플루트, 잉글리시 호른, 바이올린, 비올라, 콘트라 베이스, 〈ORNA〉(2021)는 바이올린, 트롬본, 피아노의 구성이다. 한발 더 나아가 박명훈은 이러한 흔치 않은 구성에 특수주법을 다채롭게 결합함으로써 독특한 음향을 만들어 낸다. 2013년 비올라를 위한 작품을 시작으로 특정 악기가 가진 특수한 소리를 중점적으로 연구한 시리즈를 발표한 것이 대표적이다. 이를테면 베이스 클라리넷 솔로를 위한 〈모드 iv〉는 음색변화를 중심으로 하는 미세한 음정의 프레이즈를 등장시키며, 베이스 클라리넷의 개성적인 소리와 주법을 효과적으로 활용한다. 이러한 작업들에는 전통적인 실내악 작법뿐 아니라 악기 각각의 구조와 연주 방식에 대한 심층적인 이해, 그리고 소리의 조합에 관한 실질적인 경험이 필수적이다.

이처럼 박명훈이 다채로운 편성을 기반으로 섬세하고 독특한 음향을 직조하는 이유를, 그가 현대음악 연주단체의 예술감독이라는 점에서 일부 찾을 수 있을 것이다. 박명훈은 2013년 '앙상블아인스'를 결성하고 공연을 기획하는 것은 물론 연주회에서 본인의 작품을 다수 발표했다. 난해한 현대음악을 고도의 테크닉으로 연주하기로 유명한 해당 앙상블을 이끌었기에, 다채로운 악기조합에 관한 오케스트레이션이 풍부해지는 것은 당연한 수순이었으리라.

사실상 현대주법으로 가득 찬 음악들이 어디에서 들어본 듯한 '낡은 클리셰'일 경우가 많다는 것을 떠올려보면, 박명훈이 만들어 내는 생동감 있는 프레이즈들이 유독 돋보인다. 악기법에 관한 실질적인 탐구와 이해가 난해한 사운드 속 '신선함'과 '창의성'을 담보하는 것이다.

이해 가능한 범위에서 소리를 펼쳐내는 작업들

작품을 작곡한 시기나 작품 유형에 따라 차이가 있지만, 박명훈이 최근 발표하는 몇몇 곡들은 '가독성'이 무척 좋다. 이를테면 박명훈은 최근 '타이머'(TIMER, 2023-24)라는 제목으로 환경문제를 다루는 일련의 실내악 시리즈를 발표했다. 이 안에서 그는 노골적으로 환경 이슈를 드러낸다. 이를테면 전자음향 등으로 멸종위기에 놓인 동물의 소리를 재현한다든지, 일종의 음악 외적인 '행위'를 통해 주제의식을 공표한다든지 하는 식이다. 더 나아가 '타이머' 시리즈의 특정 작품에서는 연주자가 무대 위에 촛불을 들고 나오기도 하며, 연주자의 입퇴장 시에도 그 방식과 순서에 차등을 둠으로써 의미를 생성해낸다.

한편, 박명훈의 몇몇 작품은 독특한 음향을 이해하기 쉬운 구조나 반복 안에 전개시킨다. 타이머 시리즈 중 세 번째 작품인 피아노 독주를 위한 〈전환〉(2024)에서는 음역이 나누어진 채 고음의 강타와 중음부의 트레몰로가 두드러지는 가운데 반복이 주요하게 활용되었다. 한편 인성과 테이프를 위한 〈바다의 메아리〉(2023) 역시 환경문제를 전면에 드러내는 작품으로, 감미로운 성악 선율과 전자음향의 2성부 진행이 인상적이다. 이러한 음악들은 보다 많은 청중을 현대음악의 세계로 끌어들인다.

베이스 플루트, 바리톤 색소폰 그리고 피아노를 위한 〈오염된 땅〉
('Contaminated Land (from TIMER)' for Bass Flute, Baritone Saxophone and Piano, 2024)

무언가의 '소멸'에 관한 음악적 체험

기후와 환경문제에 관심이 많은 박명훈은 최근 '타이머'라는 실내악 시리즈를 발표하고 있다. 2023년에 이미 시리즈의 2곡을 선보였으며, 새로운 세 곡을 더해 2024년 6월 10일 반포심산 아트홀에서 개인작곡발표회 '어쿠스틱 앙상블과 멀티미디어 프로젝트 '타이머''로 청중을 만났다. 이 공연에서는 '타이머' 시리즈의 총 다섯 작품이 연주되는 가운데, 작품과 작품 사이에 전자음향이 삽입되어 마치 모든 곡이 하나로 이어져 있는 듯한 흐름을 연출했다. 네 번째로 연주된 〈오염된 땅〉은 베이스 플루트, 바리톤 색소폰, 피아노를 위한 작품으로, 무대 뒤편에는 붉은 이미지가 투사된 채 공연이 진행됐다.

〈오염된 땅〉은 크게 네 부분으로 나누어진다. 첫 번째 부분은 플루트와 색소폰의 플러터 텅잉과 드론(drone sound) 형태의 전자음향이 지배적이다. 특히 플루트와 색소폰은 키사운드, 슬랩텅잉 등 특수주법을 다양하게 구사함으로써 리듬이 불규칙한 노이즈 층을 만든다. 피아노는 낮은음을 페달과 함께 눌러 사실상 선율을 제시한다기보다는 이러한 소리를 후면에서 받쳐주는 반사판 역할을 한다. 다만 음악 전체는 시간의 흐름에 따라 '소음'에서 '선율과 화성'의 조합으로 점진적으로 전환된다. 점차 특정 음높이가 강조되고 선율로 인지할 수 있는 프레이즈가 늘어나며, 특히 피아노에서는 화음이 청취되기 시작한다.

두 번째 부분에서는 간헐적으로 등장하는 고른 리듬이 특징이다. 색소폰은 32분음표로 구성된 모티브를 연주하는데, 이어 피아노와 플루트도 동일한 음가의 연속으로 구성된 프레이즈를 들려준다. 악기마다 각기 다른 음가의 조합을 반복하기도 하며, 점차 촘촘한 리듬의 진행을 만든다. 특히 몇몇 악기가 겹쳐지며 부분적으로 격양되는 진행을 할 때면 전자음향이 강하게 부각되며 급격한 고양감을 만든다. 이렇게 긴장도를 높였다가 다시 소강상태에 이르는 프로세스를 반복하며, 전반적으로 작품 전체의 몰입감을 높인다.

세 번째 부분은 일종의 클라이맥스로 볼 수 있을 것이다. 색소폰과 플루트가 32분음표로 연주하는 빠른 패시지로 시작되는 부분으로서, 특히 베이스 플루트와 색소폰이 만드는 프레이즈의 연주 효과나 악기 소리 자체가 꽤 또렷하게 다가와 가독성이 좋다. 특히 이런 모든 제스처들은 정지된 화성적 배경 위에서 전개되는데, 이 때문에 어떤 측면에서는 연주자들이 프리재즈의 즉흥연주를 하는 것처럼 느껴지기도 한다. 불규칙한 어택들, 그 사이에 삽입되는 지속음들, 플루트의 플러터 텅잉, 피아노의 오스티나토와 화음 등이 다채롭게 결합하는 것이다. 전자음향은 이 모든 흐름의 끝에서 사운드 전체를 감싸며 증폭된 소리로 섹션을 끝맺는다.

네 번째 부분은 코다로 볼 수 있는 작품의 마무리이다. 이제까지의 강렬한 흐름을 뒤로 하고 피아노가 낮은 D음을 여러 번 강하게 내리친다. 이 위로 분절적인 관악기 소리가 등장한다. 관악기 연주자들은 다양한 특수주법을 구사하고 선율로 인식되기 어려운 소리 파편을 들려주며, 다시 첫 번째 부분으로 회귀한 느낌을 준다. 이어 피아노가 두 옥타브 이상 벌어진 단3도(17도) 음정을 아주 느리게 연타한다. 흥미로운 것은 단3도 음정 자체가 마치 조성의 시대에 자주 연주됐던 '장송행진곡'처럼 들린다는 점이다. 여기에 더해 관악기 연주자들이 무대에서 천천히 퇴장하는 '액션'을 취한다. 이 지점에 이르면 이 음악은 무언가에 대해 '선언'을 하는 퍼포먼스처럼 다가온다.

〈오염된 땅〉에서는 작품의 처음에서부터 끝까지 음향적으로 독특한 모티브들을 명확하게 제시하고, 특수주법이 많음에도 잉여되거나 불필요한 음 없이 모든 소리가 작품의 유효한 구성 요소로서 기능한다. 특히 네 번째 부분에서는 단 3도의 느린 강타가 총 11번 반복되는데 이는 12번이라는 시간의 '끝'을 단 한 번 남겨둔 시점을 표현한다. 지구를 살릴 시간이 많지 않음을 음악적 시간으로 암시하고, 연주자의 퇴장이라는 행위를 더해 '죽음' 혹은 무언가의 '소멸'이라는 느낌을 자아내는 것이다. 이는 곡이 최초의 순간에서부터 최후반부에 이르기까지 긴장감을 촘촘히 쌓아 올리고 밀도를 조절했기에 가능한 감각이다. 그렇게 결국 모든 이가 퇴장하고 '단 3도'만 남겨진 무대를 보며, 우리가 겪고 있는 전지구적인 '소멸'을 직관적으로, 무엇보다도 '음악'으로 체험할 수 있다.

[연주영상 보기]

à Byungchul Oh, Taeyoung Kim & Haesung Yoon

Contaminated Land (from TIMER)

for Bass Flute, Baritone Saxophone and Piano

Myunghoon Park (2024)

작곡가가 너무 추상적으로 가버리면 청중이 어려울 수 있잖아요? 좀 더 같이 공유할 수 있는 그런 음악으로 가야 할 필요성이 있다는 생각을 하고 있는 상황이에요. 그래서 제 가장 최근 작품인 '타이머' 시리즈에서는 시계초침 소리, 물 떨어지는 소리 등 구체적인 소리를 직간접적으로 적극 활용했어요.

이민희: 활동 초기에 비해 최근에는 작품 경향 등이 확장되었다는 생각이 듭니다. 이에 대해 어떻게 생각하시는지요?

- 박명훈: 얼마 전까지는 제 곡의 미학적 방향이 굉장히 디테일을 따지고, 미세한 것들까지 구현하는 것에 초점이 많이 잡혀 있었어요. 물론 그로 인해 연주가 까다로운 건 수긍할 수 있지만, 곡의 이해가 어렵다고는 생각하지 않아요. 그런데 시간이 지나면서 생각이 바뀌었어요. 그런 것도 중요하지만 좀 더 전달력이 있는, 나의 메시지가 잘 드러나는 것이 중요하다는 생각이 드는 거예요. 그래서 어렵지 않으면서 좋은 음악을 써야겠다 생각을 하게 되었죠.

변하는 시기 같긴 하거든요. 음악이라는 것이 물론 아는 만큼 들리는 거라고는 생각합니다. 하지만 좋은 음악은 그런 전문지식이 없다 하더라도 어느 정도 이해가 가능하다고 생각합니다. 음악에 여러 가지 공부한 것들이 배어 있고, 이를 토대로 작품을 쓰는 것은 맞습니다. 하지만 꼭 뭐가 있어야지만, 마치 퀴즈를 풀듯이 작품에 무엇이 보이고 이런 수수께끼 같은 것은 시대가 지났다고 생각합니다.

이민희: 언급하신 변화 한가운데에 '청중'이 있습니다. 청중을 어떻게 생각하시는지요? 선생님 작품의 청중이 누구라고 생각하면 될까요?

- 박명훈: '대중'을 청중으로 생각하지는 않아요. 대중을 상대로 음악을 이해시키기 위해서 난이도를 낮추거나 하는 것도 물론 아닙니다. 전문지식이 없는 사람들도 음악을 들었을 때 음악의 흐름이라든지 이 작곡가가 이야기하고자 하는 것이 전달되는 것이 중요하다고 생각해요.

저는 음악을 듣는 사람들 중에서 마음이 열려 있는 사람이 청중이라고 생각합니다. 고전음악만 고수하는 분들이 있잖아요? 그분들까지도 제 곡을 좋아해 주시면 정말 좋겠지만, 저는 그렇게까지는 기대하지 않습니다. 대신 새로운 음악으로 청취를 확장하고 싶은 사람들, 공부하는 사람들이나 같은 분야에 있는 사람들, 더 나아가 전문지식이 없거나 이쪽에 종사하지 않는 분들 중에서도 음악·미학적 방향에 열려있으신 분들, 그리고 현대예술에 관심이 있으신 분들이 청중이라고 생각합니다.

이민희: '앙상블아인스'라는 현대음악 단체를 이끌고 계십니다. 아인스가 국내의 다른 현대음악 앙상블과 차별화되는 점이 있을까요?

- 박명훈: 2013년에 아인스를 시작했는데, 그때 당시 한국은 해외 현대음악 작품 연주가 활발하던 시기는 아니었던 것으로 기억합니다. 유럽의 좋은 음악을 한국에 알려야 한다는 생각이 있었어요. 결과적으로는 아인스로 인해 국내 청중에게 유럽 최신의 현대음악을 들을 수 있는 기회가 어느 정도 생겼다고 생각합니다. 일단은 세계 어느 작곡가의 음악을 가져와도 문제없이 연주할 수 있는, 즉 연주력과 이해력을 갖춘 단체를 만드는 것이 목표 중 하나였습니다. 실제로 아인스가 연주했던 곡들 중에는 극도로 난해한 작품도 있거든요? 그런 곡은 절대로 리허설 세 번만 해서 무대에 오를 수 없어요. "이 작품에 도전해 봅시다"하고 정말 수많은 연습을 했고, 소화하려고 애썼습니다. 누가 시켜서 하는 것이 아니라, 연주자들 스스로 이런 곡을 잘 연주하려고 노력해요.

이민희: 작품에서 활용하는 주요 작곡방식이 궁금합니다.

- 박명훈: 저는 소리의 조각을 가지고 작업하는 것을 선호합니다. 어떻게 보면 레고 같다고 할까요? 레고도 서로 다른 색깔의 블록을 맞춰서 하나의 면을 만들지요. 다만, 저는 블록 형태를 쌓아 '꼭 맞아떨어지는 무언가'를 만드는 것을 '백 점'짜리로 보지 않습니다. 즉 밋밋한 면이 아닌, 블록이 삐죽 삐져나오기도 하는 데에서

오는 어떤 재미, 그런 불규칙한 요소를 좋아합니다. 중요한 것은 제가 어느 정도의 규칙성 안에 존재하는 불규칙한 것을 선호한다는 사실입니다.

그 차이들을 감각적으로 세팅해서 거기에서 만들어지는 묘미를 즐깁니다. 그리고 이런 지점이 다른 작곡가의 작품과 제 작품을 구분시키는 것 같아요. 특히 제 작업에서는 블록 형태의 작은 파편을 모아 음향적인 부분을 만들기도 하는데, 이런 지점이 일반적인 다른 작곡가의 작업과 다른 면이라고 생각합니다.

이민희: '블록'이란 것, 그리고 블록의 활용에 대해 조금만 더 자세히 설명 부탁드립니다. 전통적인 모티브 발전 방식과 어떤 차이가 있을까요?

- 박명훈: 블록이란 건 음악의 장면들 안에서의 조형(조각)들, 즉 크고 작은 음악의 단위입니다. 블록은 모티브보다는 큰 개념이라고 할 수 있을 것 같습니다. 모티브 세 개로 블록이 만들어질 수도 있겠죠? 물론 블록을 활용하는 것은 전통적인 모티브 발전 방식과 다릅니다. 블록은 발전하는 과정에서 대조를 좀 더 과감하게 해주고, a와 b가 있다면 이들의 대조 자체가 하나의 블록이 되기도 하고요. 블록의 경우 전통적인 선율 위주의 주제적 발전보다는 조금 더 단위를 반복적으로 활용하게 되는 것 같아요. 블록을 미리 작곡해 두는 것은 아닙니다. 시작하는 블록을 가지고 엮어가며 발전시키고, 또 재사용하고 변형시킵니다. 활용적인 측면에서 그 모티브가 가지고 있는 특성을 날것으로 드

러내기도 하고요. 이 블록들이 살아 있고, 또 크고 작은 단위로 발전해 가는 과정에서 음악을 끌어가는 주체가 될 수 있도록 합니다.

이민희: '타이머' 시리즈를 비롯하여 몇몇 곡에서는 현대음악에서 의외로 보기 힘든 규칙적인 리듬의 활용, 즉 '펄스'가 등장합니다. 펄스를 어떻게 사용하시는지요?

- 박명훈: 펄스가 느껴지는 단위도 일종의 큰 블록으로 볼 수 있거든요? 이 펄스를 규칙적으로 줄 때도 있고, 불규칙하게 주기도 하고, 생략하기도 하고요. 또 펄스에는 어택이 들어가는 지점이 있잖아요? 이 경우 이 어택으로 음악의 '각'을 만듭니다. 예컨대 어택을 이야기하고자 하는 것의 어떤 지점들로 사용하는 것이죠. 조형을 만들어 내는 지점들로요. 특정 꼭지점을 통해서 그다음 이야기로 넘어가기도 하기 때문에, 이런 어택이 단위를 나누는 역할도 합니다. 물론 어택 자체를 들려줄 수도 있고, 어택이 만들어 내는 소리가 성부로 사용될 수도 있습니다.

이민희: 〈낮과 밤〉(2022) 등의 몇몇 작품에서는 미술에서 받은 영감을 음악화하셨습니다.

- 박명훈: 저는 미술작품 등 시각적 요소를 음악화시키는 작업을 꽤 오랫동안 해왔어요. 제가 그림을 좋아하기도 했고, 특히 추상적인 그림에서는 그 안의 특정 요소를 '직접적으로' 가져오려고 했습니다. 반대로 그림이 추상적이지 않고 직접적인 것이라면, 이를테면 두 명이 앉아있는 그림이라면, 거기에서 보고 느낀 감정을 추상적으로 표현하는 식으로 작업을 합니다.

이민희: 최근 작업에서는 공연 중에 행위, 즉 '액션'이 포함되어 있습니다. 이러한 측면은 은근히 노골적이면서도 국내의 다른 현대음악에서는 볼 수 없는 요소입니다.

- 박명훈: 액션뿐 아니라 이와 같은 시각적 요소의 '구현적' 활용이 현대음악이 새롭게 발전해 가는 흐름 중 하나 같아요. 듣기만 하는 것보다는, 눈으로 보이는 것이 전달력적인 측면에서 필요하다고 생각합니다. 꼭 필수적인 것은 아니지만요. 액션이 있거나, 스크린을 띄우거나, 무용수가 나오거나 등등 이러한 것들이 초반에 말씀드렸던, 전달력 있는 메시지를 위한 장치의 일종이고 그 활용이라고 생각합니다.

'타이머'라는 제목으로 가장 최근에 작업한 작품이 있는데, 다섯 가지의 환경메시지를 담고 있어요. 첫 곡에서는 현악사중주 주자들이 무언가를 던지는 액션이 등장하는데, 이것은 우리가 자원을 쉽게 쓰고 버리는 것을 나타냅니다. 그리고 마지막 곡에서는 무대에 초가 세팅되고, 또 하나의 초를 가져와서 무대 가운데에 놓습니다. 이것은 고래가 '또다시' 죽었음을 의미합니다.

이민희: 음악세계에 대한 깊은 이야기 나눠주셔서 감사드립니다.

작곡가 **이문희**

이 문 희
〈재활용 협주곡〉

글 · **이예지**

익숙함에서 벗어나 낯섦으로 새로움을 추구하는 작곡가 **이문희**(1984-)는 한양대학교 작곡과를 졸업하고, 독일 뤼벡국립음악대학교에서 석사를, 뮌헨국립음악연극대학교에서 최고연주자과정을 취득했다. 그는 삶 속에서 익숙한 소리에서 탈피하여 예상치 못한 신선함을 줄 수 있는 소리를 추구한다. 악곡의 전체적 흐름에 있어 관습적인 음악적 전개보다는 갑작스럽고도 변화무쌍한 움직임을 의도하고, 악기 본연의 음색과 인위적으로 가공된 소리를 융합하여 색다른 느낌을 전달하는 데 주력하고 있다. 대표적인 작품으로는 〈재활용 협주곡〉(Re-cycling Concerto, 2023), 〈소릿거리〉(2017), 〈소릿거리II〉(2022), 〈우둘투둘한 흑빛〉(2019), 〈만지작거리다〉(2015), 〈불량화소〉(2012) 등이 있으며, 현재 국내외 현대음악제에서 활발하게 활동하고 있으며, 한양대학교 음악대학 작곡과 조교수로 재직 중이다.

낯선 것의 재발견

일상의 익숙한 것들 사이에서 다소 '낯선 것'은 우리에게 어떤 것을 시사하는가. 어쩌면 '낯섦'이라는 의미가 가진 이질감, 불편감으로 평범한 것들과는 거리두기를 야기할 수 있으나, 그 공간에서 바로 '새로움'이 시작될 수 있다. 작곡가 이문희는 바로 이러한 낯선 것에 대한 재고에서 아이디어를 얻는다. 그는 특히 현대음악에서 사용되는 악기에 주목한다. 우리가 흔히 음악 작품에서 접하는 현악기, 목관악기, 건반악기, 타악기 등은 특정 주법과 특정 음률을 지닌다. 그러나 사실 악기의 역사는 고대로부터 거슬러 간다면 인간이 돌을 치고 나무를 두드리고, 동물의 뼈를 활용한 것에서 유래했다. 악기의 근원을 현대음악에 접목한다면 역시 일상의 모든 것들이 악기가 될 수 있다는 새로운 시각을 얻을 수 있다. 그는 작품 〈소릿거리〉, 세 명의 타악주자를 위한 〈오브제〉에서 일상 생활용품과 한국 전통품을 악기로 사용하는 작업을 선보였고, 이를 통해 소리와 음색의 확장을 일구어냈다.

대비가 낳은 흔적의 공간에서 새로운 가능성을 모색하다

일상과 대비되는 낯선 것이 발생시키는 심리적 거리감에서 새로운 시각이 출발하듯, 작곡가 이문희는 음악 작품에서 다양한 요소들의 관계가 낳은 흔적에 초점을 두고자 한다. 그의 작품에서 가장 두드러지는 특징은 중심음과 주변음의 사용이다. 중심음은 주변음과의 관계 속에서 높은 출현 빈도를 통해 강조되며, 이는 주로 장·단 2도와 7도, 9도의 음정 관계를 통해 구현된다. 이러한 접근은 음악적 구조와 리듬감을 효과적으로 강조한다.

또한 동음을 자주 사용하여 리듬적 움직임과 밀집도를 부각시킨다. 이는 음악적 운동 에너지의 표현을 극대화하는 효과를 가진다. 그는 음의 구조를 비교적 단순하게 유지하면서도 음색, 주법, 리듬 배열의 변화를 통해 음악의 밀도와 움직임에 다채로움을 더한다. 이러한 기법은 청중이 음악의 운동성과 진행감을 더욱 극적으로 인지할 수 있게 한다.

더불어 불분명한 섹션과 분명한 섹션의 대비가 두드러진다. 악곡의 도입부에서는 명확히 알 수 없는 소리들이 모이다가 이후에 중심음이 출현하고, 강조하는 음과 음형, 리듬이 두드러지는 것이다. 또한 악기 주법의 대비도 특징적인데, 〈재활용 협주곡〉의 '경이로운 소음의 소멸'에서는 현악기에서 일반 주법과 하모닉스의 빈번한 교차, 가야금의 꾸밈음, 마림바의 급격한 음정 도약 등으로 생태계의 생동감, 예측불가함을 표현했다. 이렇게 대비되는 요소를 통해 음색의 스펙트럼을 넓히고, 선율의 굴곡과 음악의 입체성을 동시에 겸비한다.

질감의 청각화를 통한 공감각적 심상 구현

작곡가 이문희는 악기를 통해 만들어 낼 수 있는 다양한 소리, 즉 전통적인 주법에 의해 만들어지는 소리에서부터 인위적으로 가공된 소리를 구현함으로써 표현하고자 하는 대상의 외형적 특징뿐 아니라 내적 속성까지 표현해낸다. 즉 대상이 사용되는 공간적 환경과 질감이 발현하는 촉각적 특징까지 음악으로 담아내는 것이다. 그의 작품 〈우툴두툴한 흑빛〉(ungehobelter Schwarzglanz)〉에서는 흑도자기의 시각적 질감을 음악으로 구현했다. 이때 국악기인 피리, 거문고와 서양 악기인 플루트, 클라리넷, 피아노, 바이올린, 첼로를 조화롭게 배합하여 단일한 검정색에서 다층적인 색채로의 확장을 표현했다. 트릴, 트레몰로, 플러터텅잉, 농음 등 다양한 주법을 활용해 복잡한 질감의 흐름을 만들어냈으며, 이를 통해 도자기 표면의 우툴두툴함과 빛에 반사되는 영롱한 반짝임을 청각적으로 빚어낸 것이다.

또한 〈오브제〉에서는 일상의 습관과 제스처를 음악적으로 구현하는 독창적인 시도를 선보였다. 그는 스마트폰 사용에서 오는 반복적인 동작들, 예를 들어 화면을 두드리거나 문지르는 행위, 손가락을 모으고 펴는 동작 등을 음형화하여 작품의 텍스처로 활용했다. 이를 통해 음악적 운동에너지와 형태 변화를 표현했으며, 일상의 사소한 습관들이 어떻게 음악적 언어로 재해석될 수 있는지를 보여주었다. 더 나아가 〈소릿거리〉에서는 더욱 과감한 시도를 했다. 그는 다듬잇돌, 장독, 요강, 도자기, 그릇, 키, 소여물통, 한지 등 전통 민속품을 악기로 활용하여 일상의 소리와 음악적 소리, 도구와 악기, 국악과 양악의 경계를 넘나드는 융합을 시도했다. 이를 통해 한옥의 마당, 대청마루, 부엌 등 각 공간의 이미지를 청각적으로 구현하며, 청중과 소통할 수 있는 새로운 음악적 가능성을 모색했다. 작곡가 이문희의 이러한 시도들은 단순히 청각적 경험에 그치지 않고 시각, 촉각 등 다양한 감각을 자극한다.

독주 타악기와 앙상블을 위한 〈재활용 협주곡〉
(Re-cycling Concerto, 2023)

'재활용'을 '재고'하다: 경각심을 일깨우는 경고의 목소리

지구온난화는 날로 심해지고, 기후 이상에 지구는 골머리를 앓고 있지만, 카페에서 일회용 플라스틱 컵 배출량은 좀처럼 줄어들 기미가 보이지 않는다. 심각한 환경문제를 지켜보며 작곡가 이문희는 이 시대를 살아가는 사회구성원으로서 외면할 수 없었다. 그는 경각심을 일깨우는 강한 경고의 메시지를 음악을 통해 세상에 던졌다.

〈재활용 협주곡〉은 여섯 개의 모음곡(1. 플라스틱류와 앙상블을 위한 '과대포장', 2. 종이류와 앙상블을 위한 'coating', 3. 비닐류와 앙상블을 위한 '뒤집어씌운', 4. 캔 및 고철류와 앙상블을 위한 '혼재된 상흔', 5. 유리병류와 앙상블을 위한 'poco a poco accelerando', 6. 목재류와 앙상블을 위한 '경이로운 소음의 소멸')으로 구성되었으며, 각각 플라스틱, 종이, 비닐, 고철류, 유리병, 목재와 같은 재활용품 소재를 주제로 하고 있다. 특히 플라스틱 소재를 다룬 '과대포장'에서는 컴퓨터 키보드와 디지털 피아노를 마찰시키고 타건함으로써 오브제의 질감이 소재를 연상하게 하고, 캔과 고철류를 소재로 한 '혼재된 상흔'에서는 색소폰과 일렉트릭기타라는 철을 함유한 악기를 사용함으로써 청각적 사운드가 특정 소재를 암시한다. 이로써 청각적 이미지화가 일어나는데, 이때 종이, 플라스틱, 고철과 같은 소재의 질감을 악기의 음색으로 표현하기 위해 다양한 주법이 고안된 점이 인상 깊다.

첫 곡에서는 전자피아노와 키보드 자판을 두드림으로써 플라스틱이 내는 다양한 소리를 제시하고, 플라스틱 재활용품을 통에 담는 과정을 영상으로 확대 송출하여 시각과 촉각, 청각을 자극한다. 두 번째 곡은 종이를 구기고, 현악기에 종이를 끼워 활을 문지르며 두 물품의 도구적 경계가 무너지고, 새로운 질감의 소리가 구현된다. 세 번째 곡에서는 피아노와 색소폰에 비닐을 씌워 비닐 질감의 소리와 악기의 소리가 결합된다. 비닐을 구기는 연주자의 표현은 매우 직관적이었고, 닭 인형을 비닐에 넣어 테이프로 감싸는 행위는 비닐에 고통받는 지구의 많은 생명체를 연상시키며 시청각의 자극을 불러일으켰다. 다섯 번째 곡은 온실가스의 심각성에 대해 보도하는 뉴스로 시작된다. 앵커의 마지막 음절인 '스'가 성악으로 이어지고, '온, 실, 가, 스'라는 음절이 유리병의 소리와 함께 이어진다. 이때 발생하는 소리는 스프레이 가스로 인한 온실가스와 '공기'라는 측면에서 유사성을 띠며 감각의 상상력을 자극한다.

마지막 곡은 숲속의 생태계를 묘사하며 숲속의 다양한 동식물 소리, 화재로 인한 소음의 소멸, 그리고 그 후의 양상을 구체적인 음색 변화를 통해 표현했다. 가야금, 거문고가 구현하는 음색도 특징적이다. 국악기 특유의 구수한 음색과 애절한 농현, 음의 자유로운 밴딩 등이 시간의 흐름 속에서 양악기와 비슷한 텍스처를 이끌어가면서도 음색적 차이로 인해 더욱 다채로운 소리를 만들어내는 것이다. 장작이 타는 소리 이후에는 국악기와 양악기의 구분이 사라지고 마림바, 첼로, 바이올린, 피아노, 거문고와 가야금이 나무와 관련된 소리만을 형성한다. 화재 후 모든 것이 검게 그을려 통일된 이미지를 표현한 것인데, 그저 건조한 소리와 짧은 음가의 마찰음 소리는 생태계가 다시 '무(無)'의 자연으로 돌아간 상태를 구현한 것이다.

작품에서 재활용품은 단순한 폐기물이 아닌 새로운 악기로 탈바꿈하며, 이를 통해 만들어진 소리는 다시 음악이 되고, 나아가 언어적 메시지를 전달하는 매개체로 진화한다. 재활용품에서 발생하는 소리가 음악의 원료가 되고, 이 음악은 다시 환경에 대한 메시지를 전달하는 언어로 변모함으로써 음악의 경계가 확장되는 것이다. 다시 말해 '음악'이라는 장르 자체를 새롭게 재고하고 '재활용'하는 혁신적인 시도라고 볼 수 있다.

더불어 영상과 시각 매체를 활용하여 음악이 여러 차원에서 융합될 수 있음을 보여준다. 악기와 재활용품, 언어와 소리, 환경 메시지와 예술적 표현 등이 하나의 작품 안에서 유기적으로 결합하며 음악 작품이 청각적 경험을 넘어 다층적이고 복합적인 예술로 자리매김하여 다방면에서 '재활용'의 의미를 재고하게 한다. 또한 '재활용'의 개념이 음악의 영역에도 적용된 것이 흥미롭다. 전통적인 악기와 음악에 대한 고정관념에서 벗어나, 일상에서 흔히 볼 수 있는 소재들이 악기로 변모하는 과정은 그 자체로 재활용의 한 형태라고 볼 수 있다. 재활용이 기존의 폐품을 새롭게 탈바꿈되는 과정을 일컫듯이, 일상적 소재와 악기가 결합하여 하나의 음악이 되고, 새로운 주법적인 활용을 통해 음악이 완성되는 지점에서 '음악의 재활용'을 기대할 수 있다.

[연주영상 보기]

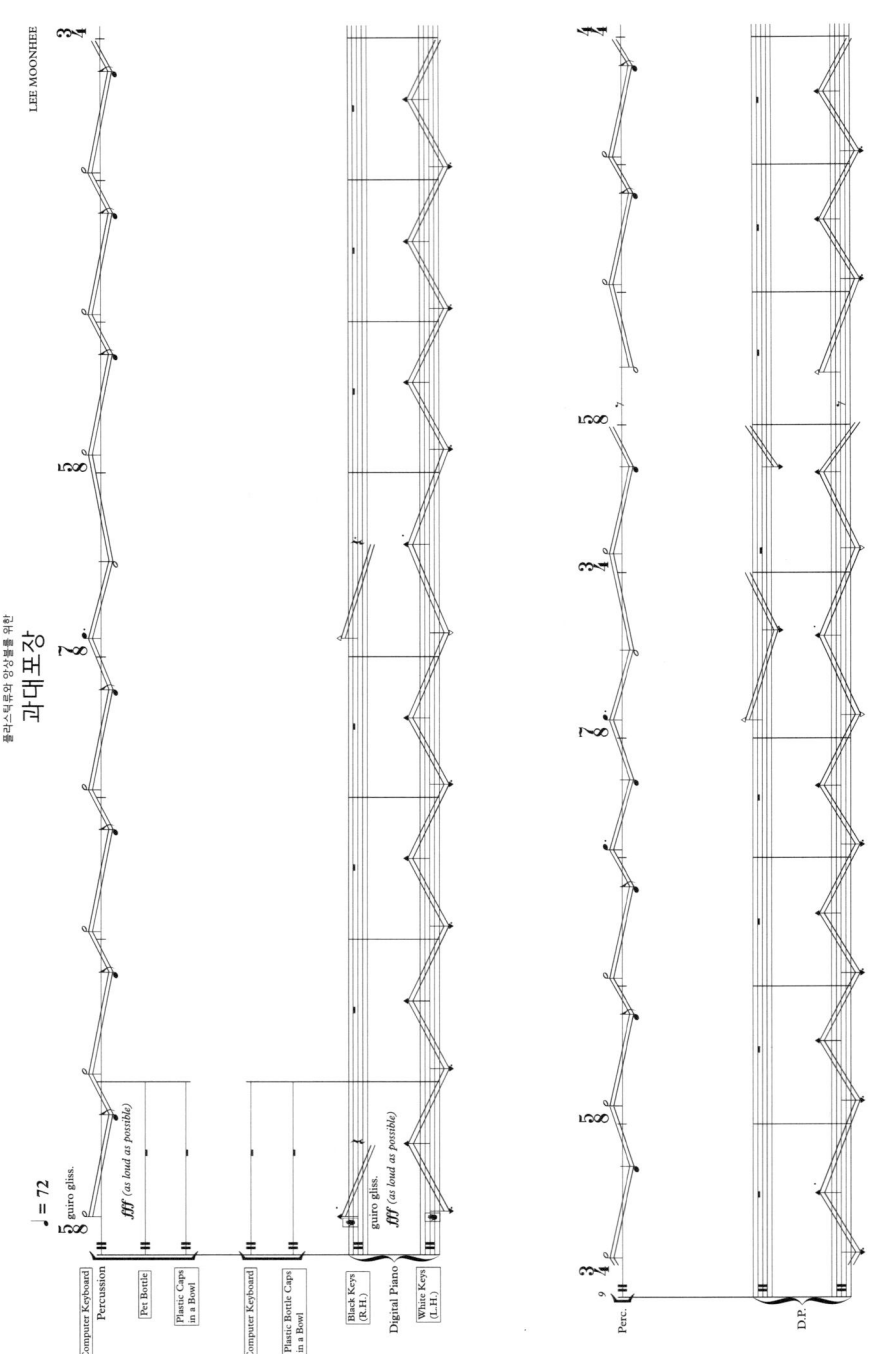

2024년 6월 29일 오전 9시
Zoom 화상 인터뷰

이예지: '환경'을 주제로 한 이 작품에서, 가장 의도하고자 한 바가 무엇인지 궁금합니다.

- 이문희: 사실 환경을 주제로 다룬 음악 작품은 매우 많지요. 저는 조금 더 직관적이고, 시각적인 의도가 노출되어 환경 문제의 심각성을 알리는 데 주력하고자 했습니다. 특히 다른 분야에 비해서 음악은 워낙 추상성이 큰 예술이다 보니 관객들에게 직관성을 띠기가 매우 어려운데, 그럼에도 불구하고 음악이라는 분야에서 환경문제의 심각성을 더욱더 알리고, 경각심을 더욱 명확하게 받아들일 수 있기를 바랐습니다. 너무나도 직접적일 수 있지만 오히려 느끼는 충격과 불편감을 강조하고자 했고, 작품에서도 생생한 현상을 드러내어 심각한 문제의식을 전달하기 위해 노력했습니다.

음악으로 어떤 의미를 직접적으로 전달하고자 하는 방식은 이전의 저의 작품에서 추구하는 방향과도 맞닿아 있지만, 이 작품에서는 환경문제를 특별히 강조하기 위해 시각적인 것, 이미지화된 것들을 담아내고자 했습니다. 예를 들어 〈플라스틱류와 앙상블을 위한 '과대포장'〉이라든가, 〈비닐류와 앙상블을 위한 '뒤집어씌운'〉은 직관성을 굉장히 부각한 작품입니다. 한편으로 〈유리병류와 앙상블을 위한 'poco a poco accelerando'〉와 〈목재류와 앙상블을 위한 '경이로운 소음의 소멸'〉은 청각적으로 직관성을 띠고자 했습니다. 전자의 경우, 오프닝에 뉴스의 '온실가스'라는 음절을 활용하여 마지막에는 '스'가 남아 스프레이와 가스의 소리와 연결하여 이어지게끔 만든 것이 그 예시이죠. 또한 '경이로운 소음의 소멸'은 앞부분에 제시된 소리들이 후반부의 장작 타는 소리와 이어지면서 완전히 타악기의 소음으로 변환됩니다. 이렇게 직관적으로 메시지를 전달하기 위해 시각과 청각을 활용하는 음악회를 기획했습니다. 사실 이지리스닝과 같이 청중들이 쉽게 이해하고 받아들일 수 있는 작업을 선호하진 않는데, 다만 이번 음악만큼은 피상적으로 환경문제를 다룬 것이 아닌, 강한 경각심과 '메세지'를 주고 싶었습니다. 이 문제는 더 이상 눈으로만 그치지 않고 모두가 함께 고민해야 하는 사회문제이며, 끊임없이 경각심을 가지고 관심을 가져야 한다는 것에 주안점을 두기 위해 모호성이 강한 현대음악이지만, 어느 정도는 이해가 쉬운 포인트를 넣고자 했습니다.

이예지: 일상에 존재하는 다양한 소리가 음악 작품이 되기까지, 이 작품에서 특별히 어떤 주법이나 형식, 특징들을 부여하고자 했는지 궁금합니다.

- 이문희: 주법적인 부분의 경우 공통적으로 여섯 작품에서 타악기 주자가 독주악기로 다루게 했고, 나머지 앙상블을 기존 악기들로 구성했

는데, 일상 생활용품은 당연히 악기가 아니기에 어떻게 일반 악기와 균형을 이루고, 잘 융화될 수 있을 지를 고민했습니다. 음색적인 유사성, 또는 대조를 고려했는데요. 다시 말해 음색적인 관계성인 것이죠.

예를 들어 '종이류'의 경우 종이를 만지작거리면서 발생하는 다양한 소음들과 더불어서 바이올린과 첼로가 일반적인 주법만으로 '종이'의 특징을 조금이라도 구현할 수 있을까 고민했습니다. 단지 종이와 현악기가 협주를 한다는 시각적인 행위 자체만으로는 그 두 악기의 간격을 좁히기 힘들다고 생각했기 때문이죠. 따라서 생각했던 것은 '현악기에서 '종이'가 만들어내는 소리와 유사하게, 음색적인 접점을 만들어 보자'라고 생각했고, 고안해 냈던 것이 현악기에 종이를 붙여서 종이와 활의 마찰로 만들어내는 소리를 만들어내고자 했습니다.

목재류 또한 모든 악기의 소재가 나무의 소재이고, 나무에서 만들어내는 소리라는 전제 속에서 주법을 만들어내고, 또 나무를 통해서 마림바(나무이지만 음률을 가진), 피아노도 건반-나무를 두드리는 소리, 현악기의 몸통을 두드리는 소리를 통해 나무에서의 공통적인 소리를 뽑아낼 수 있지만, 한편으로는 건반악기, 국악기, 타악기라는 서로 다른 종류의 악기에서 음색적인 다양한 스펙트럼을 구현하고자 했습니다. 또한 〈캔 및 고철류와 앙상블을 위한 '혼재된 상흔'〉에서 금속류가 포함된 바리톤 색소폰, 일렉기타를 사용한 것도 재료의 통일성을 위한 것이라 할 수 있죠. '과대포장', 'coating' 또한 악기의 질감을 통일시킴으로써 악기의 소재가 만들어낼 수 있는 공통적인 음색을 전달하고자 했습니다.

이예지: 여섯 작품의 특징 중에서 소리의 응집력, 음형, 리듬 등이 후반부로 갈수록 클라이맥스를 형성하는 것을 볼 수 있었습니다. 마치 환경 오염이 점점 가속화되는 것을 음악으로 표현한 것 같은데요. 현상의 속성을 표현하고자 한 것인지 궁금합니다.

- 이문희: 그렇게 해석할 수도 있겠습니다. 한편으로는 전체적으로 곡이 진행될수록 점진적이고, 목표적이며 클라이맥스를 이루는 것이 제 작품의 특징입니다. 초반에는 움직임, 강한 소리를 불분명하고 불특정적이고 정제되지 않은 소리에서 점진적으로 명료해지고 분명 선명해지고 응집되는 소리를 만들어내고자 합니다. 제가 그것을 선호해요.

'유리병'도 악기의 리듬, 음률 없이 뉴스로부터 시작해서 가스의 소리들을 만들어내는 후반부에서 점점 더 분절시켜서 '스'의 소리로 이어지고, 이것이 가스로 이어지는 것입니다. '경이로운 소음'도 점진적으로 점차 조밀하고 밀도 있는 소리로 가기 위해 초반에는 밀도가 낮고, 불분명한 소리들로 만든 것이죠. 어느 시점에 가서 초반부에 제시되었던 소리들이 수직적이거나 응집적으로 배열되는 방식을 보여주는데, 이것이 제가 작품에서 의도한 '형식'이라 할 수 있겠습니다.

이예지: 일상 생활용품을 작곡의 요소로 삼게 된 계기가 있으실까요?

- 이문희: 소리의 질감에 대한 연구는 독일 유학 시절 이전부터 꾸준히 해 왔습니다. 그러나 그 이전에는 악기의 주법에 따른 소리의 다양한 질감에 대해 탐색했다면, 유학 과정에서 악기를 바라보는 기존 관점을 달리하여 물품을 악기로 활용하는 시도를 했습니다. 종이를 구긴다거나, 페트병을 찌그러뜨린다거나 하여 소리의 창조적인 면을 새롭게 해석하는 방식인 것이죠. 그리고 2018년에 〈소릿거리〉를 통해 일상에서 파생되는 소리를 악기에 적용하고, 음악의 주요 아이디어로 삼기 시작했습니다. 그 이후로 기존의 악기와 물품 간의 밸런스를 맞추기 위한 구체적인 실험을 이어왔고, 그 결과로 〈오브제語〉와 〈재활용 협주곡〉이 탄생했습니다.

이예지: 작곡 과정에 있어 소리의 질감과 음색 구현에 초점을 두시는 것 같습니다. 그렇다면, 작품의 형식이나 섹션 구분에 있어 아이디어를 얻는 부분이 있을까요?

- 이문희: 제가 워낙 영화를 좋아해서 영화의 전개 방식, 또는 영상의 편집 방식을 음악의 형식에 적용하는 편입니다. 특히 블록버스터 영화를 많이 보는데, 이 영화들의 특징은 시간의 흐름에 따라서 자연스럽고 편안하게 전개되기보다는 아주 급박하거나 급작스럽게 예상치 못한 전개 방식을 취하는 경우가 많죠. 저는 이런 구성 방식을 음악에 적용시켜요. 그래서 일반적으로 생각하는 점진적인 시간의 흐름 속에서 점차 변화하는 부분도 있지만, 갑작스럽게 출연하거나 반대로 중단하여 단절되는 돌발 상황을 연출하곤 합니다. 예를 들면 음고가 상승하고 다이내믹이 커지고, 밀도가 점점 좁아지다가 어느 시점 이후로는 급변하는 형태를 취하면서 터닝 포인트를 두는 것이 제가 음악의 형식에서 추구하는 부분입니다.

이예지: 음색을 통해서 어떤 작품을 만들어 낸다는 것이 정말 실험적이고, 신선한 아이디어가 많이 필요할 것 같습니다. 이때 철저한 계획 과정을 거치는지, 직관적으로 표현하는지 궁금합니다.

- 이문희: 저는 다른 작곡가들의 음악을 들을 때 상상을 많이 하는 편입니다. 특정 소리가 어떤 주법으로 나는 것인지 생각도 해보고, 상상이 되지 않으면 자료를 찾아보면서 소리의 궁금증을 해결합니다. 그리고 어떤 악기의 주법들을 사용할지, 이것들을 더블링하여 음색의 차별화가 있을지 가능성을 탐색하곤 합니다. 이러한 음색의 변화를 오케스트라의 조합을 통해 응용하는 과정에 흥미를 느낍니다. 하나의 예시로 〈소릿거리〉 2악장을 보면 다듬잇돌이 주요 테마인데요, 다듬잇돌의 소리가 매우 균질하기 때문에 이를 오케스트라에서 동음을 통해 하나의 소리에 귀결되게끔 하여 밸런스를 맞추었습니다. 동일한 음이 폴리리듬을 통해 변형되어, 마치 잔향이 울리는 듯한 효과나 입체적인 음향 구조로 확장됩니다. 이러한 기법을 통해 다채로운 음색의 스펙트럼을 구현했습니다.

작곡가 **정진욱**

Jinwook Jung

정진욱
클라리넷과 플루트를 위한 〈티핑포인트〉

글 · 박진주

정진욱(1994-)은 비음악적인 아이디어에 새로운 시각을 제시할 수 있는 음악을 추구하고 고민하는 작곡가이다. 2007년부터 4년간 한국예술종합학교에서 예술 영재 과정을 수료한 후 도독, 2012년에 브레멘 국립 예술 대학교 작곡과에 입학하여 외르크 비어켄쾨터(Jörg Birkenkötter)를 사사했다. 학사 재학 중 독일 국립 장학 재단, DAAD 재단 등의 장학생으로 발탁되어 후원을 받았으며, 졸업 후 오스트리아 그라츠 국립 음대에서 베아트 푸러(Beat Furrer)를 사사하며 석사 과정을 밟았다. 파리국립고등음악원에서 제라르 패송(Gérard Pesson) 지도하에 프랑스에서 수학 후, 현재는 프랑스 파리와 벨기에 브뤼셀을 중심으로 활동하고, 동시에 독일 퀼른 국립 음대에서 브리기타 문텐도르프(Brigitta Muntendorf)의 지도로 최고연주자과정을 밟고 있다.

새로운 시선과 질문을 제시하는 스토리텔러

정진욱은 제대로 음계나 악기에 대해 배우기도 전부터 즉흥 연주로 음악을 시작했다. 어린 시절 그는 악보 대신 동화책이나 집에 쌓여있던 전시회 도록을 펼쳐 놓고 나름의 규칙을 만들며 음악으로, 그리고 연주로 바꿔냈다. 시각 예술이 주는 인상과 영감, 문학의 서사적 흐름, 음악만의 고유한 구성 원리. 서로 대치될 수 없는 그 차이가 무색하다는 듯 혹은 그에게는 그저 똑같은 재료인 듯 그는 그 선을 본능적으로 인지하고 또 넘나들며 음악을 시작했다. 그래서인지 그의 작품 세계는 다채로운 풍경을 보여준다. 시, 회화, 건축물에 자연물까지 다양한 키워드와 아이디어가 흥미롭게 그 세계를 가득 채우고 있다.

가장 범문화적인, 가장 근원적인 소리, 숨

정진욱은 한국에서 태어나 유년 시절 한국예술종합학교 영재원에서 작곡을 시작했고, 십 대에 독일로 떠난 후 이어서 오스트리아와 프랑스 등지에서 공부를 이어갔다. 다양한 문화권을 넘나들며 성장하고 공부한 경험에서 그는 차이, 위계, 전복 등 다양한 양상으로 나타나는 문화 간 복잡다단한 관계를 목격했다. 문화에 대한 이러한 특수한 경험과 시선은 작곡에도 반영되었고, 그는 무엇보다 악기에서 발현되는 문화적인 의미에 주목했다. 바이올린에 함축된 전통적인 맥락, 생황을 편성함으로써 드러나는 문화적 상징성 등은 21세기의 작곡가와 청자 모두에게 이제 어느 정도 보편적인 것이다. 악기가 가지는 이러한 문화적 맥락을 지우는 방법을 고민한 끝에 그는 가장 근원적인 소리, 숨소리를 발견했다.

인간의 소리와 발성 체계에서 가장 기본적인 숨소리는 어느 문화권에나 동등하게 있으며 그래서 특정한 문화를 상징하지 않는다. 숨소리에 대한 정진욱의 연구는 테너 리코더와 하프시코드를 위한 〈Bom?〉(2018)과 비올라 다감바, 전자기타, 소프라노를 위한 〈오감도, 시제1호〉(Plan à vol de corbeau, poème n°1, 2022)에서 다양한 음악적 소재로 나타난다. 특히 〈오감도, 시제1호〉에서는 가장 직접적으로 숨소리를 활용할 수 있는 성악 외에 비올라 다감바도 흥미로운 방식으로 이를 드러낸다. 올림활, 내림활, 특정 다이내믹을 활용하거나 음가 없이 활만을 사용하는 동작에서 발생하는 소리를 통해 현악기에서의 숨소리를 구현한 것이다.

자신만의 스토리텔링으로 소화하는 비음악적 아이디어

정진욱의 많은 작품은 작곡의 기술적, 이론적인 방식이나 경향으로 갈래를 잡기보다 추상적인 대상, 자유로운 구상으로 시작한다. 특정한 주제나 악기 편성이 결정된 채로 시작할 때도 그는 주제를 있는 그대로 반영하는 것이 아니라, 깊이 그리고 충분히 내면화하는 과정을 거친다. 이러한 그의 작업 과정은 비음악적인 아이디어를 주제로 선택했을 때 특히 흥미로운 결과를 내놓는다.

정진욱의 작품 목록을 보면 시, 회화, 건축물 등 일견 음악과는 거리가 있는 다양한 제목이 가득하다. 시를 주제로 한 작품에는 대표적으로 〈오감도, 시제1호〉(Plan à vol de corbeau, poème n°1, 2022)가 있다. 난해하기로 정평이 나 있는 이상의 시 '오감도 시제1호'에서 구상을 시작한 작품이다. 정진욱은 이 시에서 반복을 통해 구조를 만들어 가는 과정과 그 원리에 초점을 맞추었다. 〈오감도, 시제1호〉에는 다이내믹, 리듬 등을 조금씩 변형하며 같은 멜로디나 패시지를 반복하는 부분이 많다. 앞의 절이 당장 반복되는 동안은 작은 차이만 전달하지만, 계속되는 반복을 통해 작은 차이들이 유기적인 관계를 갖게 되면서 음악적 진행을 만들어 낸다. 이러한 미묘한 변형을 통해 반복은 같은 부분을 단순히 재등장시키는 것을 넘어 작품의 전체적인 논리를 형성하는 장치가 되는 것이다.

회화를 주제로 삼은 작품에는 〈몽유도원도〉(Traumbesuch, 2015)가 있다. '몽유도원도'는 조선시대의 화가 안견의 산수화로, 안평대군이 도원을 노니는 꿈을 꾼 후 안견에게 그 이야기를 들려주어 그리게 했다고 전해진다. 이 작품을 두고 정진욱이 주목한 것은 시각적인 자극이나 화폭에 담긴 아름다운 풍경이 아니라 그 창작 과정에 담긴 의미였다. 꿈과 기억을 실재하는 물질과 기록으로 남긴 행위에서 그는 예술적인 의미를 포착했다. 결국 모든 예술이 추상적이고 관념적인 영감과 구상을 물리적이고 비관념적인 실체로 바꾸는 행위이기 때문이다.

비음악적인 예술 작품을 주제로 하는 정진욱의 음악들은 그 대상이 가진 상징, 의미, 인상과는 전혀 다른 모습을 하고 있을 때가 많다. 청자를 당황시키고 질문하게 하는 이러한 모습은 그만의 스토리텔링 방식에서 기인한다. 정진욱은 대상을 새롭게 독해하고, 가려진 곳을 발견하며, 의미를 다시 묻고 써 내려간 그만의 궤적을 음악으로 들려주는 작곡가이다.

클라리넷과 플루트를 위한 〈티핑포인트〉
(Tipping Point for Clarinet and Flute, 2020)

음악으로 전하는 경고: 위태로운 균형이 무너지는 순간

'티핑포인트'는 지속적으로 작은 변화가 누적되며 점진적인 반응을 보이다가, 갑작스럽게 큰 변화를 시작하는 지점을 일컫는 용어이다. 기후 문제에서 티핑포인트란 걷잡을 수 없을 만큼 빠른 속도로 문제가 악화되는 시점을 말한다. 세상이 못 견디게 더워지고, 절멸하는 동식물의 종이 기하급수적으로 늘어나고, 우리가 먹고 마실 수 있는 것들이 매일 같이 식탁 위에서 사라져갈 것이라는 이야기다. 따라서 티핑포인트는 가끔씩 뉴스에서 등장하는 '기후 위기'나 '이상 고온 현상'에 무뎌진 현대인에게 정말 주목해야 할 문제가 무엇인지, 그 심각성을 선명하게 드러내는 단어이다. 클라리넷과 플루트로 구성된 〈티핑포인트〉는 기후 문제 앞에서 우리가 응당 느껴야 할 심각성과 위기감을 환기하는 작품이다. 한국과학창의재단과 과학기술정보통신부에서 진행한 프로젝트인 '과학X음악 콘서트'에서 위촉 및 발표한 작품으로, 연주 시간은 약 4분 30초이다.

'목전에 닥친 기후 위기'라는 메시지를 전달하는 데에 불안감을 일으키는 것만큼 효과적인 것이 있을까? 작품은 처음부터 끝까지 일관되게 불안이라는 한 정서에 집중하고 있다. 전체적인 진행의 방식, 음색의 대비, 연주법에서 드러나는 상징성, 리듬과 템포의 운용 등 모든 요소가 하나같이 불안의 정서를 야기한다.

작품은 플루트와 클라리넷 두 악기를 관통하는 숨소리로 시작한다. 음가가 전혀 없는, 강약만이 느껴지는 거센 소리로 시작한 후 처음으로 등장하는 희미한 고음은 그 대비 때문에 특히 더 예리하게 거슬리는 듯한 감각을 만들어 낸다. 음색을 통한 대비는 이뿐만이 아니다. 잔잔하고 조용하게 스타카토를 이어가는 가운데 갑작스럽게 거칠고 강한 소리를 외친다. 두 음색이 확연하게 대비되어 각 음색의 특질을 강화한다. 잔잔한 스타카토는 더 여리게 느껴지고, 거친 소리는 더 신경질적으로 느껴진다. 계속해서 등장하는 플러터텅잉(flutter tonguing)은 비유적으로, 그러나 매우 노골적으로 사이렌 소리를 연상시킨다. 이는 일상에서 사이렌 소리가 전달하는 긴박함, 위기감을 그대로 작품 안으로 가지고 들어온다.

조용한 스타카토가 규칙적으로 반복되고, 이에 상반되는 거칠고 큰 소리, 빠르게 도약해 상승하는 음형, 사이렌을 묘사한 소리 등이 이따금 등장한다. 〈티핑포인트〉는 처음부터 끝까지 이 개요에서 벗어나지 않는다. 그리고 단 몇 가지 변화가 단순한 설정 속에서 극적인 연출을 만들어 낸다. 먼저 템포가 점점 빨라진다. 균일한 스타카토가 시계 초침처럼 이어지기 때문에 템포의 변화는 더욱 예민하게 느껴진다. 그리고 빠르기의 변화가 천천히, 거의 작품 전반에 걸쳐서 이루어져 청자는 처음에는 그 변화에 무의식적으로 반응하게 된다. 여기에 스타카토와 상반되는 거친 소리들이 점점 더 자주 등장하면서 변화가 점점 분명하게 전달된다. 빨라지는 초침, 더 자주 등장하는 사이렌과 알람들은 점진적으로 상승하기만 하는 단 하나의 흐름 속에서 더 극적인 효과를 낸다. 변화는 거의 일정한 속도로 진행되지만, 가장 마지막 순간에는 꾸준히 울리던 초침 소리마저 멎고, 두 악기가 다급하게 주고받는 거센 알람 소리만이 남는다. 신경질적이고 불편한 알람 소리는 점점 더 커지고 빨라져 불안감을 터질 듯이 팽창시키고 한순간 멈추며 끝난다.

〈티핑포인트〉는 완연한 불안의 정서와 반복되는 거친 알람으로 우리에게 기후 변화의 위기와 심각성을 호소한다. 무관심에서 주의를 환기하기 위해 불안이라는 강력한 감정을 불러일으키고, 날카로운 알람을 연신 울리며 우리에게 경고한다. 천천히 진행하던 변화가 어느 순간 급격하게 치닫는다는 티핑포인트의 의미도 그대로 작품 속에서 음악적 진행이 되었다. 작품의 모든 요소는 오로지 한 방향을 향해 나아간다. 상승하고, 빨라지고, 고조되고, 심해진다. 그러다 마지막 순간에 가서는 오로지 거칠고 폭발적이기만 한 사운드로 그동안 길게 이어온 흐름을 무의미하게 만들어 버린다. 티핑포인트를 넘어버린 후에는 어떤 노력과 실천도 변화를 늦추거나 붙잡을 수 없게 되는 것처럼 말이다.

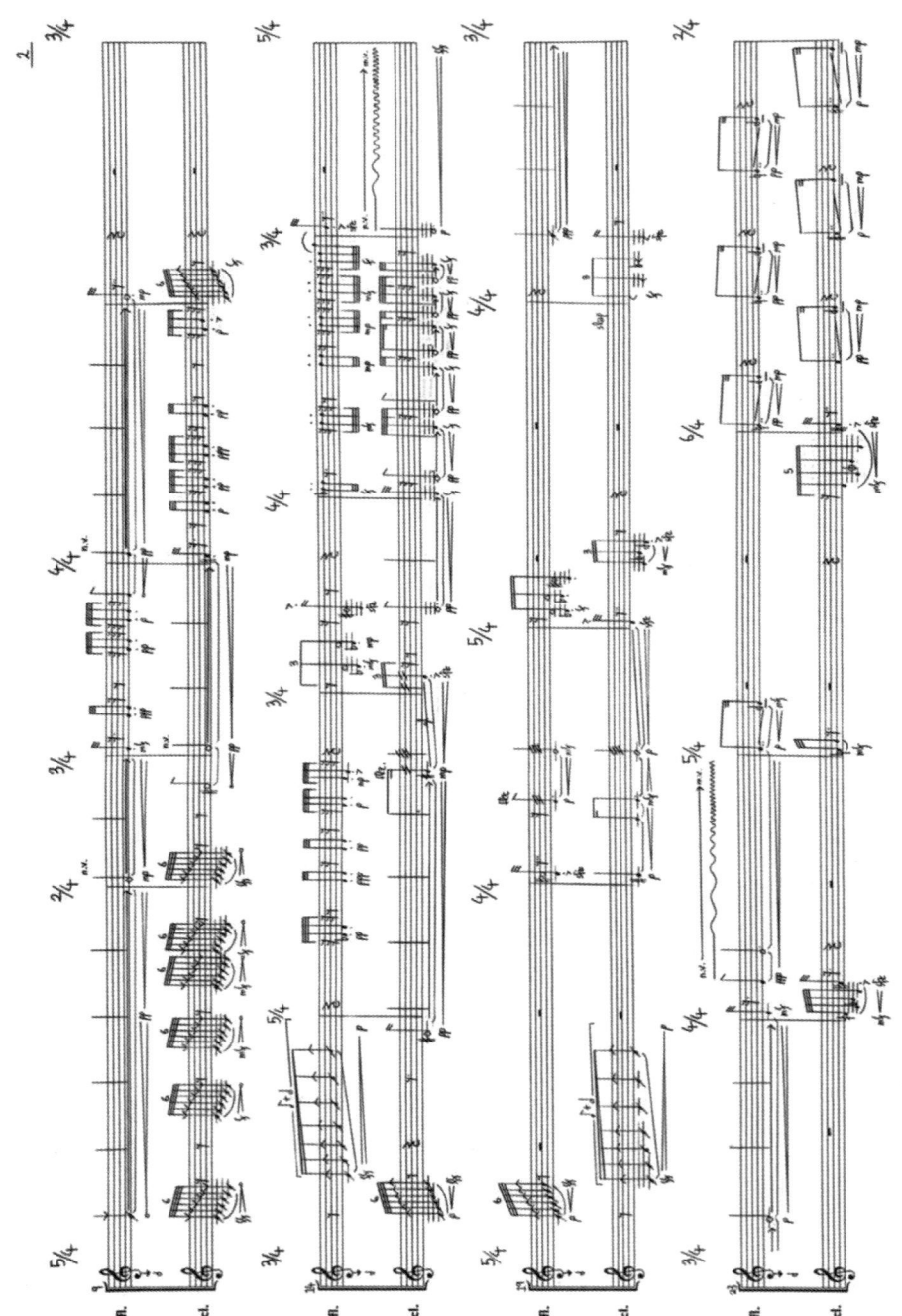

박진주: 선생님의 작품 목록을 보면 다른 장르의 예술 작품을 다룬 제목들이 특히 눈에 띕니다. 〈몽유도원도〉나 시리즈로 작업하고 있는 〈오감도, 시제1호〉처럼요. 이렇게 기존에 있는 예술 작품을 음악으로 만드실 때 어떤 점에 초점을 맞추시나요?

- 정진욱: 그때그때 조금씩 다르기는 하지만 기존에 있는 예술 작품에서 시작할 때는 작품의 배경 이야기에 집중하는 편입니다. 작가가 어떤 생각을 가지고 있었을지, 어떻게 이 작품을 만들게 되었는지의 과정을 생각하는 거죠. 기존 작품을 1대 1로 번역하거나 작품의 전면에 드러나는 어떤 요소나 특정한 인상을 그대로 음악으로 표현하는 방식은 지양해요. 가장 중요한 건 제가 그 작품을 어떻게 받아들이고 이해하는지입니다. 인풋은 이미 정해져 있어도 아웃풋은 제가 하기 나름이라고 생각하며 자유롭게 구상해 나갑니다.

박진주: 시, 건축물, 미술 작품 등 비음악적인 대상에서 어떻게 영감을 구체화하고 음악으로 만들어 가는지 그 과정이 궁금합니다.

- 정진욱: 〈몽유도원도〉로 예를 든다면 꿈에서 본 풍경을 타인에게 들려주고 그걸 곧 기록으로 만들었다는 작품의 배경에 큰 매력을 느꼈습니다. 실체도 없고, 아무리 생생해도 일어나면 기억에서도 곧 사라지고 마는 꿈을 눈에 보이는 기록으로 남겼다는 데에서 예술적인 의미가 있다고 생각했어요. 이런 식으로 제가 주목하는 건 작품이 전달하는 시각적인 인상, 풍경의 아름다움, 미술적 기법이 아니라 종종 이런 배경 이야기나 저만의 관점인 경우가 많습니다. '저만의 관점'이라고만 하면 조금 막연한 표현이기는 하지만 독서를 할 때나 무언가를 연구하고 생각할 때 꼬리에 꼬리를 무는 식으로 생각을 이어가고 깊게 하는 편이에요. 그런 과정이 곧 주제나 대상을 제 나름대로 해석하는 과정인 것 같아요. 비슷하게 작곡의 주제가 주어졌을 때 먼저 제 것으로 충분히 만들려고 노력해요. 이미 익히 알려진 해석이나 의미보다 제가 마음이 가는 대로 생각을 이어가며 이해하고, 방향을 정합니다. 그런 면에서 저는 작곡의 특정한 이론이나 경향에 천착해서 작품을 쓰기보다 오히려 추상적인 것에서 출발해 나간다고 할 수 있어요. 이렇게 항상 제 개인적인 이해의 과정을 중요하게 생각하며 음악을 구상해 나갑니다.

박진주: 〈티핑포인트〉를 들어보면 비슷한 음형이나 패시지가 꾸준히 반복되면서 음악적 진행을 만들어 나갑니다. 다이내믹이나 리듬에서 조금씩 차이를 만들면서 작품 전반을 아우르는 지배적인 정

서를 만들어 내기도 하고요. 이처럼 반복이라는 장치는 예민하게 사용되었을 때 매우 다양한 표현을 할 수 있다고 생각합니다. 선생님은 어떤 방식으로 작품 속에서 반복을 만드시는지요? 반복을 선택하신 이유도 궁금합니다.

- 정진욱: 현재 저의 음악에서 중요하게 다루고 있는 것 중 하나가 반복입니다. 반복을 통해 어떤 움직임이나 유의미한 변화를 만들어 가는 음악적 과정에 집중하면서 다양한 시도를 하고 있어요. 음악이라는 장르 안에서 시도할 수 있는 반복에는 방법이 정말 많습니다. 미니멀리즘 음악처럼 단순한 반복과 강조에서 의미를 만드는 방법도 있고, 아예 완벽한 반복이나 순환에 중점을 두는 방법도 있지요. 저는 반복하는 과정에서 다이내믹, 발음, 리듬 등을 조금씩 변화시켜서 반복되는 부분들 사이에 유기적인 연결을 만드는 데 집중하고 있습니다. 알아차리기 어려울 정도로 미묘하게 변형하기도 하고, 어떨 때는 많이 변형된 걸 보여주기도 하면서 그라데이션과 같은 음악적 진행을 만드는 거지요. 더 나아가 이렇게 유기적으로 연결하는 방식을 기계적으로 반복하는 방식과 한 작품 안에서 동시에 사용하면 반복성이라는 음악적 정체성을 더 극대화할 수 있다고 생각해요. 최근에는 이렇게 반복이라는 장치를 계속 연구하고 작품에서 시도하고 있습니다.

박진주: 어릴 때 한국예술종합학교에서 음악 공부를 시작해, 십 대 때 독일로 가서 줄곧 유럽에서 교육을 받으셨죠. 지금도 해외에서 활발하게 활동 중이시고요. 이런 특별한 문화 경험들이 선생님의 작곡에도 반영될 것 같아요.

- 정진욱: 그래서인지는 잘 모르겠지만, 문화 연구에 관심이 많기는 합니다. 서양 음악을 하는 한국의 작곡가로서 고민할 지점이 분명히 있는 주제이기도 하고요. 저뿐만이 아니라 한국의 많은 현대 음악 작곡가들이 공유하는 고민이죠. 교육받고, 쓰고 있는 음악이 서양의 어법이고 서양의 문화니까요.

박진주: 선생님은 작품을 만드실 때 그러한 고민을 어떻게 드러내고 해결하시나요?

- 정진욱: 먼저 음악에서 드러나는 문화적인 요소들을 고민했습니다. 제가 생각하기에 그 대표적인 예는 악기인 것 같아요. 작곡가와 연주자의 의도나 사용하는 방식에 따라 어느 정도 차이는 있겠지만, 기본적으로 악기는 저마다 고유한 문화적 정체성을 드러낸다고 생각합니다. 그래서 어떻게 하면 그 문화적 맥락에서 자유로울 수 있을지 고민을 많이 했었어요. 그 끝에 숨소리를 떠올리게 되었습니다. 어느 문화권에나 모두 있는 소리니까요. 그래서 이 소리를 음악적으로 활용하면 악기의 문화적 정체성에서 자유로울 수 있겠다고 생각했습니다. 지금도 음가가 정의되지 않은 소리, 바람이 휙 지나가는 듯한 그 소리를 계속 연구하고 있습니다. 이런 소리를 내기에 비교적 쉬운 관악기나 성악이 아니더라도 오케스트라, 현악 사중주, 피아노 등 다양한 편성을 고려하면서 구상하는 중입니다.

박진주: 〈티핑포인트〉는 기후 문제를 직접적으로 다루고 있는 작품이지요. 제목도 그러하지만, 작품 안에서도 기후 위기에 당면해 우리가 응당 느껴야 할 불안이나 위기감을 환기하고 있고요. 선생님께서는 평소에도 기후 문제에 관심이 많으신가요?

- 정진욱: 기후 문제는 더 이상 단순한 관심사나 정치적인 견해의 문제가 아니라고 생각해요. 이제는 선택권이 있는 문제라고 생각할 것이 아니라 개개인이 윤리적인 책임감을 갖고 행동해야 하겠죠. 청소년기부터 지금까지 거주한 곳이 유럽이다 보니 이곳의 중론에 영향을 받은 걸수도 있지만, 저는 일상생활 속에서도 당장 개인이 실천해야 할 부분이 많다고 생각해요.

박진주: 마지막으로 선생님의 음악에서 가장 중요하게 생각하시는 건 무엇인가요?

- 정진욱: 앞서 이야기한 기법적인 것들과 제가 실험하고 있는 부분들도 중요하지만, 무엇보다 그 모든 것들을 통해 저만의 색채를 담아내는 게 중요하다고 생각합니다. 대상을 정해놓고 구상을 시작할 때도 기존의 맥락보다는 개인적인 이해 과정을 중요시하는 것도 저만의 색채를 드러내는 과정으로 볼 수 있겠죠. 결과물에서 '정진욱의 음악임'이 드러나는 것이 중요하다고 생각해요.

박진주: 오랜 시간 인터뷰에 응해주셔서 감사합니다. 앞으로의 선생님의 행보를 응원하겠습니다.

작곡가 **조윤제**

조윤제
〈고래〉

글 · **오희숙**

조윤제(1990-)는 동물과 자연에 대한 깊은 관심과 애정을 가지고 이를 음악적으로 탐구하는 작곡가이다. 연세대학교 작곡과를 졸업하고, 미국 인디애나 대학교(Indiana University)에서 석사 학위(작곡, 컴퓨터음악)를 받았다. 이후 오스트리아 그라츠 음악대학교(Kunstuniversität Graz)에서 클라우스 랑(Klaus Lang) 교수를 사사하며 2024년 디플롬(postgraduate diploma) 졸업을 하였다. 미국 작곡가 오케스트라(American Composers Orchestra EarShotReadings)에 선정되었고, 아메리칸 프라이즈(The American Prize) 실내악 작곡 부분에서 2등과 3등을 수상하는 등 다양한 작곡상을 수상하였다. 모스크바 현대 음악 앙상블 등 여러 단체에서 작품이 연주되었고, 한국에서는 2023년 국립심포니오케스트라(KNSO) 작곡가 아틀리에 선정되어 주목을 받았다. 그는 현재 관현악, 실내악, 독주곡 등 여러 장르의 작품을 활발하게 창작하고 있다.

인간과 자연의 공생을 소망한다!

공중에 화살을 쏘고 노래를 불렀지만 사라졌고, 그래도 먼 훗날 친구의 가슴속에서 다시 찾았다는 롱펠로우(H.W. Longfellow)의 시는 잔잔한 감동을 던져준다. 허공을 향해 부르는 노래일지라도 그 울림은 영원할 수 있다는 믿음은 삶에 큰 힘이 되기 때문이다. 조윤제는 이 시에 노래를 붙였다. 소프라노와 6중주(fl, cl, vn, vc, per, pf)를 위한 〈화살과 노래〉(2021)는 높은 음역의 비르투오소적 성악 선율이 입체적으로 부각되는 무조적 실내악 사운드와 어우러지면서 시의 의미를 생생하게 형상화한 작품이다. 이 곡을 통해 조윤제는 '사람이 행하거나 말하는 모든 것이 영원히 남는 인간의 삶'에서 세상이 더욱 평화롭고 아름답기를 희망한다. 이렇게 그는 음악과 사회의 관계망 속에서 활동한다.

나의 표현, 나의 치유

조윤제는 여리고 풍부한 감성의 소유자다. 그는 어린 시절부터 일상과 사회, 환경과 동물 등 주변의 상황에 깊은 감정이입을 하며, 함께 아파하고 함께 걱정했다. 다소 늦게 음악 공부를 시작했지만, 감성적 섬세함으로 자신의 세계를 차분하게 구축하였다. '음 하나가 시작하면, 자신의 세계가 시작된다'고 믿는 조윤제는 무엇보다도 자신의 감성에 일치하는 음악적 표현을 찾고자 한다. 현악4중주 〈모호함〉(Nebulousness, 2021)에서는 한밤에 느끼는 감정의 희미한 이미지를 현대적 주법으로 생성한 독특한 사운드의 조합으로 표현하면서, 어둠 속 어디론가 날아가는 새들의 고독을 그리고 있다. 독주 플루트곡 〈환각〉(Hallucination, 2021)은 코로나 시기에 외부 활동을 못하고 실내에만 갇혀있는 상황에서 자신의 내면의 소리에 집중하며 만든 곡으로, 불안정한 마음을 비루투오소적인 테크닉을 구사하는 플루트의 격동적인 사운드로 형상화하였다. 이처럼 자신을 표현하는 것은 조윤제 예술세계의 출발점이며, 이를 통해 그는 먼저 스스로를 치유하고자 한다. 파워풀한 감성을 구조적으로 정교하게 표현한 음악을 통해 일차적으로 그 자신이 치유가 되고, 이러한 음악적 치유의 힘은 분명 청중과도 공유할 수 있을 것이라는 믿음도 가지고 있다. 다섯 악기(fl, cl, vn, vc, pf)를 위한 명상적인 작품 〈치유〉(Healing, 2023)는 바로 그런 마음을 담았다.

자연과 환경에 대한 관심과 사랑

조윤제는 동물에 깊은 애정을 보인다. 새를 키우고 있는 그는 여행을 가면 늘 그 지역의 새들에 관심을 가진다. 고래도 좋아한다. 그런데 최근 매스컴에서 접하는 동물의 비참한 모습에 큰 슬픔과 분노를 느꼈고, 이러한 상황은 그를 자연스럽게 환경주의자로 이끌었다. '기후 변화'가 '기후 위기'로, '온난화'가 '가열화'로 바뀔 정도로 환경오염이 심각해지는 상황을 직시하며, 음악가로서 자신이 할 수 있는 일을 찾게 되었다. 이러한 태도는 바로 그의 음악 세계에 중요한 축을 형성하며, 많은 작품의 원동력이 되었다.

〈우리가 가져간 모든 것을 위해〉(For All We Took, 2023)는 자연과 동물이 겪는 고통을 어떤 형태든지 전해야겠다는 생각으로 작곡하였다. 인간의 잘못된 행동을 자연에게 사과하는 내용을 담은 시인 아리 슈워츠(Ariel Sol Bertulfo Schwartz, 2000-)의 시에 음악을 붙였다. 〈플라스티킹〉(Plasticking, 2023)은 일상에 버려진 플라스틱 쓰레기에서 나는 소리를 포착해 유리 소리와 혼합하여 만든 전자음악으로, '플라스틱에 짓눌린 삶'에서 벗어나고자 하는 의식을 이끌어 내고자 했다. 〈바이올린과 전자음악을 위한 CO〉에서 Co는 '함께'(with, together)를 의미하는 것으로, 이 작품에서는 이질적인 두 세계의 공존을 담고자 하였다. 바이올린의 개방현으로 표현되는 선율에서 '자연'을, 특수 주법의 선율에서 '비(非)자연'을 표현하였고, 이 두 세계의 조화를 음악적으로 이끌어냈다. 더 나아가 〈물 안으로〉(Into the Water, 2022)에서는 대야에 담긴 물이 움직이며 나는 실제 물소리와 와콤(wacom) 회사의 태블릿을 활용한 다층적 라이브 전자음향을 대조시키면서, 자연의 아름다움을 명상적으로 표현하기도 하였다.

조윤제는 함께 공감하고 행동할 수 있는 인간의 잠재력에 대한 믿음을 가지고, 이를 음악으로 표현하여 사회를 변화시키고 싶어한다. 인간과 자연 그리고 세계와의 공생을 꿈꾸는 그의 메시지가 롱펠로우의 시에서처럼 우리의 가슴에 와닿기를 소망한다.

환경오염의 희생물 고래에게 바치는 애도가

망망대해에서 유유히 헤엄치는 고래의 모습은 상상만 해도 즐겁다. 아름다운 자연의 풍요로움을 흠뻑 느낄 수 있는 장면이다. 그런데 최근 자주 볼 수 있는 고래는 플라스틱이 배에 꽉 차죽어있는 모습이다. 이 끔찍한 상황을 그 누구보다 안타깝게 느끼는 작곡가가 조윤제이다. 그는 인간의 이기심이 야기한 환경과 기후문제 때문에 고통받는 동물에 관심을 가지며, 이들을 주제로 소리를 탐구하고 있다. 오케스트라를 위한 〈고래〉는 바로 그런 취지에서 작곡되었다.

2023년 국립심포니오케스트라 작곡가 아틀리에 선정작 〈고래〉는 대규모 오케스트라곡으로 약 10여 분의 연주시간을 가진다. 이 작품의 중심 아이디어는 고래 소리를 음악적으로 형상화하는 것이다. 전반부(마디1-110)에서 명상적 분위기 속에 부드러운 고래 사운드가 나타난다면, 중반부(마디111-198)에서는 다이내믹의 상승과 촘촘해진 음악적 짜임새를 통해 고통받는 고래의 모습이 구현되었고, 긴 지속음과 긴 트릴이 정적으로 진행하는 마지막 부분(마디199-226)에서는 고래에 대한 애도의 마음이 표현되었다. 작품의 중심 주제가 제시되지 않고, 각 섹션에는 다양한 주법과 악기 구성, 다채로운 음색으로 고래 사운드를 연상시키는 음향이 변화감 있게 나타난다.

고래에 대한 관심과 고통에 대한 공감 그리고 애도의 마음을 표현하기 위해 조윤제가 가장 주력했던 것은 고래 사운드의 구현이었다. 조윤제는 작품의 주제가 되는 '고래'를 단순히 상징적인 의미로 다루지 않고, 바다에서 우리가 들을 수 있는 고래 소리를 음악적 사운드로 표현하는데 주력했다. 처음에는 전자음향이나 플라스틱 악기를 활용하고자 했으나 여의치 않아, 다양한 오케스트라 악기의 특수 주법을 활용하여 고래 사운드를 창출했다. '모든 악기는 고래가 될 수 있다'가 그의 모토였다. 타악기는 슈퍼볼 말렛으로 마찰음을 만들고, 글리산도, 트레몰로, 하모닉스, 미분음 등의 주법이 빈번하게 활용되었다. 주로 2도와 3도 사이를 오가는 트릴과 트레몰로, 3음이 빠진 5도의 화성, 상행하고 하행하는 글리산도, 긴 지속음 등이 겹쳐지면서 형성되는 사운드는 음향층의 유동적 흐름을 형성한다. 또한 섬세한 고래 사운드의 구현을 위해 각 악기의 연주 기법도 세밀하게 지시되었다. 예컨대 '현악기는 가볍게 터치하는 음', '하모닉스' 음 등 7가지 방식이 사용되었고, 플루트는 '보통 음과 하모닉스를 오가는 음'과 공기 사운드를 만들어내며 'tk tk tk' 음절 내기 등 다양한 연주 방식이 제시된다. 박자는 2-3마디 단위로 계속 바뀌며, 음 하나하나에 다이내믹의 변화가 나타난다. 이러한 요소가 총체적으로 작용하여, 이 작품을 들으면 실제 고래가 노래하는 듯한 생생한 사운드를 느낄 수 있다.

이 곡의 특징이 잘 드러나는 한 부분(A파트의 마디15-19)을 보자. 이 다섯 마디 동안 박자는 3/8-5/8-3/4-4/4-2/4로 마디마다 바뀐다. 타악기 파트에서 비브라폰이 화음(f#-b♭-d-e)을 연주하는 동안, 글로켄슈필과 하프는 옥타브로 강조된 빠른 리듬 패턴으로 이를 지지해 주고(마디19), 탐탐은 글로켄슈필 말렛으로 e음에서 미끌어지는 사운드를 구현하며(마디18), 바로 슈퍼볼 말렛(superball mallet)은 f음(마디19)을 중심으로 고래 사운드를 형성한다. 동시에 현악 파트도 세분화되었다. 바이올린 I은 긴 지속음과 트릴로, 바이올린 II는 하모닉스를 동반한 트레몰로와 글리산도로, 비올라와 첼로는 화음의 3도와 5도 화음의 트레몰로와 지속음을, 더블베이스는 긴 지속음을 연주하는데, 각 성부의 음정은 모두 다르고 다이내믹은 pp부터 f까지 지속적으로 변화된다. 관 파트 역시 세분화되었다. 플루트와 오보에는 긴 지속음을 연주하고, 클라리넷은 긴 트릴로 생동감을 주며, 호른은 화성적 모티브를 제시하고, 트롬본, 튜바, 팀파니는 제각기 화음 또는 단선율로 음악적 흐름에 참여한다.

이처럼 이 곡은 섬세하고 정교한 짜임새를 토대로 커다란 음향의 덩어리가 굴곡을 형성하며, 인간의 이기심 때문에 죽음을 당한 고래를 애도한다. 때로는 가느다랗게 때로는 두터운 층을 형성하며 생생한 음색의 폭발과 정적을 구현하는 음악적 흐름에는 고래의 아름다움, 고래의 고통 그리고 죽음에 이르는 여정이 담겨 있다. 환경오염으로 처참한 죽음을 맞은 세상의 많은 동물들에게 바치는 이 음악은 인간의 도리를 행하고, 그리고 한 단계 더 실천으로 나아가자고 하는 외침이기도 하다.

[연주영상 보기]

2024년 4월 10일 오후 3시
Zoom 화상 인터뷰

오희숙: 작곡가님의 음악적 배경이 궁금합니다. 작곡가의 길로 접어든 계기가 있었나요?

- 조윤제: 저는 남들보다는 늦게 작곡 세계에 입문하였습니다. 어렸을 때 전문적으로 음악을 배울 기회는 없었지만, 음악을 본능적으로 좋아하고 애정이 있었죠. 고등학교 시절 천주교 고등학교 성가대에서 지휘자님을 만났던 경험이 제 인생에서 처음으로 음악전공자를 만난 것이죠. 당시 음악적 세계를 접하고서는 매우 충격을 받았습니다. 대학 입학 후 여러 고민 끝에 진지하게 음악공부를 해보고 싶어 한 달 만에 휴학을 했지만 긴 시간 방황을 하였습니다. 이후 군대 생활을 하면서 자아 성찰의 기회를 많이 가지면서 클래식 작곡과 진학을 목표로 굳은 결심을 하였습니다. 제대 후 약 10개월 동안 후회 없이 음악 공부를 하였고, 과도한 피아노 연습으로 건초염까지 얻을 정도였죠. 그러한 과정에서 연세대 작곡과에 합격하여 본격적으로 공부를 시작하였습니다.

오희숙: 작곡가님은 환경 문제에 관심이 많으시죠?

- 조윤제: 저는 제가 사는 주변 환경에 관심을 가지고 있습니다. 특히 '기후 변화'가 '기후 위기'로, '온난화'가 '가열화'로 워딩이 바뀔 정도로 기후 문제가 심각해지는 문제는 제게 심리적으로 부담을 주었습니다. 미국에 가서, 음식물 쓰레기를 분류하지 않고 버리는 것을 보고 충격을 받았죠. 이런 상황에서 저 스스로가 좋은 곡을 쓰고 더 높은 곳으로 가고자 하는 생각을 하는 것에 죄책감을 느끼기도 했습니다.

오희숙: 환경 문제와 더불어 동물에 대한 관심도 많으신 거 같습니다.

- 조윤제: 저는 어렸을 때부터 동물에 감정이입을 많이 했습니다. 어린 마음에 동물 학대하는 모습을 보면, 그런 것에 대한 감정적인 이입을 하면서, 너무 슬프고, 너무 가엾게 느껴졌습니다. 동물이 약자이고, 인간이 강자의 위치에서 그들에게 해하는 것이 너무나 슬펐습니다. 해양 동물들과 고래에 관한 기사를 접했는데, 대왕고래가 하루에 약 1,000만 조각의 미세 플라스틱을 섭취하는 것으로 나타났고, 스페인 남부 해안에서 죽은 채 발견된 길이 10m, 무게 6t의 젊은 수컷 향고래 뱃속에서 29kg에 이르는 플라스틱 쓰레기가 나왔다고 합니다. 이러한 상황에서 동물에 대한 측은지심이 더욱 발화되었죠.

왜 인간들은 인간 중심적으로만 행동하는가? 진정한 인간 중심적 사고는 인간에게 득이 되는 결과로 이어져야 하는데, 인간의 이기심이 결국 화살로 다가옵니다. 그렇다면 공생의 개념으로 생각이 바뀌어야 하고, 그렇지 않으면 부정적인 영향을 받아내는 것이 결국은 인간이죠. 그렇게 생각하면서 세상이 바뀌기를 바랍니다.

또한 제가 새를 키우고 있고, 여행을 가면 항상 새들을 주의 깊게 봅니다. 비둘기들 또는 오리 등등. 프랑스를 갔을 때 비둘기들이 발을 많이 잘렸더군요. 인간들의 쓰레기 때문에 피가 안 통해서 괴사해서 죽은 새들도 많이 보았습니다. 마음이 아주 아팠죠. 사람들은 비둘기를 보고 더럽다고 하는데, 그렇게 된 것은 인간 때문이죠. 저에게 비둘기는 희생된 동물이죠. 그들이 아프지 않은지, 겨울에는 어떻게 지내는지 늘 안쓰러운 생각이 듭니다.

오희숙: 정말 동물을 사랑하는 마음이 남다르십니다. 음악을 통해서 그런 모습들을 표현하고 싶으신 거군요. 음악으로 들어가 악보를 보면, 아주 섬세하고 복잡합니다. 미분음도 많이 사용되고, 박자도 많이 변합니다. 작곡가님 작품을 들어보면 사운드 전반에서 모더니즘적 현대음악이 느껴졌습니다. 사운드의 변형적 힘, 심리적 변형 등을 음악에 표현하고 싶다고 하셨죠?

- 조윤제: 네. 선생님께서 말씀하신 섬세함 등은 현재 배우는 과정에 있기에 앞으로 더 연마할 것입니다. 그것을 어떻게 제 감수성과 일치하는 소리로 표현할 수 있을까를 고민하고 있습니다. 단순히 피치와 구조 등으로만 표현할 수 없는 것이 있는데, 좀 더 정교한 표현 기법을 통해 섬세한 감성을 이끌어 내고 싶습니다. 앞으

로 꾸준히 디테일한 소리에 관해 연마하고, 특이한 주법이라든가, 나의 감정과 감수성을 최대한 잘 나타낼 수 있는 소리를 찾아 나갈 예정입니다.

저는 어린 시절부터 감수성이 풍부하다 보니 힘든 삶을 살았죠. 그 힘든 감정을 가지고 곡을 썼습니다. 음악을 통해 제가 먼저 치유를 받고 싶었습니다. 예민하고, 슬픔도 많았고, 우울함도 많았습니다. 그런 것이 결국 작품에 표현된 것 같습니다. 음이 하나 시작되면 저의 세계가 시작된다고 봅니다. 끝나는 지점까지 오롯이 음악에 저를 표현하고자 합니다. 제가 '힘들어, 슬퍼'라고 이야기를 하면 그들은 알 수 없죠. 음악은 모든 여정에 파워풀하고 미세하게 저를 컨트롤하면서 표현할 수 있죠.

저는 저만의 구조적 흐름을 갖고 있는데, 저의 성향과 관련이 있는 것 같습니다. 그 힘이 저 자신을 치유합니다. 최근 작품도 '치유'에 대한 것입니다. 삶의 힘든 일이 있었는데, 곡을 쓰는 과정 자체를 통해 제 스스로를 달랬죠.

오희숙: 풍부한 감성이 작곡가님 예술의 어떤 원동력이 된 것 같습니다. 〈고래〉는 어떤 작품인가요?

- 조윤제: 이 곡에서는 악기 하나하나가 고래를 표현하기를 희망했습니다. 늘 아는 소리가 아니라, 고래라는 소리를 통해 사운드의 실험을 하고자 했습니다. 이 작품은 메시지를 전달하는 목적뿐만 아니라, 사운드의 실험을 추구한 작품입니다. 앞으로 더 예술적으로 탄탄한 곡, 감성적으로 더욱 제가 말하고 싶은 것들을 더

깊이 있게 전달하고자 필요했던 하나의 습작 같은 작품이라 할 수 있죠. 앞으로 동물 소리를 탐구할 것입니다. 고래 사운드를 이번 작품에서는 연습하였고, 동물 소리를 앞으로 저의 트레이드 마크처럼 쓰고 싶습니다.

오희숙: 동물의 사운드를 표현한다는 것이 어떤 의미가 있는 건가요? 동물의 고통을 표현했다는 것이 어떤 사회적 메시지를 전달하고자 하는 건가요? 고통을 같이 느끼기를 바라는 것인지, 아니면 사람들이 인식하기를 바꾸는 것인지? 자기 표출은 확실한 것 같은데요. 음악을 통해서 구체적인 메시지를 전달하고자 하는지 궁금합니다.

- 조윤제: 너무 좋은 질문이고, 제가 고민을 많이 하는 부분입니다. 제가 생각하기에는, 현대음악으로 메시지를 전달하는 것이 정말 어렵다고 생각합니다. (대중음악이 메시지 전달에는 더 영향력을 지닌다고 생각합니다) 그런데 제가 생각하는 이상적 예술은 현대음악의 프레임 안에서 하려는 것이 아니라, 다양한 필드에서 함께 만나서 작업하는 것입니다. 그 와중에 저는 소리를 통해 탐구하고 있죠. 제가 생각하는 사회 문제, 인류가 나아가야 할 방향을 예술을 통해 바꿀 수 있는가 없는가에 대한 답을 내리긴 어렵습니다. 오히려 '바꿀 수 없다'라고 봐야 할 것 같습니다. 물론 이 작품에 무언가를 반영했죠. 그러나 이 공연을 통해 조금이라도 마음에 변화가 생긴다면, 또 그 작은 변화 하나가 나비효과를 내게 되는 것은 의미가 있다고 봅니다. 하지만 우리의 사상이 변하지 않으면, 자연

에 대한 사고는 결코 바뀔 수 없죠. 그래서 인간 본성에 대한 탐구가 필요합니다. 제가 아는 인간은 공연 하나로 바뀔 수 없죠. 지속적인 교육이 필요하다고 봅니다. 제가 원하는 공연은 한 번의 공연이 끝이 아닌, 1년 또는 연속적인 공연이 중요하다고 봅니다. 공연은 자연과 환경을 주제로 하지만 음악적으로는 복습을 하면서 새로운 정보를 제시하고, 지속 가능한 사고를 갖도록 유도하며 교육에 주안점을 둔 연속성 기반의 창의적인 시리즈를 만들어 내고 싶습니다. 저는 아예 환경학과 생태학을 전공으로 공부할 생각도 하고 있습니다. 생태학, 동물 환경학 등. 이런 것은 저의 본능입니다. 작곡가로서 어느 정도 자리를 잡으면, 앞으로 환경학 및 생태학을 공부하고 싶습니다.

오희숙: 본능에서 왔지만, 사회적인 이슈로 가고, 또 사회적 실천으로 가는 것이죠, 음악으로 정신을 바꾸고 싶으신 거군요.

- 조윤제: 제가 협업하고 싶은 분야의 사람은 과학자, 철학자, 미학자, 조경 아티스트입니다. 잠재된 가능성을 극대화할 수 있는 것 등 많은 분야와의 결합이 필요합니다. 전자음향에도 관심이 많죠. 뭔가 우리에게 메시지를 전달하고, 예술적으로 완성도 있는 것. 너무 흔하지 않은 예술적 가치를 꿈꾸고 탐구하고자 합니다.

오희숙: 좋은 말씀 감사합니다. 앞으로 계획이 잘 이루어져 멋진 작품 작곡하시기를 바랍니다.

작곡가 최한별

최 한 별
〈멸종위기 동물의 사육제〉

글 · 이창성

최한별(1982-)은 날카로운 통찰력으로 대상이나 개념을 음악에 '있는 그대로' 담아내는 작곡가이다. 연세대학교 작곡과에서 학사 및 석사를 졸업하였으며, 베를린 한스 아이슬러 음악대학에서 디플롬 과정을, 퀼른 국립 음대에서 콘체르트 엑자멘 과정을 졸업하였다. 그는 독일 유학 시절부터 두각을 나타냈는데, 2010년 룩셈부르크 국제 콩쿠르에서 1위를, 2017년 세계 유수의 작곡 콩쿠르인 스위스 바젤 국제 콩쿠르에서 3위를 수상하였다. 독일 NEW 주립음악위원회, 화음챔버오케스트라의 작곡가로 활동하였으며, 도이치 방송 교향악단, 경기필하모닉, 국립국악관현악단 등 다양한 단체들로부터 위촉 작품을 발표하였다. 작곡 발표회 '말 많은 현대음악?!'(2021)과 'SOLO에 반하다'(2023)를 개최하였고, 현재 서초클래식시리즈, 배렴가옥 '툇마루콘서트'의 메인 작곡가 및 콘서트 가이드로 활동 중이다. 또한 연세대, 전북대, 군산대에 출강하며 후학을 양성하고 있다.

현대 음악가의 사명감에서 벗어나 자유를 찾다

　　최한별은 한 인터뷰에서 독일로 유학을 떠난 이유에 대해 "기술에 목말라 있었다"라고 답한 적이 있다. 작곡가의 길을 걷기로 다짐한 그에게 필요한 것은 진지한 음악을 만들기 위한 도구였다. 그렇게 그는 독일의 저명한 작곡가 한스 키부어츠와 요하네스 쉘혼 아래에서 자신의 음악 세계를 견고하게 굳혀갔다. 최한별의 음악은 "어떤 소리도 가능하다"라는 말로 대변되는데, 그는 정확한 소리가 있는 음정보다는 악기와 악기가 만들어 내는 음향을 사용하는 방식으로 음악을 작곡했다. 예를 들어 룩셈부르크 국제 콩쿠르에서 우승을 안겨준 〈살아있는 숲〉(Der lebende Wald, 2010), 그리고 한국 현대음악계의 큰 관심을 받은 스위스 바젤 콩쿠르의 입상작 〈숨바꼭질〉(Hide and Seek, 2016)에서는 수많은 악기가 자아내는 총체적인 음향이 두드러지게 나타난다.

　　독일에서 한국으로 돌아온 최한별은 젊은 현대 음악가로서의 사명감을 지니고 창작에 몰두했다. 대중을 대상으로 하는 작품에서도 그의 실험적인 기법은 희석되지 않는다. 가령 뚜렷한 음정보다 두루뭉술한 음향을 중요시하는 그의 작품세계는 화음챔버오케스트라의 위촉곡이자 어린이들이 친근하게 다가갈 수 있는 작품인 〈십이간지 동화이야기〉(2015), 그리고 〈팥죽할멈과 호랑이〉(2021a)에서도 여실히 드러나고 있다. 이 두 작품에서는 친숙한 동화 이야기라는 소재와는 달리 두터운 음향의 클러스터가 곳곳에 배치되어 있으며, 현악기들은 빈번하게 글리산도를 사용하며 음정을 회피한다.

　　그러나 그는 다양한 단체로부터 작품을 의뢰받게 되면서 음을 조직하는 테크닉에 대한 갈증을 해소하고, 점차 재료에만 국한되어 있었던 사고의 경계를 넓혔다. 그 계기가 된 작품은 '리얼아트'라는 음악 단체의 위촉작으로, 《창작 오페라 콜렉션 No.1 Fairy Tale》 중 〈팥죽할멈과 호랑이〉(2021b)이다. 소프라노, 테너, 피아노가 함께하는 이 작품에서는 동요나 트로트를 연상케 하는 성악 선율에 대비되어 피아노는 무조성의 선율을 연주하고, 피아노의 줄을 뜯거나 클러스터를 과격하게 연주하는 등 여러 현대 주법을 적극적으로 사용한다. 최한별은 처음에 이 작품에서 이루어지는 성악과 피아노의 융합이 꽤 이질적이라고 판단하여 많은 걱정을 했지만, 그런 걱정이 무색하게도 초연 당시의 관객들과 동료 음악가들은 그에게 뜨거운 박수와 호응을 보냈다. 그래서 그는 이 작품 이후로 지난 시간 동안 쌓아왔던 현대 음악가로서의 사명감과 부담감을 내려놓고, "어떤 소리도 가능하다"에서 "어떤 음악도 가능하다"라는 자신감을 얻게 되었다. 이후 최한별은 더욱 다양한 음악을 쓰고 있다. 국악과 양악의 융합을 도모한 〈학 춤 中 피날레〉(2022), 그리고 더블 베이스를 록 음악의 베이스 기타처럼 활용한 〈Rock You〉(2023)에서는 한층 더 자유로워진 그의 음악어법이 듬뿍 묻어나온다.

추상적이지 않게, 대상을 직관적으로 담아내기

최한별의 작품은 청각적으로는 추상적이지만, 작품을 관통하는 아이디어는 꽤 직관적이다. 예를 들어 자르브뤼켄 방송교향악단의 공모작으로 당선된 〈Astral〉(2013)의 경우에는 밤하늘을 선명하게 수놓는 별을 음악으로 풀어낸 작품이다. 그런 최한별이 꾸준히 몰두했던 작업 중 하나는 바로 동물과 장면을 생생하게 음악으로 묘사하는 것이다. 그는 그 작업의 출발점으로 2015년 〈십이간지 동물이야기〉를 꼽고 있다. 길이는 30분 정도이고, 실내악 앙상블과 더불어 여러 타악기가 함께하는 이 작품에서는 특정한 대상을 묘사하는 최한별의 탁월한 상상력이 돋보인다. 예컨대 이야기를 시작하며 옥황상제가 등장하는 부분에서는 썬더시트(thunder sheet)라는 특별한 악기가 등장하는데, 이는 천둥이 치는 먹구름을 가르고 신비로운 존재가 등장했다는 점을 연상하게 한다. 동물이나 장면에 대한 묘사는 피아노와 튜바를 위한 〈동굴 속의 용〉(A dragon in the cavern' for piano and tuba, 2021/2023)에서도 직접적으로 나타난다. 이 작품에서는 튜바를 통해 묵중한 용의 움직임을 묘사하고, 튜바 연주자가 간간이 들려주는 블로잉 기법은 용이 뿜어내는 콧김을 떠올리게 한다. 그런데 신기한 점은, 최한별이 특정 생명체나 시각적인 장면을 청각화하는 방식을 듣고 있자면 음악적 묘사가 정말 '찰떡같다'는 인상이 강하게 남는다는 것이다. 이는 그가 대상을 추상화하여 표현하기보다는 '있는 그대로'의 모습을 음악으로 옮기고, 모두가 고개를 끄덕일 만큼 보편적인 감각을 포착하는 통찰력을 갖추었기 때문이다. 그런 의미에서 그의 작품은 대상을 그린다는 표현보다, 오히려 대상을 담아낸다는 표현이 적절하다.

지구 위 생명체가 마주한 현실을 쓰다듬는 법

오늘날 인류는 다시 찾아올 내일을 걱정하며 살아가지만, 같은 땅을 밟고 살아가는 인류 외의 수많은 생명은 영영 찾아오지 않을 내일에 두려워한다. 〈멸종위기 동물의 사육제〉는 지구 환경의 급격한 변화와 벼랑 끝에 서 있는 동물들의 현실을 담아낸다. 이 작품은 2023년 인천의 신설 음악 단체 '더콜렙'(The Collab)의 위촉으로 작곡되었으며, 그해 11월 16일에 부천아트센터 소극장에서 초연되었다. 편성은 피아노, 플루트, 바이올린, 반도네온, 성악, 첼로, 더블 베이스, 클라리넷, 바순으로 이루어져 있다. 이름에서부터 금방 유추할 수 있듯, 이 작품은 생상스(C. Saint Saëns, 1835-1921)의 〈동물의 사육제〉(1886)를 새롭게 해석한 것이다. 제1곡은 '바람의 경고', 제2곡 '굴포천 맹꽁이', 제3곡 '바다거북이', 제4곡 '황제펭귄', 제5곡 '왕벌', 제6곡 '세상의 끝', 제7곡 '달려(푸마)', 제8곡 '길 잃은 새들을 위한 탱고', 제9곡 '독수리', 제10곡 '제주해녀', 제11곡 '백조', 제12곡 '공생'이다. 이 중 제6곡부터 제8곡은 더콜렙의 반도네온 연주자 연하늘이 작곡한 탱고로, 작품에서 간주곡(Intermezzo)처럼 기능한다.

원작에서 묘사되었던 동물 대다수는 130여 년이 흐른 오늘날 멸종위기에 처해있다. 제1곡은 어두운 주제의식을 공고히 한다. '바람'이라는 주제에 맞게 제1곡에서 관악기들은 블로잉 기법을 사용해서 바람의 소리를 직접적으로 표현한다. 한편 현악기는 하모닉스와 글리산도를 통해 비스듬하게 스치는 음형을 만들어 내고, 소프라노는 〈동물의 사육제〉의 '서주와 사자왕의 행진' 선율을 허밍으로 노래한다. 소프라노와 관현악 앙상블의 어색한 조화는 점점 생명체가 비어가는 사바나의 초원과 그러한 공터를 황량하게 바라보는 사자를 표현한다. 제2곡에서는 클라리넷과 바순이 서로 교차하며 맹꽁이의 울음소리를 표현하고, 피아노의 강렬한 클러스터 기법이 맹꽁이의 역동적인 움직임을 묘사한다.

제3곡은 생상스의 원작에서 '거북이'를 인용한 작품이다. 원작의 '거북이'가 육지거북을 연상시키는 묵직함을 가지고 있다면, 이 '바다거북이'는 긴 서주로 유려하게 출발한다. 특히 서주에서 피아노의 아르페지오는 선율의 방향이 위에서 아래로 향하고 있는데, 이는 수면 아래에서 고고하게 헤엄치는 바다거북을 묘사한다. 제4곡은 펭귄의 모습을 생생하게 그려내는 곡으로, 악보에는 "펭귄 뒤뚱거리듯이," "날아보려는 아기펭귄" 등 다양한 지시어들이 적혀있다.

제5곡 '왕벌'은 림스키코르사코프(N. Rimsky-Korsakov, 1844-1904)의 '왕벌의 비행'을 인용했는데, 처음에는 분주했던 선율이 점차 사라지면서 개체수가 줄어가는 벌의 위기를 표현하고 있다. 격렬한 탱고로 작곡된 제6곡부터 제8곡까지의 간주곡은 서구 유럽의 음악어법을 넘어 다양한 지구촌의 음악을 포용하고 있으며, 제9곡은 여러 현대 주법을 통해 높은 고도에서 급강하와 급상승을 반복하며 하늘을 누비는 독수리의 모습을 포착하고 있다. 이어서 제10곡 '제주해녀'는 멸종위기종은 아니지만 점차 우리의 삶에서 사라지고 있는 존재로 2016년 유네스코 인류무형문화유산으로 등재되었다. 이 곡에서는 관현악 앙상블의 현대적인 주법과 소프라노가 부르는 제주도의 노동요 '이어도 사나'가 대비를 이루고 있다. 제11곡 '백조'는 우아하고 유려한 선율이 특징적인 생상스의 '백조'를 인용했다. 마지막 곡인 제12곡 '공생'에서는 지금까지 등장했던 모든 선율을 아우르며 공생과 희망의 메시지를 전한다.

매우 명확한 콘셉트에 따라 만들어진 이 작품은 악장 별로 제목이 뚜렷하게 정해져 있어 관객의 해석이 끼어들 여백이 거의 없어 보인다. 그럼에도 최한별이 작곡한 9개의 곡은 두 가지 기준으로 분류해서 생각해 볼 수 있다. 제1곡, 제3곡, 제5곡, 제10곡, 제11곡은 지구 위 생명체가 마주한 위기를 직접적으로 드러낸다. 이 네 곡은 모티브가 된 원곡이 미묘하게 파괴되는 모습이 나타나는데, 이는 동물들이 환경위기의 직접적인 타격을 입었다는 점을 시사한다. 반면 제2곡, 제4곡, 제9곡, 제12곡은 위기를 맞이했어도 생명력 있는 삶을 살아가는 동물들의 모습을 그려낸다. 마지막으로 이 작품에서 우리에게 가장 큰 위로가 되는 건 제2곡 '굴포천 맹꽁이'일 것이다. 굴포천 맹꽁이는 절멸의 위기까지 갔다가 인천의 하천 복원 사업으로 인해 다시 자연의 품으로 돌아온 생물이다. 가장 역동적인 음악으로 작곡된 맹꽁이는 현재를 살아가는 우리가 직접 목격한 희망의 상징인 셈이다. 따라서 암울한 생명체의 현실을 표현하면 서도 곳곳에 희망의 메시지가 존재하는 이 작품은 우리에게 이런 말을 건네는 듯하다. "이미 지구는 많이 파괴되었다. 그렇지만 분명히 지구는 다시 회복될 수 있다."

[연주영상 보기]

010-2113-4205   최한별
hanbielchoi@gmail.com

Score

멸종위기 동물의 사육제
1. 바람의 경고

2024년 6월 26일 오후 9시
Zoom 화상 인터뷰

이창성: 안녕하세요. 선생님께서는 2018년, 비해사 시리즈의 첫 권인 '실내악: 무한한 상상력의 락'에 흔쾌히 참여하셨습니다. 그때까지만 해도 상당히 실험적인 음악을 많이 발표하셨는데, 요즘에는 대중 친화적인 작품들을 많이 발표하고 계신 것 같습니다.

- 최한별: 요즘에는 어쩌다 보니 대중 친화적인 음악극을 많이 작업하고 있었습니다. 특히 2021년에는 화음챔버의 위촉으로 어린이 음악극 〈팥죽할멈과 호랑이〉(2021a)를 작곡했고, 또 같은 동화로 '리얼아트'라는 단체의 '창작 오페라 콜렉션 No.1 Fairy Tale' 공연의 위촉으로 소프라노, 테너, 그리고 피아노가 함께하는 음악극을 만들기도 했는데요. 이 작품을 관객분들이 엄청나게 좋아하시더라고요. 이야기를 음악으로 구현하는 작업들은 많이 해봤지만, 사람의 '음성'으로 음악극을 만드는 건 처음이었는데, 흥미로운 작업이었습니다. 올해는 〈방귀쟁이 며느리〉(2024)라는 음악극을 무대에 올리기도 했습니다.

이창성: 전래 동화를 소재로 여러 작품을 만들고 계셨군요. 선생님께서는 이미 2015년 〈십이간지 동화이야기〉라는 작품을 통해 한국의 옛이야기와 동물들을 생생하게 묘사하셨습니다. 음원에 관객들의 아주 뜨거운 호응과 박수가 남아 있는데요. 이렇게 꾸준히 이야기나 동물들을 음악으로 구현하는 이유가 있을까요?

- 최한별: 우선은 열두 마리의 동물이 등장해서 달리기 경주를 한다는 이야기가 전 세계적으로 재밌을 수 있겠다는 생각을 한 것 같습니다. 또 동물들의 울음소리가 나라마다 다르기에 여러 모로 신선할 것 같기도 했고요. 아쉽게도 제가 글로벌 시장을 겨냥해서 발표를 하지는 못했지만… (웃음) 이 작품 이후로 구체적인 대상을 음악으로 그려내는 것이 제게 조금 더 편한 작업 방식이라는 점을 깨닫게 된 것 같습니다. 동물이라든가, 장면을 묘사하는 게 재밌더라고요.

이창성: 〈멸종위기 동물의 사육제〉에 대해 이야기 나누고 싶습니다. 이 작품은 어떤 콘셉트로 작곡되었나요?

- 최한별: 이 작품은 인천에서 신설된 음악 단체인 '더콜렙'의 위촉곡입니다. 더콜렙은 환경, 육아, 여성, 배리어프리(Barrier-Free)와 같이 사회적인 문제를 계속해서 대중들에게 알리고 있는데요. 〈동물의 사육제〉에 등장하는 동물들이 오늘날에는 대부분 '멸종위기'라는 점에 착안해서 〈멸종위기 동물의 사육제〉라는 콘셉트를 잡게 되었습니다. 아이디어를 구체화하는 과정에서 〈동물의 사육제〉에 등장했던 동물뿐만이 아니라 펭귄, 제주 해녀, 그리고 굴포천 맹꽁이와 같은 다양한 동물들도 추가되었습니다.

이창성: 그렇다면 선생님께서는 이 작품을 위촉받기 전에도 환경문제나 멸종위기 동물에 관해 관심이 있었는지요?

- 최한별: 조금은 부끄러운 얘기지만, 환경이나 멸종위기 동물에 대해 크게 관심이 있지는 않았어요. 그런데 이 작품을 위촉받게 되면서 엄청나게 많은 자료들을 보고, 몰입을 많이 하게 된 것 같습니다. 또 '더콜렙' 소속 연주자분들과도 여러 이야기를 나누었는데, 해수온의 변화로 바다거북이들이 모두 암컷으로 부화하고 있다는 뉴스가 조금 충격적이었던 것 같네요.

이창성: 이 작품에는 생상스의 〈동물의 사육제〉를 비롯하여 림스키 코르사코프의 〈왕벌의 비행〉이 인용되어 있습니다. 어떻게 보면 관객이 좀 뻔하다고 생각할 수도 있었을 것 같았는데, 작곡가로서 고민이 되는 지점은 없었는지요?

- 최한별: '더콜렙' 측이 생상스의 〈동물의 사육제〉의 몇몇 선율들을 인용해달라고 하였는데, 기존의 선율을 가져오는 것 자체가 현대 음악가로서는 좀 부담이 되는 일이었습니다. 원곡의 느낌을 살리면서도, 어떻게 하면 조금 더 특별하게 원곡을 각색할 수 있을지를 고민했던 것 같습니다. 특히 열한 번째 곡 '백조'가 사람들에게 너무 사랑받는 명곡이기에 이 명곡을 감히 건드린다는 게 어렵기도 했죠. 그래서 원곡을 저만의 오케스트레이션으로 과감하게 편곡하거나, 또 앞부분에 서주를 첨가해서 차별화를 꾀하려고 했습니다.

이창성: 그렇군요. 선생님께서는 동물을 묘사할 때 어떤 부분을 주로 고려하시는지도 궁금합니다.

- 최한별: 추상화를 거치지 않고 동물들을 있는 그대로 묘사하는 데에 집중하는 편입니다. 모두가 들었을 때 직관적으로 대상의 속성을 알 수 있도록 노력하는 편이죠.

이창성: 한편으로는 그렇게 '있는 그대로' 동물을 묘사하는 방식은 음악이 아니라 단순히 '사운드'가 될 위험성이 없지 않나 싶은데요. 예를 들자면 소의 울음소리를 그대로 표현한다거나 하는 식으로요.

- 최한별: 단순히 사운드적으로 묘사하는 것과는 조금은 다른 것 같아요. 동물의 움직임이라든가, 동물이 내는 울음소리의 질감을 악기로 표현하는 지점에서 저만의 특별한 아이디어가 더해진다고 생각하고요. 또 어떻게 하면 음악과 조화시킬 수 있을지 고민을 참 많이 했습니다. 〈멸종위기 동물의 사육제〉의 경우에는 동물의 움직임뿐만 아니라 동물의 이야기랄까요. 네 번째 곡 '황제펭귄'을 예로 들자면 단순히 펭귄의 움직임을 묘사하는 게 아니라 아빠 펭귄, 엄마 펭귄, 아이 펭귄, 이렇게 세 펭귄을 등장시켜 펭귄을 표현해 봤습니다.

이창성: 앞서도 언급했지만, 선생님께서는 〈십이간지 동화이야기〉에서도 동물을 묘사하셨고, 8년 만에 이 작품에서도 동물을 음악으로 그려냈는데요. 이 두 작품의 분위기가 상당히 다릅니다. 조금 더 대중 친화적인 느낌으로 변했는데, 어떤 심경의

변화가 있었나요?

- 최한별: 〈십이간지〉를 작곡했을 당시에는 제가 현대 음악가이자 또 연구자로서 계속해서 음악적인 기술을 연마해야 한다는 사명감이 있었던 것 같아요. 그런데 조금 시간이 지나다 보니 나는 모든 음악을 할 수 있고, 현대음악은 수많은 음악을 표현하는 방식 중 하나라고 느꼈던 것 같습니다. 특히 2021년에 〈팥죽할멈과 호랑이〉(2021b)를 작업하면서 직접적인 심경의 변화가 있었는데요. 그때 동요나 트로트 같은 음악을 사용하면서 내심 걱정이 되었는데, 동료 작곡가분들께서 신선하다, 새롭다는 호평을 많이들 해주셔서요. 이렇게 된 김에 이것저것 해봐야겠다면서 마음을 더 열게 된 것 같습니다. 아무래도 8년 동안 음악관에 많은 변화가 있었던 것 같네요.

이창성: 선생님께서는 앞으로 묘사해 보고 싶은 동물이나 생명체가 있을까요?

- 최한별: 현실에는 존재하지 않지만, 게임에서 쉽게 찾아볼 수 있는 '슬라임(Slime)'을 한 번 음악으로 묘사해 보고 싶네요(웃음). 그 특유의 물컹물컹한 질감과 액체처럼 흐르는 몸의 유연한 움직임을 소리로 표현하면 흥미로운 작업이 될 것 같습니다. 또 현실에 없는 생명체여서 저만의 자유로운 상상을 더할 수 있기도 하고요.

이창성: 슬라임이라니, 예상도 못한 답변이네요. 선생님께서는 어느 하나로 고정되지 않는 것을 선호하신다고 말씀하신 바 있습니다. 그런 생각은 지금도 유효할까요?

- 최한별: 네, 그래서 최대한 다양하게 음악을 넓히려고 도전하고 있습니다. 2023년에 열었던 작곡 발표회 때는 '록'에 도전해 보고 싶어서 더블 베이스를 베이스 기타처럼 사용하는 〈Rock You〉라는 작품을 만들기도 했는데요. 또 어린이 음악극이나 여러 위촉작들을 만들면서, 음악에 필요한 도구들을 하나하나씩 익혀가고 있습니다. 물론 현대음악이 저에게는 기본적인 도구긴 한데요. 계속해서 제 음악의 스펙트럼을 넓혀가는 중입니다. 요즘에는 많은 사람이 AI가 인간 작곡가를 죽일 거라고 입을 모아 말하고 있죠. 그런데 저는 AI에 정말로 많은 기대를 걸고 있고, 대중음악은 어떨지 모르겠지만, 예술음악의 경우 AI가 개발되면 개발될수록 예술가들이 사용할 수 있는 도구들이 늘어난다고 생각해요. 그래서 언젠가 저도 AI와 함께 더 다양한 음악을 만들 수 있지 않을까라는 희망을 품고 있습니다. 마지막으로 '더콜렙'과 좋은 인연이 되어 올해 말에 〈산후조리원〉이라는 오페라를 무대에 올릴 예정인데요. 많은 관심 가져주셨으면 좋겠습니다.

이창성: 〈산후조리원〉, 제목부터 정말 흥미로운 작품인데요. 선생님의 앞으로의 창작활동도 기대가 됩니다. 늘 응원하겠습니다. 인터뷰에 응해주셔서 감사합니다.

작곡가 **한경진**

한경진

메조소프라노, 피아노, 현악4중주를 위한 〈목마름〉

글 · **권애영**

매일의 삶 속에서 예술을 섬세하게 빚어내는 소리 장인 작곡가 **한경진**(1973-)은 서울대학교 음악대학 작곡과 및 동대학원을 졸업하고 영국 사우스햄턴 대학에서 박사학위를 취득하였다. 피아노 솔로를 위한 〈메리맥강〉(Merrimack River, 1999)으로 제39회 동아콩쿠르 작곡부문에서 1위를 수상하였고, 오케스트라를 위한 〈심연으로부터〉(De Profundis, 2003)로 제6회 한민족 창작음악축전에서 대상을 수상하였다. 그 외에 에드바르드 그리그 추모 국제 작곡 콩쿠르, 라디슬라브 큐빅 국제 콩쿠르 등에서 입선 및 결선 진출 경력이 있다. 범 음악제, 대한민국 실내악작곡제전 등 다양한 음악제에서 작품을 발표하였다. 현재 전남대학교 교수로 재직 중이며, 소리목, ISCM, 뮤직노마드, 창악회 등 여러 음악 단체에 소속되어 활발하게 작품 활동을 이어가고 있다.

일상에서 찾는 창작의 리듬

"매일 운동을 하듯 작곡합니다"라는 작곡가 한경진의 말은 일본의 소설가 하루키(Murakami Haruki)의 일상을 연상시킨다. '예술적 감수성만큼이나 물리적인 힘'의 중요성을 강조하는 하루키는 일상의 루틴을 통해 규칙과 단련을 실천하면서 지속적으로 새로운 작품을 창작해 나간다. 몸의 근력을 유지하기 위해서 매일의 운동이 필수적인 것처럼, 한경진에게는 작곡의 근력을 키우기 위해 매일의 작곡이 필수적이다. 일단 약해진 근육을 회복하는 것은 매우 어렵기 때문에, 규칙적인 일상은 필연적이며, 이는 그의 음악 세계에 깊이 뿌리 내렸다. 이러한 규칙성은 결국 꾸준함을 추구하는 것으로 연결된다. 그는 갑작스럽게 떠오른 영감에 의존하는 전형적인 천재의 모습이 아니라, 일상에서 스스로 영감을 탐구하며 창작의 시간을 소중히 가꾸어간다.

한경진의 창작은 마치 일상을 예술로 만드는 과정과 같다. 매일 반복되는 일상에서 새로운 영감을 찾아내고, 규칙적으로 곡을 쓰는 모습은 그의 음악이 단순한 창작물이 아니라 삶의 일부분임을 보여준다.

낮은 목소리로 전하는 종교적 메시지

한경진은 안정감을 주는 낮은 음역의 소리를 선호한다. 그의 작품에 사용되는 낮은 음역의 소리는 끊임없는 음악적 탐구와 변용 속에서도 작품의 깊이와 무게감을 더한다. 예컨대, 베이스와 피아노를 위한 〈애가(愛歌)〉(2009)에서 한경진은 저음역의 베이스를 독립적인 악기로 탐구하며, 그 소리의 깊이와 무게감을 극대화한다. 또한 사용된 텍스트를 음절, 음소 등의 단위로까지 잘게 해체하여 음성을 가사 전달의 매개체가 아니라 새로운 음악적 매개변수로 활용함으로써 음악적 긴장감을 효과적으로 조절한다. 마치 중세 성가를 상기하는 베이스의 단순한 선율은 피아노의 빠른 패시지와 뚜렷한 대조를 이루고, 베이스의 저음역과 피아노의 고음역이 강렬한 대비를 이루며 음향적으로 깊은 인상을 남긴다. 반면 곡의 후반부에서 베이스는 'Kyrie eleison'을 반음계적으로 순차 하행하면서 신의 자비를 구하는 간절함을 부각시킨다.

바리톤, 첼로, 피아노를 위한 〈낮은 목소리〉(2019)는 제목에서부터 저음역을 강조한 작품이다. 한경진은 이 곡을 '삶의 현실 속에서 온몸으로 역사의 흐름을 맞으며 살다가 떠난 무명의 사람들을 위한 일종의 진혼곡'이라고 소개한다. 이 작품은 통상미사의 마지막 곡이며 자비와 평화를 구하는 '하나님의 어린양'(Agnus Dei)의 가사를 변용하여 사용했다. 곡의 도입부에 등장하는 핑거심벌의 사운드가 장례 의식을 떠올리게 할 뿐, 사실 텍스트만으로는 이 곡을 진혼곡으로 이해하기 쉽지 않다. 그러나 한 시대를 살아가던 백성들의 아픔과 현실이 녹아 있는 음악인 '새야새야'의 모티브가 곡 후반에 등장하면서 작곡가의 의도는 선명해진다. 베이스는 낮은 목소리로 음정의 변화가 거의 없이 역사적 흐름 속에서 살아간 이들의 삶과 죽음을 기리며 자비와 평화를 읊조리면서 공감과 위로의 메시지를 전한다.

자연의 생경함, 음악적 울림이 되다

한 번도 경험하지 못한 낯선 자연을 마주할 때, 인간은 말로 표현할 수 없는 감정을 느끼곤한다. 이러한 시각적 이미지는 한경진 작품의 원천이 된다. 유학 시절, 잉글랜드 남서부 데본의고지대에 화강암 언덕이 펼쳐진 황무지에서 강한 생명력과 깊은 인상을 받은 그는 이 경험을 9명의 연주자를 위한 〈변형〉(Morphoses, 2003)에 그대로 담아냈다. 각 악기는 독립적으로 움직이며 에너지를 쏟아내는데, 이 에너지는 하나로 응집되지 않지만, 그 자체로 곡에 생동감을 더한다. 또한 바이올린, 첼로, 피아노를 위한 〈골짜기로부터〉(From the valley, 2019)는 미국 애리조나 모뉴먼트 밸리(Monument valley)에서 받은 인상을 표현한 작품이다. 이 곡에서 한경진은 모뉴먼트 밸리의 광활한 공간과 새벽의 여명 아래 느껴지는 감각의 순간을 음악적 언어로 표현했다. 김영랑의 시 '그를 꿈꾼 밤'을 떠올리게 할 만큼 황량한 땅 위에서 느낀 외로움과 불안은 세 악기의 파편화된 소리로 표현되었다. 이러한 시각적 자극을 청각적 표현으로 섬세하게 담아낸 이 작품들은 자연이 주는 인상과 감동을 음악으로 승화시켜 관객에게 깊은 감정의 여운을 전달한다.

메조소프라노, 피아노, 현악4중주를 위한 〈목마름〉
(Water by thirst for Mezzo Soprano, Piano & String Quartet, 2023)

병치 속에 드러나는 선명한 메시지

한경진의 〈목마름〉은 작곡동인 '뮤직노마드'의 〈시절유감2023 환경시리즈 I – 물音〉에서 발표된 작품이다. 이 작품은 메조소프라노와 피아노, 현악4중주를 위한 작품으로, 에밀리 디킨슨 (Emily Dickinson, 1830-1886)의 시와 '리베라 메'(Libera me, 나를 구원하소서) 텍스트를 병치해 자연과 죽음의 관계를 탐구한다.

에밀리 디킨슨은 자연을 사랑한 시인으로, 뉴잉글랜드 시골에서 거의 은둔자로 살면서 자연에서 깊은 영감을 얻었다. 이 작품의 가사로 사용된 "물은, 목마를 때 가치를 아네"(Water, is taught by thirst)는 6행의 짧은 시로, 디킨슨의 간결하면서도 이미지즘(imagism)적인 스타일이 잘 드러난다. 이 시는 결핍을 통해 사물의 가치를 깨닫게 되는 역설적인 진리를 다루며, 상반된 시어들의 대조를 통해 부재(不在) 속에서 오히려 진정한 가치를 깨달을 수 있다는 메시지를 효과적으로 전한다. 이 작품에서 디킨슨의 시는 레퀴엠에서 사용되는 '리베라 메' 텍스트와 병치되며, 자연의 소중함과 죽음을 연결하여 환경에 대한 경각심을 음악으로 표현한다.

〈목마름〉은 3부 형식(A-B-A´)으로 처음과 마지막이 거의 동일하고, 중간 부분에서 템포, 텍스처, 다이내믹 등의 다양한 변화의 양상이 두드러진다. 곡의 서주(마디1-22)에서는 피아노 낮은음의 강한 타건과 현악기에서의 피치카토가 나열되는 듯하면서도 조화를 이룬다. 피아노와 현악기를 타악기적으로 활용하여 리듬을 강조하며 긴장감을 고조시키는 가운데, 메조소프라노가 '리베라 메'와 디킨슨의 시를 하나의 피치로 읊조리는 파를란도(parlando) 기법으로 노래하며 중세의 분위기를 소환한다. 서정성을 배제한 건조한 분위기는 마디16에서 바이올린의 지속음으로 반전된다. 중요한 가사인 'water'는 음가를 늘여 리듬 변화를 통해 강조된다.

섹션 B(마디23-159)에서는 텍스트가 본격적으로 병치되며, 바이올린과 첼로가 메조소프라노의 멜로디를 더블링하여 가사의 중요성을 강조한다. 마디108-118에서는 땅과 평화의 소중함을 노래하는 2행과 4행이 등장하고, 반주부는 현악4중주의 단일음(A)의 트릴만으로 구성된다. 점차 다이내믹이 증폭되고(*pp-p-pp*에서 *mp-f-mp*), 다시 1연이 등장하는 마디119-123에서는 피아노의 셋잇단음표까지 가세하며 *mf-ff-fff*까지 고조된다. 주로 2도 간격의 진행을 보여주는 멜로디는 섹션 A에 나타난 중세 성가의 분위기를 이어간다. 섹션 B는 피아노의 역할이 두드러진다. 특히 마디85-107에서 피아노는 건반의 양 끝을 오가며 넓은 음역대와 큰 다이내믹을 활용하며, 음가가 점점 잘게 쪼개지면서 긴 음가의 멜로디와 대조를 이룬다. 결국 그 종착지는 다시 저음으로 내려와 *ff-f-mf-mp*로 점차적으로 작아지면서 '리베라 메'를 메조소프라노가 하나의 피치로 다시 부르게 된다. 강렬한 현악기의 트레몰로 위에 피아노는 옥타브 간격의 셋잇단음표가 일곱잇단음표까지 점차적으로 리듬을 잘게 부수면서 아르페지오로 움직이며 그 존재감을 크게 드러낸다. 이때 잘게 쪼개진 리듬은 다시 돌아오지 못할 길로 나아가듯 긴장감을 고조시킨다.

마지막 섹션인 A´에서 이 긴장감은 첼로의 저음부의 지속음으로 점차 해소되며, 마디160에서 곡의 시작과 같은 진행으로 돌아간다. 다만 섹션 A에서 두 대의 바이올린이 C-D의 장2도로 상행했던 것과 달리, 섹션 A´에서는 B♭-A의 단2도로 하행하며, '리베라 메'라는 가사에 담긴 구원을 바라는 절실함을 더욱 강화한다.

한경진의 〈목마름〉은 자연의 가치를 강조한 에밀리 디킨슨의 시와 죽음에서의 구원을 간구하는 '리베라 메' 텍스트를 병치하여 자연과 죽음의 관계를 독창적으로 탐구한다. 특히 메조소프라노, 피아노, 현악4중주의 조합이 주는 음향적 특성은 각 섹션에서 효과적으로 분위기를 조성하며, 리듬과 멜로디의 대조는 잘 구축된 음악적 구조 속에서 명확하게 음악적 메시지를 전달한다.

자연은 오랫동안 인간의 삶과 밀접한 관계를 맺으며, 경외와 경탄의 대상이 되어왔다. 많은 작곡가들이 음악을 통해 자연을 묘사한 것도 이런 이유 때문이다. 그러나 오늘날, 기후변화로 인해 자연은 인간의 삶 뿐만 아니라 인간의 죽음과도 깊은 관련을 맺고 있다. 〈목마름〉은 이러한 현실을 반영해 자연에 대한 새로운 시각을 제시하며, 환경에 대한 경각심을 일으킨다. 그의 작품은 자연의 단순한 묘사를 넘어, 자연의 가치를 강조하며, 그 보존의 필요성을 청중에게 강하게 환기시킨다.

[연주영상 보기]

Water by thirst

Kyungjin HAN

1

는 운동선수와 비슷합니다. 며칠 밤을 새우며 집중적으로 곡을 쓰는 작곡가도 있겠지만, 저는 가능하면 매일 주어진 시간에 작업하는 것을 선호하는 스타일입니다. 운동하듯 매일매일. 저는 꾸준하게 하는 걸 좋아해요. 아마 죽을 때까지 이렇게 기술을 연마하다가 죽는 것이 아닌가 그런 생각이 듭니다(웃음).

권애영: 선생님 작품에서는 피아노의 역할이 굉장히 두드러진다는 느낌을 받습니다.

- 한경진: 네. 맞아요. 특히 피아노에서의 양 끝단의 소리를 좋아합니다. 피아노에서의 풍부한 배음을 좋아하고 다양한 활용 가능성을 찾으려고 노력합니다. 배음을 소음으로 생각하고 피곤하게 생각하는 사람들도 간혹 있는데, 저의 경우는 꼭 그렇지만은 않아요. 기본적으로 소음들이 깔린 상태를 잘 통제하고 활용하면 흥미로운 결과들을 만들 수 있다고 생각합니다. 같은 맥락에서 피아노의 배음을 다른 것들과 결합했을 때, 새로운 음향적 경험이 탄생할 수 있다고 봅니다.

권애영: 예전에 아창제 인터뷰에서 선생님을 '소리를 다루는 세공 전문가'로 소개한 글을 보았습니다. 이 표현에 대해 어떻게 생각하시나요?

- 한경진: 저는 작곡가는 기술자라고 생각해요. 마치 금속을 깎아 아름답게 만드는 세공사처럼, 작곡가는 세밀하고 정교한 작업을 통해 음악을 만듭니다. 그래서 저는 작곡가가 끊임없이 연마하지 않으면 안 된다고 생각해요. 어떤 면에서

권애영: '끊임없이 연마하지 않으면 안 된다'는 말씀이 인상적이네요. 혹시 선생님의 은사이신 이강율 선생님의 영향일까요? 이강율 선생님은 어떤 분이셨나요?

- 한경진: 이강율 선생님은 제가 굉장히 존경하는 분입니다. 작곡에 대한 자세를 많이 가르쳐 주셨어요. 어쩌면 그분 덕분에 제가 계속 이 작업을 하고 있는지도 모르겠습니다. 그 당시에는 잘 몰랐지만, 제가 대학교에서 학생들을 가르치다 보니, 그분의 가르침이 얼마나 진실했는지 알게 되었습니다. 참 감사하게 생각합니다.

권애영: 선생님 작품 중에서 저는 〈Morphoses〉와 〈From the valley〉가 특히 인상적이었습니다. 자연경관에서 영감을 받은 두 작품에 대해 좀 더 자세히 설명해 주실 수 있나요?

- 한경진: 제가 선호하는 특정한 풍경들이 있어요. 저는 주로 황량함이 느껴지는 장소들에서 영감을 많이 받습니다. 〈Morphoses〉의 원천이 된 다트무어나 이스라엘의 예루살렘 외곽에 가면 성경에서 말하는 광야 같은 곳이요. 한국에서 볼 수 없는 땅이고, 사람이 살기 쉽지 않은 곳

이기도 하죠. 아마도 일상에서 보기 힘든 이러한 풍경들이 기억에서 쉽게 사라지지 않고 저에게 강한 인상을 남기는 것 같습니다. 아마도 매일 볼 수 없는 풍경이라 더 매력을 느끼는 것 같아요.

권애영: 〈From the valley〉의 경우에는 모뉴먼트 밸리의 황량함 속에서 김영랑 시인의 시 '그를 꿈꾼 밤'을 떠올리셨죠. 어떤 순간이나 장소에서 시가 떠오르기도 하시나요?
- 한경진: 사실 그런 경험은 매우 드물긴 한데, 모뉴먼트 밸리를 여행하던 새벽에 그 시가 떠올랐습니다. 아마도 그 순간이 시의 내용과 맞아떨어졌기 때문이겠죠. '그를 꿈꾼 밤'이라는 시가 밤을 지새운 내용이다 보니까 순간적으로 떠올랐던 것 같아요. 시를 아주 좋아하는 편은 아니지만, 작곡가로서 인성곡을 쓸 때가 있다 보니 책을 찾아보는 경우도 있고, 학교 다닐 때나 유학 시절에 읽었던 시들 중에 음악적 재료로 선택하는 경우도 있습니다.

권애영: 작품목록에 주로 기악곡이 많이 있던데, 성악곡보다는 기악곡을 작곡하는 것을 더 선호하는 편이신가요?
- 한경진: 성악곡을 쓰게 된 것은 그리 오래되지 않은 것 같습니다. 그러나 최근에는 계속 성악곡 쪽으로 많이 쓰게 되는 것 같아요.

권애영: 성악곡에서는 라틴어 가사가 주로 활용되던데, 특별한 이유가 있을까요? 의미 부여를 위한 것인지, 아니면 그 언어가 주는 특별한 뉘앙스를 염두에 두신 것인지도 궁금합니다.
- 한경진: 라틴어로 성악곡을 작곡하게 된 가장 큰 이유는 한때 제가 미사곡 듣기를 좋아했기 때문이 아닌가 싶습니다. 포레의 〈레퀴엠〉이나 브리튼의 〈전쟁레퀴엠〉 같은 레퀴엠을 좋아하기도 했고요. 저는 이런 곡들이 가지고 있는 드라마틱한 부분들도 좋아했던 것 같아요. 그러다 보니 라틴어 가사를 사용하는 것이 크게 부담스럽지 않았기 때문에, 자연스럽게 선택하게 된 것 같습니다.

권애영: 〈Water by thirst〉에서는 두 텍스트가 병치되면서 선생님이 의도하신 바가 굉장히 선명히 드러난다는 인상을 받았습니다. 디킨슨의 시와 함께 '리베라 메'라는 미사곡의 텍스트를 함께 사용하셨고, 성악 선율에서도 찬트나 중세 교회에서 기도문을 낭독하는 듯한 느낌이 느껴졌습니다. 옛 음악이라고 할 수 있는 전통적인 음악에 대한 선생님의 견해가 궁금합니다.
- 한경진: 저는 전통과 새로운 것 사이에서 갈등을 느낄 때가 있는 편입니다. 기본적으로 전통의 가치에 대해서 굉장히 귀하게 여기면서도 그 위에 새로운 것을 구축하려는 욕구가 있습니다. 전통 자체를 부정하며 완전히 넘어서는 것보다는 그 위에 현대적인 요소를 더해 가치를 쌓아가는 것을 선호합니다. 특히 음향적인 측면에서는 특정 시대의 틀에 제한되지 않고 현대적인 것을 적극적으로 사용하려고 합니다. 그래서 전통의 현대적 적용은 제 작업에 있어 매우 의미

있는 부분입니다.

권애영: 베이스와 피아노를 위한 〈애가〉에서 음악적 매개변수들이 논리적인 선택 과정 아래 만들어졌다고 프로그램 노트에 남겨주셨는데, 그 논리적인 과정이라는 게 구체적으로 어떤 건가요?

- 한경진: 제가 전통적인 것을 소중하게 여기긴 하지만, 사실 제 작품은 기능화성에서 이미 떠나있잖아요. 그러나 특정 음들이 부각되며 중심적인 기능을 할 때가 있습니다. 특정한 음이 반복적으로 드러나고, 이러한 음들이 작품을 구성하는 데도 깊게 연관됩니다. 항상 먼저 설계하고 쓰는 것은 아닌데, 어떤 경우에는 연주자들이 이 곡을 이해하고 청중들이 듣는 시간에 집중하도록 하기 위해서 저도 모르게 특정 음들을 어떤 면에서는 강제적으로 보여주려고 하는 것 같아요. 다이내믹, 음색, 음고와 같은 매개변수들을 나름대로 체계적으로 통제하려고 노력합니다. 그러니까 기본적으로는 저 자신의 논리 안에서 감성이 곡 전체에 흐르고 있다고 표현할 수 있겠는데, 그 안에서 전통적인 것의 활용에 대해 열려 있는 입장이라고 말씀드릴 수 있겠습니다.

권애영: 최근에 환경에 대한 작품을 쓰셨는데, 환경문제에 대한 선생님의 개인적인 견해가 궁금합니다.

- 한경진: 사실 특별한 환경운동가는 아닙니다만, 〈Water by thirst〉를 작업하면서 환경에 대한 관심이 늘어났습니다. 곡을 쓰다 보면 자연스럽게 환경에 대한 생각이 깊어지더군요. 앞으로도 이러한 고민들이 작품에 영향을 미치지 않을까 생각합니다.

권애영: 오늘 귀한 시간 내주셔서 감사합니다. 앞으로도 선생님의 작품 활동 기대하겠습니다.

Ⅲ. 대자연이 빚어낸 소리의 풍경화

작곡가 **조아라**

Ara Cho

조 아 라

〈숲속으로〉

글 · 김예림

조아라(1988-)는 다양한 소리를 조심스럽게 엮어 새로운 직조물을 만들어내는 작곡가다. 그가 좋는 음향은 부드러우면서도 쉽게 깨지지 않는다. 서울예술고등학교 작곡과 및 연세대학교 작곡과를 졸업한 후 조아라는 미국으로 건너가 인디애나 주립대학에서 작곡과 석사 및 박사를 졸업하였다. 2011년 조선일보 신인 음악회 연주에 참여했고, 서울스프링실내악 축제 초청 작곡가로 활동했다. 또한 2014년 일신문화재단 창작곡 공모 대상을 받았으며, 2020년에 열린 제12회 아르코 한국창작음악제에서 양악 부문에 선정되어 작품 〈숲속으로〉(2019)를 연주하였다. 주요 작품으로 〈피아노 스터디 I〉(2017), 〈현악 사중주 No.2〉(2017), 〈소리〉(Sori, 2016) 등이 있다. 현재 서울시립대학교와 중앙대학교에 출강하고 있다.

사이사이 쏟아지는 소리의 온기

작곡가 조아라 작품의 소리는 차가우면서도 부드럽다. 부드러움을 넘어서서 따뜻한 온기가 은은하게 느껴진다. 그 스스로 '매력적인 음향을 좇는 작곡가'라 말한 것처럼, 그의 작품에서는 아름다운 소리가 쉬지 않고 나오며, 그 소리들은 여러 층으로 포개져 있다. 이때 울려 퍼지는 음향은 마치 포근한 이불처럼 우리를 감싸 안는다. 이처럼 조아라는 베를 짜듯 동일한 음과 악기를 가지고 이리저리 다양하게 엮어보고 쌓아보며 그녀가 원하는 소리를 만들어 나간다. 그러나 그렇게 만들어진 음향은 매번 같지 않고 새로운 느낌을 자아낸다. 그리고 청자에게 이제껏 경험하지 못한 다양한 색의 그림을 상상할 수 있는 자리를 펼치도록 도와준다.

음을 직조하여 여러 겹 만들기

조아라가 사용하는 음의 구조는 단순하다. 2도와 3도의 조합, 그리고 삼온음(Tritone)이다. 이들은 언뜻 들으면 부딪히는 소리가 많기에 굉장히 불안하게 들린다. 그것도 수직, 수평적으로, 그리고 여러 악기에서 동시에 그리고 지속적으로 들려올 때는 어딘가 모르게 불편하다. 여기에 더하여 그녀의 작품에서 다수 등장하는 변박은 이러한 불안감을 증폭한다. 하지만 어느덧 그 불안함과 불편함은 사라지고 조아라가 그리고자 한 여러 겹의 음향만이 귓가에 맴돌 뿐이다.

피아노 독주곡인 〈Piano Study I〉(2017)은 약 6분의 시간 동안 이 모든 조합을 가지고 음악을 진행해나간다. 더욱이 악센트의 위치를 계속해서 바꿔주면서 박자의 흔들림이 강화된다. 2도와 3도를 쌓는 조합과 3화음 안에서의 부가음 추가 등의 구성으로 이루어진 4개의 음 그룹들은 화음, 펼침화음, 단음의 나열 등 여러 조합을 꾀하며 변화무쌍하게 등장한다. 이때 같은 음 구조로 제시되는 경우 어떤 방식과 순서로 사용하느냐에 따라 다른 음향층이 형성된다. 부딪히면서도 어느 순간 협화음이 도드라지게 들릴 때도 있으며 부드러운 음색이 만들어지기도 한다. 한편으로는 단2도가 여러 개 겹치게 됨에 따라 그저 하나의 덩어리 음향처럼 제시되기도 하면서 여러 겹의 소리가 탄생한다. 〈String Quartet No.2〉(2017)에서도 마찬가지로 음정들의 나열 방식을 통해 여러 겹의 소리의 층이 만들어진다. 특히 바이올린 1, 2, 비올라 그리고 첼로가 각각 대칭과 반복을 이루며 2, 3도의 조합 및 삼온음의 배치 방식을 달리한다. 이렇게 불안정한 소리를 쌓아 올라나가다가 어느 순간부터 각 악기에서 명확하고도 다른 리듬 진행을 통한 순차 상행이 들리게 되면서 묘한 안정감을 형성한다.

음으로 포개는 따뜻함

조아라가 치밀하게 쌓아 올린 음들은 마냥 계산적이고 차갑지만은 않다. 창문 틈으로 들어오는 햇살마냥 철저하게 짜인 음들 사이로 온기가 흘러나온다. 그게 바로 작곡가 조아라가 가진 음악적 힘이 아닐까.

자녀 희(喜)를 생각하며 쓴 곡이라는 〈기쁨에게〉는 따뜻함이 넘치다 못해 흘러내린다. 이 작품에서도 2도 음정의 조합을 꾀하여 세 개의 악장에 다름을 부여하였고, 다른 연주 방식을 통해 새로운 음향층을 선보였다. 1악장에서는 스타카토와 트릴의 조합 그리고 계속 상행하는 음정과 도약진행을 엮어냄으로써 자칫 날카로울 수 있는 부딪히는 음정들을 오히려 밝은 에너지를 가진 신비로운 느낌으로 형성하였다. 2악장에서는 음 구조를 더 다양하게 바꿔 음 텍스처가 두터워지는데, 이를 통해 여러 겹의 음향 층을 반복적으로 만들어 온기를 머금을 수 있는 새로운 구조로 변화시켰다.

조아라는 단순하지만 변화의 가능성이 큰 음정을 통해 자신만의 소리를 찾아가고 있다. 불편하고 차가울 수 있는 소리를 단순히 제시하지 않고 자신만의 방식으로 부드럽게 만들고 있다. 여러 겹의 소리 층을 꾀하여 날카로움을 무디게 만들고, 음과 음 사이사이에 의미가 들어갈 수 있는 공간을 만들었다. 그렇게 조아라는 여러 층의 소리를 통해 계산된 구조 속에 온기를 담아내었다.

오케스트라를 위한 〈숲속으로〉
(Into the Forest, 2019)

다채로운 소리로 그린 한 폭의 수채화

살랑살랑, 우수수, 휘이익, 사락사락, 바스락. 바람과 나뭇잎과 관련된 의성어들은 일상생활에서 많이 사용되며 물체를 직접 보고 만지지 않더라도 우리에게 다채로운 감각을 선사한다. 조아라의 〈숲속으로〉는 우리가 떠올리는 나뭇잎 부딪히는 소리와 바람결을 '음'이라는 물감을 통해 그려내었다. 다만, 풍경을 하나하나 세밀하고 정확하게 그려내기보다는 여러 색을 겹치고 또 겹쳐 듣는 이에게 숲속에서의 다양한 바람결을 느낄 수 있게 해줌으로써 마치 숲속에 있는 듯한 착각마저 들게 한다.

〈숲속으로〉는 인디애나 대학교 콘서트 오케스트라에 의해 인디애나대학에서 2019년 11월 20일에 초연되었고, 이후 2020년에 열린 제12회 아르코 한국창작음악제에서 양악 부문에 선정되면서 2020년 2월 25일 한국에서 연주되었다. 다섯 개의 섹션으로 이루어져 있는 이 오케스트라 작품은 플루트, 오보에, 클라리넷, 바순, 호른, 트럼펫, 트롬본, 튜바의 관악기군과 템플블록과 에그셰이크 그리고 북 등의 다양한 구성으로 이루어져 있는 타악기군, 하프, 그리고 현악기군으로 구성되어 있다. 단락 구분은 음악의 흐름으로 보면 뚜렷하게 분별되지는 않는다. 다만 처음에 나왔던 연주기법과 음형이 뒤이어 나오게 되거나 동시에 제시되면서 작품은 하나의 음향으로 모아진다.

작품의 첫 시작 부분에서 제시되는 음향은 작품의 전반적인 분위기를 암시한다(마디1-6). 목관과 금관악기는 음고 없이, 그리고 리드나 마우스피스 없이 공기를 불어 넣는 주법과 오로지 키 및 밸브의 클릭을 통해 음향을 형성해나간다. 이윽고 현악기군에서 점차 콜레뇨와 스타카토 하행 음형을 연주함과 동시에 목관과 금관악기에서도 같은 음형을 연주하며 소리가 퍼져나간다(마디15). 이들의 소리는 일제히 다르게 움직이며 역동성을 부여한다. 그리고 피아노와 하프가 다른 악기에서 제시된 하행 패시지를 화음으로 제시함으로써 음악적 레이어를 겹겹이 쌓아

나간다. 결국 수많은 악기의 다른 소리를 통해 텍스처는 두꺼워지며, 음향층을 단단하게 형성한다. 마디38부터 반복적으로 움직이는 음형은 온데간데없어지고 정지된 음형이 등장하여 평온한 느낌을 형성한다. 그러나 이윽고 이전에 제시되었던 음형이 배경처럼 비스듬히 반복되면서 정지 속의 움직임을 드러낸다. 이때 한 음에 고정되어 있는 소리는 피아노(*p*)에서 포르테(*f*)로의 강약 조절로 변화되며, 이를 통해 음향의 층을 형성하기 시작한다.

한 악기군이 동일하게 움직이고 다른 악기가 배경이나 전경으로 나와 소리의 층을 형성했다면, 이제는 모든 악기가 아르페지오, 피치카토, 동음 반복, 상행 패시지 등의 제시되었던 음형들을 총체적으로 사용하며 소리를 만든다(마디91). 이를 통해 다른 음형들로부터 만들어진 소리와 소리가 부딪히며 만들어지는 에너지를 느낄 수 있고, 그 각각의 소리가 동일하지 않기에 흩뿌려진 소리의 파편들을 마주할 수 있다. 클라이맥스에서는 모든 음향의 움직임과 큰 악상이 격동적으로 제시되다 포르테시모(*ff*)에서 피아니시모(*pp*)로 점차 숨죽여진다.

〈숲속으로〉는 마치 조아라가 청자를 어느 숲속이나 공원에 데려다 놓은 것처럼 소리를 사용해 '숲'이라는 공간과 이를 에워싸는 '바람'을 만들어나간다. 다만 청자인 우리는 그 배경이 어디인지 정확한 공간을 직시할 수 없다. 그리고 바람이 어떻게 불고 나뭇잎이 어떤 모습으로 움직이는지 포착할 수 없다. 단지 조아라가 섬세하게 쌓아 올린 음들 사이로 꿈처럼 희미하게 볼 뿐이다. 마치 여러 색의 물감이 농도 조절을 통해 겹겹이 덧칠해지며 새로운 색과 공간을 만들어내듯, 조아라가 쌓은 음들은 하나로 들릴 때와 여러 개가 동시에 들릴 때, 비스듬하게 교차되어 들릴 때, 지속적으로 다채로운 소리를 만들어나간다. 그 소리들이 음향층을 만들고 공간을 제시한다. 한 폭의 수채화처럼.

[연주영상 보기]

Score in C

Into the Forest

환경과 자연: 조화와 공생의 류流

김예림: 선생님의 전반적인 음악관과 음악 어법이 궁금합니다. 음악 외적인 것을 표현하시려 하는 것 같으면서도 음악 내적인 형식과 구조를 중요하게 보시는 것 같습니다. 어떤 방식으로, 어떤 영감을 통해 창작하시는지요?

- 조아라: 음악 외적인 것에서 영감을 주로 얻습니다. 많은 예술가들이 그러하듯 일상에서 아이디어를 얻어요. 그리고 말씀하신 대로 실제 곡 작업에 돌입하면 형식을 통한 균형이나 작품의 설득력을 위한 논리와 같이 구조적인 부분에 신경을 쓰려고 노력합니다. 저는 '단편적인 음향이나 순간적인 음색이 얼마나 매력적인가'를 본능적으로 더 중요하게 생각하는 사람인데요. 학생 시절 공부를 하며 구조나 논리가 따라주어야 음향이나 음색도 제 빛을 발한다는 것을 배우게 되면서 한쪽으로 치우친 작업이 되지 않으려고 노력하는 것 같습니다.

김예림: 미국에 유학을 가면서 혹은 가고 난 후에 변화된 부분이 있으실까요?

- 조아라: 음악 어법이나 스타일에 큰 변화가 있지는 않은 것 같습니다. 그렇지만 제 음악의 구조나 균형, 논리와 같은 부분들을 더 깊이 생각하며 창작했던 것 같습니다. 아무래도 유학 시절 타지에서 혼자 지내며 학교, 집, 학교, 집을 오가는 단순한 삶을 살다 보니 창작하는 과정에서 더 몰입할 수 있었기 때문이 아닌가 싶습니다. 학부 시절에는 수업시간에 이런저런 음악사조들을 배우며 다양한 음악스타일을 제 곡에 적용해보려 시도하는 것이 주된 관심사였기 때문에 그 시기 창작한 제 곡들의 스타일이나 음악 어법에 일관성이 없어 보이기도 하는데요 (물론 배우는 과정에서 자연스럽게 나타나는 현상이라고 생각합니다). 대학원 다니면서 저만의 음악 어법을 찾는 것에 관심이 옮겨가게 되었고 제가 선호하는 음색, 곡 전개 방법 등과 같은 부분에서 제 취향을 알게 된 것 같습니다. 좋아하는 소리들을 인지하여 더 적극적으로 사용하게 되었기 때문에 아마도 유학 시절 이전의 작품과 이후의 작품들에서 들리는 소리의 결이 조금은 변한 것 같습니다.

김예림: 선생님께서 추구하고자 하는 음향은 '아름다운 소리', 더 구체적으로 '편안한 소리'이신지요?

- 조아라: 그런 것 같습니다. 부드러운 협화 음정을 많이 품고 있는 소리가 아름답다고 느끼는 것 같습니다. 조금 더 자세히 설명해본다면 협화음정만을 마냥 나열하는 것은 별로 좋아하지 않습니다. 불협화가 적절히 섞여 있기에 느낄 수 있는 불편함과 편안함의 균형, 긴장과 이완이 조화로운 중에 들리는 부드러운 소리들을

아름답다고 느끼고 많이 사용하는 것 같습니다.

김예림: 〈별〉과 〈기쁨에게〉를 흥미롭게 들었습니다. 표제적이면서도 표제적이지 않은 느낌을 받았는데요. 외적인 내용이 담겨있지만, 음들의 조합이 직접 객관적인 무언가를 가리키지 않는 느낌을 받았습니다. 추상적이고 열린 해석을 원하시는지 궁금합니다.

- 조아라: 제목이 가리키는 직접적인 뜻을 묘사하는 것뿐만 아니라 한 차원 더 깊은 메시지 또한 곡에 담아보려 노력하기 때문에 '표제적이지만 표제적이지만은 않게' 들렸지 않았나 싶습니다. 예를 들어 〈별〉이라는 작품에서는 별의 반짝이는 현상은 물론이고 고향에 대한 그리움이나 인간 깊은 곳의 외로움과 같은 저의 이차적인 해석도 담고 있는 것처럼 말입니다. 열린 해석은 언제나 환영입니다. 듣는 사람으로 하여금 어떤 식으로든 의미가 있을 수 있다면 성공이라고 생각합니다.

김예림: 언급한 작품처럼 음악 외적인 부분에서 창작 주제를 많이 가져오시는 것 같습니다. 주로 창작을 하기에 앞서 어디서 영감을 많이 받으시는지요? 혹은 작품을 쓰는 데 있어 시작할 때 중요하게 생각하는 부분이 있으실까요?

- 조아라: 뒤에 나오는 질문에서도 같은 내용을 언급하겠지만, 누군가 저에게 작곡이란 어떤 의미인지 물었을 때 제2외국어와 같은 또 하나의 언어라고 대답하는데요. 그런 부분에서 창작이란 저의 현재를 표현하는 수단이므로 창작 당

시에 저에게 또는 제 주변에서 일어나는 일, 현상 등이 영감의 원천이 되는 경우가 많은 것 같습니다. 〈숲속에서〉라는 오케스트라 곡은 유학 시절 지냈던 미국 인디애나주에서의 자연환경에서 출발했습니다. 학교 안에서도, 아파트 밖에서도 키가 큰 나무들에 둘러싸여서 매일 보고 듣는 것이 숲, 바람소리뿐이었다고 해도 과언이 아닌데요. 이 시기를 살아가던 저에게 창작의 동기가 안될 수 없었습니다. 출산 후 아이를 양육하는 시간이 추가된 저의 하루하루는 〈기쁨에게〉라는 아이를 위한 자장가를 담은 피아노 솔로 작품의 영감이 되었습니다. 앞으로 쓸 곡에서도 그 시기의 저의 고민이나 상황 등이 묻어나겠지요.

김예림: 음악관 전반에 있어 작곡활동의 의미와 음악을 하는 목적, 무엇을 드러내고 싶으신지 궁금합니다.

- 조아라: 어려운 질문이네요. 창작을 하는 이유는 자기표현이겠지요. 저 같은 경우는 그렇습니다. 저의 학부 시절에 '작곡이 어떤 의미이냐'라는 질문을 받았었고, 그 질문에 '제2외국어처럼 나를 표현하는 또 하나의 언어다.' 이런 식으로 대답했습니다. 아직도 그렇게 생각합니다. 작곡가로서 바라건대 저의 지극히 개인적인 표현 수단으로 만들어진 작품들이 듣는 청중에게도 의미 있는 음악이 된다면 창작자로서 참 고마운 일일 것입니다. 개인이기 이전에 한 인간으로서 느끼는 것들을 예술의 한 형태로 표현하기에 많은 음악, 미술 작품들이 우리에게 나름의 의미

가 있는 것처럼 말이에요. 작곡가마다 의견은 다르겠지만 제 관점에서는 곡에 담은 저의 의도 대로 청자가 해석하지 않더라도 어떤 식으로든 듣는 이에게 울림이 있다면 그 자체로 성공적인 창작이라고 생각합니다. 그러한 작품을 계속 쓰는 것이 창작의 목적이 되겠네요.

김예림: 마지막으로, 앞으로 어떤 시도를 해보고 싶으신지, 추구하고자 하시는 방향이 있으신지요?
- 조아라: 너무 뻔한 대답같이 느끼실 수도 있겠지만, 제가 상상하는 소리와 제 곡에서 들리는 소리와의 간극이 큽니다. 더 열심히 공부해야겠습니다. (웃음) 간극을 줄여가도록 음향, 악기사용, 음악적인 균형 등 많은 것들을 계속 공부해 가는 과정에서 떠오르는 영감들을 가지고 작업해 나갈 예정입니다. 하나 더하자면, 〈숲속으로〉에서 묘사했던 '자연의 소리'를 다른 작품의 주제로 더 이어가고 싶습니다. 바람 소리 같은 직접적인 묘사라고 볼 수 있는 것들이 많았던 이전 작품과는 다르게 자연의 소리를 조금씩 조금씩 추상화시켜 표현해 보고 싶고, 다른 악기 구성으로도 표현해 보고 싶습니다.

작곡가 **이재구**

Jae-Gu Lee

이 재 구
〈흐름의 다섯 가지 얼굴들〉

글 · 안정순

이재구(1977-)는 모든 감각을 동원해 음악을 만드는 작곡가이다. 성균관대학교 자연과학부 생명과학 및 경원대학교(현 가천대학교) 음악대학 작곡과를 졸업한 후 미국 시카고대학교 인문대학원 음악과에서 작곡전공으로 석사, 박사학위를 취득했다. 중앙콩쿠르 입상, GAI Fellowship 및 서울음악제 작곡상, 경원대학교 총장 특별 장학금을 수상했으며, ISCM 세계현대음악제, 대구국제현대음악제, 범음악제, ACL-Korea 국제음악제, 화음프로젝트페스티벌, Red Note Contemporary Music Festival, Contemporary Series 외 다수의 음악제에서 작품이 연주되었다. 가천대학교 겸임교수 및 국민대 강사를 역임하면서 음악일반 및 작곡이론을 강의하였으며, 현재 국립 안동대학교, 전남대학교, 부산예술고등학교에 출강 중이다.

따뜻한 온기를 머금은 그릇

이재구의 작품 세계를 관통하는 키워드는 '공감'이다. 부모님의 영향과 여러 가지 현실적인 이유로 생명과학을 전공하여 교사의 길을 가려 했지만, 어릴 적 경험했던 음악에 대한 추억이 인생의 순간순간마다 그를 간섭하였고, 결국 작곡의 길로 돌아서게 했다. 그는 작곡가로서의 전문 교육을 남들보다 뒤늦게 받았기에, 일찍 음악을 학습한 작곡가에 비해 악상을 구상하는 데 더 많은 시간과 공이 들어간다고 겸손히 말한다. 그러나 이러한 경험은 되려 음악 외적인 것에 민감하게 반응하는 감각을 가지게 한 것으로 보인다. 2015년 시카고 대학 박사학위 작품인 피아노협주곡 〈기억〉을 시작으로 한국에 돌아와 작곡가로서의 공식적인 활동을 시작했다.

음악으로 공감하기

범음악제 선정작인 바이올린, 클라리넷, 피아노를 위한 삼중주 〈금호동〉(2017), 피아노를 위한 다섯 개의 프렐류드 〈북아현동 아이들〉(2022), 함석현 시에 의한 세 개의 노래 〈내 집은 좁아요〉(2020)에서는 주변을 그저 바라보기만 하는 것이 아닌, 그들의 삶에 진심으로 공감하는 따뜻한 심성이 느껴진다. 하나하나의 표제와 악장에 따른 부제들에서도 작곡가의 세상을 바라보는 따뜻한 시선을 엿볼 수 있다. 〈금호동〉의 음악적 동기인 높은음과 낮은음의 변증법적 관계는 금호동에서 느낀 감정에서 기인하였고, 피아노 독주곡인 〈북아현동 아이들〉에서는 북아현동 아이들의 눈망울 속으로 들어갈 만큼 자신을 작게 만들었다고 한다. 그는 아이들을 통해 조건 없는 나눔을 경험했고, 이를 음악으로 어떻게 표현할지에 집중했다. 그러니까 그의 작곡 방식은 음악 내적 논리에서 출발하기보다, 일상의 경험, 회화, 문학과 같은 음악의 외부를 통해 얻는 감정에 기대고 있다. 김소월 시에 의한 가곡 〈먼 후일〉(2018)에서 음악은 단순히 시의 내용을 묘사하는 차원에 머물러 있지 않고, 억겁의 시간을 거슬러 '잊었노라' 읊조리는 화자와 마주하고, 그와 함께 울고, 공감한다. 그는 길고 느린 음표들과 여유 가득한 쉼표들을 많이 넣어서, 조금 더 넓어진 작품의 시간과 공간 속에서 화자가 그동안 다하지 못했던 가슴 속 깊은 얘기들을 풀어낼 수 있도록 돕고자 개입하고 간섭한다. 그의 음악이 시의 화자와 이를 듣는 청중에게 조금이라도 위로가 될 수 있도록.

공감각적 표제와 이야기하는 음악

이재구는 일상의 삶뿐만 아니라 그림이나 사진과 같은 시각예술이 주는 주관적인 감흥을 음악적으로 전환하기 위해 서사의 방법을 사용한다. 2021년 사진과 음악의 협업 전시회의 두 번째 주제인 '너에 다다르다'에서는 하늘을 향해 고개를 쳐들고 있는 꽃의 이미지가 전시되었다. 이를 음악화하기 위해 그는 관찰자가 아닌 꽃의 입장을 취한다. 즉 꽃이 무엇을 갈망하는지, 꽃의 설렘이 무엇인지, 꽃 삶의 여정이 어떠한지 꽃의 입장에서 스토리를 만들어 음악으로 펼쳐낸다. 플루트, 바이올린, 첼로를 위한 삼중주 〈당신의 눈빛이 나를 뛰놀게 한다〉(2018)는 화음 프로젝트 당선곡으로, 김진열 작가의 '눈맞춤'에서 영감을 받아 작곡된 곡이다. 이재구는 아버지와 아이의 마주친 눈빛으로 표현된 찰나의 감수성을, 아이가 아버지 등에 업혀 밝고 환한 봄꽃이 만발한 꿈길을 거니는 이야기로 음악화했다. 첼로의 따뜻한 음색은 아버지를, 바이올린은 아이를 상징하며, 플루트의 맑은 음색은 시간과 공간의 환상적 공간인 꿈속을 묘사하는 셔플리듬으로 표현된다.

이재구는 음악적 모티프나 악상을 떠올리기 전에 자신의 마음을 움직이게 한 음악 외적인 요인에 먼저 집중한다. 그는 마음을 움직이게 하는 순간을 먼저 포착하고, 이를 음악으로 옮기는 데 많은 노력을 기울인다. 여러 예술 장르를 넘나들 수 있는 그의 공감 능력은 추상적이고 차가울 수 있는 현대음악에 따뜻한 온기를 불어넣는다. 삶의 경험과 감정을 담은 그릇으로 그의 음악에는 사람들이 일상에서 느끼는 작은 기쁨과 슬픔, 사랑과 그리움이 담겨 있다. 음악적 기교보다는 진솔한 감정을 표현하여 듣는 이들에게 위로와 공감을 준다. 그의 음악은 그런 의미에서, 듣는 이들에게 따뜻한 온기를 전하는 그릇이다. 따뜻한 온기를 머금은 음악은 청중의 공감을 이끌어내는 창이 되어, 듣는 이들의 마음을 어루만지고 위로한다.

〈흐름의 다섯 가지 얼굴들〉
(Five Faces of Flux for Clarinet, Violin and Piano, 2023 rev.)

흐름과 멈춤이 만드는 생명의 노래

물은 흐른다. 그러나 자연 속의 물은 흐름과 멈춤을 반복한다. 고인 물은 썩기 마련이지만 그렇다고 물이 항상 흐르는 것은 아니다. 멈춤과 흐름은 상반된 성격이 아니라 에너지의 방향만 다를 뿐이다. 이재구는 물이 갖는 생명력인 이러한 '흐름'에 집중하며, 이를 〈흐름의 다섯 가지 얼굴들〉로 담아냈다.

이 작품은 2023년 12월 19일 광주 전남대학교 민주마루에서 열린 뮤직노마드의 '환경'을 주제로 한 작품 발표회에서 연주되었다. 뮤직노마드는 광주 호남권에서 현대음악을 창작하고 가르치는 작곡가들이 2009년에 발족한 작곡 동인단체다. 이번에 17회를 맞은 현대창작음악연주회는 "시절 유감 2023 환경시리즈I-물음"이라는 주제를 가지고 환경문제, 물 부족, 가뭄 현상에 직면한 우리 인류에게 자성과 경각심을 일깨우는 일곱 개의 작품으로 구성되었다. 이날 발표된 작품은 환경문제, 특히 물 부족이나 가뭄과 같은 구체적인 키워드에 따라 작곡된 음악들이다. 그러나 이재구의 음악은 자연과 환경이라는 구체적인 키워드로부터 출발하였다기보다, 물이 갖는 생명력인 '흐름'에 집중하고 있다.

이 작품은 원래 이재구가 2008년 미국 유학 당시 학생 작곡 발표회 때 〈흐름의 얼굴들〉(2008)이라는 제목으로 초연되었던 곡이다. 학창 시절 작품인 만큼 작곡가 특유의 감성적인 음악어법보다는, 단단한 논리적 흐름을 경험할 수 있는 작품이라 할 수 있다. 그는 초연 후 흐름을 표현하는 데에 아쉬움이 있어 마음속으로 개작을 다짐했지만 여러 이유로 지키지 못했다고 말한다. 비록 많은 시간이 흘렀지만 이번 뮤직노마드의 창작음악연주회를 계기로 멈춤과 흐름의 성질 차이를 좀 더 대비시키고, 멈춤을 이겨나가는 흐름의 역량을 부각시키는 방향으로 개작하여 마음속의 숙원을 해결한 셈이다.

바이올린, 클라리넷, 피아노를 위한 삼중주인 〈흐름의 다섯 가지 얼굴들〉은 약 6분 30초의 연주 시간을 갖는 비교적 짧은 곡으로, 구조와 논리가 탄탄한 곡이다. 도입부는 조심스럽게 시작하여 긴장감을 조성한다. 이때 네 가지의 모티브가 하나씩 소개된다. 첫 번째 모티브는 피아노 시모로 여리고 조용한 클러스터이고, 이후 곧바로 포르티시모로 등장하는 하행하고 상행하는 아래로 아치형의 펼쳐진 음형의 두 번째 모티브가 등장한다. 세 번째는 클라리넷 선율로 아주 여리게(*pp*) 등장하며 서서히 상행하는 음형으로 등장한다. 마지막으로, 피아노에서 동일음 연타와 함께 반음씩으로 상행하는 음형이 제시된다. 네 가지 모티브 중에서 클러스터, 동음 연타, 긴 음가는 멈추거나 가두는 성질을, 상행하거나 하행하는 음들, 글리산도, 트레몰로는 흐르는 성질을 의미한다. 모티브들은 앞으로 진행되는 여러 세션에서 여러 가지 조합을 통해 변형되고 변주되며, 점차 클라이맥스로 치닫는다. 면밀히 보면 이 두 가지 성질은 대조적인 음형이기도 하지만, 동시에 동일한 특성을 공유하는 음형이기도 하다. 예를 들어 클러스터가 음들을 수직적으로 배치했다면, 이를 수평적으로 펼치면 상행과 하행의 선율이 된다.

그러면서 멈춤과 흐름이 반복된다. 점차 흐름의 에너지가 축적되며 곡의 중반부(마디78: Fiercely with tension)에 이르렀을 때는 트레몰로와 빠르게 움직이는 음들과 함께 흐름의 에너지가 폭발한다. 이젠 아무리 멈추려 해도 흐름 안에 휩싸여 음악은 클라이맥스에 도달한다. 마지막(마디93)에 이르러 다시 처음으로 돌아간 듯, 그러나 여린 클러스터 대신 매우 강한(*fff*) 클러스터가 등장한 후, 도입부에 소개된 다양한 모티브가 재등장하며 여리게 마무리된다. 이때 여운이 남아 흐름의 에너지를 머금은 채 끝나는 것이 특징이다.

〈흐름의 다섯 가지 얼굴들〉은 마테이 칼리네스쿠(Matei Calinescu)의 저서 『근대성의 다섯 가지 얼굴들』(Five Faces of Modernity)을 패러디한 제목이다. 이재구는 '숫자 5'를 단순한 대비와 대칭, 이항적이지 않은 최소의 숫자로, 다시 말해 이분법적이지 않고 그렇다고 해체적이지도 않은, 다양성의 출발지점으로 택했다. 그는 '자연'을 '인위'적인 것의 반대말로 보지 않는다. 작품 속 네 가지의 모티브가 그러하듯, 자연은 인공, 문명, 문화와 대비되는 표현은 아니다. 자연은 에너지의 방향만 다른 흐름과 멈춤이 공존하는 장소다. 물이 흐름을 포기하지 않는다면, 돌부리와 같은 장애물을 만나 일시적으로 멈추더라도 이내 다시 흐른다. 멈추고 흐르는 과정에서 아름다운 생명의 노래가 만들어진다. 멈춤 없는 흐름은 있을까. 생명은 흘러야 한다.

[연주영상 보기]

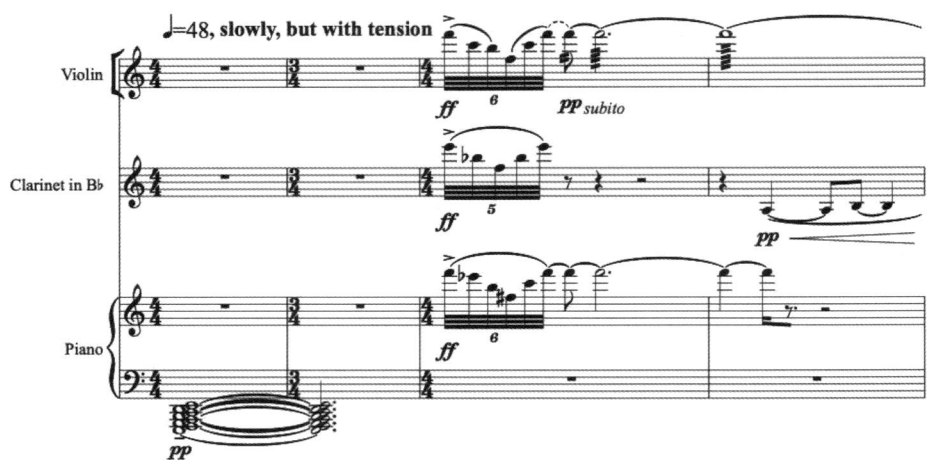

2024년 3월 15일 오전 10시
Zoom 화상 인터뷰

안정순: 선생님은 조금 특별한 이력을 갖고 계시네요. 성균관대 생명과학을 전공했다가 다시 작곡을 전공하게 된 계기가 있었나요?

- 이재구: 어릴 적부터 작은 교회에서 음악을 접했습니다. 당시 작곡을 취미로 하는 중고등부 선배들이 교회에 있었어요. 선배들과 친하게 지내면서 자연스레 작곡을 접하게 되었고, 작품을 다른 사람과 공유하면 행복할 것 같다는 생각을 무의식적으로 했던 것 같습니다. CCM과 가요에서 화성진행을 감각적으로 익혔고, 실용음악 화성법도 스스로 찾아서 공부했었죠. 그럼에도 작곡을 전공으로 택하지 않은 것은 부모님의 영향이 컸습니다. 부모님은 이공계 분야를 전공하셨고, 가까운 친인척 중에 음악 관련 전공이 전무했기 때문에 음악 전공에 대해 대체적으로 회의적인 반응이었습니다. 또한 제가 대학에 입학하던 시절에는 생명과학과 같은 기초 과학에 투자가 많았고, 저는 음악에도 흥미가 있었지만 생명과학 분야에도 흥미가 있었죠. 교직이수를 해서 생물교사가 되어야겠다는 생각으로 부모님과 절충해서 내린 결정이었습니다. 그런데 대학에서 생물학과를 다니면서 음악에 대한 열정이 더 커졌습니다. 군에 입대한 후 혼자 생각할 시간이 많았는데, 그때 음악 전공을 하지 않으면 정말 후회할 것 같다는 생각까지 들었죠. 그래서 제대 후 4학년 때 음대 편입을 준비하기 위해 입시레슨을 받았습니다. 입시레슨이라 표현하지만, 사실 피아노, 화성법 등을 동네 음대 형들에게 저렴한 가격에 레슨을 받아서 편입 시험을 봤습니다. 지금 생각하면 어처구니 없지만 저는 그때의 그런 시간이 재미있었습니다. 아무튼 편입에 성공해서 대학에서 화성법 첫 수업을 들었는데, 그때 제가 한 선택이 맞았음을 확신하게 되었죠. 그때의 느낌을 어떻게 표현해야 할까요? 음악에 대한 호기심과 갈증이 최고조에 이르렀기 때문에 마른 스폰지에 물을 빨아들이듯 화성법 수업을 흡수했던 것 같습니다. 음악의 갈증이 해소되는 느낌. 너무 좋았습니다.

안정순: 뒤늦게 시작한 작곡이지만, 대학생활 때부터 이미 입상을 하며 두각을 나타내셨어요. 시카고 대학에서 음악분야 작곡 전공으로 공부하게 된 계기도 이어서 설명해 주세요.

- 이재구: 뒤늦게 작곡을 했기 때문에 솔직히 어학 같은 데 신경을 쓸 여유가 없었습니다. 작곡의 경우, 유럽 특히 독일에서 학위를 받은 분들이 많았고, 제 스타일도 독일이 더 맞을 수도 있다는 생각이 들긴 했어요. 영어는 어느 정도 가능하지만 또 다시 독어를 공부하는 데 시간을 쓸 수 없었어요. 언어까지 해결하는 것은 제게 이중부담이라 선택지가 좁았습니다. 시카고 대

학의 작곡 전공은 인문대학원의 음악과 내의 작은 프로그램입니다. 졸업생도 극소수예요. 단 두 명을 작곡 전공으로 뽑았는데 저와 아르헨티나 출신의 학생이었어요. 그래도 운이 좋았던 탓에 학교에서 음악 분야의 연구 실적과 발전을 위해 마련한 전액 장학금의 도움을 받아서 공부할 수 있게 되었습니다.

안정순: 클라리넷, 피아노, 바이올린을 위한 〈흐름의 다섯 가지 얼굴들〉은 2008년도에 처음 쓴 것으로 나와 있는데, 2023년 작품과 어떤 관계가 있나요?
- 이재구: 이 작품은 미국에서 처음 유학했던 퀸즈칼리지에서 2008년도에 발표한 작품이에요. 당시 작품에 대한 지도 교수님의 평가는 좋았어요. 그렇지만 흐름을 표현하기에는 저 스스로가 뭔가 딱딱하다고 생각했습니다. 제가 원하는 것을 만족스럽게 표현하지 못했다는 생각이 들어서 속으로 개작을 해야겠다는 생각을 했습니다. 스스로에게 한 약속을 2023년이 되어서야 지킨 거죠.

안정순: 선생님의 음악언어, 혹은 작곡을 공부하면서 변화된 선생님의 음악에 대한 생각을 말씀해 주세요.
- 이재구: 이것에 대한 답변은 2008년 작품과 연결이 되겠네요. 작곡 공부를 늦게 시작했다 보니, 음악적 감수성이 어릴 때부터 음악을 한 사람의 감성과는 다르다는 생각을 했습니다. 제가 보기에 어릴 적부터 작곡을 배운 경우 음악

을 구상할 때 소위 몸에 밴 '음악성'을 동원하는 걸로 보여요. 그래서 곡도 빨리 쓰는 것 같고요. 그러나 저의 경우는 상상하는 소리를 음악으로 표현하는 데 시간이 더 오래 걸리는 것 같아요. 〈흐름의 다섯 가지 얼굴들〉은 원래 〈흐름의 얼굴들〉이란 제목으로 2008년도에 발표했던 곡이었어요. 2008년 당시에는 작품의 '구조와 설정'에 몰두했었죠. 어린 시절부터 몸에 밴 음악어법이 없다 보니, 이 분야에서 살아남기 위한 돌파구로 논리적이고 구조적인 방식을 선택했던 것 같아요. 그래서 당시의 저는 음악이 흐름을 표현하기에 다소 딱딱하고, 건조하다고 판단했어요. 그래도 발표 당시에는 꽤 만족스러웠지만, 늘 "감성적 교감"을 이끌어 내지 못했다는 아쉬움이 남아 있었습니다. 결과적으로 2023년 작품은 2008년의 작업물과는 구조는 같지만, 흐름적인 면을 좀 더 보완했다고 보면 될 것 같습니다.

안정순: 2023년 바이올린, 클라리넷, 피아노를 위한 삼중주 〈흐름의 다섯 가지 얼굴들〉이 발표될 때, 여러 가지 물의 이미지와 함께 제시되었습니다. 작품이 물의 이미지와 구체적으로 관계가 있나요?
- 이재구: 물의 이미지는 제 아내이자, 작가인 김진선의 작품입니다. 그런데 연주회에서 무대에 띄운 물의 이미지가 곡과 직접적으로 관계가 있진 않아요. 저는 이 곡을 '흐름'이라는 주제어로 시작했고, 이것을 곧 물이 갖는 주요 특징인 흐름과 자연스럽게 연결하였습니다. 물의

흐름이 그러하듯이, 멈춤은 흐름 안에 있어요. 좀 더 정확하게 말하면 멈춤과 흐름은 서로 분리될 수 있는 것이 아니죠. 이러한 흐름에 대한 생각이 제 곡의 전체적 아이디어이고, 곡은 이러한 아이디어를 펼쳐서 담고 있다고 보시면 좋을 것 같습니다.

안정순: 〈슬픔이 흩날리는 진분홍빛 시간들〉(2020), 〈너의 슬픔을 머금은 진보라빛 지층들〉(2019)과 같이 작품의 표제들이 감성적이고 공감각적입니다. 작품의 표제와 음악의 관계를 간단히 설명해 주십시오.

- 이재구: 2023년까지는 제가 경험한 바를 바탕에 두고 그것을 서사화하며 곡 전체의 흐름을 잡았습니다. 표제는 그러한 서사를 함축할 수 있는 마지막 키워드로 삼았죠. 하지만 2024년부터는 경험의 서사화를 최대한 '지양'하고, 삶 속에서 다양한 모습으로 운동하다가 배치되거나, 하나의 사건으로 솟아오른 '힘'을 포착하는 것을 작곡의 목표로 삼고자 합니다. 서사에 의존하지 않고, '힘의 분포와 배치'를 포착한 우리의 감각적 경험을 음악화하는 방향으로 곡을 구상하려 합니다. 이때 표제는 있을 수도 있고 없을 수도 있는데, 최소한 서사를 함축하는 키워드로서의 표제는 당분간 제 작품에 등장하지 않을 것 같습니다.

안정순: 현대음악이 나아가야 할 방향 혹은 작곡가로서 추구하는 방향에 대한 아이디어가 있다면 공유 부탁드립니다.

- 이재구: 중요한 질문이지만 답을 하기 쉽지 않은 질문입니다. 전자보다는 후자에 대한 아이디어를 말씀드리는 게 나을 것 같습니다. 제 음악이 그동안 '경험의 서사화'에 집중했다면 이제는 '경험의 감각화'의 방향으로 나가고 싶습니다. 제가 짜놓은 서사 혹은 해석 안으로 청중을 초대하는 것을 경험의 서사화라고 한다면, 저와 청중이 풍부한 감각재료를 함께 나누며 다른 경험, 즉 새로운 삶의 가능성을 사유하고 상상할 수 있는 것을 경험의 감각화라고 말할 수 있습니다.

안정순: 현재 진행 중인 작업을 간략히 소개 부탁드립니다.

- 이재구: 제가 활동하는 '아트그룹포테'가 2024년 창작음악산실 올해의 신작에 최종 선정되어 내년 2월 세종문화회관 체임버홀에서 3회 공연이 예정되어 있습니다. 공연 작품은 대학로에서 초연된 연극 〈사라지네〉를 음악극으로 만든 동명의 〈사라지네〉입니다. 올 후반기는 그 작품을 마무리하는 것에 집중할 예정입니다. 그 외에 10월에는 피아노 소협주곡(피아노 독주와 현악사중주), 11월에는 현악사중주, 12월에는 피아노 연탄곡과 같은 소품들이 발표될 예정입니다.

안정순: 선생님의 활발한 활동을 기대하고 응원합니다.

작곡가 **이혜성**

이 혜 성

〈산사〉

글 · 안정순

이혜성(1961-)은 외면의 온화함 속에 단단하고 강인한 내면을 갖춘 작곡가이다. 이화여대 작곡과와 오스트리아 빈 국립음악대학을 졸업한 그는 베를린 국제 작곡 기타콩쿠르 1위(1989), 오스트리아 테오도르 쾨르너(Theodor Körner) 대통령상(1990), 룩셈부르크 ISCM 국제현대음악협회 세계음악제 입선(2000), 제21회 대한민국작곡상(2002)을 수상한 바 있다. 주요 작품으로 〈치유〉, 〈미소〉, 〈위로〉 시리즈가 있고, 네 개의 창작음반인 〈이혜성 in Green〉, 〈미소〉, 〈치유〉, 〈위로〉를 발매하였으며, 『배우기 쉬운 이혜성의 선법대위』(2002)를 출간하였다. 현재 가천대학교 작곡과 교수로 재직 중이며, 미래악회 회장을 역임하고 있다.

단순한 음향 속에 깃든 영성

작곡가와 작품은 닮았을까? 모든 작곡가와 작품이 그렇다고 말할 수는 없지만, 이혜성에게 만큼은 분명 그렇다. 왜냐하면 그는 살아온 삶의 여정 곳곳에서 천착한 문제들을 작품으로 풀어내기 때문이다. 어릴 때부터 병약한 체질이었던 이혜성은 고통을 견뎌내야 하는 삶을 통해 몸과 마음을 절제하는 법을 배웠다. 그런 그에게 음악은 고통을 다루는 수단이자 목적이 되었다. 특히 열한 편에 이르는 〈치유〉(2009-2015)와 〈위로〉(2018-2024) 시리즈를 통해 그는 고통과 슬픔 속에 있는 현대를 사는 우리에게 위로와 치유의 기적을 선사하고자 한다.

쓰는 대로 살고, 사는 대로 쓰기

정년을 앞둔 이혜성 작곡가의 작품 변화는 그의 삶을 그대로 반영한다. 8년간의 오스트리아 빈 대학 유학 생활 동안 그는 음악을 처음 접하는 학생처럼 기초부터 다시 차근차근 공부했다. 귀국 후에는 역사, 사회, 환경에 강한 의식을 품고 〈깨어있음〉, 〈기름새〉, 〈마루타〉, 〈고요〉 등을 작곡했다. 그 시기 그의 작품은 사회 비판적이고 민족주의적 목소리를 담고 있다. 이는 혹독했던 외국 생활로 마음속에 강하게 자리 잡은 국가 의식과, 긴 유학 시절 학습한 음악의 논리가 더해졌기 때문이다. 그 결과 30대 그의 음악에서는 소리 건축가로서의 면모를 엿볼 수 있다. 반면 40대에 접어든 2000년대 초반부터는 음악적 논리보다는 자기 내면의 소리에 귀를 기울이기 시작했다. 이 시기 그는 음악을 바라보는 관점에 변화를 맞이했고 자신만의 소리를 탐구하는 고유한 음악어법을 찾고자 했다. 또한 몇 차례 육체적 고통으로 안식년을 가지면서 과유불급의 마음을 가지게 되었다. 그러면서 그는 현대적 기법이나 논리보다는 청중에게 오래 기억될 수 있는 소리를 고민했다. 그의 대표작 〈치유〉 시리즈는 마음수련의 차원이 아닌, 자기 몸의 경계를 넘어선 자연과 타인으로의 확장에서 비롯된 결과라 할 수 있다. 50대 이후 그는 치열함보다는 차분한 음악으로 자신의 삶을 정리하는 음악을 쓰고 있다. 대표작인 〈기도〉 시리즈, 〈위로〉 시리즈, 그리고 40대 이후 이어지는 〈치유〉 시리즈에서는 현재의 평온과 기쁨을 누리고 나누는 마음이 담겨있다.

한 알의 모래에 담긴 사막

이혜성의 음악을 관통하는 하나의 키워드는 '단순함'이다. 그는 거대한 오케스트라 음악보다는 독주곡이나 동종악기 위주의 작품을 선호한다. 그의 독주곡이나 동종악기 위주의 작품은 자신의 정체성을 드러내기 위해 아우성을 치는 대규모의 편성과는 달리, 악기가 가진 본연의 소리를 찾아내는, 마치 악기의 소우주를 현미경으로 탐색하는 음악이다. 거대주의에 가려 놓치기 쉬운 미세한 소리를 발견하고, 이를 정밀하게 다듬고, 필요하다면 증폭시켜 아름답게 펼쳐 놓는다. 이러한 방식의 기저에는 미니멀한 사유가 있다. 단순함을 추구하는 그의 사고는 작품의 표제에도 어김없이 드러난다. '미소', '위로', '치유', '고요'라는 표제는 지나친 설명을 삼가고 있다. 작품의 제목은 어렵지 않고 많은 정보를 제시하지 않으면서 작품을 이해하는 데 꼭 필요한 길잡이 역할만을 한다.

그는 단순한 음악 구조와 표제를 사용함과 동시에 새로운 음향 탐구에 집중한다. 〈다름1〉과 〈미소3〉 같은 독주곡에서 아르페지오 음향은 음 하나하나, 속도, 다이내믹을 달리하며 동일한 패턴과 반복을 통해 새로운 음향을 만들어 낸다. 이를 독주악기가 아닌 동종 악기군으로 확대해 더 다양한 내재된 소리를 끌어낸다. 예컨대 천사의 날개가 파닥이는 느낌을 자아낸 '엔젤릭 트레몰로'(Angelic Tremolo), E음과 F음 두 줄 가운데로 튕겨 만든 '마파 피치카토'(Mapa Pizzicato)는 이러한 사고의 확장으로 만들어졌다. 동종악기군의 음악은 악기 고유의 음역과 주법으로 인해 늘 듣는 사람에게 만족을 주기가 쉽지 않지만, 이혜성은 그러한 갈증을 악기 본연의 소우주에 집중함으로써 새로운 음향의 세계를 개척했다.

이혜성은 작곡가로서 자신이 할 수 있는 것에 집중하고 늘 욕심과 열정 사이에서 고민하며 그 사이에서 절제하는 법을 터득하고 실천하고 있다. 육체의 고통은 그에게 신의 음성에 귀를 기울이는 믿음과 가난하고 겸손한 마음을 선사했다. 그는 인내와 수련을 통해 세상 속에 숨겨진 작고 미세하지만 아름다운 천국의 소리를 발견하고, 이를 음악으로 구현하고자 한다. 그의 음악은 작은 소리들 속에 깃든 천국의 소리를 담아내며 청중에게 깊은 감동과 위로를 전한다.

〈산사〉
(Sansa for marimba quartet, 2006)

심령이 가난한 자에게 깃든 자연의 소리

비발디의 〈사계〉는 자연을 그대로 묘사하고, 베토벤의 〈전원 교향곡〉은 전원 속에서 느껴지는 작곡가의 주관적인 감정을 투영한다. 이혜성의 〈산사〉(2006)는 미니멀한 음향 안에 산사의 풍경과 정취, 그리고 수도자의 복잡한 감정의 변화를 담아낸다. 〈산사〉는 아카데미 타악기 앙상블이 위촉한 작품으로, 2006년 4월 21일에 예술의전당 리사이트홀에서 열린 정기 연주회에서 초연되었다. 네 명의 마림바 연주자들을 위한 곡으로, 4악장 구성에 약 13분 정도 소요된다. 이 곡에서는 논리적인 소리 구축과 강한 역사의식으로 치열하게 살았던 30대의 작품 경향과는 다르게, 단순하고 편안한 음색이 돋보인다. 이러한 측면에서 보면 이후 발표될 〈치유〉 시리즈의 전주곡과 같은 작품이라고도 할 수 있다.

〈산사〉에서는 4대의 마림바 외에 크롭탈, 레드트리, 막대 드럼, 우드블록과 같은 타악기를 함께 사용한다. 고즈넉한 겨울 산사의 땅거미 지는 풍경을 묘사하는 제1악장에서는 3/4박자의 여유 있는 빠르기로 G음과 D음을 오가는 중심음 위에, 귀에 편안하고 입으로 흥얼거릴 법한 단순한 선율이 3도 간격으로 잔잔하게 펼쳐진다. 제2악장에서는 가벼운(leggiero) 6/8박으로 마림바 두 대가 A음을 중심으로 32분음표와 부점리듬이 반복된다. 이 리듬은 마치 뒤뚱뒤뚱 바쁘게 걸음을 옮기는 천진난만한 동자승의 움직임을 흉내 낸 듯하다. 흐느적거리는 당김음 위로 3도 간격의 단순한 선율은 1악장의 선율과 유사하지만 좀 더 다이내믹하게 펼쳐지며 마림바 네 대를 오가며 교차한다. 이 부점리듬과 당김음은 악장의 끝까지 이어진다. 후반부에서는 막대드럼, 우드블록이 추가되면서 에너지가 증폭되었다가 조용히 마무리된다. 느리게(Largamente) 시작하는 3악장에서는 마림바 두 대와 함께 레인트리, 크롭탈이 등장한다. F♯장음계 중 흑건만을 이용한 음계로, 비 오는 날 어두컴컴한 산사의 분위기를 담고 있다. 실제 무대는 조명이 꺼진 상태에서 연주된다.

3/4박의 흐느끼는(Lacrimoso) 4악장은 가장 길고 화려한 악장이다. A-B-C-D의 구조로 이루어져 있으며, 뒤로 갈수록 리듬이 점점 더 복잡해져 클라이맥스에 이른다. 그러나 이 악장에서는 곡의 구조보다는 여러 가지 다양한 소리가 돋보인다. 채로 치는 소리(♪), 소리를 자연스럽게 크레셴도 하는 기법(fade in & out), 건반에 채를 떼지 않고 울림을 죽인 소리(♪), 리플(ripple)처럼 물결치듯 아르페지오로 연주하는 소리 등이 사용된다. 수도승의 변화하는 감정의 상태가 점점 느리고(ritardando), 점점 빠르게(accelerando) 유동적으로 변하며 표현된다. 깊고 복잡한 감정은 떨림의 소리로 묘사되며 이윽고 번뇌에서 해탈로 마무리된다. 특히 수도자의 목탁소리에 담긴 번뇌를 표현하는 '산사 스트로크'( )는 이혜성이 만든 새로운 사운드로, 왼손과 오른손을 교차하여 악보 상의 음을 연주함으로써 마림바의 울림을 수도자의 목탁소리와 가장 유사하게 맞춘 기법이다. 이는 산사의 소우주이자, 곡 전체의 하이라이트라 할 수 있다.

이 곡은 마림바 특유의 색채로 나무가 빚는 울림의 근원을 찾고 있다. 특히 마림바를 위한 틴티나블리(tintinnabuli)라 불릴 만한 산사 스트로크에는 작곡가의 영성이 깃들어 있다. 고즈넉한 산사의 모습, 동자승의 천진난만함, 비 오는 날의 어두운 산사, 수도승의 번뇌를 묘사하지만, 이는 산사의 풍경을 그리기보다는 산사의 소리를 다양한 소리 경험으로 묘사한다. 〈산사〉는 자연에서 채보하고 발굴한 소리를 새로운 음향으로 체화한 작품이다. 특히 번뇌가 담긴 수도자의 목탁소리는 작품 속에서 산사의 정취를 품은 자연의 일부로서 작품 속에 옮겨졌다. 〈산사〉에는 마음의 상처와 방치된 아픔을 치유하는 기적의 순간이 담겨 있다. 이혜성에게 자연은 말 없는 위로다. 어느 한 시인의 고백처럼, 자연은 '제 삶의 무게 지고 산을 오르다 더는 오를 수 없는 봉우리에 주저앉아 철철 샘솟는 땀을 씻으면, 거기 내 삶의 무게 받아 능선에 푸르게 걸어주네, 산'과 같은 존재이다. 육신의 약함과 고통은 그에게 겸허하고 가난한 마음을 선사했고, 마음이 가난한 자의 영혼에 깃든 소리는 치유의 음색으로 치환되었다. 이것은 마음이 가난하고 겸허한 자만이 들을 수 있는 치유의 소리이자, 자연의 위로이다.

[연주영상 보기]

산사 San-sa for Marimba Quartet (2006)
I. 겨울 산사 (Winter Mountain Temple)

이 혜 성
Lee Hae-Sung

안정순: 한 음악학자가 선생님을 두고 고요한 내면에 꺼지지 않는 열정으로 표현했는데, 정말 적절한 표현인 것 같습니다. 대규모의 악기 편성을 통해 '아우성'을 지르는 거와는 상반되는, 선생님의 음악도 그런 것 같아요.

- 이혜성: 작곡가에게 대규모 편성은 선호를 떠나서 실내악보다 상대적으로 발표 기회도 적고 공력을 몇 배 더 요구되기 때문에 위촉 없이는 사실상 쓸 기회가 많지 않지요. 그래서 저는 유학부터 배우고 싶었던 국악기와 서양 현악기와 타악기에 대한 작품을 주로 쓰게 되었습니다. 작업방식의 경우 계획한 작업의 2/3는 실제 작곡에 진입하기 전 작업으로, 악기에 대한 공부 등에 사용합니다. 직접 악기를 가지고, 그 소리를 듣고 연구하면서 작품의 재료를 준비합니다. 그런 식으로 바이올린, 첼로, 더블베이스, 가야금, 아쟁, 마림바 사운드를 직접 연주하고 소리를 만들어 보면서 작품을 썼어요. 물론 악기론적 지식이 매우 적은 악기부터 다 아는 것 같아도 여전히 어려운 현악기까지 지금도 쉬운 악기는 없다고 느낍니다. 그래서 하나의 작품을 완성하는 데 시간이 오래 걸립니다. 급하게 곡을 쓸 수 없으니 위촉이 급하게 들어오면 조심스럽

게 거절하기도 합니다. 동종 악기군을 위한 작품을 쓴다는 것은 공력이 더 든다는 것을 잘 알면서도 꼭 하고 싶은 어떤 면에서는 나를 위한 동일 악기 만으로의 소리조합에 대한 (용감한) 도전이기도 했습니다. 알다시피 저는 일란성 쌍둥이로 태어났어요. 3년 전에 바이올리니스트이자 동생인 이예찬 교수를 하늘나라로 먼저 보내게 되었어요. 저는 어릴 적부터 몸이 약했어요. 자주 아팠는데, 다들 나처럼 그렇게 사는 줄 알고 살았죠. 타고난 허약함에 비해 정신적으로 강한 패기가 작곡에서 펼쳐졌기 때문에 몸이 혹사당했고, 내가 결정한 결과의 고통을 감내하는 습관이 생긴 것 같아요. 이러한 성향은 작품에서 제가 동종악기로 만들 수 있는 특별한 사운드에 대한 관심으로 나타납니다. 열 대의 바이올린, 열 대의 첼로, 열 대의 콘트라베이스 등과 같은 작품은 예상했던 고생을 사서 한 패기로 만들어진 작품이라 할 수 있습니다.

안정순: 작품을 쓰실 때 청중을 얼마나 염두에 두고 쓰나요?

- 이혜성: 청중을 염두에 두기보다는 작곡하는 목적이 달라졌다고 말씀드리고 싶네요. 저는 30대에 〈깨어있음〉을 시작으로 작품을 발표하기 시작했어요. 그런데 생각해 보니 유학 중에도, 유학을 마치고 돌아온 후에도 뭔가 내 소리에 대한 답답함을 느끼면서도 내 음악을 구체적으로 어떻게 내야겠다는 생각을 못 했지요. 작곡이 공부의 연장이었고, 서양의 걸작들이 어떻게 만들어졌는가에 집중했던 것 같습니다. 그러다

가 점차 내 작품으로 청중을 치유하고 위로하고 싶은 마음이 서서히 차올랐습니다. 어느 날 내가 쓰는 현대음악은 정말 많은 노력을 해서 겨우 한 번 연주되지만, 바로 사장되는 현실이 안타깝다는 생각이 많아졌어요. 30대 후반부터 그런 고민을 많이 했던 것 같아요. 조금 더 구체적으로 2000년 이후부터는 나의 소리에 집중하면서 자연스럽게 초연을 하는 연주자의 마음을 먼저 치유하게 되었고, 청중의 마음까지 다독이는 작품으로 연결되었지요. 11개의 연작이 된 〈치유〉의 모태는 〈미소3〉인데, 이 작품도 아르페지오 사운드 연구로, 사서 고생길에 들었던 시간이었습니다.

안정순: 고요, 기도, 위로, 미소, 치유처럼 작품의 표제가 너무 깊지도 너무 얕지도 않은 이유가 있을 것 같습니다. 작품들의 표제에 대해 설명해 주세요.

- 이혜성: 무엇보다 어려운 제목을 쓰고 싶지 않아요. 너무 어려운 제목을 쓰거나, 제목을 정하는 데 지나친 열정을 쓰는 걸 원하지 않아요. 동일 제목의 연작물은 연작을 계획한 것이 아니라 자연스럽게 연작이 되었습니다. 그래서 번호 없이 시작했다가 연작으로 이어져서 나중에 번호를 넣었습니다. 제목의 선택은 책을 읽다가, 신문을 보다가 좋은 글귀를 메모해 두었다가 몇 년 후에 사용하기도 합니다. 가능하다면 순수 우리말로 된 표제로 쓰고 싶다는 생각을 했어요. 제 작품의 표제를 살펴보면, 고요나 위로, 미소, 기도는 우리말이죠. 그런데 치유는 우리말

에서 찾을 수 없어서 어쩔 수 없이 한자어로 썼습니다. 그런데 작품의 제목들을 순서대로 나열해 보니, 제 삶과 제목들이 같이 가고 있다는 생각이 드네요. 〈허난설헌〉, 〈기름새〉, 〈죽란시사〉 등 그때그때 제가 생각하고 고민하던 것들이 작품으로 탄생되었습니다. 사는 대로 작품이 되고, 쓰는 대로 삶이 되는 것 같습니다.

안정순: 다산 정약용, 신영복, 박노해, 김수환 추기경님, 김용택, 황대권, 법정스님을 존경하시는데, 그 이유가 궁금합니다.

- 이혜성: 정조대왕의 총애를 받던 정약용은 정치적 모함을 받고 유배지에서 자신의 억울한 귀양살이를 이겨내겠노라는 의지를 다짐하며 자신보다 더 먼 곳에서 귀양살이를 했던 당나라 대문호 한유의 처지와 어려움을 생각합니다. 다산의 의지와 다짐은 저에게 살아가는 데 다양한 용기를 줍니다. 정약용의 저서는 모두 한자어로 저술되었는데, 박석무 다산연구소 이사장님이 번역한 덕분에 정약용의 글을 읽을 수 있었습니다. 박석무 이사장님은 제가 음대 교수로서 편안한 삶을 살고 있다고 판단하셨는지 어떻게 다산에 관심을 갖게 되었는지 매우 궁금해하셨지요. 순대국밥보다 스테이크만 먹을 것 같다고 하시면서요. (웃음) 몇 년 전 까지만 해도 매일 학교에 출근하면서 소리 없는 전쟁을 치르는 느낌이었어요. 정약용뿐 아니라, 신영복, 박노해 등 감옥살이를 한 분들의 글은 저에게 힘이 되고 위로와 용기가 되었지요. 참고로 박석무 이사장님도 감옥살이를 하셨어요. (웃음) 그들의

(힘든) 삶의 이야기에서 위로의 에너지를 받는 거 같아요. 내가 아무리 힘이 들어도 그분들과 어떻게 비교하겠어요? 그들의 삶이 저를 다독이고 위로하죠. 존경하는 인물 중에 서양 작곡가들도 당연히 많지요. 작곡가들은 자신의 작품을 편지를 통해 많이 소통하는데, 가까운 친구와 가족에게 자기 작품에 대하여 설명하는 내용들이 많이 나와요. 그래서 이들의 편지나 일기에는 작곡가로서 느낀 삶과 작품에 대한 고충이 들어 있어요. 이들은 제게 큰 힘이 되었어요. 예컨대 아르보 페르트, 구바이둘리나, 메시앙, 바르톡, 슈베르트, 쇤베르크, 알반 베르크 등의 글에 담긴 생각과 마음을 읽고 느끼면서 큰 가르침을 받았어요. 유학 생활을 잘 버틴 건 작곡가가 남긴 글을 읽으면서 '창작의 고통을 어떻게 견디어 냈는가?' 하는 질문 속에서 삶의 지혜와 좋은 에너지를 공급받았기 때문입니다. 물론 유학 중 1988년 동생과 함께 가톨릭 세례를 받은 것은 제 삶에 가장 큰 사건입니다. 이후 기도 속에 작품을 쓰는 일은 제가 혼자서 할 수 있는 일이니까 집중해서 음악적으로 완성도 있는 작품을 쓰고자 합니다. 그러나 연주가 다시 되는 일은 제 능력 밖의 일이니까 이 부분에 대해서는 온전히 마음을 비우게 됩니다.

안정순: 작곡가 이혜성에게 자연은 어떤 의미인가요?

- 이혜성: 자연에게서 항상 말없이 위로를 받는 것 같아요. 물론 요즘처럼 지구 온난화로 무섭기까지 한 자연의 변화를 예외로 둔다면 특히 사계절의 아름다운 풍경과 자연의 소리를 통해 항상 위로를 받죠. 저는 30대에는 엄청난 민족의식, 역사의식이 강했어요. 그래서 안중근 의사의 이야기에 기반한 〈표적〉, 위안부 할머니를 위한 〈상한 영혼을 위하여〉, 일본군 731부대의 만행을 고발한 〈세포〉, 〈마루타〉 같은 작품을 쓰기 위해 역사적 기록을 스크랩하며 마치 독립군의 자손처럼 살았습니다. 지금 생각하면 어디서 그런 에너지가 나왔는지 모르겠어요. 특히 위안부 할머니에 대해서는 각별했죠. 그런데 이러한 작품을 쓰려고 열중하다 보면 제 정신과 영혼이 거기에 함몰되는 걸 느껴요. 점차 나이가 들면서 이건 내가 할 수 있는 일이 아니라고 판단했습니다. 그래서 40대 이후에는 자연이 주는 소리, 위로에 관심을 가지기 시작했습니다.

안정순: 내년에 정년을 앞두고 있다고 하셨는데요. 정년 후 하고 싶은 일, 누리고 싶은 삶에 대해 간단히 부탁드립니다.

- 이혜성: 만약 정년 후에도 주님께서 보잘것없는 저에게 작곡을 허락하신다면, 주님께 봉헌하는 '성가작곡'을 마음이 가난한 상태를 유지하는 자세로 하고 싶습니다. 그리고 아직 누리고 싶은 삶에 대한 생각은 전혀 해보지 못했답니다. 많은 것을 조건 없이 받았고 조건 없이 누렸으니 무엇을 더 누린다는 것은 큰 욕심이라 여겨집니다. 체력이 늘 약해서 보기보다 골골하니 직접 봉사를 할 수 없고, 봉사의 마음을 담아 '성가작곡'을 하며 그간의 작곡가의 삶을 허락하신 주님께 감사를 올려야 한다고 믿습니다.

안정순: 인터뷰에 응해 주셔서 감사합니다.

작곡가 **박수정**

박 수 정
〈Knavesmire Grasslands〉

글 · **조민경**

박수정(1983-)은 음악과 이야기의 만남을 중심으로 자신만의 음악 세계를 만들어 나가는 작곡가다. 시와 문학은 물론, 일상에서 스치는 풍경이나 사회적 이슈 모두 그에게는 음악과 엮을 수 있는 이야기가 된다. 이로써 누구에게나 친숙하게 다가갈 수 있는 현대음악을 지향한다. 박수정은 한양대학교 작곡과를 졸업한 후 영국의 요크대학교에서 석사학위를, 맨체스터 대학교에서 박사학위를 받았으며, 본격적으로 2013년부터 작곡가로서 활발한 창작 활동을 이어가고 있다. ACL Korea, 창악회, 한국작곡가협회와 뉴뮤직-다의 실행이사이며, 한양대학교, 성신여자대학교와 수원대학교에서 강사로 재직 중이다. 2018, 2022년 대한민국실내악작곡제전을 비롯하여 다양한 단체에서 작품을 발표하고 있으며, 독일과 미국, 폴란드에서도 활발한 작품활동을 펼쳐 나가고 있다.

음악과 이야기의 가장 긴밀한 결합을 향하여

오늘 하루 당신의 삶에는 어떤 일들이 있었는가? 오랜만에 만난 친구와 즐거운 오후를 보냈을 수도, 뉴스에서 흘러나온 세상사를 듣고 골똘히 우리 사회의 문제를 곱씹었을 수도 있다. 카페에 앉아 커피 한 잔을 마시며 책장을 넘겼거나, 침대에 누워 꼬리에 꼬리를 무는 공상에 의식을 맡기다 스르르 잠이 들었을 수도 있겠다. 이 모든 것이 우리의 삶을 이루는 수많은 이야기다. 작곡가 박수정의 세상도 여느 사람들과 마찬가지로 끊임없이 밀려드는 이야기들로 가득하다. 그런데, 그에게 이야기란 무심코 과거로 흘러가 어느 순간 의식의 저편으로 밀려나는 대상이 아니다. 박수정은 자신의 마음을 두드리는 이야기를 창작의 출발점으로 삼아 세심하게 음표들을 엮어낸다. 그래서일까, 박수정의 음악을 듣고 있노라면 우리 삶을 채우는 이야기 하나하나의 특별함이 마음에 스민다.

음악에 담긴 다채로운 서사들

박수정이 음악에 이야기를 녹여내는 방식은 그 소재와 방법 면에서 모두 다양하다. 먼저 현악 사중주 〈직면〉(Confrontation, 2020)은 작곡가 자신이 삶의 한 가운데서 크고 작은 문제들을 마주하고, 받아들이기 어려운 자신의 모습을 '직면'했을 때의 복잡하고도 혼란스러운 감정을 담아냈다. 끊임없이 반음계적 하행을 거듭하는 선율이 네 대의 악기에서 이리저리 얽히다가 종래에는 다 같이 위로 향하는 스케일을 연주하며 끝을 맺는다. 한편 작곡가의 상상 속 이야기를 기반으로 한 작품도 있다. 바로 플루트와 클라리넷, 타악기를 위한 〈기억의 방〉(2021)이다. 이 작품은 '과거의 기억이 담긴 방들을 차례로 방문하며 현재의 아픔을 치유하는 한 남자의 이야기'를 3악장의 트리오로 풀어냈는데, 일종의 음악극으로 확장될 수 있을 만큼 서사적인 차원이 두드러진다. 클라리넷을 위한 〈모놀로그〉(Monologue, 2021)는 작곡가가 연상한 연극배우의 독백을 클라리넷의 넓은 음역을 활용해 표현한 곡이다. 낮게 읊조리는 웅얼거림, 날카롭게 내지르는 비명을 연상케 하는 음색 상의 대비는 물론, 독백이 진행되며 점차 고조되는 화자의 심리적인 상태가 마치 정말 인간의 목소리를 듣는 듯 고스란히 느껴진다.

그러는 한편으로 시를 음악에 녹여낸 작품들도 있다. 이때 박수정에게 중요한 것은 텍스트의 내용을 음악으로 '기술'(description)하는 것이 아니라, 자신이 음악으로 전하고자 하는 이야기와 시의 본래 의미를 긴밀하게 엮어내는 것이다. 따라서 시를 이루는 단어와 문장들은 작곡가가 세심하게 배치한 음악적 맥락 안에 놓이며 커다란 이야기의 일부가 된다. 예를 들어 소프라노와 피아노 3중주를 위한 〈두드리다〉(2022)에서 박수정은 팬데믹 상황을 극복하는 우리들의 모습을 이야기하고자 했다. '두드림'이라는 단어는 새로운 미래를 맞이할 준비가 되었음을 의미함과 동시에 타인과 관계 맺을 용기를 상징하는데, 박수정은 매우 고심하여 이 맥락과 어우러질 수 있는 두 개의 시를 고르고 음역과 음형, 리듬을 매개변수로 삼아 치밀하게 그 텍스트와 음악을 결합하였다.

전문적인 음 언어의 경계를 허무는 힘

누군가는 이렇게 물을 수 있다. "그렇다면 박수정의 음악은 표제음악인가?" 이 질문에 한 번 더 되물어보면 어떨까. "이 작곡가의 작품을 표제음악과 절대음악이라는 이분법으로 나누어 이해하는 것이 오늘날의 청중들에게 그렇게 중요할까?"

미술관에서 낯설게 느껴지거나 쉽게 다가가기 어려운 작품을 마주쳤을 때, 작품 근처에 놓인 캡션을 읽고 마음의 벽이 허물어지는 경험을 누구나 한 번쯤 해본 적이 있을 것이다. 여기에 담긴 여러 가지 내용은 작품에 얽힌 일화를 전해주기도 하며, 때로는 관객이 주체적이고 적극적으로 작품을 탐색하도록 만든다. 이것이 바로 '이야기가 지니는 힘'이다. 관객이 열린 마음으로 작품을 느낄 수 있는 계기가 되어주는 것. 박수정이 들려주는 이야기 또한 마찬가지다. 그에게 이야기란 음악적 영감의 원천일 뿐만 아니라, 전문적인 음악 언어의 경계 너머에 있는 청중들을 자신의 세계로 초대하는 힘이기도 하다. 그의 음악을 통해 더 많은 이들이 현대음악을 듣는 것의 즐거움을 알게 된다면, 그리고 작곡가의 음악적 표현을 이해하고자 시도하고, 실제로 그 표현에 공감하기도 한다면, 이보다 더 '음악적인' 경험이 있을까!

클라리넷, 피아노, 퍼커션과 내레이션을 위한 〈Knavesmire Grasslands〉
(Knavesmire Grasslands for Clarinet, Piano, Percussion and Narration, 2023)

추억 속의 초원이 보내온 메시지

여기 한 사람이 이른 아침 길을 나선다. 피부에 닿는 공기는 딱 좋을 만큼 서늘하고 축축하다. 어느 정도 걷다 보면 양옆으로 초록빛을 가득 머금고 있는 초원이 펼쳐진다. 옅게 깔린 안개에 반사된 햇빛이 신록의 초원을 싱그럽게 비춘다. 이런 장면을 시야에 담으며 걷는 이의 마음은 간질간질, 마치 그림 속 한 장면에 있는 것만 같다.

〈Knavesmire Grasslands〉는 실제 영국 요크 지역에 있는 동명의 장소(네베스미어 초원)에 대한 작곡가의 기억으로부터 탄생한 작품이다. 이 곡은 2023년 9월 26일 '뉴뮤직-다'가 주최한 공연 '보이스 메시지가 도착했습니다!'에서 초연되었는데, 여기서 보이스 메시지는 지구가 보내는 SOS 신호에 대해 작곡가들이 음악으로 보내는 응답을 뜻한다. 박수정의 답은 유학 시절 매일 같이 마주하던 등굣길, 그중에서도 반 이상을 차지하던 네베스미어 초원이 깨닫게 해준 '걷기의 즐거움'에 있다. 그 시절을 떠올리며 조금 더 열심히 걷고, 지구의 해로운 에너지를 줄여보고자 하는 마음을 담은 것이다. 작곡가는 이 기억을 클라리넷과 피아노, 퍼커션, 그리고 내레이션을 위한 7분가량의 곡으로 풀어냈다. 내레이션에는 봄의 정경을 묘사한 존 클레르(John Clare)의 서정시 '차선의 봄'(On a Lane in Spring)이 사용되었다. 이제 작곡가가 들려주는 이야기에 귀 기울여보자.

무대 위 스크린을 메운 초록색 풀밭을 배경으로 피아노가 연주하는 C음이 평온한 걸음걸이처럼 들려온다. 이윽고 내레이터가 '차선의 봄'의 첫 구절을 읊기 시작한다. "작은 차선…시냇물이 바로 옆을 흐르며 물고기가 빠르게 미끄러지는 동안 햇빛에 반짝반짝 빛나네." 피아노는 햇빛을 모티브로 삼은 듯 반짝이는 상행 스케일(A-B-C-D-E-F♯: 으뜸음이 없는 사장조 음계)을 고음역에서 연주한다. 이처럼 음악의 도입부에서 확인할 수 있는 대조적인 요소들, 즉 '주기성을 갖고 반복되는 동음'(걸음)과 '미끄러지듯 상행하는 음계'(햇빛)는 앞으로 펼쳐질 음악의 흐름을 주도하는 두 가지 축이 된다.

피아노의 걸음걸이에 클라리넷이 합세하여 나아가는 사이, 새들의 지저귐과 푸르른 봄을 묘사하는 내레이션이 이어진다. 그리고 피아노에서만 연주되던 햇빛 모티브의 단편을 클라리넷이 이어받는 시점부터 음악의 분위기가 전환된다. 이전에 여유롭게 느껴지던 걸음은 C음을 중심으로 하되 다른 음과 수직적으로 결합해 두꺼워지기도 하고, 더욱 촘촘한 리듬으로 쪼개지기도 하며 변화를 겪는다. 타악 주자가 연주하는 템플 블록의 삼연음과 봉고의 연타 또한 변화된 걸음걸이에 속도감을 더한다. 이어서 전보다 조금 빨라진 템포의 피아노에서 확장된 형태의 햇빛 모티브가 들려온다. 이 분위기를 이어받아 클라리넷이 크레셴도와 함께 거의 두 옥타브에 달하는 상행 음계를 연주하고, 잘게 쪼개지는 심벌 소리 뒤로 음악의 중심이 G음으로 이동한다. G음을 중심으로 삼는 구간은 7마디에 불과하다. 그러나 내레이션이 두세 번 반복되는 동안 도돌이표로 연주되어 실제로 더욱 길게 지속됨은 물론, C음에서 출발해 펼쳐지던 음악이 단번에 G음으로 수렴되는 효과를 주며 묘한 긴장감을 자아낸다. 이 구간 이후 음악은 다시 C음을 중심으로 변형된 햇빛 모티브를 들려주다가, 곤충들의 모습을 묘사하는 내레이션과 함께 가장 리드미컬한 패시지로 접어든다. 피아노와 클라리넷, 그리고 여러 가지 음색의 타악기는 서로 발을 맞추기도, 엇갈리기도 하며 음악을 고조시킨다. 쌓아 올린 에너지가 절정에 달할 무렵, 핑거심벌 소리와 함께 음악이 갑작스럽게 중단된다. 이윽고 "그리고 이 달콤한 차선의 모든 봄이 보입니다."라는 내레이션과 함께 음악은 미묘한 울림으로 마무리된다.

이처럼 박수정의 〈Knavesmire Grasslands〉를 끌고 가는 근본적인 이야기는 '걷는 행위'에 대한 작곡가의 기억이다. 이 기억은 작곡가가 설정한 모티브들로 치환되고, 그들을 중심으로 엮인 음악은 자연스레 변화하는 걸음걸이, 스쳐 지나가는 풍경의 아름다움, 걷는 과정에서 고조되기도 하고 지치기도 하는 인간의 감정을 담아낸다. 이 맥락에서 내레이션은 음악의 의미를 전적으로 '지시'하기보다는 '다양하게' 만드는 요소로 작용하며 기악과 어우러진다. 청중은 〈Knavesmire Grasslands〉를 통해 작곡가의 기억 속을 함께 걸으며, 그 속에서 우리 일상의 대부분을 차지하는 걷는 순간의 의미를 다시 한번 곱씹을 수 있을 것이다.

[연주영상 보기]

Knavesmire Grasslands

for Clarinet, Piano, Percussion and Narration

A Poem, *On a Lane in Spring*, by John Clare

SOOJUNG PARK

> **Narr:**
> 작은 차선...
> 시냇물이 바로 옆을 흐르며 물고기가 빠르게 미끄러지는 동안
> 햇빛에 반짝 반짝 빛나네

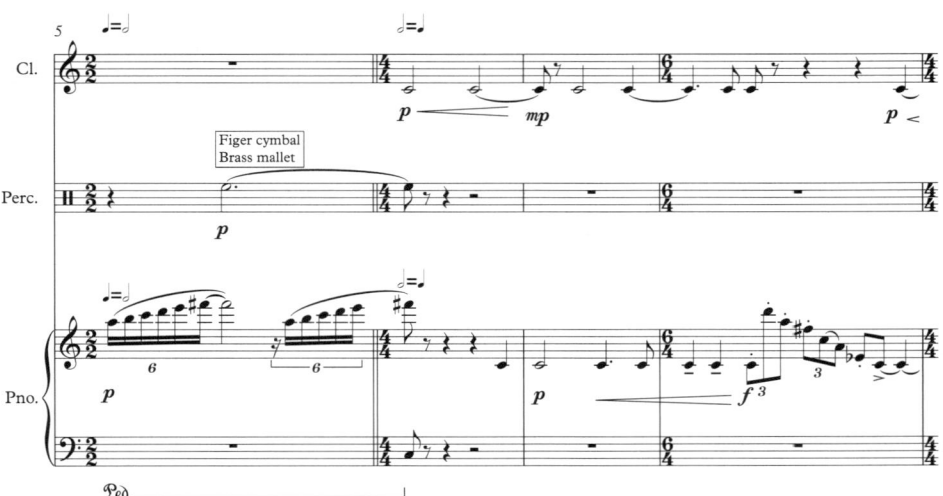

조민경: 선생님께서는 학부 졸업 이후 영국에서 유학 생활을 하셨는데, 작곡가로서 지향하시는 방향성에 영국에서의 경험이 영향을 미친 부분이 있는지요?

- 박수정: 솔직히 말씀을 드리자면, 저의 방향성이 유학 생활로 인해 변화하지는 않았습니다. 사실 어린 시절 제가 작곡에 관심을 두게 된 것은 '음악을 만드는 법'을 배움으로써 남에게 음악을 가르칠 수 있다는 점 때문이었어요. 그 시절에는 음악 선생님이 되고 싶었죠(웃음). 그런데 작곡과에 입학 후 대학 시절을 보내며, 곡을 쓰는 것이 너무나 즐겁고 재미있게 느껴졌습니다. 작곡가로서 만나게 되는 주변 환경도 좋았고요. 그래서 진지하게 작곡가로서의 미래를 그리고자 유학길에 오른 것이었습니다. 그래서 저에게 있어 유학 생활은 '작곡가로서의 삶에 대한 확신을 다지는 시기'였다고 할 수 있겠습니다.

조민경: 최근 선생님의 작품에는 '시'가 텍스트로 등장하는 경우가 많은 것 같습니다. 〈Knavesmire Grasslands〉(2023)에서도 19세기의 영국 시가 내레이션으로 사용되었고, 〈두드리다〉(2022)에서도 두 악장 모두에 서로 다른 시가 등장했죠. 작품에 사용할 시를 어떠한 기준으로 선택하시는지 궁금합니다.

- 박수정: 제가 원래 가곡을 정말 좋아해요. 음악과 시가 만나 서로의 의미를 강화해주는 것이 좋더라고요. 그런데 작품에 앞서 시를 먼저 선택하지는 않습니다. 보통 곡의 주제나 콘셉트를 먼저 정하고, 여기에 어울리는 시를 찾곤 합니다. 말씀해주신 〈두드리다〉의 경우는 팬데믹 이후의 삶을 극복해나가는 과정이 작품의 주제였어요. 이 주제를 '두드림'이라는 키워드로 표현하고 싶었고, 이와 관련된 시들 중 제가 구상하는 음악과 가장 잘 어울린다고 느껴지는 것을 골랐습니다. 그것이 스웨덴 시인 토마스 트란스트뢰르(Tomas Transtromer)의 '프렐류드'와 강은교 시인의 '시'였던 것이죠.

조민경: 그러셨군요! 방금 답변해주신 내용과 관련하여 질문을 더 드리고 싶습니다. 작곡가님께서 가곡을 좋아하신다는 점이 인상 깊은데요. 평소에 좋아하시거나 작품 창작에 있어 영향을 받은 가곡 작곡가가 있는지 궁금합니다.

- 박수정: 확실하게 영향을 받았다거나 특별히 더 찾아 듣는다고 할 만한 가곡 작곡가를 특정하기는 어렵네요. 그런데 고등학생 시절 여러 음악을 찾아 듣던 시기에 유난히 슈만의 연가곡집을 매일같이 들을 정도로 좋아했던 기억이 납니다. 저는 예술고등학교를 다녔는데, 그 시절에 특히 가곡을 쓰는 것을 좋아했습니다.

제 상상을 음악으로 표현하거나 상징적인 요소를 음악에 녹여내는 것을 좋아하는 편인데, 아무래도 가곡이 그런 면에 있어 적합한 장르라고 느껴졌거든요. 좀 더 본질적으로는 가곡뿐만 아니라, 인간의 목소리를 활용하는 곡이라면 무엇이든 다 좋아합니다.

조민경: 인성(人聲)의 활용을 선호하신다는 점이 실제로 선생님의 여러 작품에 반영된 것 같습니다. 특히 음악에서 텍스트의 세팅이 노래뿐만 아니라 내레이션으로 나타나기도 한다는 점이 인상적입니다. 이러한 세팅의 차이로 인해 성악가의 음악적 역할 또한 변화된다고 보시는지요?
- 박수정: 텍스트를 가사로 쓴다면, 그것이 전통적인 형태이든 현대적인 형태이든 아무래도 실제로 '노래될 수 있어야 한다'는 부분에 초점을 맞추게 되는 경향이 있습니다. 예를 들어 강세의 위치나 가사의 모음 등을 고려하면서 작곡을 해야 하죠. 물론 가사의 분절이나 억양과 관계없이 멜로디를 붙이는 것도 가능하겠지만, 개인적으로는 그러한 방식을 선호하지 않습니다. 반면 내레이션은 이와 조금 다릅니다. 무엇보다 악기들이 텍스트에서 좀 더 독립적으로 움직일 수 있게 되죠. 내레이션이 기악의 흐름과 어떻게 합을 이룰 수 있는지, 혹은 내레이션 자체가 하나의 '악기'가 되어 어떻게 분위기를 형성할 수 있는지를 고민하게 되는 것 같아요.

조민경: 내레이션으로 텍스트를 세팅할 경우 그 의미를 가져가되, 기악의 자유도가 높아진다는 것

이군요. 그런데 이렇게 특정한 이야기를 음악에 녹여내다 보면 어느 순간 음악이 이야기에 갇히는 것 같다는 고민을 하실 수도 있으실 것 같습니다.
- 박수정: 실제로 그런 고민을 굉장히 많이 했었어요. 제가 박사 1년 차일 때 썼던 기악곡에 대해 선생님께서 이렇게 질문하신 적이 있습니다. "너의 음악은 표제음악이니?"라고요. 그전까지는 크게 의식하지 못했었는데, 이 질문을 기점으로 그 부분이 많이 고민이 되었습니다. 그러나 이야기와 음악의 결합은 저에게 있어서 매우 중요한 부분이자 제 음악적 창작 욕구의 원천이기도 해요. 그래서 단순히 이야기를 음악적으로 '나열'하는 것이 아니라 확실한 포커스를 두고 '표현'의 영역으로 승화시킬 수 있도록 노력했던 것 같습니다.

조민경: 최근에는 그런 고민에서 많이 자유로워지셨나요?
- 박수정: 여전히 고민이 되는 부분은 있지만, 한정된 스타일로만 곡을 쓰지 않되 제게 영감을 주는 다른 음악들을 듣고 자극을 받으면서 제 세계를 넓혀가는 노력을 하고 있어요. 조금 다른 이야기지만, 사실 제가 기술관에 다니는 것을 굉장히 좋아하거든요. 화가들은 자신의 작품에 관해 굉장히 자세하게 설명해요. 그런데 그 내용을 찬찬히 살펴보면, 재료나 기법에 관한 설명보다는 작품이 창작된 배경이나 본인의 철학에 관한 설명이 주를 이룬다는 점을 알 수 있어요. 미술을 전공한 사람들만이 알 수 있는 테크닉이 있지만, 작품이 관객과 만나는 순

간에 그 점을 메인으로 드러내지는 않는 것이죠. 제 음악도 청중과 그렇게 만났으면 좋겠다는 바람이 있습니다. 제가 선택한 이야기가 곡의 성격을 '절대음악'이나 '표제음악'으로 규정하고 가르는 요인이 되기보다는, 현대음악에 익숙하지 않은 사람들과도 소통하고 제 음악을 하나의 '이야기'로 느껴질 수 있도록 하는 역할을 할 수 있었으면 합니다.

조민경: 그렇다면 혹시 음악으로 풀어내실 이야기나 소재를 선택하시는 기준도 따로 있으신지요?
- 박수정: 아무래도 작품의 소재와 관련된 부분은 그 곡이 어떤 연주회 무대에 올려지느냐에 영향을 받는 면이 있습니다. 연주회의 전체적인 기획 의도가 무엇인지, 혹은 몇 분 길이의 곡을 올릴 수 있는지와 같은 변수가 소재의 선택과 전적으로 무관할 수는 없거든요. 그래도 지금까지 제가 작곡했던 곡, 그리고 앞으로 쓰려고 계획하고 있는 곡들을 떠올려보면, 제 주변에서 벌어지는 크고 작은 일 중에서 유난히 기억에 남거나 이목을 끄는 것들이 창작의 시발점이 되는 경우가 많은 것 같습니다. 이를테면 우연히 눈에 들어오는 주변의 풍경, 남에게 들은 재미있는 이야기, 연극을 보며 '음악으로 표현해보면 참 좋겠다'고 느꼈던 특정한 요소 등등이 그 예가 될 수 있겠습니다.

조민경: 답변 감사합니다. 마지막으로 선생님의 향후 작품 활동 계획을 여쭤보고 싶습니다.
- 박수정: 음악과 다른 예술 장르 간의 협업 내지는 경계 넘기에 관해서 좀 더 주목해보고 싶습니다. 요즘 박물관에 가면 관객들의 시선이 닿는 사방에 이미지들을 비추면서 음악도 함께 들려주는, 종합적인 체험을 가능케 하는 경우가 많이 있죠? 언젠가는 그런 식으로 연주 무대를 꾸려보고 싶기도 합니다. 우선 지금 계획하고 있는 작품에는 연극배우가 등장할 예정인데, 나중에는 여러 예술 장르의 소재를 작품에 더 적극적으로 녹여보고 싶습니다. 근본적으로는 누구에게나 친숙하게 다가가는 현대음악을 쓰고자 합니다.

조민경: 긴 시간 인터뷰에 응해주셔서 감사합니다.

작곡가 **백승완**

백승완
첼로, 장구, 거문고를 위한 〈호수별〉

글 · 박수인

작곡가이자 지휘자 **백승완**(1981-)은 삶의 크고 작은 문제들을 음악으로 풀어낸다. 그의 음악은 가벼운 일상적 환경에 대한 주의 깊은 관찰만이 아니라, 인간과 사회와 지구를 향한 무거운 물음에서도 출발한다. 이 같은 문제를 음악으로 상상하고, 악보로 기보하고, 소리로 구현하는 방식과 과정에는 소통을 향한 의지가 각인된다. 한양대학교에서 작곡을 전공한 후 독일로 건너가 뤼벡음대에서 석사 과정을, 브레멘 예술대학에서 최고연주자 과정을 마쳤다. 제2회 국제박영희작곡상을 수상했고, 독일 라디오방송국, 통영국제음악제 아시아 쇼케이스 등에서 다수의 작품 위촉을 받았다. 독일과 한국을 오가며 활동하는 백승완은 두 나라 현대음악 씬의 활발한 교류를 위해 힘쓰는 한편, 한국에서는 한양대학교에서 학생들을 가르치고 앙상블 아인스의 객원지휘자로 활동하고 있다.

표면 아래를 보는 곡 쓰기

동화가 어른들에게 더 이상 흥미를 끌지 못하는 건, 세상이 그토록 아름답기만 한 것은 아니라는 깨달음 때문이다. 비현실적으로 이상적인 상황을 '동화 같다'고 말하는 것은 이런 맥락에서다. 그것은 때로 믿을 수 없이 환상적인 이야기를 향한 감탄이지만, 다른 한편 '제발 현실을 봐', '꿈 깨!' 따위의 비아냥대는 소리이기도 하다. 철학자 한병철(1959-)의 『아름다움의 구원』은 그런 비아냥을 철학과 논리를 무기로 체계적으로 펼친 경우다. 그가 비판하는 제프 쿤스(Jeff Koons, 1955-)의 〈풍선 개〉(Balloon Dog) 표면의 '비현실'적인 매끄러움은 현실감각을 잃고 천진하기만 한 '동화'에 가깝다.

작곡가 백승완의 작업은 마치 한병철의 『아름다움의 구원』이 그렇듯, 매끄럽지 않음의 아름다움에 관한 인식에서 출발한다. 자연에서 규칙적인 질서와 불규칙적인 움직임의 공존을 관찰하거나, 국악기의 농현(弄絃)이 가진 폭넓은 진동의 불확정성을 받아들이는 그의 접근은 어떤 사물이나 현상, 혹은 소리들이 동질적인 것만으로 존재하기 어렵다는 생각에서 비롯된다. 이런 인식은, 더 나아가, 상반된 것처럼 보이는 것이 결코 다르기만 한 것이 아니라는 통찰로도 이어진다. 완전히 다른 듯 보이는 두 가지 현상은 사실 일직선의 양극단에서 변이된 모양으로 나타나는 것의 문제라는 것. 그러니 중요한 것은 대립되는 것처럼 보이는 현상이 강도 차이의 결과라는 것, 그 강도의 스펙트럼에는 이질적인 두 현상이 겉으로 드러나지는 않더라도 공존하고 있다는 것을 의식하는 일이다.

보이지 않는 것을 보기: 정지와 운동

대금, 가야금, 장구를 위한 〈동(動)〉(2017)은 운동에 관한 고찰의 결과다. 국악 앙상블 Phase로부터 '관조'라는 주제로 한 작품을 위촉받아 만든 이 곡은 정지 가운데 운동, 운동 가운데 정지라는 패러독스를 탐구한다. 움직임과 멈춤은 운동에 관한 사물의 상반된 상태다. 움직이는 것과 멈춘 것만큼이나 공존하기 어려운 상태가 또 있을까? 이 음악에는 의심의 여지없이 다른 두

상태마저도 사실은 공존하고 있다는 물리학적 이해가 깔려있다. 책상 위에 놓여 있는 찻잔이 멈춘 상태로 존재하는 것이 가능한 것은, 책상 위로 떨어지려는 찻잔의 중력, 찻잔을 사방에서 밀어대는 똑같은 크기의 힘 때문이다. 정지된 상태로 잠잠하게 놓인 찻잔은 그것을 향한 동일한 강도의 운동에서 비롯된다. '움직임'은 '멈춤'을 가능하게 하고, '정지'는 '운동'을 통해 현실화된다.

음악은 이 같은 논리적 사유를 모방한다. 도입부는 전통악기에서 기대할 법한 소리와는 거리가 먼 낯선 음향으로 채워진다. 그러다 음악은 어느새 세 악기가 가진 고유한 음색을 전면에 드러내면서 도입부와 상반된 소리들을 채워나간다. 공간감 풍부한 바람 소리를 흉내 내다가도 곧은 심지를 품은 듯 옹골차게 일렁이는 대금 소리, 큰 폭의 음정들 사이를 미끄러지거나 나부끼며 농현의 진수를 들려주는 가야금 소리가 전면에 나선다. 같은 악기에서 뿜어져 나온 다른 기질의 소리들을 지나면, 이렇듯 대비되던 질감의 소리들은 이제 스펙트럼의 양극단에서 마침내 적절한 지점을 찾은 것마냥 새 결합을 이룬다. 달리 정반합이 아니다.

듣기 싫은 것도 듣기: 지구가 보낸 경고

철학적 사색에 가까운, 음악에 대한 이 같은 접근은 기후위기와 같은 중대하고 실천적인 문제를 다룰 때도 적용된다. 밀어내는 힘들의 관계를 관찰한 〈동(動)〉에서의 접근은 플루트, 클라리넷, 소프라노, 피아노+키보드, 첼로를 위한 〈Equilibrium_0〉(2023)에서 한 번 더 나타난다. 작용하는 힘들의 강도가 일치할 때 일어나는 정지, 곧 '평형상태'가 이 곡에서는 탄소중립이라는 환경보호 가치에 적용된다. 상반되는 힘들의 공존과 그것을 조율하려는 의지가 음악을 타고 흐른다. 이 곡이 발표된 건 창작단체 뉴뮤직-다의 2023년 공연 '보이스메세지가 도착했습니다'에서다. 이 프로젝트는 지구는 말할 수 없지만, 그럼에도 얼마나 많은 환경위기에 관한 징후를 보이고 있는지 경고한다는 인식에서 출발한다.

최근 국내 현대음악 공연 씬에서 종종 만나는 '환경'에 관한 문제의식은 심상치 않다. 그것만이 아니라 여성, 장애, 노인, 청소년, 난민 같은 사회적 약자에 관한 관심, 최첨단 기술을 예술에 적용하는 문제나 기술 개발의 윤리적 문제에 대한 포괄적 접근은, 이른바 '순수한' 음악 바깥으로 끊임없이 주의를 환기시킨다. 이 같은 움직임은 음악의 존재 가치란 복합적이고 이질적인 원리와 원칙 속에서 다부지게 뻗어나가는 데 있음을 확인시킨다. 단 하나의 요소만으로 작동하는 매끈하고 조화로운 음악은, 세계는 위험하다. 혹 그런 세계를 그리는가? 그렇거든, 꿈 깨라!

깜깜한 표면을 응시하기: 찬란한 검은 호수

정지와 운동에 관한 고찰은 거문고, 첼로, 장구를 위한 〈호수별〉에서도 나타난다. 2017년 제2회 국제 박영희 작곡상에서 수상을 안겨다 준 이 작품은 어두운 밤 호수의 물 위에 닿아 반짝이는 별빛들의 요동치는 움직임을 관찰하여 담아낸 곡이다. 믿을 수 없이 깜깜한 시골의 밤, 작곡가는 고요한 호수를 가만히 바라보았을 것이다. 심도를 알 수 없는 웅덩이와 그 깊이를 가득 채운 평온한 물의 표면을 물끄러미 응시했을 것이다. 그러다 물 위에 반사된 별빛을 보고 알아차렸을 것이다. 평온한 물의 표면 위에서 끊임없이 높아졌다 낮아지는 물결의 움직임을.

약 10분 길이로 된 이 곡은 네 부분으로 구분된다. 첫 번째 부분(섹션 I)에서는 세 악기 모두 선율 요소보다는 겹음, 트레몰로, 리듬과 다이내믹 등을 통해 음향적 효과를 만들어낸다. 특정 감정을 담아내기보다는 시각적 이미지나 분위기를 청각적으로 터치한다. 도입부에서는 특히 첼로의 C-G(완전5도)와 거문고의 G-B♭(단3도)이 강조되다가 G에서 D로 이어지는 연결구를 거치면서 첼로는 G-D(완전5도), 거문고는 D-F(단3도)로 이도되어 전조 효과를 낸다.

두 번째 부분(섹션 II)은 서주가 붙은 카덴차처럼 나타난다. 거문고가 즉흥 연주처럼 들려주는 짧은 서주는 F♯과 D를 거쳐 C에 도달하고, 이어지는 거문고의 길고 긴 카덴차에서는 지속음(pedal tone)처럼 강조되는 C음을 중심으로 크게 도약하는 화려한 장식 패시지가 두드러진다. 이어지는 세 번째 부분(섹션 III)에서는 거문고의 역동적인 움직임이 첼로에게도 스민다. 셋잇단음표를 강조하는 두 악기는 특히 1악장 도입부에 거문고가 강조하던 G-B(혹은 G-B♭) 3도 음정을 자주 들려주는데, 이 음정은 때로 베이스에서 강하게 울리는 E♭과 결합되어 E♭3화음처럼 들리기도 한다. 여기서는 제1악장과 제2악장에서 내내 들려오던 중심음 C가 거의 자취를 감추지만 여전히 희미하게나마 울린다.

마지막 부분(섹션 IV)에서는 섹션 III의 요동치는 움직임이 연속적으로 이어진다. 여전히

E♭3화음이 강조되고, 섹션 III의 들리던 셋잇단음표 음형은 리듬적 규칙성을 만들어내 모든 세션 통틀어 가장 리듬적인 악장으로 완성된다. 잠시 표면에서 사라졌던 중심음 C는 다시 서서히 전면에 나타나기 시작하고, 마지막에는 C음이 효과적으로 강조되면서 종결된다.

이 음악에서 시각적 이미지는 청각적으로 전환된다. 템포나 음형, 텍스처 등의 변화에 따라 작곡가는 이 곡을 네 개 섹션으로 구별했지만 음악의 음향적, 청각적 효과를 따라가며 이해하자면 크게 세 부분으로 구분할 수 있다. 첼로와 거문고가 완전5도, 단3도 음정으로 음향적 스케치를 하는 첫 부분(중심음 C), 거문고의 카덴차를 비롯해 살랑이는 물결을 그려내는 거문고와 첼로의 셋잇단 음형이 두드러지는 두 번째 부분(중심화음 (C)-E♭-G-B(♭)), 다시 고요를 되찾는 마지막 부분(중심음 C)이다. 그러니 이 음악은 고요한 풍경을 묘사하는 듯한 처음과 마지막 부분 사이에 끊임없이 찰랑대는 물결을 그려낸 두 번째 부분이 짙은 음향적 대조를 만들어내는 것이 특징적이라고 말할 수 있다. 그렇지만, 음향적 표면과 달리 음악의 구조적 차원은 또 다르다. 중심음 C가 그 존재감을 드러내든 감추든 모든 섹션에서 내내 나타난다는 점에서, 엄밀히 말하자면 대조가 불분명하기 때문이다.

이 음악에서 독립적인 듯 보이는 부분들은 겹쳐진다. 최소한의 음악적 요소에서 시작해 전체 음악이 유기적으로 조직화되며 직선적으로 추동되어 나가기보다, 독립적인 세 부분이 중첩되는 층위를 형성하는 것이다. 호숫가의 풍경을 조성하는 듯한 음향이 도입부에서 제시된 후에 이어지는, 자유롭게 굽이치는 거문고의 카덴차는 고요한 호수의 분위기와 상반되는 강렬한 이미지로 포개진다. 이는 일차적으로는, 거시적 차원의 호수와 미시적 차원의 산란하는 물결을 그려내는 것이지만, 다른 한편으로는 '정지' 상태의 '실제적 풍경' 위에서 펼쳐지는 '상상적 이미지'의 역동적 '운동' 상태로도 읽힌다. 가만히 앉아 어느 생각엔가 골똘히 빠져 본 사람이라면 안다. 겉으로 드러나는 '정지' 상태와 머릿속에서 펼쳐지는 복잡한 '운동' 상태는 이렇듯 공존한다.

[연주영상 보기]

호수별 [ho-su-bjɪəl]

도입부 발췌, 마디1-13

중간부(거문고의 자유로운 카덴차) 발췌, 마디42-51

2024년 5월 14일 오후 6시
한양대학교 음악대학

박수인: 〈호수별〉에 관한 소개 기사를 보고, 이 곡이 경험에서 출발했겠구나 싶었어요.

- 백승완: 개인적인 경험, 맞아요. 독일 어떤 시골 마을에 초대되어서 갔었는데요. 숲 안에 덩그러니 놓인 집이었거든요. 옆에 조그만 호수도 하나 있었고요. 해가 지고 밤이 되어서 집 밖에 나왔는데, 인공적인 불빛이라고는 아무것도 없이 정말로 깜깜했어요. 호숫가 옆에서 하늘을 올려다봤는데, 쏟아질 것 같은 별들이 너무 환상적이더라고요. 그런데 한편으로는 무섭기도 했어요. 그리고 '이게 진짜 자연이구나' 하는 생각이 들더군요. 살면서 쉽게 접하지 못했던 광경이었어요. 그런 마음을 가지고 호숫가에 한참을 앉아서 물 위에 비친 별빛을 관찰했어요. 빛이 물 위에 닿아 반사되고, 그 반사된 빛이 제 눈에 들어오는, 그런 과정들을 음악으로 표현하고 싶더라고요. 자연 현상이나 자연의 움직임, 이런 것들을 가만히 관찰해보면, 규칙적이면서도 불규칙한 것들이 많거든요. 네 계절이 규칙적으로 반복되지만, 그 안에서 세부적으로 바뀌는 것들은 예측할 수 없는 것들이 많단 말이죠. 그런 것들을 돋보기로 확대하듯이 작업해 보고 싶었어요. 〈호수별〉에서 그런 움직임들을 음악적으로 변환해 보려고 한 거고요.

박수인: 〈호수별〉의 콘셉트와 아이디어를 듣고 나니 편성에 관한 물음도 떠오릅니다. 국악기를 사용하셨는데, 이 곡 외에도 국악기를 사용한 음악이 꽤 있더라고요.

- 백승완: 국악기에 관한 이야기 전에, 이 음악에서 거문고와 첼로를 사용했던 건 제가 머물렀던 그 밤의 칠흑 같은 어두움을 담고 싶어서였어요. 장구는 두 악기 사이를 효과적으로 채워주는 악기라고 생각했고요.

국악기에 관해서는... 그런 시기가 있었어요. 한창 국악기에 몰두했던 때가 있었는데요. 제일 답답했던 건 독일에 있으니까 음악이나 악기 자체를 접하기 쉽지 않았다는 거였어요. 연주자도 없고요. 처음엔 선배들에게 자문도 구하고 책도 보고 그랬는데, 쉽지는 않았어요. 그러다가 2016년에 팀프 앙상블과 작업하면서 해금 연주자 강지은 선생님을 만났는데, 그분을 통해서 다른 국악 연주자 선생님들과도 많이 연결이 됐어요. 그러면서 국악기를 좀 더 심도 있게 연구할 수 있었고, 그 결과들을 작품에 적용하기도 했고요. 대금, 가야금, 장구를 위한 〈동〉(2017)이나 네 대의 가야금을 위한 〈불(의)결〉(2018)이 그런 작품들이에요.

박수인: 국악기에서 발견한 매력이 있었다면요?

- 백승완: 국악기가 가진 가장 큰 매력은 농현인 것 같아요. 서양음악 관점에서 생각하면 누군

가는 농현을 약점이라고 말할지도 몰라요. 현대음악에서는 '음고'(pitch)라는 파라미터를 매우 정교하고 체계적으로 다루잖아요. 일반적으로 사용되는 열두 음만이 아니라, 이른바 4분음(quarter tone), 미분음(micro tone) 같은 것을 사용한다고 해도요. 국악기는 그렇지 않아요. 정확한 하나의 음을 소리 내지 않거든요. 사실 그래야 할 필요도 없고, 오히려 촘촘하고 폭넓은 음들을 소리 낼 수 있다는 점에서 저한테는 새로운 세계가 열린 느낌이었어요.

박수인: 아까 말씀하신 자연에 관한 통찰과 연결되는 것 같아요. 규칙적이면서도 불규칙적인 자연 현상, 자연의 움직임에 관해 이야기하셨는데, 국악기에서도 그런 면을 보신 것 같아서요. 사실 창작자라면 주어진 재료를, (좀 직설적으로 표현하자면) 정복해서, 표현하고자 하는 바를 확실하고 명료한 형태로 만들려는 욕구가 기본적으로 있을 거라고 생각해요. 그런데 무언가 일정한 틀은 만들지만, 그 안에 제어하기 쉽지 않은, 예측 불가능하거나 충동적인 요소들을 충분히 받아들이려는 것처럼 보여서 흥미로웠습니다.
『비평과 해석 사이』의 이번 주제가 '환경과 자연'이에요. 주제와 관련된 질문도 드리고 싶습니다. 선생님이 멤버로 계신 작곡 동인 뉴뮤직-다에서 지난해 올렸던 공연 '보이스메세지가 도착했습니다'를 비롯해서, 최근 몇 년 동안 국내에서 지구, 환경, 기후 위기 같은 사회적 문제의 거대 담론을 음악적 주제로 삼는 움직임들이 정말 많이 나타나고 있어요. 사실 국내에서는 음악, 특히 클래식 음악

이라고 하는 서양예술음악 분야가 미술이나 문학, 연극 같은 다른 예술 장르와 비교했을 때 사회 문제 같은 까다로운 이슈들에 침묵하는 경향이 있다고 생각해 왔거든요. 그런 점을 고려하면, 이런 움직임이 굉장히 반갑고, 또 긍정적인 신호라고도 봐요. 그렇지만 또 한편으로는 음악 활동이 이런 구체적인 문제에 과연 어떤 기여를 할 수 있을까 하는 생각도 들곤 합니다.
- 백승완: 저도 잘 모릅니다. (웃음) 말씀하신 공연 '보이스메세지가 도착했습니다'를 준비하면서는, 우리도 잘 모르니까 이 음악회를 만들면서 당장 할 수 있는 실천적인 것들부터 시도해 보자면서 시작했어요. 그래서 우리가 약속했던 건 소모품 사용을 줄이자는 거였어요. 이를테면 종이 인쇄물을 최소화한다든가 하는 식으로요. 악보도 전자기기로 보고, 팸플릿도 만들지 않았어요. 또 연습하거나 회의를 할 때도 일회용품을 가능한 한 사용하지 않았고요. 이런 것들이 음악과 무슨 상관이 있는지는 모르겠어요. 청중이 알아주는 것도 아닐 거고요. 그래도 보이지 않지만 우리끼리는 적어도 그런 지점들을 염두에 두자고 의견을 모았어요.

여전히 미심쩍은 생각도 있어요. 아무리 소모적인 것을 최소한으로만 사용한다고 하더라도, 음악회를 올리는 작업은 그 자체로 지구를 오염시킬 수밖에 없으니까요. 삐딱하게 보기 시작하면, 사실 이런 생각도 들어요. '정말로 지구를 위한 거야? 기후 위기의 심각성을 알리고 싶은 게 진짜 맞아?' 인간의 손이 닿지 않은 자연 그대로의 오지에 가서 소리를 녹음해 오는 행위 자체가 지

구를 병들게 하는 일이니까요. 게다가 정말로 음악 활동으로 사람들을 각성시키고 싶은 순수한 목적이라면, 그 음악 장르가 현대음악이어선 안 된다고 봐요. 클래식 음악도 아니고요. 다수의 사람들이 관심을 가지고 귀를 열 수 있는 케이팝 이런 장르가 적절할 거예요. 물론 압니다. 이렇게 생각하면 아무것도 할 수 없다는 것도요. 그래서 제게도 여전히 어려운 문제입니다.

박수인: 인류는 살아서 숨 쉬는 것 자체가 지구를 오염시킬 수밖에 없다고 하잖아요. 그렇지만 말씀하신 것처럼, 삐딱하게 생각하기 시작하면 아무것도 할 수 없는 것 같아요. 뉴뮤직-다의 작업 이야기가 좋았습니다. 정말로 그렇죠. '도미솔'이 어떻게 기후 위기에 대해서 말할 수 있겠어요? 그렇지만 어떤 의지를 가지고 무언가를 만들어가는 과정에서 취하는 멤버들 한 명 한 명의 '태도'는 중요하다고 생각해요. 물론 관객은 무대 위의 작품을 만나고, 그래서 무대 밖의 일은 알 수 없어요. 그렇지만 관객이 보든 안 보든, 그런 의지가 관객에게 전달되든 안 되든, 일단 그렇게 한 번 해보겠다고 하는 그 태도의 문제가 정말 중요하다고 생각하거든요.

현대음악과 케이팝에 관해서도 말씀하셨는데, 그것 역시 어쩌면 귀에 착 감겨서 매끄럽게 들리는 케이팝보다도 때로 거칠고 어쩌면 충격적이기까지 할 현대음악의 소리가 훨씬 더 강력한 각성을 일으킬 수 있다고 생각해요. 말씀을 듣다가 현대 설치 미술가 올라퍼 엘리아슨(Ólafur Elíasson)의 〈얼음시계〉(Ice Watch)가 떠올랐어요. 빙하의 얼음을 도시 한복판에 시계 모양으로 설치해서 시간이 갈수록 빙하가 녹고 있다는 사실을 일깨우려는 작업이었는데요. 전 이 작품을 코로나 시기에 우연히 한 다큐멘터리에서 봤어요. 물론 코로나라는 상황도 한몫했겠지만, 이 다큐멘터리를 보는 순간에도 빙하는 녹고 있다는 사실을 일종의 충격체험처럼 경험한 것 같아요. 그때 처음으로 지구의 위기를 온몸으로 실감했던 게 기억나요.

- 백승완: 제가 좀 부정적인 측면만 이야기했죠? (웃음) 말씀하신 부분에 동의해요. 실제로 그런 식의 작업들을 하고 있어요. 그렇지만 아무리 양보해서 생각하더라도 현대음악은 일반 대중들에게 진입장벽이 있어요. '보이스메세지가 도착했습니다'에서는 그런 점들을 고려해서 성악이나 내레이션을 활용했어요. 비디오 아트나 자막을 사용하기도 했고요. 언어나 시각적인 요소를 결합해서, 음악의 추상성만이 아니라 좀 더 구체적인 의미를 담아보려고 했습니다. 그렇게 만든 작업들이 사람들에게 친숙한 팝적인 요소와는 완전히 다른 세계를 경험하도록 한다는 건 현대음악이 가지고 있는 힘이죠. 지금은 이렇게 타협점을 찾아 나가는 과정인 것 같아요. 그런 것을 효과적으로, 또 성공적으로 만드는 건 창작자인 저희들 몫이라고 봅니다.

작곡가 **김승연**

Seungyon Kim

김 승 연
첼로 소나타 1번 〈경야〉

글 · 박진주

김승연(1987-)은 감각과 인지에 기반한 음향적 풍경, 구조화된 시간, 인간존재에 이르기까지 폭넓은 탐구로 작품을 써오고 있다. 서울대학교 음악대학 및 동대학원에서 작곡을 전공 후 모차르테움 국립음대에서 수학하였고, 현재 서울대학교에서 박사과정을 밟고 있다. 그는 시각 예술과의 협업에도 관심을 가져, '전시와 함께하는 화음(畫音, Hwaum) 페스티벌'에서 〈Ceremonial Dance: John Kelly의 Muse Ascending a Staircase에 부쳐〉(2012)를 발표하고, 화가 박신영과 함께한 〈Skéné: Secluded Selves〉(2012) 작업에 참여하였다. 현재 독주악기를 위한 작품에 집중해 피아노를 위한 〈Sonatine No.2〉(2022)와 〈Concert Etude〉(2022), 첼로와 피아노를〈Cello Sonata No.1 "Wake〉(2023) 등을 발표하며 다양한 연주자들과 함께 악기 고유의 음색을 재발견하는 작업을 이어오고 있다.

사유의 소리, 감각을 깨우고 말을 건네다

작곡가 김승연은 언제나 쉬지 않고 생각하는 작곡가이다. 그의 생각하기는 특정한 주제에서 시작해 상상력으로 문장이나 장면을 이어가는 일이라기보다, 생각 그 자체에 몰두하는 일에 가깝다. 그런 그는 아리스토텔레스부터 칸트를 거쳐 들뢰즈와 푸코에 이르기까지 다양한 철학가들의 사상에서 단초를 얻어 사유와 인식에 근원적으로 접근한다.

사유와 고찰에서 시작해 음악적 감각에 이르기까지

김승연에게 철학과 사유의 세계는 다름이 아니라 자기 독해의 세계이다. 어떤 화성이 자신에게 주는 고유한 감각, 음악 감상이라는 경험적인 행위, 그리고 자신에게 그 모든 것들이 인식되는 방식에서 그의 탐구가 시작했기 때문이다. 그래서 그는 철학의 수많은 갈래 중에서도 감각과 경험, 실질적인 현상 자체에 질문을 던지고 해답을 탐구해 온 이들의 사상에 주목한다. 이러한 철학적 연구는 그에게 철저히 체화되어 주제를 이해하고, 작곡 방식을 결정하는 그만의 내면 세계를 구축했다. 화성, 리듬, 구조 등에 대한 자신의 감각, 경험, 인식의 과정을 철저히 관찰하고 독해하며, 더욱 예민하게 작품에 녹여내는 그만의 세계 말이다.

이러한 특징은 오케스트라를 위한 〈럭시피케이션〉(Luxification, 2011)에서 잘 드러난다. 빛을 주제로 삼은 이 작품에서 김승연은 빛에 대한 개인적인 감각에 주목했다. 그에게 빛은 현대 사회라는 맥락에서 허구적이고 혼란스러우며 다변하는 환상과 같은 의미와 상징성을 갖는다. 이를 음악으로 구현하기 위해 김승연은 소재에 특히 더 감각적으로 접근했다. 부동의 확고한 형상이 아니라, 계속해서 변모하는 환상과도 같은 속성을 표현하기 위해 관악기만의 공허한 울림과 현악기의 불안정한 고음에 주목했다. 두 음색의 만남은 금방이라도 사라질 듯 불안정한 울림을 만든다. 여기에 빛의 부서질 듯한 밝음과 일렁거림을 표현하기 위해 화성을 매우 느린 속도로 변화시켜 나갔다. 그 변화의 양상도 매우 점진적이기 때문에 청자는 이를 화성의 진행이라기보다는 음향 텍스처의 변화로 인지하게 된다. 불안하게 흔들리는 악기들의 음색과 너울거리고 일렁거리는 감각으로 전달되는 음향의 텍스처는 곧 김승연이 이해하고 받아들여 감각하는 빛이다.

이렇게 김승연은 주제의 개인적이면서도 지극히 감각적인 측면에 집중하고, 그로부터 작곡을 해 나간다. 이 때문에 그에게 중요한 것은 비음악적인 아이디어 자체나 어떠한 사조가 아니라 언제나, 음악적 소재이다. 구조를 쌓고, 진행하게 하고, 흐름을 만들고, 음악으로 청자에게 전달되는 단계에 이르기까지 그는 집요하게 그리고 일관되게 소재들의 감각적인 측면에 집중해 작품을 축조해 나간다.

현혹하고, 강권하고, 압도하는 힘을 마주하다

피상적인 감상에서 그치는 것이 아니라 유독 더 깊게 응시하고 고민하게 하는 예술 작품들이 있다. 김승연은 예술의 그러한 힘을 관찰하며 음악만의 방법으로는 어떻게 감상자를 더 깊은 감상의 세계로 불러들일 것인지 질문해 왔다. 그의 이 오랜 질문은 〈빛의 흐름〉(Flow of Light, 2018)에서 특히 구체적인 전략으로 드러난다.

〈빛의 흐름〉에서는 시작하는 처음 열다섯 마디 동안 비브라폰이 일정한 간격의 도약을 단조롭게 반복하고, 그동안 다른 악기들은 저마다 느릿하고 음울한 선율을 짧게 늘어뜨린다. 그때그때 교차하는 선율은 매번 다른 화음을 만들어 내고, 차분하고 여린 다이내믹은 화음의 다양한 성격이 너무 두드러지지 않게 다듬고 제한한다. 청자는 화음과 화음 사이의 분명한 차이를 감지하지만, 조용하고 예민하게 벌어지는 변화에 귀를 더 기울이게 된다. 시시각각 달라지는 음색과 화음에 조용하고 여린 다이내믹. 여기에 전반적인 화성이 제시하는 음울하고 독특한 분위기까지 더해져 청자의 이목을 집중시키는 극적인 효과가 생긴다.

김승연의 음악은 이렇게 청자에게 직접 말을 건네는 듯한 선명한 제스처로 가득하다. 청자의 심리적인 상태를 압도하면서, 자발적으로 감상에 참여하거나 주의를 기울이지 않아도 강력하게 이목을 끌어당기고, 음악적 진행을 경험하게 하는 것이다. 그래서 그의 음악은 추상적인 관념이나 주제보다 실질적인 음 소재와 그것들이 펼쳐진 모습에 집중해 들었을 때 더 많은 이야기를 들려주는 음악이다.

첼로 소나타 1번 〈경야〉
(Cello Sonata No.1 'Wake', 2023)

죽음, 환영과 실재의 경계를 노래하다

생명이 있는 모든 것은 탄생하고, 죽는다. 자연 섭리 속에서 살아가는 모든 동식물이 이에 다름이 없지만, 유독 인간의 죽음은 다른 종의 것과는 다른 모습을 보인다. 인간만의 죽음의 모습은 작품의 제목이기도 한 '경야(經夜)'로 대표할 수 있다. 경야는 죽은 사람과 생전에 함께 했던 몇몇 사람들이 모여 밤을 새우며 함께 했던 추억을 이야기하는 장례의 한 풍습이다. 죽어서 떠났고, 슬피 울고, 추억을 회상하는 사람들의 모습을 하룻밤이 고스란히 담고 있는 것이다. 첼로와 피아노를 위한 〈경야〉는 죽음을 맞이하는 이 다양한 모습을 담아낸 음악이다.

작품 전반에서 첼로와 피아노는 서로의 진행에 좀처럼 동조하지 않는다. 그럼에도 패시지, 특징적인 리듬, 중심음, 화성적인 맥락 등을 한시적으로 공유하면서 화해의 지점을 끊임없이 찾는다. 그래서 두 악기의 관계를 일치, 불일치 양자 중 어느 한쪽이 아니라, 같은 주제를 서로 다른 방식으로 표현하며 이따금 평온하게 함께하기도 하는 복합적인 관계로 볼 수 있다. 죽어서 영영 멈춘 이가 있고, 이에 목 놓아 우는 이가 있는가 하면, 누군가는 몽롱하게 추억에 잠긴다. 〈경야〉는 죽음을 맞이하는 사람들의 다양한 모습을 긴장과 화해를 반복하는 음악적 드라마로 풀어내었다.

작품의 시작을 알리는 첼로의 서주는 네 마디가 채 안 되는 짧은 프레이즈로 이루어져 있지만, 비극적이고도 서정적인 분위기를 분명하게 제시한다. 이어서 피아노가 짤막한 화음을 조용하게 울리는데, 첼로의 느릿한 선율과 화성적인 맥락에서 대조된다. 그 대조가 너무도 확연해 두 악기가 전혀 다른 노래를, 전혀 다른 맥락에서 부르고 있다는 인상을 전달한다. 이 첫 열네 마디는 이어지는 작품 전체에서 드러날 첼로와 피아노의 관계를 함축적으로 보여준다. 하나가 전면에서 나타날 때 다른 하나는 주변부를 소극적으로 맴도는 데 그치고, 하나가 종횡무진 도약 진행을 할 때 다른 하나는 고집스럽게 저음부에서 같은 음을 반복하는 식이다. 두 악기는 같은 주제를 공유하면서도 이렇게 그때그때 서로 다른 표현으로 이를 구체화한다.

서주가 끝난 직후 첼로와 피아노는 마디55까지 다이내믹의 잦은 변화를 함께하고, 거세게 몰아치는 패시지를 유지하며 기이한 조화를 불안하게 이어간다. 마디57에서는 이마저도 깨지고 만다. 첼로는 직전의 몰아치는 패시지를 도약적인 음형으로 확장해 더 거칠게 달려가는데, 이때 피아노는 갑자기 짤막한 화음들을 페달로 울리며 늘어뜨린다. 첼로의 거센 속주에 반하는 피아노의 화음은 부드럽다 못해 평화롭고 몽상적이기까지 하다.

마디101부터 첼로는 또 한 번 독주를 시작한다. 알레그로에서 아다지오로의 갑작스러운 변화, 서주 이후 처음 등장하는 긴 독주, 한층 서정적으로 변화한 분위기는 갑자기 음악적 시간이 멈춘 듯한 효과를 낸다. 마디110에서 첼로가 프레이즈를 채 끝내기도 전에 이질적인 음색을 부각하며 피아노의 선율이 등장한다. 첼로는 방해받은 독주를 마치고 네 마디에 걸쳐 메조 포르테로 F♯을 길게 연주한다. 피아노는 그 네 마디 동안 다이내믹을 메조 포르테로 조정하고 F♯만을 반복하며 첼로에 맞추려는 시도를 보여준다.

마디116에서 마디163까지 이어지는 평화로운 패시지에서 두 악기는 비로소 타협의 지점을 찾는다. 이전보다 훨씬 분명하게 화성적 색채를 드러내며 피아노는 화성을 쌓아 나간다. 첼로는 하모닉스, 단선율, 트레몰로에 가까운 음형을 부지런히 오가지만 피아노가 제시하는 화성적인 맥락에서 과격하게 벗어나거나, 그 침울하고도 평온한 분위기를 깨트리지 않는다. 이 평온한 상태는 곧 끝나고 다시 이전과 같은 긴장감이 내내 이어진다. 두 악기가 이처럼 화해하는 모습은 작품의 마지막에서 다시 한번 등장한다. 하지만 코랄과 같은 평화로운 분위기나 서정적인 화성 감에서 타협이 이루어지는 것이 아니라, 훨씬 미약하고 소극적인 곳에서 이루어진다. 피아노가 홀로 연주를 이어가는데, 이때 화성 진행은 A에서 영원한 안식을 찾을 것을 암시한다. 그러던 중 첼로가 하모닉스로 희미하게 C♯을 울린다. 피아니시시모의 여린 음향으로 점차 사라지면서 피아노는 5도 간격의 A와 E의 화음을 마지막으로 거친 후 저 아래 A에서 멈추며 끝을 맺는다.

피아노가 찾은 마지막 안식처 A와 E는 지속적인 암시로 C♯을 찾아왔다. 이를 평화롭고 조화롭게 만들어 줄 C♯을 첼로가 한참 높은 하모닉스로 길게 울리지만, 서로 너무나도 먼 음역 때문에 장3화음의 화성감은 한없이 미약하기만 하다. 작품 내내 서로의 슬픔과 울음에 동조하지 않고 고집스럽게 다른 목소리로 각자의 노래를 하던 두 악기는 이렇게 마지막에서 조용히 화합하며 희미하지만 영원한 평화를 맞이한다.

[연주영상 보기]

Score

Cello Sonata No.1
Wake

(2023)

Seungyon Kim

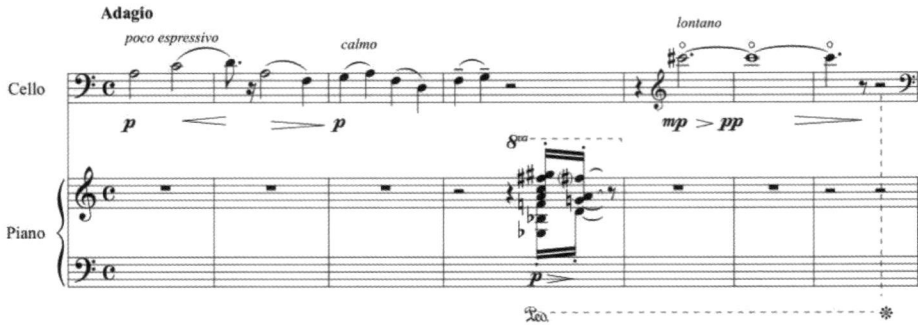

2024년 3월 14일 오후 3시
카페 미플레이스

박진주: 선생님께서는 평소에 철학에 깊은 관심이 있으시다고 들었어요. 특히 중점적으로 연구하시는 철학가나 사상이 있을까요?

- 김승연: 저는 예술 작품을 이야기할 때 감각과 체험이 특히 중요하다고 생각해요. 이렇게 생각하다 보니 이 지점에서 저와 비슷한 궁금증을 제기한 철학가들에게 관심이 가더라고요. 예를 들어 현실 세계를 이데아와 모방의 이분법적인 역학으로 주장한 플라톤보다 있는 그대로 관찰하기를 시도한 아리스토텔레스의 접근법이 제게는 더 흥미로워요. 이와 비슷하게 감성의 직관하는 능력을 역설한 칸트나, 예술과 철학 사이의 관계를 직접적으로 파고든 들뢰즈, 인식론 등을 공부하고 있습니다. 이 같은 공부가 작곡에 아주 직접적으로 반영이 된다고 말하기는 어렵지만, 감각하고 체험하고 인식하는 인간의 본질적인 모습에 대한 탐구가 음악에 대한 제 개인적인 질문에 답해주는 부분이 있다고 생각합니다.

박진주: 〈경야〉를 처음 들었을 때 선생님께서 화성의 진행에 상당히 예민하게 주의를 기울이셨다는 인상을 받았습니다. 미묘하게 부조화스러운 요소가 유지되면서 화성적인 평온함과 긴장감이 동시에 만들어지는 부분에서 특히 그렇게 생각했습니다. 이 밖에도 이질적인 두 진행 속에서 줄곧 강조되어 온 한 음과 자연스럽게 도달하는 종결음이 먼 거리에서 특수한 화성적 관계를 맺는 방식에서도 그렇고요. 선생님께서는 이런 점을 어떻게 구상하게 되셨나요?

- 김승연: 화성은 작품을 쓸 때 특별히 중점을 두는 부분입니다. 화성이 리듬, 소리 등 다른 음악적 소재와 어떻게 연결되어 네트워크를 이루는지에 큰 관심이 있기도 하고요. 제 전반적인 작업 방식은 추상적이고, 관념적인 것보다는 실질적이고 비관념적인 것, 즉 음악적 소재 자체에 초점을 두고 있습니다. 작품마다 조금씩 다르지만, 화성적인 아이디어를 음악의 구체적인 구조로 만들어 가는 과정에 항상 주의를 많이 기울이는 편이에요. 화성적인 구조 위에서 각 소재들이 서로 유기적으로 연결되어 조직을 이루도록 합니다.

박진주: 〈경야〉에서 그런 모습을 많이 찾아볼 수 있는 것 같아요. 화성적인 구조 위에서 다양한 음악적 소재들이 저마다 어울리거나, 부조화스러운 모습을 보여주면서 음악적 드라마를 만들고 있다고 생각했습니다. 작품의 주제인 '경야'와 그것이 시사하는 '죽음'을 함께 생각했을 때 이 음악적 드라마가 더욱 풍성한 의미를 갖게 되고요. 죽음이라는 막연하기도 한 주제를 어떻게 이런 드라마로 구체화하셨는지 궁금합니다.

- 김승연: 죽음이라는 주제로 위촉을 받았을 때

고민을 많이 했습니다, 죽음에 대한 시선, 이해, 상징, 의미 등을 생각하면 어느 정도 보편적인 부분도 있지만 그렇지 않은 면도 그만큼 크니까요. 거기서 제가 생각한 건 죽음이 삶을 영영 끝내버리는 것이지만 인간과 인간 사이의 관계까지 끝내는 것은 아니라는 점이었습니다. 애도하고 추억하고 받아들이는 과정에서 죽은 사람과 산 사람의 관계는 계속해서 변모하고 발전하며 진행되어 갑니다. 이런 관점에서 작품의 구체적인 구상을 그려나갔습니다. 첼로와 피아노로 악기 편성이 정해져 있었으니 두 악기의 관계, 배치, 연결에서 제가 포착한 죽음의 의미와 단상을 그려내려 했어요. 새삼스럽지만 죽음이 인간의 삶에서 가지는 의미가 정말 큰 것 같아요. 어떤 면에서는 죽음이 있어서 삶이 의미를 갖게 된다고 말할 수도 있고요. 그만큼 의미가 상당히 두텁고 또 진지한 주제인데, 원래도 진중한 성격의 음악을 좋아해서 즐겁게 작업했습니다.

박진주: 무겁고 진지한 성격의 음악을 좋아하신다면, 혹시 작곡을 하실 때도 그런 성격의 음악을 지향하시는지요?

- 김승연: 반은 맞고 반은 아닙니다. 그런 성격의 음악을 좋아하지만, 무겁고 진지해서 좋은 것이 아니라 그 안에서 발견할 수 있는 의미가 있기 때문에 좋아하는 것이니까요. 일례로 저는 쇤베르크의 음악을 고등학생 때 처음으로 들었습니다. 그전부터 베베른이나 베르그의 음악을 이미 즐겨 듣고 있었는데도 쇤베르크의 음악은 고등학생인 제게 아주 큰 충격으로 다가왔어요. 당시로서는 도저히 이해할 수가 없는 음악이었지요. 근데 그렇기에 오히려 더 깊은 관심을 갖게 된 것 같아요. 충격이 크고 이해할 수 없는 부분이 많은 만큼 이게 어떤 음악인지, 어떤 의미가 있는지 계속 질문하고 찾아보면서 더 주의를 기울여 듣게 되었거든요. 그렇게 해서 쇤베르크의 음악을 더 진지하게 듣게 된 것 같아요. 음악은 그런 자세로 질문하면서 들을 때 더 많은 의미를 발견할 수 있다고 생각해요. 지금까지도 작곡을 할 때 이처럼 저 자신에게 의미 있게 다가오는 음악을 쓰고자 합니다.

박진주: 선생님이 말씀하시는 그 의미는 무엇인가요?

- 김승연: 그걸 한 마디로 딱 정의하기는 어려운 것 같아요. 다른 예술 작품을 감상할 때 제가 특별히 주목하게 되는 지점이 있어요. 이탈리아 초기 바로크 미술을 대표하는 카라바지오(Michelangelo Merisi da Caravaggio, 1571-1610)의 작품을 좋아하는데, 그림의 주인공 격의 인물이나 그 안에 담긴 이야기보다도 칠흑처럼 깜깜한 배경에 더 눈이 가더라고요. 그림 속 한 구석을 가득 채운 그 새까만 색감에 매료되어서 홀린 듯이 감상한 적이 있습니다. 그때 압도하는 듯한 힘을 느꼈어요. 그런 데에서 작품에 대해 질문하게 하고, 감상자의 내면에 무언가를 일으키는 힘이 있다고 생각해요. 문학 장르에서는 필립 딕(Philip K. Dick, 1928-1982)이라

는 작가가 떠오르네요. 공상과학 장르에 지대한 영향을 남긴 작가입니다. 해당 장르의 중점이나 매력을 훼손시키지 않으면서 한 차원 더 깊은 의미와 질문을 담아낸 그의 방식이 참 대단한 것 같아요. 최첨단 기술의 세상이라는 맥락에 인간이라는 존재가 던져졌을 때 두드러지는 낯섦과 외로움을 탁월하게 묘사하고 있어요. 과학 기술이 고도로 발전한 모습이나 기발한 상상만을 보여주는 게 아니라, 과학 기술이 발전한 세상에서 인간이 겪을 수 있는 소외와 정체성의 문제를 여실히 보여주었어요. 딕의 다양한 작품을 읽으면서 제가 평소에 관심을 갖고 연구하는 철학적인 문제들과 직결되는 지점을 많이 발견했어요. 이렇게 예술 작품에서 생각을 이어가게 하고, 질문을 던지게 하는 힘을 느낄 때 저는 '의미가 있다'라고 생각합니다.

박진주: 그렇다면 감상자가 질문하고 고민하게 하는 음악은 어떤 음악일까요? 작곡가의 의도나 의미를 유추하면서 듣는 음악인가요?
- 김승연: 그렇게 볼 수도 있지요. 한 가지 중요한 건 제가 지향하는 그런 특징들이 꼭 감상하는 순간에 나타나야 하는 건 아니라는 것입니다. 작품에 대해 고민하는 것도 좋지만 일단 감상을 하는 동안에는 그 자체로 체험이 되어야 한다고 생각해요. 그래서 음악적 소재 자체를 더 중요하게 생각하지요. 관념적인 면만 드러내려 하거나 조화되기 힘든 비음악적 아이디어를 억지로 집어넣으면 청자에게 고민거리는 제공할 수 있지만 감상으로서는 부족한 음악일

테니까요.

박진주: 긴 시간 인터뷰에 응해주셔서 감사합니다. 선생님의 향후 행보를 진심으로 응원합니다.

IV. 한국적 자연을 노래하다

작곡가 **김대성**

Dae-seong Kim

김 대 성
관현악곡 〈청산(靑山)〉

글 · **임현택**

김대성(1967-)은 '땅 밟기'로 체득한 현장 경험을 바탕으로 한국음악의 전통적 요소와 서구음악의 현대적 양식의 접목을 추구하는 민족주의 작곡가이다. 공주대학교(현 국립공주대학교) 사범대학 음악교육과를 작곡 전공으로 졸업한 후 한국예술종합학교 음악원 예술전문사과정(이건용 사사)을 마쳤다. 제6회 한국 뮤지컬 대상 '음악상'(2000), KBS 국악대상 '작곡 부문'(2002), 대한민국 합창제 '작품상'(2002), 21C 한국음악프로젝트 '실험정신상'(2007), 제26회 대한민국 작곡상 '협주곡 부문 우수상'(2007) 등을 수상하였고, KBS, 국립극장, 한국문화예술위원회 등에서 주최한 작품 공모를 통해 수많은 작품을 발표하였으며, '태풍'(1999), '청산별곡'(2001), '홍랑'(2003), '다랑쉬'(2006) 등 음반 발매에도 힘써 왔다. 2018년까지 서울대, 한예종 등 다양한 대학을 출강하며 후학을 양성했으며, 현재는 독주곡, 중주곡, 실내악곡, 관현악곡, 합창곡, 음악극, 뮤지컬, 오페라, 무용음악 등 장르는 물론이고 국내외의 경계를 자유로이 넘나들며 전업 작곡가로서 작품 활동에 전념하고 있다.

김대성='땅 밟기 작곡가'

작곡가 김대성의 상당수 작품은 우리 민족의 장구한 역사와 맞닿아 있다. 그리고 그 역사의 중심에는 늘 민중이 함께 자리 잡고 있다. 김대성은 민중의 아픔과 고통이 무엇인지 치열하게 숙고하고 공감하여 이를 작품에 오롯이 담아내고자 한다. 그래서 그의 작품에서는 시공간을 넘나들며 우리 민족 곳곳에 뿌리내린 구수한 흙 내음과 살 내음이 감지된다. 그러나 그 향기는 때론 참혹한 살육의 피비린내로, 때론 산과 바다에서 불어오는 애처로운 기운으로 우리에게 다가온다.

삶의 곳곳에서 만나는 음악적 소재

김대성의 삶과 작품 세계를 풀어내는 데 있어 중요한 축은 그의 '땅 밟기'를 이해하는 것이다. 스스로를 '땅 밟기 작곡가'로 칭하는 그는 1991년부터 1998년까지 우리나라의 산과 들 속 곳곳에 살아 숨 쉬는 수많은 민요와 풍물, 무속음악 등을 채집하고 채보하였으며, 때로는 박홍남(1920-2006)과 같은 명인 곁에서 가락을 몸소 체험하며 한국의 전통음악, 그중에서도 민속음악의 본질 탐구에 앞장서 왔다. 이렇게 한국 전통음악의 현장 연구를 토대로 습득한 다양한 음악적 재료는 철저히 '자기화'의 과정을 거쳐 작품에 고스란히 반영되어 나타나는데, 〈선부리〉(1998), 〈청산〉(2000), 〈열반〉(2001)은 현장 연구 기반의 경기도당굿 장단과 선율을 활용한 그의 초기 대표 관현악곡으로 손꼽는다.

최근에는 고구려의 옛 땅인 중국 요동의 안시성을 방문한 후 영감을 받아 만든 관현악곡 〈금잔디〉(2019)가 대중으로부터 많은 사랑을 받고 있다. 작품에 착수하기 전 작품의 소재와 관련된 현장을 직접 찾아 그곳에 사는 사람을 만나고, 주변의 자연 경관을 가슴에 담아 와 작품으로 옮기는 일은 그의 오랜 '땅 밟기' 습관에서 기인한 것이다. 이렇게 '땅 밟기'를 통한 '현장성'은 김대성의 작품을 이해하는 데 있어 매우 중요한 요소로 자리 잡고 있다.

음악으로 대변하는 시대적 아픔의 공감과 위로

김대성이 전국 각지를 누비며 체득했던 것은 비단 민속음악만은 아니었다. 그는 대한민국의 역사를 책이나 대중 매체가 아닌, 어르신들의 증언과 '땅 밟기'를 통해 배워 나갔다. 1910-20년대를 겪은 분들의 뼈저린 사연을 직접 접한 후 본격적으로 우리나라의 역사에 관심을 갖게 된 그는, 이후 현장이 담고 있는 역사에 대한 가치와 그것이 품고 있는 아픔을 작품에 녹여내게 되었다. 음악은 현실을 반영해야 하고, 그 현실의 아픔을 작품 안에 예술적으로 담아내야 하며, 작곡가는 현실의 모순에 저항하고, 아름다운 미래를 위해 노력해야 한다는 것이 그의 생각이다.

김대성의 작품에 나타나는 특징 중 하나로 뚜렷한 주제, 즉 표제음악을 지향하고 있다는 점을 들 수 있다. 그가 채택한 주제에는 시대적 이념이나 사회 비판적 내용을 직접적으로 담고 있는 것이 많다. 예컨대 장새납과 관현악을 위한 협주곡 〈봄〉(2002)은 2001년 이산가족 상봉의 감동을 그리고 있고, 관현악을 위한 〈여름〉(2003)은 억울하게 죽은 효순과 미선 두 영혼을 위로하는 작품이다. 대금 협주곡 〈풀꽃〉(2004)에서는 2003년 미국의 이라크 침공에 대한 아픔과 분노의 마음을 표현하고 있으며, 이외에도 2014년 세월호 참사를 추모한 가야금과 국악관현악을 위한 협주곡 〈슬픔의 강〉(2014), 1980년 5월 광주 민주 항쟁의 역사를 노래한 교향시 〈임을 위한 행진곡 주제에 의한 '민주'〉(2018)가 있다. 해금과 25현가야금을 위한 〈다랑쉬〉(2002), 대금과 가야금을 위한 협주곡 〈잃어버린 마을〉(2020), 해금, 가야금, 타악을 위한 〈비설(飛雪)〉(2022)은 모두 제주 4.3 사건의 비극과 관련된 작품이다.

이렇게 '땅 밟기' 행보와 민족주의적 신념을 담은 그의 작품들은 헝가리의 민족주의 작곡가 바르톡을 연상케 한다. 그러나 그는 '한국의 바르톡'이 되기보다는 '대한민국의 작곡가 김대성' 그 자체로 기억되기를 바라는 듯하다. 그저 한국의 전통음악이 미치도록 좋아 넉넉지 않은 형편임에도 자신의 손품과 발품을 팔아 현장 연구를 진행하였고, 그저 시공간을 초월한 역사적 아픔을 도외시할 수 없었기에 음악으로써 공감과 위로의 메시지를 전해 주고자 하는 작곡가 김대성. 그의 보물 창고에서 다음에는 또 어떤 우리 음악의 숨겨진 소재들이 봇물 터지듯 세상 밖으로 쏟아져 나와 우리에게 큰 울림을 선사해 줄지 그의 다음 행보가 기다려진다.

관현악곡 〈청산(青山)〉
(Blue Mountain for Orchestra, 2000)

현대판 고려 민초의 노랫가락

뿌리 깊은 한국 전통음악과 달리 '창작국악'의 역사는 백 년이 채 되지 않는다. 그중에서도 국악기 중심의 서구 오케스트라 형식을 표방한 이른바 '국악관현악' 장르는 길어야 70년이 조금 넘는 일천한 역사를 갖고 있지만, 창작국악의 효시로 알려진 김기수(1917-1986)를 필두로 숱한 작곡가들의 노력에 힘입어 1990년대까지 눈부신 성장을 이루어 왔다.

새천년을 맞이하여 국악계의 관현악을 이끈 선두 주자는 김대성이라 해도 지나치지 않다. 독주곡부터 다양한 편성의 중주곡과 실내악곡, 나아가 합창곡, 음악극, 뮤지컬, 오페라, 무용음악에 이르기까지 그야말로 그의 손을 타지 않은 장르가 따로 없지만, 무엇보다 김대성은 관현악에 특화된 작곡가이다. ARKO 한국창작음악제의 국악 부문에서 세 차례 당선(2013, 2014, 2016)된 것을 넘어 양악 부문의 위촉(2020)을 받아 발표한 바 있으며, KBS 국악대상(2002), 대한민국 작곡상(2007)과 같은 굵직한 수상 경력에 빠지지 않는 편성이 관현악이었음이 이를 입증한다.

'98 국악작곡 축제'에 당선된 〈선부리〉(1998)도 꽤 명작으로 알려져 있지만, 무엇보다 그의 관현악을 대중의 뇌리에 각인시킨 작품은 〈청산(青山)〉(2000)일 것이다. 〈청산〉은 2000년 한국문화예술진흥원 주최 창작활성화 지원 사업에 선정된 작품으로, 그해 10월 5일 국립국악원 예악당에서 개최된 세종국악관현악단 제10회 정기연주회 '천년의 소리'에서 지휘자 박호성에 의해 초연되었다. 이후 여러 차례의 개작 과정을 거쳐 마지막 버전은 2023년 10월 12일 세종문화회관 세종M시어터에서 지휘자 장태평과 경기시나위오케스트라의 연주로 이루어졌다.

작곡가는 점차 잊혀 가고 있는 옛 악보 중에서도 조선 초기에 편찬되어 고려가요를 수록하고 있는 『시용향악보』 소재 '청산별곡'과 '군마대왕'을 해독하여 작품의 주제 선율로 삼고, 여기에 1991년부터 진행해 온 현장 조사를 통해 획득한 해금의 명인 지영희(1909-1980)의 경기도당굿 가락을 더해 선율의 변주를 꾀하였다.

18분가량 소요되는 〈청산〉은 악장의 구분이 없는 단악장의 형식을 취하고 있지만, 속도, 박자, 특히 장단의 전환에 따라 여러 단락으로 구분된다. 곡의 전반에 걸쳐 드러나는 3+2+3박의 혼합 리듬 구조는 '청산별곡'을 비롯한 『시용향악보』 수록 악곡들의 정간보 1행 3+2+3+3+2+3 정간(네모 칸)과 경기도당굿에서 행해지는 가래조장단의 얼개가 상호 일치한다는 점에 착안한 것이다. 〈청산〉에서는 푸살장단(3박×5=15박), 느린 엇모리장단(3+2+3+2박), 권선장단(3+3+2+2박), 지갑성제 가래조장단(3+2+3박), 빠른 청배장단(3+3+2박)과 같이 다양한 무속 계열의 장단이 활용되는데, 이 장단들은 원형 그대로 사용되기도 하지만, 다양한 변주 형태로써 새로운 리듬을 창출해 내며 작품의 드라마틱한 전개의 토대가 된다.

〈청산〉에는 옛 '영산회상'이나 '군마대왕'의 가락도 담겨 있지만, 무엇보다 우리의 귀를 자극하는 두 개의 선율에 주목할 필요가 있다. 우선 작품의 처음과 끝, 그리고 중간중간 잊을 만하면 귀에 꽂히는 고려가요 '청산별곡'을 주제로 한 선율이다. 계면조(라, 도, 레, 미, 솔) 선법으로 진행되는 듯 들리지만, 마침내 '솔'로 갈무리됨으로써 평조(솔, 라, 도, 레, 미)의 성질을 잃지 않는 이 선율은 다채로운 리듬 변주의 향연과 어우러져 시종일관 대대로 이어져 내려온 우리나라 산등성이의 유려한 곡선에 담긴 고즈넉한 정취를 만끽하게 한다.

다음으로 마디89부터 전개되는 선율에도 귀를 기울여 볼 필요가 있다. 옛 악보에 착안하여 만든 '청산별곡'의 주제 선율과 달리 이 구간의 선율은 작곡가 개인에 의한 순수 자작 선율로, 그의 말에 따르면 두견새의 울음소리와 똑 닮은 선율이다. 4/4박자의 다소 안정된 틀 안에서 해금을 필두로 하여 소금, 대금, 피리가 주고받는 감미롭고 서정적인 선율선은 혼합 박 중심의 유장한 '청산별곡'의 주제 선율과 대비를 이루며 청자의 심금을 울린다.

관현악곡 〈청산〉은 이렇게 고려 시대부터 면면히 이어져 내려온 우리 민족 고유의 노랫가락에 현시대에 통용될 수 있는 진한 감수성이 더해져 듣는 이로 하여금 깊은 공감과 감동을 불러일으키게 한다. 작곡가가 수차례 개작을 통해 일구어 온 '고려가요의 부활'이 기어이 실현된 것이다.

[연주영상 보기]

Score

관현악을 위한 "청산(青山)"
Cheong-San for orchestra

김 대 성 작곡 (2000~2023년 개작)
composed by Kim, Dae-seong

1차: 2024년 1월 2일 오후 4시 전화 인터뷰
2차: 2024년 5월 23일 오후 1시 전화 인터뷰

임현택: 선생님께서는 1991년부터 현장 연구를 기반으로 작품 활동을 전개한 '땅 밟기 작곡가'로 알려져 있는데요. 선생님의 삶과 작품 세계를 이해하는 데에 이 '땅 밟기'라는 말이 참 중요한 요소인 것 같습니다.

- 김대성: 사실은 1989년부터 민요 현장을 다녔습니다. 그때는 민요를 채집하는 분 뒤를 따라다니면서 간접적으로 경험했죠. 그해 가을 유체 이탈을 경험한 일이 있는데, 그 일을 겪고 난 후 1년 반 동안 몸이 굉장히 아팠습니다. 퓨전 음악 같은 것을 들으면 너무 고통스러운 반면, 이상하게 토속민요만 들으면 마음에 평정심이 생기고 편해지더라고요. 그러다 1991년 봄부터 본격적으로 민요 채집을 시작했고, 그 뒤로는 아팠던 몸이 회복되면서 눈만 뜨면 민요 채집을 다녔습니다. 그러다 보니 민요 외에 굿 음악이나 풍물도 접하게 되고, 우리 민속음악 전반을 보고 들으면서 엄청난 충격을 받았어요. 교과서나 음반을 통해 배운 음악과 현장에서 배운 음악이 너무 다른 거예요. 민요 채집을 다니면서 제가 처음으로 한 말이 '일반 기층 민중이 스트라빈스키의 리듬을 일상에서 향유한다'는

것이었어요. 그분들이 복잡한 리듬을 자연스럽게 구사하고, 또 음악을 하는 목적 자체가 너무 순수하거든요. 그저 행복하기 위해 하는 음악인 거죠. 제가 이전에 주변에서 겪었던 음악을 하는 목적과 너무 다르고, 그들의 순수한 마음이 저에겐 너무나 큰 충격이었습니다. 그래서 저는 우리 음악의 현장에 완전히 빠져들었고, 어떻게 보면 그것을 통해 구원을 받았다고 생각합니다.

임현택: 선생님의 민속음악 채집에 대한 체험담은 작곡을 전공하는 학생들에게 분명 교훈이 될 만한 내용이라 생각됩니다. 관점을 달리하여 선생님께 **특별히 영향을 끼친 음악가에 대해 여쭙고 싶습니다.**
- 김대성: 우선 이건용 선생님의 영향을 많이 받았습니다. 작곡에 대한 기초가 약했던 시절 선생님께서는 곡을 끝까지 꼼꼼하게 마무리하라는 말씀을 많이 하셨습니다. 또 황병기 선생님이 계시는데요. 저는 곡을 쓰기 전에 반드시 선생님의 작품을 듣습니다. 특히 〈비단길〉을 좋아하는데, 이 작품을 들으면서 당시 선생님께서 가지셨던 실험 정신, 파격성, 그리고 고대를 바라보는 눈, 이런 것들을 많이 생각합니다. 22살 때는 노동은 선생님을 통해 김순남 선생님의 가곡집을 입수하게 되었는데, 그것이 계기가 되어 김순남 선생님의 작품뿐만 아니라 시대에 대한 문제의식, 전통에 대한 접근 방식에 대해 크게 영향을 받게 되었습니다. 또 일본 작곡가 토루 타케미추는 제가 너무나도 존경하는 작곡가입니다. 30대 초반 친구를 통해 당시 구하기

힘든 그분의 악보를 얻게 되었는데, 악보를 접하는 순간 동양에 이런 작곡가가 있다는 사실에 놀랐습니다. 그래서 토루 타케미추 관련 서적과 음반, 악보를 구해 공부하게 되었습니다. 그 외에도 헝가리 작곡가 벨라 바르톡은 제가 워낙 좋아했던 작곡가이며, 지금도 변함없이 그분의 삶과 음악을 너무 좋아하고 있습니다.

임현택: 〈다랑쉬〉, 〈봄〉, 〈여림〉, 〈불노하(不老河)〉, 〈진혼산야〉, 〈슬픔의 강〉, 〈민주〉, 〈빼앗긴 들에도 봄은 오는가〉, 〈잃어버린 마을〉, 〈비설(飛雪)〉 등 그 작품의 내용을 살펴보노라면 선생님께서 음악적으로 영향을 받으신 이건용 선생님이나 김순남 선생님과 같이 민족주의적 역사 인식을 갖고 민족의 비극을 노래한 작품이 상당수 눈에 띕니다.

- 김대성: 저는 '땅 밟기'를 하면서 민속음악뿐만 아니라 우리 민족의 역사도 배웠습니다. 1991년도만 해도 우리의 역사를 제대로 알 수 있는 수단이 별로 없었어요. 지금처럼 SNS가 발달하지 않아 여러 가지 정보를 얻을 수 없었던 시절이라 저는 굉장히 왜곡된 역사 인식을 갖고 있었는데, 현장에서 어르신들에게 직접 이야기를 들으며 역사를 공부하게 되었어요. 이분들이 보통 1910년대, 1920년대 세대인데, 일제의 징용에 끌려간 이야기, 일본인에 의한 양민 학살과 같은 구체적인 이야기를 들으면서 너무나도 놀랐고, 이분들을 통해 본격적으로 역사에 관심을 갖게 되었습니다. 그래서 저는 현장이 담고 있는 역사에 대한 가치, 그리고 그것이 품고 있는 슬픔과 같은 것을 제 작품에 녹여내게 되었습니다.

임현택: 선생님의 수많은 관현악곡 중 90년대 초 발표된 〈청산〉과 〈열반〉은 당시로서는 정말 파격적이었던 기억이 납니다. 그중 〈청산〉의 작곡 배경과 목적에 대해 설명 부탁드립니다.

- 김대성: 〈청산〉은 저의 대표적인 관현악곡 중 하나이고, 많이 연주된 작품 중 하나입니다. 2000년 작곡이라고 나오는데, 원래는 1999년에 작곡했고, 2000년에 초연되었습니다. 〈청산〉을 작곡할 때 관심을 가졌던 것은 한국음악의 고악보입니다. 당시 제가 공부했던 고악보는 『시용향악보』입니다. 이 악보 모음집에 있는 곡들을 오선보로 역보했는데, 그중 '청산별곡'이 있었습니다. 이 '청산별곡'을 수십 번 불러 보니 프레이즈, 단락, 조바꿈 같은 것들이 보이더라고요. 그때 받은 감동을 바탕으로 만든 작품이 〈청산〉입니다. 『시용향악보』는 고려의 선율을 담고 있는데, 특히 이 '청산별곡'의 선율은 고려 시대 선율 중 가장 아름다운 선율이라고 생각합니다. 악보에는 '청산별곡'의 선율이 '평조'라고 나와 있는데, 저는 그 선율에 평조와 계면조가 묘하게 섞여 있다는 것을 노래를 계속 불러 보면서 발견하게 되었습니다. 결국 이 작품은 고려 시대의 음악을 이 시대에 다시 살려냈다는 데에 그 의미가 크다고 생각합니다. 동시에 선율 변주 시 지영희 선생님의 경기도당굿 가락을 '청산별곡'의 선율과 융합하여 작품 안에 반영시킨 것도 큰 의미가 있습니다.

임현택: 마디94에 등장하는 감미로운 해금 선율은 어떻게 만들어진 건가요?

- 김대성: 그 부분은 저의 순수 자작 선율이고, 의도적으로 3화음을 활용하여 만들었습니다. 우연히 만든 선율인데, 나중에 알고 보니 두견새의 울음소리와 유사하더라고요. 그래서 저는 이 두견새를 '청산새'라고 부릅니다. 우연히 만든 선율이 운명적인 선율이 되었고, 대중이 가장 좋아하는 선율이 되었습니다.

임현택: 〈청산〉의 버전이 2000년 초연된 이후 계속 변화된 것으로 알고 있습니다. 현재 최종본은 언제 발표되었고, 어떻게 달라졌나요?

- 김대성: 작년(2023) 버전이 최종입니다. 당시 지휘자 장태평과 경기시나위오케스트라에 의해 마지막 개작 초연이 이루어졌습니다. 최초와 최종 버전의 마디 수는 같습니다. 다만 오케스트레이션이 바뀌었죠. 〈청산〉이 초연될 당시에는 연주자들의 기술이 지금처럼 원활하지 않았어요. 〈청산〉은 2000년 세종국악관현악단에 의해 초연되었는데, 당시 그 연주를 보고 전인평 선생님께서 관현악 기법에 무리가 많다고 비판하셨습니다. 그러다 2003년 원영석 선생님께서 서울대학교 국악과 학생들과 함께 정기연주회에서 〈청산〉을 연주했는데, 그제야 제대로 연주가 이루어졌고, 마침내 〈청산〉이 대중에게 많은 사랑을 받게 된 것 같아요. 이후 연주자들이 난해한 주법에 차츰 익숙하게 되어 최근 개작된 〈청산〉에서는 최초 버전과 다르게 오케스트레이션이 더욱 현대적으로 변화되었습니다.

임현택: 김대성 작곡 〈청산〉을 포털 사이트에서 검색해 보면 국악관현악 〈청산〉, 국악관현악곡 〈청산〉, 관현악곡 〈청산〉, 관현악을 위한 〈청산〉 등과 같이 다양하게 나타납니다. 정확한 작품 제목이 뭔가요?

- 김대성: 〈청산〉이라는 제목만 바뀌지 않으면 되죠(웃음). 저는 '국악관현악'이라는 말을 싫어합니다. 제가 원하는 건 관현악곡 〈청산〉입니다. 그런데 또 그렇게 얘기하면 소통이 안 됩니다. 이 바닥에서 그러면 〈청산〉이 '양악곡'이냐고 물어보거든요. 서양에서는 그냥 '관현악'이라고 하는데, 왜 그것을 굳이 구분하려 드는지 모르겠습니다. 소위 서양의 것을 '음악'이라 하고, 우리의 것을 '국악'이라 하는데, 반대로 우리 것이 '음악'이고, 서양 것이 '양악'이죠.

임현택: 선생님의 작품 수가 너무 많아 일일이 나열할 수가 없을 정도입니다. 최근 작품 중에 기억에 남는 것이 있다면 소개 부탁드립니다.

- 김대성: 2019년에 중국 요동을 답사한 적이 있어요. 원래 안시성은 한국 사람들이 못 가는 건데, 제가 갔을 때는 갈 수 있었어요. 그곳에 자그마한 꽃이 많이 피었더라고요. 그 안시성 꽃들을 보며 영감을 받아 만든 작품이 〈금잔디〉입니다. 우리 민족의 기상, 저력, 미래, 이런 것들을 음악으로 그리고 있는데, 제 최근 관현악곡 중에서 가장 많이 연주되고 있습니다.

임현택: 인터뷰에 응해 주셔서 감사합니다.

작곡가 **김범기**

김 범 기
피아노 독주를 위한 〈파도〉

글 · 윤예원

인간과 닿아 있는 모든 것들을 음악으로 그려내고자 하는 작곡가 **김범기**(1974-). 그는 서울대학교 작곡과를 졸업한 뒤 인디애나 주립대학(Indiana University, Bloomington)에서 석사와 박사 학위를 취득하였다. 아이오와 주립대학 상주작곡가, 스웨덴 EMS 상주작곡가로 활동하였으며, 수원시향, 대구MBC교향악단, Flux quartet(New York), 통영국제음악제 등 한국, 중국, 미국, 유럽의 여러 단체 및 음악제에서 위촉작이 연주되었다. 그의 작품은 자연, 종교, 교육, 전자 음향 등과 같은 다양한 소재를 포함한다. 작곡뿐만 아니라 예술 기획, 예술 교육 등에도 큰 관심을 가지고 있는 김범기는 최근 부산국제현대음악제(BICMF)를 창립하여 지역사회에서 활발한 음악 활동을 펼치고 있다. 현재, 문화예술교육진흥원 전문강사 및 경상대학교 사범대학 음악교육과 부교수로 재직 중이다.

음표가 전달하는 이야기

김범기의 스펙트럼은 무한하다. 현재도 확장되어가고 있다. 자신의 삶에서 만나볼 수 있었던 자연, 종교, 교육 등과 관련된 수많은 소재가 그의 스펙트럼의 근원이 된다. 계속해서 다양성을 더해가는 소재들은 때로는 국악적인 요소를 통해 구현되기도 하고, 고전음악의 차용, 미니멀리즘 기법 혹은 전자 음향을 통해 음악으로 구현되기도 한다. 이처럼, 주제에 대한 다채로운 음악화 작업은 김범기만의 스펙트럼이 가진 넓이뿐만 아니라 잠재적인 깊이까지도 암시한다.

표제를 중심으로 한 스토리텔링

김범기의 큰 관심사는 표제와 주제의 내용을 어떻게 음악적으로 전달하는지에 관한 것이다. 그의 작품 대부분은 표제적인 성격을 지니며, 매 작품에서 본인이 선택한 표제를 중심으로 스토리텔링을 시도한다.

미국으로 유학가기 전, 잠시 들러 공부하고자 방문했던 이스라엘에서 그는 종교에 관심을 가지게 되었다. 기독교 신자가 된 그는 자연스레 종교적인 관심을 음악으로 옮길 수 있게 되었고, 종교와 관련된 많은 작품을 창작하게 된다. 〈서울의 예수〉(2014)에서는 도시의 각박한 삶에서 우리의 존재는 무엇인가에 대한 응답의 메시지를 담았으며, 트롬본 독주곡 〈라이프〉(2018)에서는 삶의 과거, 현재 그리고 미래에 대한 독백을 제시한다. 이후 유학을 위해 건너간 미국에서는 베트남계 지도교수 P. Q. 판(P. Q. Phan)의 영향을 받아 스스로의 민족적 정체성과 음악에 대해 고민하기 시작하였고, 이는 국악적인 것에 대한 탐색으로 이어지게 되었다. 그는 정신적인 측면에서 국악을 계승하기보다는 선율과 리듬 같은 요소의 단위에서 이를 활용하였다. 한국 전통 악기의 정서와 악센트의 의도적인 변형으로 표현한 바이올린 독주곡 〈애가〉(2002), 미니멀적인 동형진행으로 한국의 강렬한 에너지를 그려낸 현악4중주 〈이스트 시퀀스〉(2010)를 비롯한 여러 작품에서 다층적으로 국악 요소를 활용하고자 했다.

귀국 이후, 경상국립대학교에 부임하면서 교육적인 일들에 관심을 두어 어린이도 이해하기 쉬운 작품들을 다수 작곡하기도 했다. 가령 〈어린이를 위한 피아노 모음집〉(2012)에서는 '강아지 춤', '소녀와 오빠', '날아보자, 무지개 동산'에서 각각 '우리 집 강아지', '오빠 생각', '떴다 떴다 비행기'와 같이 흔히 접할 수 있는 동요의 선율이 인용되었다. 또한 〈본능미용실〉(2011)과 〈난 원래 황금돼지띠가 아니었다〉(2012)에서는 사전 공모로 선정된 사진 속에 담긴 사연을 바탕으로 많은 이들이 공감할 수 있는 내용을 다루기도 했다. 이처럼, 그의 많은 작품들은 일상적인 표제와 소재를 지니고 있다. 표제와 스토리텔링을 중심으로 짜인 음악의 구조와 여러 매개 변수들은 청자로 하여금 좀 더 쉽게 음악적 메시지를 인식할 수 있게 하며, 청각적인 이미지에 편안하게 접근할 수 있게 한다.

음표가 그려낸 한 폭의 풍경화

김범기의 작품에서 가장 적극적으로 드러나는 소재가 있다. 바로, 자연이다. 어린 시절, 직업 군인이셨던 아버지를 따라 강원도 화천, 춘천과 같은 지역에 거주했던 그는 자연에 대한 동경을 가지게 되었다고 한다. 스웨덴 스톡홀름 이곳저곳을 다니며 느꼈던 감정들을 담아낸 〈스톡홀름의 열기〉(2013), 보이지 않는 바람을 들리는 소리로 형상화한 〈바람의 경전〉(2018) 모두 자연 그 자체를 음악으로 표현한다. 이후, 진주에 거주하면서부터는 가곡 〈진주의 사계〉(2017), 〈남강의 봄〉(2018) 등을 작곡하며 지역의 자연을 담은 수많은 작품을 창작하기도 했다.

그가 음표로 그려낸 자연은 마치 한 폭의 풍경화와 같다. 흐르는 강물을 유려한 선율로, 휘몰아치는 바람을 빠른 패시지로, 거대한 파도를 두터운 텍스처로 표현하며 시각적인 이미지를 청각적인 음향으로 치환한다. 이렇게 음악화된 자연을 가만히 듣고 있으면, 김범기 작곡가에게 자연이 얼마나 특별한 의미를 지니는지 온몸으로 느낄 수 있다. 그에게 자연은 숨 쉬고 살아가는 터전이자 늘 곁에 있는 친구이며 음악을 자유롭게 그려낼 수 있는 공간이다. 이렇게 그려낸 자연의 소리는 연주를 통해 재현되며, 시공간을 초월해 자연의 감동을 전달한다. 그에게 자연은 표현의 대상이라는 의미를 넘어, 자신의 음악을 그려내는 또 다른 세계인 것이다.

피아노 독주를 위한 〈파도〉
(The Wave for Piano Solo, 2020)

감각으로 채색된 파도의 스펙트럼

반복되는 일상을 벗어나 자유를 만끽하고 싶을 때, 몇몇 사람들은 자연을 찾곤 한다. 멍하니 자연의 흐름에 몸을 맡겨 그것들을 감상하다 보면 묘한 안정감과 편안함을 느낄 수 있기 때문이다. 자연의 흐름은 뚜렷하지도, 흐릿하지도 않다. 그저 자연스럽게 존재할 뿐이다. 이처럼 자연 그 자체를 형상화한 음악적 시도가 바로 피아노 독주를 위한 〈파도〉이다. 자연에 지속적인 관심을 두었던 김범기가 이번에는 '파도'(wave)라는 키워드에 집중하여 바다의 흐름을 음악화하였다. 연주 시간은 약 7분 30초로 창신대학교 윤민선 교수의 위촉으로 작곡되었으며, 2020년 9월 11일 창신대학교 대강당에서 개최된 윤민선 피아노 리사이틀에서 초연되었다.

서울에서 태어난 김범기에게 '바다'란 거대하고 강렬한 머나먼 상상 속 이미지에 불과했다. 그러나, 진주에 있는 경상국립대학교에 부임하게 되면서 그는 학교에서 15분 거리에 위치한 바다를 알게 되었고, 매주 높은 파도, 잔잔한 물결, 다양한 소리와 색깔들을 몇 시간이고 관찰하였다. 이렇게 온몸으로 느낀 바다의 이미지를 〈파도〉에 담아내고자 하였다. 이 작품은 단악장으로 구성되어 있으며, 마디선이 존재하지 않는다. 또한 기준으로 제시되어야 할 박자표 역시 존재하지 않기에, 형식을 명확하게 구분 짓는 것이 불가능하다. 바다는 예상할 수 없는 성질을 지니고 있는데, 김범기는 이러한 불규칙성을 음악에 그대로 담아내고자 규칙성을 지닌 음악 매개변수들을 최소한으로 사용한 것이다. 피아니시시모(*ppp*)부터 포르티시시모(*fff*)의 범위 내에서 아주 섬세하게 운용되는 셈여림과 자주 등장하는 템포 변화 역시 주목해볼 만한 요소이다. 이 역시도 급변하는 바다의 특징을 그대로 표현하고자 설정된 것이다. 여기에 비교적 넓은 음역대를 가진 피아노가 거대한 바다의 흐름, '파도'를 연주한다.

악곡의 구조는 명확하게 구분되지 않는다. 이에, 템포 기호를 기준으로 나누어 음악의 내적 원리를 이해해볼 수 있다. 먼저, 모데라토 메노 모소(Moderato menno mosso, 마디 1-75) 부분에서는 E와 A, B음의 번갈아 등장하는 연타로 시작한다. 멀리서 바라보면 멎어있는 듯 잔잔한 바다가 제 나름의 작은 파도를 만들어내는 것처럼, 음은 좁은 영역 안에서 미묘하게 움직인다. 이렇게 미니멀리즘적으로 반복되는 연타 음형 위로 물방울이 떨어지듯 새로운 음들이 제시된다. 마디67에서는 연타 음형이 점차 연장되어 아르페지오로 대치되면서 파도의 이미지를 형상화한다. 이후, 서서히 빨라지던(poco accel.) 아르페지오 음형은 아 템포(A tempo)를 통해 갑작스러운 호흡의 단절을 마주한다. 다음으로 등장하는 짧은 구간의 템포 루바토(Tempo rubato, 마디76-85) 부분에서 순차적으로 제시되는 지속음들은 부드럽게 쌓여 배경을 형성한다. 물결의 미묘한 부딪힘 그리고 융화의 측면을 불협화와 협화의 경계에 위치한 화성적 배경으로 표현한 것이다.

템포 프리모(Tempo primo, 마디86-122) 부분에서는 도입부의 연타 음형이 재등장하고, 이후 셋잇단음표, 16분음표, 다섯잇단음표를 통해 고조되는 이미지를 그려낸다. 콘 모토(Con moto, 마디123-143) 부분에 이르러서는 연속적인 불협화 음향이 반복해서 등장하는데, 이는 마치 거대한 파도가 폭풍을 마주한 듯 날카롭고 강렬한 인상을 준다. 마디135 중반부터의 화려한 아르페지오는 빠르게 변화하는 물결을 표현하며, 마디142의 페르마타는 숨 가쁘게 달려온 이전의 음악적 흐름 이후 충분한 멈춤의 시간을 느낄 수 있게 한다. 마에스토소(Maestoso, 마디144-161)에서의 왼손 연타 음형과 오른손의 화음들은 발전되어 마디156에서 가장 큰 셈여림(***fff***)으로 표현되고, 이후 피아니시시모(***ppp***)로 옅어지며 파도의 흔적만을 남긴 채 음악은 끝을 맺게 된다.

이처럼, 작품에서 등장하는 모든 음악적 매개변수는 바다의 이미지를 음악적인 사운드로 형상화하는 데 중점을 두고 있다. 규칙적인 템포와 박자의 틀을 벗어난 채, 잔잔한 바다부터 폭풍우가 치는 바다까지 모든 파도의 모습을 표현하는 것이다. 이렇게 직접 바다를 마주하고, 모든 감각을 동원하여 탄생한 〈파도〉는 자연과 자신이 공명하는 지점을 다루고 있다. 감각을 통해 채색된 〈파도〉의 스펙트럼은 섬세하고 다양한 음악적 제스처로 나타난다. 음악이 주는 감동 그 이상의 무언가를 전달하고 있다.

[연주영상 보기]

The wave for piano solo

임이, 그리고 어떨 때는 강렬한 폭풍우와 태양 그리고 깊은 바다의 모습 등이 나타납니다. 저는 이것을 음악적인 제스처(gesture)로 표현하고자 했습니다. 표제가 존재하고, 이 내용을 음악적으로 해석하고자 했다는 측면에서 낭만주의적 성격이 강하게 드러나는 것 같고, 표현 방법에서는 인상주의적 성격이 나타나는 것 같아요. 두 가지 모두가 제 작품의 핵심적인 측면으로 자리합니다.

윤예원: 작품을 창작하는 데 있어 가장 중요하다고 생각하시는 것은 무엇일까요?

- 김범기: 상상과 이미지가 아닐까요? 어떤 것을 표현한다는 것에 제한이 있으면 안 됩니다. '바다'를 표현하기 위한 어떠한 재료들도 다 사용이 가능한 것이지요. (저는) 전자음악, 미디어, 사운드 스케이프, 역사적인 작곡가들의 작품 분석 등 모든 것을 총동원하여 표현하고자 하는 것을 잘 표현할 수 있도록 노력하였습니다. 창작은 결국 표현입니다. 표현은 어떠한 오브젝트(object)를 사용해도 상관없다고 생각해요. 이것이 제 창작에 있어서 가장 핵심입니다. 이때 창의성이 발휘되고, 상상과 이미지가 극대화된다고 생각합니다.

윤예원: 고정된 표현 방식을 사용하는 것이 아니라 여러 방향에서 표현을 시도하시는 것이군요. 그렇다면, 이 작품에서는 어떤 측면에 중점을 두어 표현하고자 하셨나요?

- 김범기: 모든 것은 바다의 이미지를 음악적인 사운드로 형상화하는 것에 중점을 두었습니다. 어떨 때는 바다의 고요함이, 어떨 때는 큰 출렁

윤예원: 마디선과 박자표와 같은 기준을 부여하는 음악 매개변수가 존재하지 않더라고요. 이것이 혹시 바다나 파도의 형상화와 관련 있을까요?

- 김범기: 바다의 움직임을 박자로 표현한다는 것이 매우 인위적이지요. 파도치는 소리를 들으면 박자의 개념은 계속적으로 바뀌게 됩니다. 결국, 박자의 개념이 사라지고 자연적인 강약만이 남게 되는 것입니다. '바다'라는 표제를 전달하기 위해 극단적으로 박의 개념까지도 바꾼 것으로 볼 수 있습니다.

윤예원: 자주 바뀌는 템포도 이와 관련이 있는 걸까요?

- 김범기: 그렇습니다. 템포가 없으면 더욱 자연적인 바다의 소리에 가까울 것입니다. 그러나, 현실적으로 피아니스트가 연주해야 하기 때문에 박자와 템포를 설정하게 되었습니다. 그러다 보니, 자주 템포가 바뀌게 된 것 같아요. 오히려 박자나 템포가 없었으면 했지만, 현실적으로 피아니스트에게 너무 큰 도전이 될 것 같

아 약간의 타협을 해보았습니다. (웃음)

윤예원: 기본적인 설정값을 표제인 '파도'와 연결 지었다는 것이 인상적입니다. 기준을 형성하는 규칙적인 매개변수(박자, 템포 등)와 거리가 있는 만큼, 연주자에게 표현적인 부분을 요구하는 지점이 많을 듯 한데요. 연주 실제의 측면에서 어려운 점은 없었나요?

- 김범기: 보통 해석을 가장 어려워하셨고, 중요하게 여기셨던 것 같아요. 이에, 작품에 관한 다양한 설명을 해드렸더니 더욱 잘 이해해주셨던 것 같습니다. "음악의 움직임이 파도의 움직임을 묘사하고 있다.", "중간에 파도가 거칠어져 폭풍우가 몰려들며 갑자기 폭풍의 눈에 다다랐을 때, 웅장하게 묘사된다."와 같이 스토리가 있는 설명으로 곡의 구조를 파악할 수 있게 하였어요. 테크닉적인 측면에서는 작품을 쓸 때부터 굉장히 신중하게 접근하였는데, 그 덕분인지 연주자들이 테크닉에 있어서는 큰 반대를 하지는 않으셨습니다.

윤예원: 이 작품을 가장 가까이서 느낄 수 있는 분들은 연주자분들이라고 할 수 있을 것 같은데요. 작품을 연주하신 뒤 반응은 어땠나요?

- 김범기: 한국의 여러 연주회에서 연주했고, 미국의 신시내티와 인디애나, 중국의 항저우, 북경, 난닝 그리고 프랑스의 파리와 니스 등 세계 수많은 공연에서 연주한 바 있습니다. 너무나 감사하게도 이 작품을 피아니스트분들께서 매우 좋아해 주셨어요. 몇몇 연주자분들께서는

정규 레퍼토리처럼 연주하시겠다고도 말씀해 주셨고요. 현대곡이지만 이미지가 분명하여 연주와 표현이 쉽기 때문인 것 같습니다.

윤예원: 선생님의 많은 작품이 표제적인 성격을 지니고 있는데, 이러한 표제를 적극적으로 사용하시는 이유는 무엇인가요?

- 김범기: 제게 낭만주의의 특징인 표제음악이 잘 맞더라고요. 그렇게 태어났다는 걸 깨달았습니다. (웃음) 저에게 강한 낭만주의적인 성격이 내재되어 있는 것 같아요.

윤예원: '김범기'의 작품이 가지는 특별한 지점이 있다면 어떤 것이 있을까요?

- 김범기: 가장 중요한 것은 현재 지역(경상남도 진주시)에 살고 있다는 것입니다. 저의 음악적인 롤모델은 찰스 아이브스(Charles Ives)입니다. 그는 〈뉴잉글랜드의 세 장소〉(Three places in New England, 1921)와 같이 자신이 살았던 뉴잉글랜드 지역을 모토로 한 작품들을 다수 작곡하였습니다. 대부분의 한국 작곡가들이 서울 및 수도권 지역에 거주하고 있는데, 지역에 살면서 지역을 묘사하는 작곡가로서 자부심을 가지고 있습니다. 계속해서 거주하며 이곳의 다양한 장소와 특징을 음악으로 표현하는 것이 제 삶의 목표이기도 합니다.

윤예원: 지역에 대한 상당한 애정을 가지고 계신 듯 합니다. 지역과 관련된 앞으로의 활동 계획이 있으신가요?

- 김범기: 지역에 내려온지 벌써 10년이 되었고, 지역에서 활동하고 있는 와중에도 해외에서의 연주 등이 점차 늘어나고 있는 상황입니다. 최근에는 전자음악에 매우 큰 관심을 가지고, 향후 5년간 집중해보고자 합니다. 최근 들어, 저는 특수한 녹음 장비 등을 가지고 다니면서 지역의 소리들을 모으고 있습니다. 지역에서만 들을 수 있는 소중한 소리 자원들을 사용한 작품에 주목하고 있는 것입니다. 이것은 결국 '지역적인 것이 세계적인 것'이라는 생각으로 이어지기도 합니다. 하지만, 바르톡(Bela Bartok, 1881-1945)과 같이 민속음악을 염두에 두는 것은 아닙니다. 새로운 시대에 옛 민요를 채취하는 작업은 제가 지향하는 바와는 조금 방향이 다른 듯 했기 때문입니다. 제가 하려는 작업은 다양한 지역의 소리들(새소리, 바다의 파도, 나무들의 울림, 그 외의 환경들)을 녹음하여 전자음악적으로 재해석하는 것입니다. 이와 같이 작곡과 직접적으로 관련된 활동 외에도 부산국제현대음악제(BICMF)를 창립하여 부산 영화의전당에서 매년 음악회를 개최하는 등 지역 사회의 현대음악 활성화를 위해 힘쓰고 있기도 합니다. 이 음악제에서는 영상과 현대음악, 전자음악 등이 어우러진 공연 기획에 관심을 두고 있습니다.

윤예원: 지역의 작곡가로서 현실적으로 마주한 어려움은 없으셨을까요? 이에 관한 선생님만의 해결 방안 혹은 지역 음악계의 활성화 방안이 있는지도 궁금합니다.

- 김범기: 오늘날 지역의 창작가들에게는 매우 차가운 시선만이 남아있다는 것이 현실입니다. 해외나 서울에서 작곡가 혹은 연주자들을 모셔오기 위해 천문학적인 비용을 지출하지만, 지역의 음악가들에게는 냉담한 반응을 보이며 비용을 지불하지 않으려 하는 경우도 종종 있고요. 지방에 있다는 이유만으로 지역의 음악가들을 무시하는 사례도 많이 보아왔습니다. 가까운 대만의 경우만 하더라도, 저명한 예술감독을 모시더라도 지역에서 상주하고 있는 수준 높은 예술가를 공동 예술감독으로 지정하는 경우도 많은데요. 저는 지역을 고려한 이 같은 방안들을 충분히 활용할 수 있을 것으로 생각합니다.

윤예원: 앞으로의 음악적 지향점이 궁금합니다.

- 김범기: 지역에서의 활동이 세계적인 활동으로 이어지는 작곡가가 되었으면 좋겠습니다. 지역에는 전문 창작가들이 많지 않습니다. 특히, 저와 같이 중소도시에 사는 창작가는 매우 드문 편이지요. 이러한 장점을 살려 지역의 아름다움과 소리 등을 전달하는 예술가가 되고 싶습니다. 아직까지는 가야 할 길이 조금 멀게 느껴지긴 합니다. 이러한 대화를 통해서 저를 알릴 수 있으니 너무 감사할 뿐입니다.

윤예원: 지역과 자연 모두를 진심으로 사랑하는 선생님의 마음에 충분히 공감할 수 있었던 시간이었습니다. 앞으로의 활발한 창작 활동을 기대하겠습니다. 감사합니다!

작곡가 유진선

Jin Sun Yu

유 진 선
플루트, 바이올린, 첼로를 위한 〈Naturalism〉

글 · 김연수

유진선(1970-)은 다방면의 음악 분야에서 활발히 활동하고 있는 작곡가이자 지휘자, 교육자이다. 그는 오스트리아의 잘츠부르크 모차르테움 대학교(Universität Mozarteum Salzburg)와 그라츠 국립 음악대학교(Kunstuniversität Graz)에서 작곡을 공부하였고, 이탈리아 발렌티노 부키(Valentino Bucchi) 국제 작곡 콩쿠르와 오스트리아 모차르트 작곡 콩쿠르에서 각각 1위로 입상하였다. 대한민국 실내악 작곡제전, 화음 챔버 오케스트라, 서울 모던 앙상블 등과 함께 다양한 작품을 발표하고 있으며, 청중이 편안하게 들을 수 있고 또 청중과 직관적으로 소통할 수 있는 대중적인 현대음악의 방향성으로 나아가고자 한다.

현대음악의 현실과 이상, 그 틈새를 유영하는 작곡가

수많은 현대음악이 계속해서 부상하고 있는 가운데, 유진선은 그 다양한 갈래의 흐름에서 조용히, 그리고 조금씩 폭넓은 음악적 영역을 누비며 청중과 소통하고자 하는 작곡가이다. 그는 여러 현대 창작 음악 단체로부터 꾸준히 작품을 위촉받으며, 다작을 보유하고 있다. 유진선의 음악적 신념은 그가 창립한 작곡 동인 '누오보 노타'(Nuovo Nota)와 '채리티 뮤직 소사이어티'(Charity Music Society)에서 엿볼 수 있다. 전자는 '새로운 음표'라는 뜻을 지닌 작곡 동인으로서, 현대음악 전문 연주 단체인 '서울 모던 앙상블'(Seoul Modern Ensemble)과 정기적으로 협업하고 있으며, 후자는 일상적인 소재와 음악적 기법을 활용해 대중이 쉽게 즐길 수 있는 클래식 문화 향유를 목적으로 공연을 올리고 있다. 이러한 활동을 통해 그는 현대음악의 현실과 이상, 그 틈새에 스며들면서 자유로이 사유하고 음악한다.

현실적 한계를 음악적 다양성으로 변환하기

오늘날의 작곡가는 '오페라 작곡가' 또는 '전자음악 작곡가'와 같이, 주로 작곡하는 분야 및 매체, 대표 작품에 따라 분류될 수 있다. 그러나 유진선은 어느 특정한 양식과 장르에 머무르지 않고 다양한 음악적 및 일상적 소재를 적극적으로 활용한다. 한국 현대 창작 가곡 〈시편 118〉〈Psalm 118, 2010〉, 현악사중주 3번 〈세 번의 낮, 세 번의 밤〉(Three days and three nights, 2012-2014), 한 명의 타악기 주자를 위한 〈서울, 소돔이 되어가는 도시〉(2018) 등, 그의 작품 목록은 장르의 경계를 자유롭게 넘나드는 것처럼 보인다. 유진선의 음악에서 드물게 발견할 수 있는 공통점은 대개 소규모의 악기 편성을 취한다는 것이다. 이는 사실 오늘날 현대음악 작곡가로서 겪는 현실적인 한계와 연계된다. 예컨대, 작품 발표를 위한 금전적인 문제, 창작 음악의 불균형한 연주 기회 같은 것 말이다. 그는 실내악 정도의 규모는 작품을 위촉하거나 공모하는 경우가 많고, 또는 사비를 들이더라도 연주자 지인을 동반할 수 있음을 솔직하게 고백하는데, 결과적으로 많은 현대음악 작곡가들이 작은 편성의 작품을 쓸 수밖에 없는 음악계의 구조적인 문제를 지적한다.

그러나 유진선은 이러한 현실적 제한에 좌절하기보다는 오히려 폭넓은 음악적 포용력을 기반으로 다양한 창작의 세계를 펼쳐나간다. 예를 들어 〈Naturalism〉(2012), 〈미인도〉(2013)는 미술과 음악의 조화를 추구하는 화음 챔버 오케스트라로부터 위촉받아 작곡되었으며, 모두 회화와의 상호작용에서 탄생한 작품이다. 그중에서도 현악오중주 〈미인도〉의 경우 조선 시대 신윤복 화가의 동명 그림에서 영감을 받아 시대를 뛰어넘어 현대음악적 정서와 결합하였으며, 6연 18행에 달하는 자유시를 직접 짓고 덧붙임으로써 원작을 재해석하기도 했다. 또한 '교과서에 나오는 명시'(2017, 2019) 공연에서 김소월, 윤동주, 정지용 등 시인의 작품을 가사로 가져와 가곡, 합창, 실내악 작품을 성공적으로 선보이기도 했다. 이처럼 유진선은 현실과 타협할 것인가의 문제의식을 오히려 틀에 얽매이지 않는 음악적 소재의 보고이자 광범위한 창작 활동의 배경으로 전환하면서, 극한을 가늠할 수 없는 작곡가의 잠재력을 표출한다.

현대적 어법으로 청중의 고정관념 해소하기

여전히 현대음악은 난해하고 어려운 것이라는 인식이 강하다. 유진선도 이러한 청중의 난감한 심정을 잘 알고 있다. 그는 오늘날의 음악이 청중에게 편안한 음악의 가능성을 탐구할 수 있도록 만들어야 한다고 믿는다. 실제로 유진선의 음악 대부분은 거창하기보다는 작고 단순한 동기로부터 시작되는 경향이 있으며, 다른 예술 매체와 상호텍스트적 관계를 드러내기도 하고, 쉽고 직관적인 표제와 작품 해설을 제공하기도 한다. 여기서 주목할 만한 것은, 그가 주로 '리듬'이라는 음악적 요소를 현대적인 어법으로 다룸으로써 대중에게 다가가고자 한다는 점이다. 유진선의 작품 중 현대 창작 뮤직 드라마 〈택시〉(Taxi, 2021)에서는 택시 운전자가 여러 손님을 각각 인천의 관광명소로 태우며 재미있는 역사적 및 일상적 일화들을 에피소드의 방식으로 소개하고 노래한다. 바이올린의 간단한 선율과 함께 시작되는 짧은 전주는, 다른 현악기와 피아노가 뒤를 잇는 유사 리듬의 선율 모방과 전파, 확장 및 증폭을 통해 겹겹이 쌓이는 음악층을 형성한다. 선율들의 미세한 리듬 변화를 통해 생성된 음향적 결과물은 다소 낯설 수도 있지만, 그 기저가 되는 동기를 청각적으로 이해하기에는 큰 어려움이 없다. 이러한 헤테로포니(heterophony) 리듬 구조는 해당 작품뿐만 아니라 유진선이 전반적으로 즐겨 쓰는 현대적 음악 어법이면서, 동시에 현대음악에 관한 청중의 고정관념을 해소하기 위한 노력의 일면이기도 하다.

플루트, 바이올린, 첼로를 위한 〈Naturalism〉
(Naturalism for Flute, Violin and Cello, 2012)

다양한 매체와 차원의 경계를 연결하는 음악 속 순수한 자연

자연은 이미 오래전부터 많은 예술가에게 영감을 주는 원천이었다. 두 눈에 담긴 풍경을 따라 그리기도 했고, 귀로 들었던 소리를 비슷한 선율로 만들어내기도 했다. 모방하고, 연상하고, 인상을 받고, 변형하면서, 자연은 예술이라는 창을 거쳐 다양한 모습으로 나타났다. 마찬가지로 화음 챔버 오케스트라의 위촉으로 2012년 초연된 유진선의 음악 〈Naturalism〉은 백정기 화백의 회화 〈내장산〉(2011)에서 영감을 받아 자연을 소재로 하고 있다. 〈내장산〉은 실제 내장산의 자연으로부터 잎과 같은 재료를 직접 가져와 염료를 만들고 디지털 사진으로 인화한 작품이다. 유진선은 회화에서 표현된 바로 이러한 순수한 자연의 빛에 매료되었다. 난해하고 어려운 것이 아닌, 자연스럽고 단순한 아름다움! 자연을 찬미하는 그의 발길이 가을의 내장산을 향하게 된 것은 당연한 이치였던 것으로 보인다.

유진선이 산을 오르며 녹음했던 내장산의 바람, 새, 물의 소리는 〈Naturalism〉을 구성하는 세 가지의 주요한 음악적 주제가 되었다. 그는 주변으로부터 녹음한 소리를 조작하는 구체음악의 방법론을 일부 적용하는데, 특별한 음향적 변형 없이 재생(playback)하는 기법을 적극적으로 활용한다. 이처럼 자연이라는 음향적 환경에서 직접 얻어온 동기들은 순차적으로 제시되며, 플루트, 바이올린, 첼로로 편성된 삼중주와 함께 흘러간다. 전체 연주 시간은 8분으로, 각 주제에 따라 A(바람: 마디1-29), B(새: 마디30-94), C(물: 마디95-134)로 구분할 수 있다. 이때 마디29, 마디94, 마디134는 휴지부에 해당한다. 이 부분에서는 악기들이 40초간 연주를 쉬어가면서, 오로지 녹음된 자연의 소리만을 들을 수 있다. 이러한 구조는 작품의 통일성을 꾀할 뿐만 아니라, 마치 내장산의 어딘가에서 음악을 감상하는 듯한 느낌을 자아내기도 한다. 자연의 소리와 악기의 선율이 조화를 이루며 녹아드는 이 음악적 시간이, 바로 유진선이 작곡한 '자연 그 자체'를 상징한다.

〈Naturalism〉은 녹음의 재생과 함께 플루트의 꾸밈음으로 시작된다. 뒤이어 바이올린의 보조음과 첼로의 잇단음표 음형이 따라온다. 이들은 모두 E, E♭음을 중심으로 짧은 음가와 간소한 리듬 패턴에서 나타나지만, 이내 연접해 있는 주위의 음들로 반음계적인 연결과 점진적인 변화를 통해 전개되고 확장되어간다. 또한 음정의 간격, 음가의 비례 모두 미세하게 달라지면서 각각의 유사한 선율들은 시간이 흐르면서 중첩되기도 한다. 유진선은 이러한 헤테로포니의 논리가 다양한 종들의 새들이 모여 함께 노래하는 듯한 심상을 연출해낼 수 있음을 말한다. 자연의 소리 풍경을 묘사하는 그의 음악적 비유는 그저 외적인 모상(模相)에만 머무르지 않는다. 단순한 음 소재에서 복잡한 리듬으로 변모해나가는 음악적 힘은 마침내 휴지부에 이르기까지 실제 자연이 생성되고, 변화하고, 소멸하는 일련의 과정을 드러낸다. 중심음을 맴돌며 순환하는 듯한 정적이고 섬세한 움직임 속에는 사실 거대한 자연의 흐름이 담겨있는 것이다. 미니멀 음악에서도 볼 수 있는 '최소한의' 규칙과도 유사하게, 아주 조금씩의, 세밀한 변화의 진행을 노래하는 악기들의 삼중주는 실제 내장산에서 가져온 자연의 소리와 그 시간적인 역학(dynamics)을 같이한다.

유진선이 묻는다. "혹시 내장산에 가보셨나요?" 그의 음악은 두 차례 경험한 내장산으로부터 파생되었다. 회화와 실제라는 서로 다른 매체와 차원의 경계에서, 자연은 순수한 아름다움 그 자체로서 유진선에게 〈Naturalism〉을 창작하게끔 예술가의 본능을 일깨웠다. 오늘날의 현대예술이 새롭고 창의적인 가치에만 몰두하면서 모호하고 난해한 의미와 형상을 취할 때, 그는 오히려 태초의 자연에서 음악을 발견하였다. 구체음악, 미니멀 음악 등과 같이 현대적인 어법과 접목해 풀어낸 전통적인 자연은, 청중에게 내장산의 둘레길로 들어서는 길목을 어렵지 않게 안내한다. 자연과의 직접적인 교감, 자연을 담은 타 예술 장르 간의 소통은 자연을 음악으로 가져오고, 그려내고, 만들어내고, 또 들려주면서 청중이 감각적으로 내장산의 자연 속에서 사색할 수 있도록 이끈다.

[연주영상 보기]

inspired by 'Landscape: Mt. Nejang in Autumn' of Beak Jung Ki

Naturalism
for Flute, Violin and Cello (2012)

JINSUN YU

Duration: ca. 8 min.

I. Theme of wind

김연수: 선생님께서는 2021년 작품 인터뷰를 통해 "현대음악이라고 해서 모두 무겁고 진중한 것은 아니다."라는 말씀을 하셨더라고요. 오늘날의 음악에 대해 구체적으로 어떻게 생각하는지 말씀해주실 수 있나요?

- 유진선: 일단 제 기준에서 오늘날을 바라보자면, 당연하게도 제가 살아있고 또 활동하는 바로 지금, 이 시대를 말하는 거잖아요. 여러 측면이 있겠지만 특히 대한민국의 현대음악이라고 하는 분야에서는 모더니즘을 기반으로 한 1세대가 지나가고 그로부터 영향을 받은 음악가들이 이제 2세대로서 많이 활동하고 있습니다. 그래서인지, 전반적으로 굉장히 무겁고 다소 난해한 분위기로 흘러가는 게 사실인 것 같습니다. 독일의 아방가르드적인 것들을 가장 세련된 방식이라고 생각해 쫓아가다 보니까 여러 가지 소음이나 복잡하고 난해한 리듬을 다들 획일적으로 추구하는 성향으로 점철되어 있다는 생각도 들고요. 저는 그런 점에서는 벗어나서, 소리에 관해 다양한 측면을 탐구하고, 또 사람들이 편안하게 들을 수 있는 현대음악이 가능하다고 보고 있습니다.

김연수: 여전히 현대음악은 어렵다는 인식이 강한 지금, 선생님의 가치관은 또 다른 음악적 방향성을 제시하는 것으로 보입니다. 그렇다면 실제 음악을 작곡하실 때 주로 어디에서 아이디어를 얻으시나요?

- 유진선: 솔직하게 이야기를 하자면, 작곡 협회나 작품 출품, 공모에서 제시되는 소재를 많이 가져와 활용하기도 합니다. 현실적으로는 그럴 수밖에 없죠. (웃음) 그래도 기본적으로는 음악에서의 다양성을 지향합니다. 오늘날의 훌륭한 작곡가들은 자신만의 분야가 있잖아요. 그런데 저는 "그런 것에 꼭 머물러 있어야 할 필요가 있을까?"라고 생각합니다. 그때그때 자유롭게 사고를 해요. 어떤 때에는 매우 진지한 음악이 나올 수도 있고, 또 어떤 때에는 아주 편안한 음악이 나올 수도 있고요. 작품에 있어서 항상 무언가를 정해두기보다는, 다양하게 풀어나가려고 하는 편입니다.

김연수: 아무래도 현실적인 부분을 무시할 수는 없죠. 아무래도 오늘 인터뷰에서는 비판적인 말씀을 많이 해주실 것으로 기대됩니다.

- 유진선: 또 하나 그런 이야기를 덧붙이자면, 현대음악 작곡가의 대부분은 금전적인 이유로 작은 규모의 음악을 쓸 수밖에 없는 구조적인 문제도 있습니다. 그나마 실내악 정도는 작품을 위촉하는 곳도 많고요. 〈Naturalism〉도 비슷한 이유로 일반적으로 볼 수 있는 실내악 악기들로 편성되었습니다.

김연수: 실내악 위주로 작곡을 하신 데에는 그러한 이유도 있군요. 하지만 〈Naturalism〉은 플루트, 바이올린, 첼로의 3중주뿐만 아니라 녹음된 사운드를 활용한 작품이기도 한데요. 어떻게 작품을 구성하게 되었는지 궁금합니다.

- 유진선: 잘 아시겠지만, 화음 프로젝트는 미술관이나 공간에서 실제 미술 작품을 모티브로 해서 그 영감을 음악으로 새롭게 재구성하는 거잖아요. 작품 위촉을 받았을 때, 제가 보았던 그림은 백정기 작가님의 〈내장산〉이었습니다. 화풍을 보는 순간 내장산을 담았다는 것이 바로 느껴졌죠. 마찬가지로 음악적 모티브를 얻기 위해서는 직접 가서 봐야겠다고 생각했습니다. 그전까지는 내장산에 가본 적도 없었습니다. 그래서 가봤습니다. 영감을 받으려고

백정기 작가님이 활용한 미술적 모티브는 상당히 마음에 들었습니다. 작가님이 〈내장산〉을 그리는 데에 사용했었던 염료들이 자연염료라고 하더라고요. 내장산에서 실제로 단풍잎들을 모은 다음에 분쇄와 가공을 거쳐 염료를 얻어낸 거죠. 일반 화학 제품을 사용한 것이 아니기 때문에, 자연적으로 시간이 지나면 퇴색이 된다고 합니다. 그래서 그 처음의 색깔이 자꾸 빛을 발하면서 어느 정도 시간이 지나면 소멸이 된다는 거죠. 그래서 지금은 그 작품이 어떤 색깔이 되었는지는 모르겠지만, 이런 생각이 들었습니다. 자연에서 우리가 무언가를 얻지만, 우리는 결국 자연으로 돌아간다고요. 그 산에서 받은 어떠한 느낌이 정말 중요할 수도 있겠다고 생각했습니다. 저도 내장산에 갈 때까지만

하더라도 음악 구성을 어떻게 할지 고민했었지만, 백정기 작가님이 내장산에서 있었던 나뭇잎들로 염료를 만든 것처럼 저도 내장산에서 들리는 소리를 음악의 재료로 채택하기로 했습니다. 산을 오르기 시작하면서부터 그 소리를 계속 녹음기에 담았습니다. 거기 잠깐 서 있으면 물소리, 새소리, 바람 소리 같은 것이 들렸고, 자연스럽게 그것들을 녹음해 온 거죠.

김연수: 내장산의 회화 작품으로부터 얻은 모티브가 〈Naturalism〉에도 크게 영향을 미쳤네요. 특히 자연을 작품에 그대로 담아내고자 취했던 두 예술가의 방식이 흥미로운 것 같습니다. 그렇다면 어쿠스틱 악기와 녹음된 사운드를 어우러지게 하기 위한 특별한 음악적 노력이 있었을까요?

- 유진선: 앞서도 말했듯이, 세 개의 악기 편성은 이미 정해져 있었습니다. 저는 이 두 가지의 소리를 어떻게 표현할지 고민했죠. "만약에 내가 물소리를 들었으면, 그 녹음된 물소리를 틀고, 어쿠스틱 악기와 함께 음악적으로 나타나게 해볼까?" 그런데 이것도 쉬운 작업은 결코 아니더라고요. 만약 '바람'이라고 첫 번째 주제를 정했다면, 제가 '바람'에 대해 상상해보고 또 표현해보고 싶은 기교를 반영했습니다. 이러한 방식으로 모든 주제마다 악기 연주와 함께 내장산에서 녹음했던 소리를 관객이 들을 수 있도록 틀을 잡았습니다.

혹시 내장산에 가보셨나요? 거기 가면 바로 초입에 작은 연못이 있습니다. 그 연못 안에는 정자가 있고 무척 아름다운데요. 저는 거기서

〈Naturalism〉을 연주하면 참 좋겠다고 생각했습니다. 물론 현실적인 문제로 실현되기는 어렵겠지만요. 그래도 결과적으로 제가 바랐던 것은 마치 "내가 지금 내장산에 와 있다"라는 것처럼, 청중이 백정기 작가님의 그림을 보고 동시에 그 자연의 소리를 들으면서 제가 음악적으로 작업한 것을 듣게끔 하는 것이었습니다.

김연수: 〈Naturalism〉은 그 안에 담긴 의미를 알아갈수록 더 깊이 빠져드는 매력적인 작품으로 느껴지네요. 청중 역시 이 음악을 쉽게 이해하고 감상할 수 있을 것 같습니다.

- 유진선: 저는 주로 헤테로포니의 리듬 형태로 아주 조금씩의 점진적이고 미세한 변화를 즐겨 쓰다 보니, 이러한 부분이 청중에게는 여전히 어려운 현대음악처럼 들릴 여지가 있습니다. 하지만 사람들이 이 작품을 정말 많이 좋아해 주셨어요. 제 현대음악 작품 중에서 가장 많은 횟수로 연주되기도 했고요. 지금까지 총 네 번을 연주했죠. 2012년에 초연을 하고, 독일에서도 화음 프로젝트가 가져가서 연주했고, 돌아와서도 또 한 번, 그리고 최근에도 공연을 올렸습니다.

이게 왜 그랬을까 생각해보면, 애초의 모티브부터가 자연이잖아요. 실제 자연의 소리라는 걸 연상하고, 녹음을 통해 직접 들으면서 악기의 음들은 점차 파생되는 거죠. "새소리를 연상하세요, 바람 소리를 연상하세요…." 이 과정에서 전부 자연스럽게 녹아든다고 봅니다. 그래서 일반 청중들도 그 이미지에 가깝게 접근할

수 있었다고 보고요. 또한 전체적인 진행이 물 흐르듯이 가기 때문에 〈Naturalism〉이 그다지 난해하게 느껴지지 않았다고 생각합니다.

김연수: 〈Naturalism〉이 앞으로도 계속해서 사랑받는 작품이 되기를 기대합니다. 최근에는 어떤 작업을 하고 계셨는지 궁금하네요. 안 그래도 제가 얼마 전에 선생님의 뮤직 드라마 〈택시〉(Taxi, 2021)를 정말 재미있게 봤거든요.

- 유진선: 〈택시〉를 작곡했을 때가 아마도 코로나 기간이었을 겁니다. 그 직전에는 〈왼쪽으로 가는 남자, 오른쪽으로 가는 여자〉(2019)를 만들었고요. 두 작품 모두 현대 창작 드라마라는 개념으로, 무대에서 연주자와 연기자들이 현대 창작 음악을 하는 방식으로 구성했습니다. 원래는 3부작으로 선보이려 했는데, 하필 코로나 기간이어서 작품들을 제대로 발표할 수 있는 환경이 갖추어지지 않았습니다. 그래서 이 시기에는 아무래도 작품 활동이 많이 없었죠. 그나마 최근이라고 하면, 방금 말한 세 편의 극음악과 클래식 어법으로 썼던 음악들이 있기는 합니다. 하지만 현대음악 작품으로서는 직접적으로 활동을 하기에는 어려웠죠. 그래도 화음 프로젝트의 작품인 〈Naturalism〉, 〈미인도〉(2013)가 재공연 의뢰를 받으면서 최근에도 연주되었던 것이 다행이라고 할 수도 있겠습니다.

김연수: 좋은 작품들이 꾸준히 재연된 것이 다행이네요. 다시 활발한 작품 활동을 이어나갈 수 있으시기를 응원하겠습니다. 귀한 말씀 감사합니다.

작곡가 황혜정

Hae-jeong Hwang

황 혜 정
바이올린, 첼로 그리고 피아노를 위한
〈신들의 정원 사려니숲〉

글 · **노재현**

전통음악과 현대음악의 결합에서 자신의 색채를 찾아가는 작곡가 **황혜정**(1963-)은 한양대학교에서 작곡(학사)과 이론(석사)을 공부한 후, 도미하여 스토니부룩 뉴욕주립대학교와 버팔로 뉴욕주립대학에서 각각 석·박사학위를 취득하였다. 미국 대학에서 강사(럿거스 뉴져지대학, 윌리엄 패터슨대학)와 겸임 부교수(웨스트민스터 합창대학)로, 귀국하여 성신여자대학에서 작곡과 교수를 역임하였다. 비젼-씨, 창악회 아시아작곡가연맹, (사)한국여성작곡가회 등에서 활동했으며, 2020년 여름 '공간소리'를 설립해 국내 작곡가의 작품을 소개하고 있다. 대표작으로 대금과 가야금 25현을 위한 〈In Between〉, 플루트, 클라리넷과 피아노를 위한 〈Breath of Wind〉(2014), 피아노5중주를 위한 〈허난실헌〉(2015), 그리고 피아노3중주를 위한 〈신들의 정원 사려니숲〉(2023) 등이 있다.

소리를 세공하여 본인의 색채를 찾아가는 작곡가

브라운 운동(Brownian Motion)이란 액체 속에 있는 미소 입자들의 빠르고 불규칙한 움직임과 그들의 관계를 계산하는 이론이다. 1827년에 스코틀랜드 식물학자 브라운(Robert Brown, 1773-1858)이 물 위에 떠 있는 꽃이 불규칙하게 움직이는 현상을 관찰하면서 연구하게 되었다. 물과 꽃은 개별적인 객체이다. 하지만 서로를 만났을 때 예측할 수 없이 변형되고 미세한 입자들은 자기 갈 길 가느라 분주하다. 작곡가 황혜정의 음악을 들으면서 브라운 운동에 관한 생각이 자꾸 떠올랐다. 그가 미국 유학에서 가장 부족했던 것이 바로 시간이었다. 가사와 아이를 돌보는 일에 시간을 많이 할애하다 보니 언어 공부와 학업을 병행하기가 쉽지 않았다. 없는 시간을 쪼개어 작품을 써야 했고, 바쁜 가운데 본인의 정체성과 색깔을 찾으려는 몸부림이 있었다. 그를 긴 터널에서 나오게 한 것은 우리의 전통음악이었으며, 이를 서유럽 음악과 혼용하면서 자신의 색채를 찾게 되었다.

각색된 한국적인 소리를 찾아서

작곡가 황혜정은 박사과정의 마지막 관문인 작품 발표회를 앞두고 "서양 창작 음악과 차별화된 한국적 소리를 찾게 되었다"라고 이야기한 바 있다. 그는 삼국유사에 전해지는 〈처용〉 설화를 다섯 개의 악장으로 구성한 실내 오페라로 박사학위를 받았다. 한국적인 것을 소재로 삼은 이유는 전통음악에서 자신의 정체성을 발견했기 때문이다. 그 당시만 해도 미국에서 우리나라 국악기를 구경하는 것이 상당히 어려웠기에 작품이 연주되려면 서양 악기로 우리 음악을 재현하는 것 외에 다른 방법이 없었다. 그래서 황혜정은 양악기로 판소리의 추임새를 연주하거나 연주자들이 직접 노래 부르고 말하게 하며, 전통적인 리듬 체계, 선율과 동양사상을 활용했다. 이처럼 작곡가는 차별화된 본인의 소리를 찾는 것에 주력했고, 잠재된 한국적인 소리를 끄집어내는 작업에 전념했다. 지금도 황혜정은 작곡할 때 반드시 한국적인 요소를 발판 삼아 새로운 색채를 물색한다.

작곡가가 학창 시절 공부한 것은 서유럽 음악이지만 자신이 걸어가야 할 길은 전통음악이었기에, 이들 사이에서 충돌이 일어날 수밖에 없었다. 갈림길에 선 자신의 상황을 〈In Between〉을 작곡하면서 그려 보았다. 국악기와 양악기, 관악기와 현악기, 고음역과 중저음역 악기 등에 초점을 맞췄는데, 이 시기에 동양과 서양을 혼용하는 사례가 흔치 않아 무엇이든지 스스로 터득해야만 했다. 그렇다고 작곡가는 동서양이라는 이원론에 심취한 것은 아니다. 〈처용〉을 작곡할 때처럼 서양 악기로 국악을 표현하는 데에 집중했다. 재미있는 사실은 대금 연주자들이 이 작품을 듣고 플루트를 국악기로 대체해 달라고 요청하여 실제로 대금과 가야금을 위해 편곡했다고 한다. 이처럼 동·서양의 문화는 어울릴 수 없고 전혀 다른 환경에서 자생했지만, 양악기로 연주한 것을 국악 연주자들도 수용할 수 있는 음악을 작곡하는 것이 그의 목적이다.

음을 다듬어 소리를 구성하다

작곡가 황혜정이 우리나라 음악에 관심이 많지만, 그렇다고 해서 서유럽 음악을 등한시한 것은 아니다. 〈Breath of Wind〉에서 20세기의 전형적인 작곡 기법들이 나타난다. 제1악장은 무조음악 작곡가들이 즐겨 사용하던 2도와 4도를 바탕으로 작곡한 반면, 클라리넷을 고음역과 플루트를 저음역에 배치해 새로운 음색과 시도를 강행하면서 악기에 대한 선입견을 배제하려고 노력하였다. 그리고 2악장에서 양악기가 대금을 흉내 내는 것이 근본적인 목표이지만, 음정이 꺾이는 기법으로 동양적인 바람 소리를 만들고, 연주자들이 자율성과 즉흥성을 갖고 음고와 리듬을 연주하면서 이들이 자연스럽게 전체 구조를 설계할 수 있게 설정하였다.

강한 물질일수록 이들이 만나면 충돌하지만, 분자가 깨지면서 아름다운 다이아몬드가 만들어진다. 새로운 소리, 새로운 음색을 처음 접하거나 들으면 거부감이 들 수 있으나, 황혜정은 국악을 창작의 원천으로 삼았기에 그의 음악을 듣다 보면 친숙한 부분이 있다. 하지만 익숙함에도 불구하고 그의 작품이 세련된 인상을 주는 이유는 우리의 음악이 새롭게 변모되고 각색되었기 때문이다. 초라해 보이는 돌을 깎아내면 그 속에 있는 화려한 보석을 캐낼 수 있듯이, 작곡가 황혜정은 오늘도 소리를 세공하여 자신만의 음색을 찾아가는 보기 드문 작곡가이다.

숲을 통해 바라본 음악, 음악으로 그린 자연

이 곡은 자연을 주제 삼은 표제음악이다. 사려니숲을 보려면 비행기를 타고 제주도로 향해야 한다. 비자림로로 시작해 물찻오름을 거쳐 사려니오름까지 제주시와 서귀포를 연결하는 15km의 거리는 아이도 걸을 만큼 쉬운 숲길이라 찾는 이가 많다. 때죽나무, 삼나무, 서어나무, 졸참나무, 편백나무 등이 아름답게 보존되어 제주 숨은 비경 31곳으로 선정되었고, 아름다움이 하늘을 찔러 작곡가는 '신들의 정원'이라고 소제목을 붙였다. '사려니'란 제주어인 '려니'에서 유래하였는데, 신성한 숲 혹은 실이 흩어지지 않게 동그랗게 포개어 감는 것을 의미한다. 제주국제현대음악제(Prism in Jeju)에서는 매년 제주의 고요함을 바탕으로 작곡된 실험적인 작품들을 공모했고, 이 작품이 2023년 10월 제6회 음악제에서 초연되었다.

작곡가 황혜정은 3중주라는 작은 편성으로 자연의 여러 색채를 표현하자 했다. 총 4개의 악장으로 구성되었으며, 1악장은 'a morning birds', 2악장은 'moss', 그다음 악장은 'dreaming' 그리고 4악장은 'rain dance'라는 제목이 붙었다. 이 작품에서 눈에 띄는 점이 여럿 있는데, 첫 번째는 음악적 공간의 다양한 활용이다. 제1악장 전반부에서 피아노의 최저 음(B)과 바이올린이 최고 음역에서 연주해 음폭을 최대한 확장하여 숲길의 웅장함을 표출했다면, 다음 악장에서 음과 음 사이의 공간을 넓혀 긴 음가와 잦은 쉼표로 느리게 움직이는 이끼를 그렸다. 제3악장의 경우, 현악기가 음을 길게 끄는 동안 화성의 다양한 변화로 색채를 더해 주었다면, 마지막 악장은 앞의 모든 요소가 복잡하게 혼합되어 삼라만상이 깨어나는 인상을 준다. 두 번째는 반복과 차이다. 작품이 시작할 때 피아노의 오른손과 바이올린이 같은 동기(C-B-B♭)를 대화하듯이 연주한다. 새소리를 연상케 하는 이 동기는 반복될 때마다 달라져 어느덧 원형을 찾아볼 수 없으며, 특히 마지막 악장에서 음역과 리듬도 빠른 속도로 변해 예측할 수 없다. 세 번째는 특정 음정의 활용이다. 제1악장 전반부에서 반음과 후반부에서 온음이 활용되었다면, 2악장은 이들이 길게 늘어지며 미분음과 급격한 도약까지 곁들였다. 제3악장에서 음정이 2도와 3도로 소폭 확장되어 외성에서 강조되며, 마지막 악장에서 3도, 4도와 이들의 전위 형태가 불규칙한 쉼표와 악센트와 혼합되었다.

지금까지 이 작품을 분석적인 관점에서 살펴보았는데, 감상자는 어떤 잣대로 곡을 들어야 할까? 먼저 〈사려니숲〉을 들을 때 형식은 크게 중요해 보이지 않는다. 자연이 같은 모습을 취하지 않고 순간마다 바뀌듯이, 앞의 주제가 뒤에 돌아오는 전통적인 형식이 아닌, 매 순간 같은 것이 반복되는 것 같지만 계속 어디론가 이동하는 구조를 보인다. 슈톡하우젠의 모멘트나 그리제의 프로세수스 기법처럼 말이다. 그리고 리듬과 동기를 나열한 방식이 규칙성이 없어 보이지만, 이들이 카오스 속에서 각자 자생하고 있다. 제1악장은 빠르고 2악장은 느리게 시작하는데, 전자는 뒤로 갈수록 단순해지는 반면 후자는 반대 현상이 나타난다. 그리고 이것이 4악장에서 교차한다. 또한 3악장에서 갑자기 조성이 들려 어색한 감이 있지만, 오히려 소리 색채에 신선함을 가져다준다. 특히 후기 낭만주의 시대 프랑스 화성들이 두드러져 감각을 자극한다. 마지막은 작곡가가 자연을 표현한 방법에 눈길이 간다. 비가 많이 내려 물방울이 낙엽 위에서 춤추듯, 하나의 음이 다음으로 연결되지 않고 끊겨 들리는 현상을 잦은 쉼표로 처리하였다. 이를 설계하는 과정이 상당히 복잡해 섬세한 인내심이 필요했을 것이다. 이처럼 같은 요소가 계속 반복해 청자가 금방 익숙해지지만, 이들이 자생력을 갖고 서서히 변모되기에 듣는 재미가 쏠쏠하다.

작곡가 황혜정은 어릴 적 국악에서 큰 매력을 느끼지 못했다고 한다. 이유는 우리의 음악이 느리고 슬프며, 노인네들이 둔한 발음으로 우물대는 것 같아서다. 하지만 작곡가는 끝없이 반복하면서 변형되는 것에서 매력을 찾았다. 이 작품에서 활용된 기법들은 단순하나, 다른 각도에서 관찰하다 보면 새로운 궁금증을 유발하여 자꾸 듣고 싶게 한다. 프랑스의 철학자 들뢰즈 (Gilles Deleuze, 1925-1995)는 "[…] 반복이란 어기는 것이다. 이는 규정을 문제 삼으며, 초기 혹은 전체 성격을 부인하며, 더 깊은 실제와 예술성을 이윤을 추구한다"라고 『차이와 반복』에서 언급하였다. 이처럼 황혜정은 단순한 요소를 반복하면서 보다 깊은 예술성을 추구한다.

[연주영상 보기]

신들의 정원 *사려니 숲,*
Saryeoni Forest, the Garden of Gods
1. a morning birds

황혜정 작곡
Composed by Hwang, Hye-jeong

노재현: 우리나라 음악을 공부하면서 작곡가님의 색채를 찾으셨는데, 그 과정이 궁금합니다.

- 황혜정: 국내에서 작곡을 공부하다 유학을 갔고, 외국 학생들과 같은 재료로 작곡했습니다. 어느 날 유럽 학생이 묻더라고요. 제가 지금 쓰고 있는 어법이 서유럽 언어인데, 자신만의 차별화된 음악이 무엇이냐고요. 그래서 저의 소리를 찾기 시작했어요. 맨해튼과 뉴저지에 살 때 뉴욕 맨해튼에 한국문화원이 있어서 자료가 한정적인 아쉬움은 있었지만 기초적인 지식을 얻을 수 있었고, 요청하면 자료를 구해줬습니다. 그리고 중간중간에 귀국해 책과 음반을 많이 구매했어요.

노재현: 계속 공부하는 작곡가처럼 들리는데요. 서양 악기로 국악을 표현할 때 어려움이 있다면 어떤 것이 있을까요?

- 황혜정: 창작 자체보다 외국 연주자에게 우리나라 음악을 이해시키는 것이 훨씬 어려웠습니다. 농현, 장단, 리듬 등을 비롯해 많은 부분에 있어 서유럽 음악과 다르잖아요. 국악의 리듬 체계를 9/8박자로도 12/8박자로도 끼워 맞출 수가 없는데, 그들은 정확한 메트릭을 원하니 관점을 바꾸고 다른 시각으로 보게 하려는데 오랜 시간이 걸렸습니다. 그래서 음원도 들려주고, 자주 만나 설명하며, 소통하는 데 많은 시간을 할애했습니다. 또한 서유럽 음악에서는 음고가 정해졌고 악보에 그려진 음(혹은 화성)을 연주하지만, 우리나라는 음 자체가 생명력이 있잖아요. 소리의 울림을 듣고 잔향과 호흡하며 다음으로 넘어가는 것을 설명하기가 쉽지 않더라고요.

노재현: 국악계에서 가장 많은 영향을 끼친 음악가가 있다면요?

- 황혜정: 황병기 선생님입니다. 그분의 작품도 좋고 연주야 정말 훌륭하죠. 선생님의 가야금 연주 소리에서 느껴지는 무게감은 말로 차마 표현할 수 없습니다. 이분의 연주를 들으면서 소리에 관해 관심이 생기기 시작했습니다.

노재현: 학창 시절부터 서유럽 음악을 공부하셨는데, 정작 돌파구는 국악에서 찾으셨네요. 유럽 작곡가 중 매혹적인 음악가는 없었나요?

- 황혜정: 쿠르탁(György Kurtág, 1926-)의 음악을 듣고 매력을 느꼈는데, 이유는 그가 작곡 기법보다 소리에 먼저 집중해서 그렇습니다. 베베른의 영향을 받아 작품들이 대체로 짧지만 소리에 집중하고, 새로운 음색을 추출하며, 다양한 화성적인 색채를 물색합니다. 또한 작곡가의 의식과 무의식에 내재된 자국의 전통 속에 발현된 소리나 리듬들을 서양음악 어법과

어울리게 만든 작품들은 저에게 정말 많은 생각을 하게 했고, 지금도 가장 존경하는 작곡가입니다. 다음은 펠드먼(Morton Feldman, 1926-1987)입니다. 그는 유럽 음악을 공부했으나 거장들의 이론을 따르지 않고 자신만의 음악 철학을 펼쳤어요. 그리고 색채를 미세하게 변화시키는 방법이라든지 시간을 다루는 방식이 와닿았습니다. 또한 메시앙(Olivier Messiaen, 1908-1992)이 있습니다. 그는 색채뿐 아니라 화성, 리듬, 음계 등의 이론을 구축했고, 그것들이 이론에 머물지 않고 실질적인 소리로 자연스럽게 흘러가는 데 상호작용한다고 생각합니다. 끝으로 카터(Elliott Carter, 1908-2012)에게서 자유로움을 배웠습니다. 그는 음열을 활용했지만 엄격한 규율 속에서도 음악으로 자유하는 작곡가이기 때문입니다.

노재현: 동서양에서 영향을 받으셨는데, 작곡하실 때 스위치를 바꿔야 하시는지요.
- 황혜정: 그렇지 않습니다. 곡을 쓰다 보면 해당 언어 안에서 자유롭게 작곡합니다. 〈Breath of Wind〉는 제가 국악에 관심 두기 전에 작곡했습니다. 제1악장에서 무조음악, 음역 변화 등 20세기 초에 출현한 작법을 활용했다면, 2악장에서는 숨소리, Bending sound, 연주자에게 연주 시간에 관해 좀 더 자유를 주고자 했습니다. 제2악장에 내재하고 있는 개념은 동양사상에 가깝잖아요. 그럼에도 서유럽 음악 어법 내에서 이런 소리를 구상하게 되었습니다. 어찌 보면 제 안에 두 가지 음악이 공존해서 가능한 것

같습니다. 하나의 예로 알토 플루트와 오케스트라를 위한 〈Azalea〉(2017)는 원래 정가 여창과 오케스트라를 위한 작품입니다. 강릉 지역의 민요인 '영산홍'에서 아이디어를 얻어 이 곡을 쓰게 되었어요. 작품을 해외에서 연주할 기회가 있었는데, 그 당시에 국악 연주자를 데리고 갈 수 없어서 여창과 가장 가깝기도 하고 제가 좋아하는 알토 플루트로 대체했습니다. 서양 악기를 위한 음악을 작곡할 때 시작하는 관점부터 달라 이를 국악으로 편곡하면 어색한데, 제게는 이들이 다르지만 소리 자체를 제가 원하는 방향으로 가장 근접하게 표현할 수 있어서 이렇게 작업했습니다.

노재현: 이번에는 이야기를 '공간소리'로 넘어가려고 합니다. 2020년 9월에 개관 음악회를 하셨고 올해가 햇수로 5년 차인데, 운영해 보시니 어떠셨어요?
- 황혜정: 처음에는 소박하게 시작했습니다. 현대음악이 국내에서 큰 호응을 받지 못하기에, 작곡가들이 자기 작품을 무대 위에 올릴 기회를 주고 싶었습니다. 우리가 지금 하는 작업이 소리 예술이기에 음악회를 거듭할수록 소리에 관한 공부가 필요하겠다는 생각이 들었습니다. 그래서 악기별로 명연주자를 모시고 작곡가와 작곡과 학생들을 위한 워크숍을 해야겠다는 계획이 생겼습니다. 국악의 경우 국악 타악기, 정가, 거문고, 생황 연주자들을 모셨고, 양악의 경우 플루트(2024년 3월)와 바이올린 연주자(11월)를 초청하려고 합니다. 그들이 현대 작품을

연주하기 위해 준비하는 과정을 깊이 들여다보고, 본인의 시각에서 현대음악에 대한 요구나 바람직한 작품에 관하여 이야기를 들어 보았습니다. 학생들이 직접 악기를 연주해 보았고, 심지어 생황의 경우 악기를 분해해 내부 구조를 보면서 소리가 만들어지는 원리에 관해 탐구했습니다. 그리고 작품을 써 연주하는 것까지를 하나의 프로세스로 잡았습니다.

노재현: 음악회와 워크숍 포스터를 보니 '소리'라는 키워드가 많이 보입니다. 현재 하고 계신 작업을 음악대학에서 해야 하는데, 대학은 소리보다 기법에 치중하는 느낌이 듭니다.

- 황혜정: 저희가 작곡가이기 때문에 소리에 관심을 두는 것은 당연한 일입니다. 하지만 사물을 보고 그것을 소리로 표현하는 일은 사실 어렵거든요. '봄의 소리', '한낮의 소리', '겨울의 소리' 모두 2021년에 개최한 음악회들인데, 각각의 키워드를 관찰하면서 작곡가 개인이 느끼는 것을 어떻게 소리로 표현할지에 대한 고민은 분명 필요합니다. '마음의 소리'는 불의의 사고로 몸의 반쪽이 마비되어 왼손으로만 연주할 수밖에 없는 피아니스트와 작업해 소리뿐만이 아니라 연주자의 마음도 들여다보는 시간이었으면 하여 그렇게 제목을 붙여봤습니다. 소리 중심적인 음악회를 하다 보면 작곡가들도 이에 대해 한 번 더 생각하게 되지 않을까요.

노재현: 이처럼 뜻깊은 장이 마련되었기에, 더 많은 음악가가 공간소리 프로젝트에 참여했으면 참좋겠습니다. 작곡가로서, 공간소리 운영자로서 앞으로의 계획이 궁금합니다.

- 황혜정: 제가 작곡가라서 곡을 쓰는 것은 매일의 일입니다. 공간소리에서는 지금껏 진행한 '소리로 잇다', '다음소리 음악축제' 등을 계속 이어가려고 합니다. 또한 작곡가 초청 세미나와 현대음악에 관심 있고 현대음악 연주를 많이 하는 연주자들도 꾸준히 초청하여 그들의 이야기에 귀를 기울여 들으려고 합니다. 공간소리의 중요한 역할 중 하나입니다. 그리고 국내 작곡가들을 해외로 진출시키고자 국제교류라는 장에 집중하고 싶습니다. 2022년부터 8월 국내에서 세미나와 공연이 기획된 국제교류를 시작하였고, 2023년 10월에는 국내 작곡가 4명과 생황 연주자가 폴란드 네오 아르테 페스티벌에 초청받아 교류하였습니다, 2025년 2월 17일에서 21일 사이에 콜롬비아 보고타 국립대학에 작곡가 4명과 연주자 4명을 모시고 가는데, 국악계에서 최고 명연주자인 이지영(가야금), 김준영(거문고), 김효영(생황), 민영치(장구) 선생님들과 함께 출국합니다. 연주, 워크숍, 세미나 발표 등이 계획되어 있고요. 또한 미국 인디애나 퍼듀대학에서 2025년에 'Spaces, Places, Traces'이라는 친환경을 주제로 한 프로젝트에 〈공간소리〉가 한 기관으로 참여하여 공동으로 음악회를 개최하려고 합니다. 2026년에는 미국 북텍사스대학(University of North Texas)과 싱가포르 작곡가들과의 교류가 계획되어 있고, 2027년은 폴란드-일본과의 국제교류가 계획되어 있습니다.

V. 자연과 타 매체의 만남

작곡가 **강혜리**

강 혜 리
〈겸재가 보이는 풍경〉

글 · 조민경

강혜리(1979-)는 연주자와 함께 살아 숨 쉬는 음악, 자연스러운 울림으로 청중에게 다가가는 음악을 지향한다. 그는 서울대학교 음악대학 작곡과를 졸업하고 박사과정을 수료했다. 중앙음악콩쿠르, 난파전국음악콩쿠르, ACL-Korea 신인 콩쿠르 대상을 수상하고, 조선일보신인음악회, 범음악제, 서울음악제 등을 비롯해 독일, 이탈리아, 덴마크, 일본, 대만에서 위촉 및 초청 연주를 하였다. 국제앙상블모데른아카데미(IEMA)의 장학생(2009 슈바츠, 2010 동경)으로 참가하였으며, 한국문화예술위원회 신진예술가(ARKO Young Frontier) 제1기(2009-2010)로 선정되기도 하였다. 서울대, 숙명여대, 수원대, 서경대의 강사로 재직했으며, 작곡발표회 "이상한 화요일"과 "타악기로 그리는 나무, 시간이 흐르는 풍경"을 개최했다. 이길래 조각가와의 인연을 바탕으로 '소나무'를 주제로 한 작품을 다양하게 작곡하였으며, 활발한 활동을 이어가고 있다.

스스로, 그러함: 한 음악가의 가장 진솔한 자기 긍정

자연(自然). 그 뜻을 있는 그대로 풀이하면 '스스로 그러함'을 나타낸다. 작곡가 강혜리의 지향점을 이보다 더 함축적으로 담아내는 단어가 있을까. 첨단의 음악, 멋들어진 음악을 해내야만 한다는 부담을 내려놓고 나의 내면에서 들려오는 소리에 집중하는 것. 작곡가로서 작품을 통제하기보다는, 무대 위의 연주자들이 서로에게 꼭 맞는 호흡으로 얽히며 가장 자연스러운 소리로 공간을 채울 수 있도록 하는 것. 이것이 바로 강혜리의 철학이자, 그의 음악에 가득히 배어 있는 진솔함의 근원이다.

매일매일 한 음을 쓰며 엮어낸 필연(必然)

'참 담담하다.' 강혜리의 작품 중 클라리넷과 피아노, 국악 타악을 위한 〈천년소나무〉(2022)를 들으며 뇌리를 스친 첫인상이다. 양악과 국악의 조화라는 차원을 전시하는 느낌도 아니었으며, '천년 소나무'를 표현하기 위해 고안된 듯한 모티브가 반복적으로 들려오는 것도 아니었다. 그런데 직관적으로 이 음악의 의미가 마음으로 와닿았다. 플루트, 클라리넷, 피아노와 현악 앙상블을 위한 〈기억의 조각〉(2021)에서도 비슷한 느낌을 받을 수 있었다. 결코 '쉽게 쓰인 음악'처럼 들리지 않는데도, 마치 연주자들이 서로의 숨소리에 촉각을 곤두세우며 즉흥적으로 음악을 주고받는 것 같은 울림이 무대를 채웠다. 아마도 '담담하다'는 인상은, 작곡가의 숱한 고민이 무수한 음표들의 관계 속으로, 연주자들의 들숨과 날숨 속으로 녹아들어 일종의 필연(必然)처럼 들려온 데에서 비롯된 것일 테다.

이렇듯 강혜리의 음악에서 느껴지는 진솔함의 배후에는 끊임없이 자신의 현재를 마주하고, 스러지지 않는 성실함으로 오랜 시간을 견뎌온 인내가 자리한다. 그 바탕에는 대학 시절 '매일 오선지에 점 하나를 찍는 것'의 가치를 일깨워준 이강율 은사의 가르침이 있었다. 강혜리는 오늘 찍는 이 점이 모여 언젠가는 자신만의 음악으로 완성될 것을 믿으며 묵묵히 오선지를 넘기고, 또 넘겼다. 20대와 30대 초반 이러한 노력은 주로 아카데믹하고 구조적인 성격의 작품들을 낳았다. 이 시기에 강혜리는 음 하나하나를 소중하고 세심하게 다루는 법을 체화할 수 있었지만, 작곡가로서 진정으로 나아가고 싶은 길에 대한 고민은 계속되었다.

그러던 중 통영국제음악제 아카데미의 장학생이 되며 만난 독일의 현대음악단체 '앙상블 모데른'(Ensemble Modern)과의 소중한 인연을 시작으로 점차 어떠한 확신이 그의 내면에 싹텄다. 바로 '연주자들과 함께 만들어 나가는 음악의 즐거움'으로써 이루 다 표현할 수 없는 충만함을 느끼게 된다는 것이었다. 마침내 강혜리는 그간의 경험과 노력을 딛고 진솔한 자기 긍정에 이른다. 지금 이 순간 내 주변의 연주자들과 함께 할 수 있는 가장 편안하고도 자연스러운 음악을 하면 된다는 믿음. 이 사람들의 강점을 살릴 수 있고, 이 사람들이 연주하는 공간에 꼭 맞는 필연적인 음악을 쓰면 된다는 믿음. 그 이후 강혜리는 '계획된 텍스트를 물리적 소리로 구현하는' 작품이 아닌, '연주자와 함께 살아 숨 쉬는' 작품으로 청중을 만나고자 한다.

장르의 경계를 넘어 영감을 주고받는 인연(因緣)

강혜리의 작품 세계를 탐색하며 자주 접하게 되는 단어는 '소나무'다. 앞서 언급한 〈천년소나무〉(2022)가 그러하며, 타악기를 위한 〈에굽은 소나무〉 시리즈, 두 명의 타악 주자를 위한 〈삼지송〉(2017)도 그러하다. 이처럼 소나무를 소재로 삼는 작품들은 그와 오래도록 영감을 주고받은 이길래 조각가의 작품 세계와 깊은 관련이 있다.

때는 2008년, 화음챔버오케스트라가 이길래의 「소나무7」(동파이프 산소용접, 2007)을 주제로 창작곡 공모전을 열었고, 여기서 당선된 곡이 강혜리의 〈'Circulation-0' for Strings〉(2008)였다. 그리고 두 사람의 인연은 여기서 끝나지 않았다. 그도 그럴 것이 이들은 각각 다른 매체를 다루는 예술가임에도 불구하고 공명하는 예술관을 지니고 있었다. 먼저 이길래가 조각가로서 다루는 주된 소재는 '금속'이다. 그는 차갑고 딱딱한 느낌을 자아내는 동파이프 조각을 하나하나 용접해 소나무의 형상을 만든다. 무한히 순환하는 나이테, 곡선으로 굽이치는 나뭇가지, 묵묵히 그 존재감을 발하는 나무의 몸체. 이길래의 조각이 절묘하게 소나무의 자연스러움을 표현하는 것처럼, 강혜리의 지향점 또한 어떠한 음악어법을 바탕으로 한 곡일지라도 '자연스러운 울림'으로 귀결되어야 한다는 것이다. 이처럼 장르의 경계를 넘어 이어진 이길래와의 인연은 강혜리의 작품 세계에서 빼놓을 수 없는 중요한 위치로 자리매김하게 되었다.

장구와 타악을 위한 〈겸재가 보이는 풍경〉
(The View from Gyeomjae, 2015)

진경산수화의 저편에서 불어온 바람이 귓가를 스치다

조선 후기의 화가 겸재 정선(謙齋 鄭敾, 1676-1759)은 산천을 화폭에 담아내는 진경산수화의 대가로 널리 알려져 있다. 일찍이 조선에서 그려지던 산수화들이 주로 중국의 화풍을 본뜬 것이었다면, 정선은 자신의 눈에 비친 조선의 자연경관을 담아냈을 뿐만 아니라 그것이 자아내는 느낌까지도 진경산수화의 화폭에 표현한 것으로 유명하다.

그로부터 200여 년의 시간이 지난 후, 이길래 조각가가 정선의 그림 속 소나무들을 유심히 바라보았다. 얼마 후 그는 작은 동파이프 조각을 타원형이 되도록 눌러서 하나하나 세심하게 용접하기 시작했다. 무수한 조각들은 어느새 우뚝 솟은 소나무의 형상이 되었고, 이길래는 여기에 '겸재가 보이는 풍경'이라는 이름을 붙였다. 이 작품이 전시된 개인전 '나무, 시간이 보이는 풍경'(2015)의 오프닝에서 연주될 곡을 위촉받은 작곡가가 바로 강혜리였다. 강혜리는 장구와 타악을 위한 약 10분 안쪽의 곡을 작곡하였고, 이 곡에 이길래의 조각과 같은 〈겸재가 보이는 풍경〉이라는 제목을 붙여주었다(이하 강혜리의 작품을 〈겸재〉라고 칭함).

〈겸재〉의 초연에서는 한 명의 장구 주자가 겸재정선미술관 내부의 전시 공간을 가로지르며 음악을 몰고 다녔다. 공간의 곳곳에는 금속성 및 목성(木性)의 타악기들이 놓여 있었는데, 장구 주자는 서로 대조적인 악기군을 두드리며 그 차이를 드러내기도 하고, 두 음질의 차이를 장구의 음색으로 중화시키기도 하며 음악을 끌어나갔다. 초연 이후 〈겸재〉는 연주 무대에 오르기를 거듭하며 장구와 퍼커션 듀오를 위한 편성, 혹은 장구와 퍼커션 트리오를 위한 편성 등 여러 가지 버전으로 재구성되었다. 이 과정에서 강혜리는 각 연주자의 강점과 무대의 특성에 맞춰 퍼커션의 종류나 가짓수를 달리하기도 하고, 미세하게 음악의 흐름을 조정하기도 하며 매번 그 순간을 위한 가장 자연스러운 음악을 들려주고자 했다.

이처럼 여러 버전의 연주를 〈겸재〉라는 이름으로 묶는 구심점이 되는 것은 이 작품을 관통하는 두 가지 핵심적 요소이다. 첫째, '바람'처럼 공간을 누비며 음악의 중심을 잡는 장구. 둘째, 금속과 목재의 타악기 소리에서 비롯되는 대조적인 에너지. 예를 들어 2019년 국립국악원에서 연주된 '장구와 퍼커션 듀오' 버전을 보면(아래 QR코드 링크 참고), 장구 주자는 멀리서 불어오는 바람처럼 무대의 외곽에서 중앙으로 음악을 몰고 온다. 불어오는 바람에 나뭇잎이 바스락거리듯 두 사람의 타악 주자가 심벌과 보울, 방울 등 금속성의 악기들을 잘게 두드리기도, 은은한 울림을 주기도, 세차게 흔들기도 한다. 음악 소리가 한 차례 잦아들고, 초연에서 장구가 홀로 연주하던 리듬을 타악 주자 중 한 사람이 소리북으로 들려주기 시작한다. 나무로 만들어진 소리북의 몸채를 두드릴 때의 따뜻한 울림 사이로 또 다른 타악 주자가 연주하는 금속성의 소리가 들려온다. 장구 주자는 두 사람 사이를 천천히 오가며 그 대조적인 에너지를 관망하는 듯하다 어느새 다시 연주를 이어가고, 금속성의 타악기를 두드리던 연주자도 풍물북을 잡으면서 세 사람의 에너지가 하나로 모인다. 이윽고 장구의 차분한 울림만이 간헐적으로 무대를 맴도는데, 얼마 지나지 않아 장구의 빠른 연타가 이어진다. 마치 하나둘 떨어지던 빗방울이 소나기로 바뀌어 가듯 타악 주자들도 징과 보울을 연타하며 장구의 음색에 차갑고 세찬 기운을 더한다. 세 사람의 음향은 강하고 빽빽하게 공간을 채우기도, 다소 약하고 느슨해지기도 하다 찬찬히 소강 상태로 접어든다. 장구는 처음에 바람처럼 무대로 찾아올 때의 그 리듬을 연주하며 무대의 중앙에서 바깥으로 음악을 몰고 가고, 음악은 끝이 난다.

강혜리의 〈겸재〉는 마치 진경산수화의 저편에서 불어온 바람이 공간을 가득 메우는 듯한 느낌을 자아낸다. 작곡가의 손에서 태어난 이 바람은 겸재 정선의 화폭 속 산천과 초가지붕을 지나 이길래의 소나무 조각의 내부를 가득 채우고, 연주 무대를 찾는 관객들의 귓가를 스치며 여러 이야기를 들려준다. 정선의 눈에 비친 아름다운 풍경, 차가운 동으로 만들어진 소나무가 자아내는 따뜻한 질감, 그리고 두 예술가의 세계를 아우르며 다채로운 타악기 소리로 제3의 풍경을 들려주는 작곡가와 연주자들. 이렇게 강혜리의 〈겸재〉는 무대가 거듭될수록 그 의미를 더해가며 끊임없이 새로운 생명력을 얻는다.

[연주영상 보기]

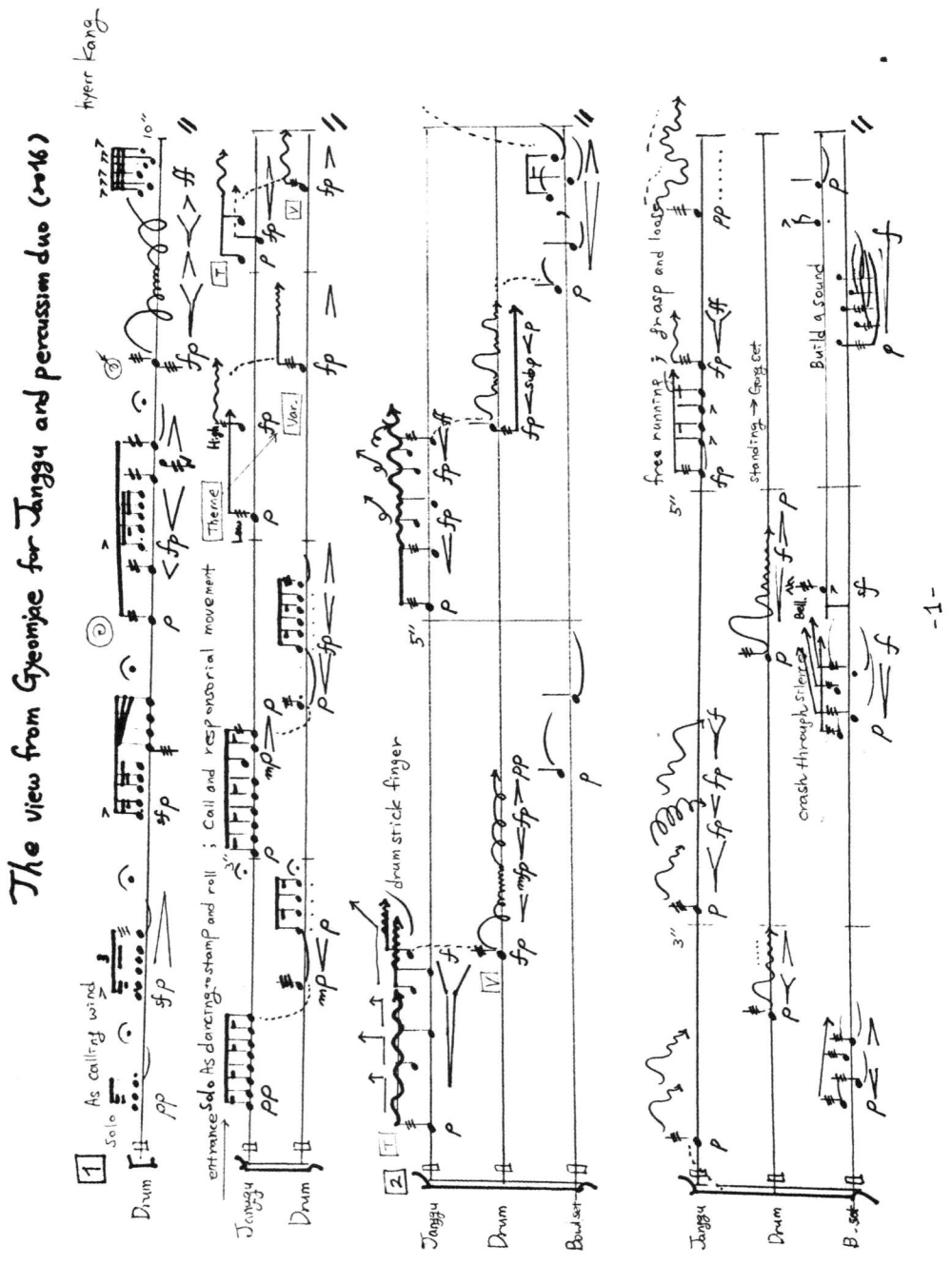

2024년 5월 30일 오전 9시
Zoom 화상 인터뷰

조민경: 인터뷰에 응해주셔서 감사합니다. 첫째로, 선생님께서 작곡가의 길을 걷게 되신 계기를 여쭙고 싶습니다.

- 강혜리: 저는 피아니스트가 꿈이었던 어린 시절을 보냈습니다. 예술고등학교도 피아노 전공으로 입학했었죠. 그런데 사춘기를 지나며 점점 연주자로서의 삶이 정말 제가 원하는 것인지 진지하게 고민이 되었어요. 그 무렵 단국대학교의 학장님이셨던 박정선 선생님께서 작곡 공부를 권해주셨어요. 처음에는 망설였지만, 점차 제게 오선지와 연필, 지우개가 있다는 것이 제일 행복할 정도로 작곡에 빠져들었습니다. 새로운 세상이 열린 기분이었죠. 그래서 고등학교에서 피아노과가 아닌 작곡과로 전과를 했고, 대학 생활도 작곡과 학생으로서 이어가게 되었습니다.

조민경: 서울대학교에서는 이강율 선생님과 정태봉 선생님을 사사하신 것으로 압니다. 두 은사님께 가르침을 받았던 경험이 작곡가님의 작품 세계에 영향을 미친 부분이 있는지 궁금합니다.

- 강혜리: 물론입니다. 저의 뿌리를 만들어주신 분이 이강율 선생님이시라면, 저를 곧게 설 수 있도록 해주신 분은 정태봉 선생님이세요. 이강율 선생님께서는 제게 '매일 오선지에 점 하나를 찍는 노력'의 가치를 알려주셨어요. 학생일 적 저는 매사에 열심히 임하며 좋은 성적을 거두는 학생이었습니다. 그러나 진정으로 음악을 즐기고, 저의 세계를 만들어 나가는 것에 대한 두려움이 있었어요. 그 시기에 이강율 선생님께서 제게 알려주신 '우직함'은 언젠가 찾아올 그 날을 기대하며 포기하지 않고 묵묵히 작곡에 임할 수 있는 동력이 되었죠. 이강율 선생님께서 52세의 나이로 돌아가신 후, 정태봉 선생님께서는 저를 제자로 맞으시며 제가 가지고 있던 것들, 그리고 할 수 있는 것들을 그대로 이어갈 수 있도록 해주셨어요. 커다란 방향성에 대한 조언 외에는 전적으로 저를 믿어주시며 응원해주신 점이 큰 힘이 되었습니다.

조민경: 그렇다면 구체적으로 두 분 작품의 어떠한 면이 작곡가로서 선생님의 가치관과 연결되는지요?

- 강혜리: 두 분 선생님의 작품을 보자면, 사실 악보의 첫인상이 그렇게 화려하지는 않습니다. 어렸을 적에는 두 분의 악보가 '쉽게 읽힌다'는 점이 혼란스럽기도 했어요. 그런데 작곡가로서의 경험이 점차 많아지고 공부가 깊어질수록 그것이 꼭 필요한 음만을 기보하며 책임지는 것의 결과였다는 점을 깨달았습니다. 이 점이 고스란히 음악의 자연스러움으로 이어지는데, 예를 들어 음렬을 사용한 곡들도 마치 장조나 단조로 작곡된 곡처럼 느껴지게 되는 것이

죠. 제 가치관도 여기서 큰 영향을 받았습니다. 휘황찬란하게 첨단을 달려야만 한다는 생각에서 벗어나 나만이 할 수 있는 것, 내가 표현할 수 있는 것에 집중하게 되었어요.

조민경: 말 그대로 '자연스러움'이 선생님의 작품 세계를 관통하는 중요한 요소라는 생각이 듭니다.

- 강혜리: 맞아요. 제가 특히 중요히 여기는 것은 '무대 위에서의 자연스러움'이에요. 연주자가 무대에서 편안함을 느낄 때 음악도 비로소 살아 움직이며 공간을 타고 울려 퍼지죠. 저의 생각이나 의도를 한 치의 오차 없이 실현하는 것이 아니라, 연주자가 마치 호흡하듯 제 음악을 대하면서 진정으로 공명할 수 있도록 하는 것이 목표입니다. 이를 위해 작품이 어떠한 공연에서 연주되는가, 연주 순서는 몇 번째인가, 전체적인 공연의 흐름에서 이 작품이 어떠한 역할을 할 것인가, 함께 할 연주자들은 어떤 강점을 지니고 있는가 등의 변수들을 복합적으로 고려하죠. 그래서 모든 것을 악보로 다 고정해두기보다는, 현장에서 연주자들이 활용할 수 있는 공간을 남겨두는 편입니다. 같은 작품이 다른 장소에서 연주되거나, 다른 연주자들과 작업하게 되는 경우 새로운 상황에 맞게 개작을 할 때도 있고요.

조민경: 이처럼 연주자들과의 호흡을 특히 중요하게 생각하시게 된 계기가 있는지요?

- 강혜리: 국제앙상블모데른아카데미(IEMA)의 장학생으로 선발되었던 경험이 중요한 계기가 되었어요. 특히 2010년 일본의 도쿄에서 열린 IEMA의 프로그램에 참여했을 때 프랑스의 세계적인 작곡가 파스칼 뒤사팽(Pascal Dusapin)에게 가르침을 받았는데, 그분께 정말 많은 것을 배울 수 있었습니다. 그분이 해주신 이야기 중 기억에 남는 것이 '작곡가의 최고의 스승은 연주자'라는 것이었어요. 작곡가로서 하고 싶은 이야기를 자유롭게 표현하되, 주변에 함께 하는 훌륭한 연주자들이 연주하고 싶어 하는 음악을 쓰라는 말씀이었죠. 그리고 나서 베를린 필하모닉 오케스트라가 연주하는 현대음악을 들려주셨는데, 연주자들이 온 힘을 다해 작곡가가 표현하고자 하는 음악을 하나의 에너지로 들려주는 것이 '귀'가 아닌 '심장'으로 한꺼번에 와닿았습니다. 이때를 기점으로 작곡가로서의 지향점에 더욱 확신이 생겼을 뿐만 아니라 연주자들과의 호흡을 굉장히 중요하게 여기게 되었어요.

조민경: 다음으로 여쭤보고 싶은 것은 작품의 표제에 관한 것입니다. 최근 선생님의 작품들에서는 작품에 구체적인 표제가 수반되는 경우가 많은 것 같습니다. 관객이 이러한 표제를 어떠한 방식으로 받아들이기를 바라시는지요?

- 강혜리: 사실 표제는 작곡가에게는 양날의 검이기도 해요. 제 작품에 대한 선입견을 주고 시작하는 것과 같으니까요. 그렇지만 저는 기꺼이 그 선입견을 주고자 하는 편입니다. 같은 표제를 보며 같은 음악을 듣는다고 해도 사람들이 음악을 해석하고 느끼는 바는 결국 저마다

다르더라고요. 오히려 아카데믹한 언어로만 음악을 전달하려 할 때보다 표제가 수반될 때 관객분들이 더 꼼꼼하게 음악을 느끼실 때가 많은 것 같습니다. 어린아이들도, 혹은 현대음악에 익숙하지 않은 분들도 표제를 통해 좀 더 편안하게 음악을 이해하셨으면 합니다.

조민경: 이어서 〈겸재가 보이는 풍경〉에 얽힌 이야기들을 여쭙고 싶습니다. 이 작품이 초연된 2015년부터 제가 작년 겨울에 들은 '소리 퍼커션'의 연주까지, 장구 파트를 최소리 연주자님께서 맡으신 경우가 많은 것 같습니다. 두 분의 인연은 어떻게 시작되셨는지요?

- 강혜리: 예전에 독일의 연주 단체 '앙상블 모데른'과 작품 리딩을 하기 위해 프랑크푸르트의 사무실을 방문한 적이 있었어요. 그곳에서 최소리 연주자를 처음 만났습니다. 당시에는 너무나 귀여운 학생이었죠. 국악 타악을 전공하는데도 서양 타악에 관심이 많다면서 제 곡의 악보를 읽으며 이것저것 질문하던 것이 생생히 기억나요. 악보를 보고 연구하는 것에 굉장히 관심이 많았죠. 지금은 정말 대 연주자로 성장했고, 제가 최소리 연주자에게 배우는 것도 많습니다. 작곡가가 아무리 열심히 공부한다 해도 실제 연주자만큼 악기의 시스템과 소리, 타법 등에 대해서 잘 알 수는 없거든요. 국악에는 어떤 호흡이 있는지, 이런 부분에서는 어떠한 조합으로 타악기를 섞는 것이 가장 효과적일지 함께 이야기를 주고받으면서 음악을 만들어 나가는 것이 제게는 큰 즐거움입니다.

조민경: 〈겸재가 보이는 풍경〉의 연주자들이 달라질 때마다 미세하게 곡의 외관이 변화하는 것도 인상 깊었습니다.

- 강혜리: 맞아요. 그것이 제가 음악에서 중요하게 생각하는 자연스러움과 닿아있는 부분이기도 합니다. 저는 제 작품이 한 번 리딩되고 끝나는 데에 그치지 않았으면 합니다. 연주자가 바뀌고, 공간이 바뀐다면, 그에 맞춰서 음악도 변화될 수 있는 부분이 있다고 생각해요. 비단 즉흥적인 연주 구간의 여부뿐만이 아니라, 근본적으로 이 순간 연주자들에게 꼭 맞는 음악이 될 수 있게 충분히 이야기를 나누고 음악을 함께 만들어 나갈 수 있다고 생각해요. 이를 통해 단순히 '많이 연주되는' 음악이 아니라, 연주회의 흐름에서 정말로 유의미한 역할을 하며 자주 쓰일 수 있는 음악을 만드는 작곡가가 되고자 합니다.

조민경: 긴 시간 인터뷰에 응해주셔서 감사합니다.

작곡가 **강종희**

강종희

피리, 거문고, 첼로를 위한 〈해령-Black Smokers〉

글 · **지형주**

강종희(1976-)는 입체적 사고 속에서 자유로운 구성과 조화로운 음향을 구사하는 작곡가이다. 연세대학교 작곡과를 졸업한 후, 뉴욕대학교에서 영화와 미디어음악으로 석사를, 피츠버그대학교에서 박사(Ph.D)를 취득하였다. 피츠버그대학교와 유케인대학교에서 강사를 역임하였으며, 현재는 연세대, 한예종, 상명대, 명지대, 서울예술대학교에 출강 중이다. 아스펜음악축제, June in Buffalo, TICF, I-Park 레지던시, Musik unserer Zeit, 베를린한국창작음악페스티벌 등에서 초청을 받았고, 다수의 작품 발표를 하였다. Andrew Mellon Predoctoral Fellowship을 수상하였고, 핀란드 From Note to Finish 상주작곡가를 지낸 바 있다.

입체적 사고 속에 음향의 조화로움을 추구하다

강종희의 작곡 세계는 입체적이다. 전형적인 현대음악을 배웠지만 아방가르드 미학을 고수하지 않고 고전과 현대, 조성과 무조, 클래식과 대중음악 사이를 넘나든다. 창작음악의 실제 연주가 녹록지 않기에 때로는 위촉곡의 취지를 따른 이유도 있을 것이다. 가곡이나 청중을 배려해 달라는 요청이 있을 시에는 작품들은 조성적이 되고 감지하기 쉬운 선율선을 가진다. 그러나 다수의 작품에서는 그의 열린 사고가 작품의 스펙트럼을 넓히고 있음이 파악된다.

장르, 인용, 표제에 대한 열린 사고

강종희의 〈춘천가는 밤기차〉(Night Train to Chuncheon, 2013)는 뉴욕의 나우 앙상블(NOW Ensemble)을 위해 작곡된 곡이다. 플루트, 클라리넷, 피아노, 콘트라베이스, 일렉트릭 기타는 인디-클래시컬 장르를 표방하는 그룹을 염두에 둔 편성이다. 모티브 반복이라는 점에서 미니멀 음악 같은 인상을 주지만, 악기 간의 진행이 대위적이고 리듬도 다양하고 자유롭게 움직인다. 무엇보다 제목에서 유추할 수 있듯이 같은 제목의 가요 일부가 인용되어 있어 음악 장르가 무엇인가를 묻게 한다. 그럼에도 원곡뿐 아니라 재편성 버전 모두가 미국에서 여러 차례 연주될 만큼 인기 있는 곡이다.

보다 청중에게 어필하는 작품은 제목에서 그대로 드러나는 실내악 〈청중이 좋아할거야〉(YAWLI: Your Audience Will Love It, 2016)이다. 도입부, 장난감 병정처럼, 강가의 안토니우스, 환상의 4악장으로 이루어져 있다. 도입부 설정이 흥미롭다. 원래는 자신의 유학 경험과 관찰을 은유적이고 풍자적으로 써 놓은 해설을 읽게 하였는데, 후에는 곡의 일부로 안착시켰다. 다섯 단어의 첫 알파벳을 모았더니 '돛단배'(Yawli)라는 단어가 형성된 것을 나중에 발견하고, 삶의 여정을 뜻하는 작곡가의 기치를 반영하여 제목으로 추가시킨 것도 정해진 틀을 벗어나는 작곡가의 깨인 행보이다.

〈피라네시의 그림들〉('Piranesi Prints' for Two Pianists on One Piano, 2018)은 이태리 미술가

피라네시(Giovanni Battista Piranesi)의 상상과 환상의 아이디어에 바탕을 둔 판화 작품을 기반으로 한다. 작품 전시에 맞추어 미술관 앱을 통해 관람객이 작품을 감상하도록 작곡되었다. 3곡 중 '상상의 감옥'에서는 이미지에 부합하도록 피아노 내부의 스트링을 여러 방식으로 연주하여 독특한 공간적 배치를 강조하였으며, '콜로세움'에서는 18세기 감성에 걸맞도록 동시대 J. S. 바흐의 프렐류드를 일부 차용하였다.

크로스오버나 인용은 포스트모던 음악이 보여주는 주요 특징들이다. 그러나 강종희의 작품에서는 단지 장르적 경계 넘나들기뿐 아니라 표제를 붙이는 방식이나 연주 상황, 감상에 이르도록 넓은 시각으로 접근한다. 이러한 열린 사고로 강종희는 청중으로부터 멀어진 현대음악을 다시 청중에게 다가가는 소통의 음악으로 전환시킨다. 다방면의 위촉과 재연이 많은 이유이다.

자유로운 구성에서 얻어낸 음향의 조화

작곡가로서 음악적 구성이나 음향에 대한 고민은 언제나 따라붙었다. 습득된 작곡이라는 강박에서 벗어나면서 특정 소리에 대한 선호도도 명료해졌다. 그 계기가 된 것은 유럽의 몇몇 미술관에서 접한 칸딘스키와 미로의 그림들이다. 기하학적 추상화나 초현실주의의 시각적 이미지는 강종희만의 청각적 이미지를 만들도록 부추겼다.

이 시점에 작곡된 〈드로잉〉(Drawing, 2011)은 자신의 음악적 정체성을 찾아가는 전환점이 되는 작품이다. 타악기를 포함한 다섯 명의 연주자는 특정 피치와 그 변형을 제스처로 삼아 음악을 '그려나간다.' 작곡가가 자신의 음색을 만들기 위해 선택한 것은 5도와 2도 음정이다. 다양한 변형과 결합이 강종희만의 음색 구축에 적중했다. 작품은 세밀한 악기 음향과 고도의 표현력을 갖추면서도 클라이맥스에 대한 기대를 충족시키지는 않는다. 강종희의 음악에서는 작곡에 대한 편견과 선입견에서 벗어날 때 비로소 음향적 조화로움이 자유로이 추구된다.

피리, 거문고, 첼로를 위한 〈해령-Black Smokers〉
(Haeryung-Black Smokers for Piri, Geomungo and Violoncello, 2023)

미지의 자연이 뿜어내는 내적 에너지

해령(海嶺)은 바닷속 해저 산맥을 말한다. 해령의 곳곳에서는 검은 굴뚝 모양의 열수 분출구 (black smoker) 미네랄과 가스를 뿜어낸다. 놀라운 것은 그 깊고 차가운 분출구 주위로 생태계가 형성된다는 것이다. 조개껍질들이 자리를 잡고 다양한 어류가 거기에 둥지를 틀고 산다. 광물자원과 생물자원이 만나 지상에서나 볼 수 있음직한 소위 '장미 정원'을 이룬다. 강종희는 이 놀라운 장면을 정교한 사진들과 영상을 통해 접하게 되고, 이에 매료된 작곡가는 해령의 검은 분출구가 만들어 내는 생태계의 신비와 경이감을 음악적으로 표현해 보고자 하였다.

〈해령-Black Smokers〉는 2023년 12월 10일 제7회 한국여상작곡가회 작품발표회에서 초연되었고, 2024년 10월 29일 대한민국 작곡제전에서 재연된다. 피리, 거문고, 첼로로 편성되었으며, 약 14분의 연주시간을 갖는다. 이중 악기의 혼종성을 보인다. 거문고는 강종희의 최근 작품에 연속적으로 등장하는 악기로 더 알아가고 싶다는 학구적 취지에서 택하였다. 해저 깊은 곳의 음향을 구사하기에 적절하며, 그와 대조되는 높은 소리의 관악기 피리는 생명력을 묘사하는 데 한몫을 담당하고 있다. 두 악기와 어울릴 수 있는 서양악기로는 지속적인 울림을 갖는 첼로를 선택하였다.

〈해령〉의 짜임새는 독특하다. '기경결해(起景結解)'와 '만중삭'(慢中數)의 국악적 개념이 적용된다. 기결결해는 순우리말로 '밀고 달고 맺고 풀고'로 해석되는 전통음악에서 장단원리를 따르는 구성이다. 기승전결과 유사하지만, 기경결해의 '경'은 기승전결의 '승-전'에 해당하고, 기경결해의 '해'는 기승전결에는 없다. 〈해령〉은 전개 부분이 오래 느리게 진행되다가 클라이맥스가 거의 마지막에 위치하고 해결되는 느낌을 준다. 부분적 진행은 만중삭의 '느림-빠름-느림'의 속도 변화를 적용하고 있다.

곡은 해령의 작은 폭발을 연상시키는 거문고의 강한 반복적 타격으로 시작한다. 작곡가가 선호하는 5도+2도 음정으로 구성되어 있다. 이어지는 거문고 선율은 완전5도와 장·단2도 혹은 그 전위 음정이다. 강한 타격 속에 들리는 음향의 결합은 폭발 후 해령의 검은 연기가 뭉게뭉게 끓어오르는 모습을 연상시킨다. 피리의 짧은 패시지(마디14-18)는 첼로의 트레몰로 위에 거문고의 7도 음정과 2도, 4도 음정으로 헤미올라를 이루며 언밸런스한 어울림 가운데 첫 번째 장미 정원을 묘사하고 있다. 이렇게 '기' 부분에 제시된 '폭발 제스처'와 '장미 정원 제스처'는 음정의 확장, 리듬의 세분화 등으로 변형되고 다른 에피소드와 어울리며 '밀고 달고' 전개된다. 작곡가의 상상 속에 존재하는 깊은 바닷속 생태계의 신비가 펼쳐지고 있는 부분이다. '기'와 '경'을 거쳐 '결' 부분에서(마디140부터) 음악이 빨라지고 격해지며 '생명으로의 비상'이 펼쳐진다. 다른 리듬형과 다른 선율형의 얽힘이 마치 중세의 아이소리듬 모테트를 떠올리게 하지만, 규칙에 매이기보다 강하고 빠른 셈여림과 악기들의 능동적 대화를 통해 에너지가 느껴지는 부분이다. '풀고'의 '해' 부분은(마디187부터) 부드러워진 거문고의 훑음 위에 세피리가 지시어대로 '가볍고 부드러운 바람같이' 연주한다. 첼로의 높은 하모닉스는 심연에서나 들을 수 있는 바닷바람의 여운을 남겨주며 곡을 끝낸다.

〈해령〉은 저 깊이 바닷속에서 일어나는 자연의 신비에 대한 그리움이다. 너무도 아름다운 그 장면을 일반인들이 쉽게 육안으로 접할 수 없기 때문이다. 해저 산맥에서 뿜어나오는 검은 연기에 대해 일차적으로 두려움을 느끼지만, 아이러니하게 햇빛 없이 그 속에서 생성되는 장미 정원이라니! 그 비밀스런 생태계의 역설에 감동과 경이가 작품에 녹아 있다. 작곡가 강종희는 이 경탄을 자신만의 음색으로 그려내고 있다. 이중 악기의 혼종성으로 서양식 장미정원보다는 한국식 수목원의 정서가 느껴지기도 한다. 작곡가는 국악적 구성으로 해저 세계가 가진 자연스러움을 풀어내고 있다. 거기에 자신이 선호하는 음형적·리듬적 제스처를 어느 곳에서든 정교하면서도 역동적 텍스처로 전개시킨다. 〈해령-Black Smokers〉는 해저 산맥이 뿜어내는 생명의 신비, 범접할 수 없는 그 미지의 자연을 간접적으로나마 경험케 하며 청자의 내적 에너지를 끌어올린다.

[연주영상 보기]

[거문고 조현]

♩= 56 (리듬 유연하게 해석)

피리

거문고

전반적으로 힘 있게

[3+2+3 ♪] 굵은 농현

Cello

피리

거문고

5마디부터 점점 격렬해질듯 밀어붙였다가
6마디 마지막 두 음은 원래 템포로 돌아가기

술대
얇게 누르는 농현

Cello

지형주: 작곡가 강종희의 작품 세계에 영향을 끼친 스승이나 작품들이 있다면, 누구를 혹은 무엇을 꼽을 수 있습니까?

- 강종희: 직접 작곡을 사사한 은사님들께 가장 큰 영향을 받았지만, 음악적으로 많은 자극을 받았던 작품들 또한 생각납니다. 학부 때 도루 타케미츠의 〈November Steps〉를 처음 들었을 때 무척 인상적이었습니다. 일본의 전통 악기 협주곡입니다. 유학 중 들었던 카이야 자리아호의 음악도 아직까지 좋아합니다. 1980년대 스펙트럴리즘의 구현으로 유명해진 핀란드 작곡가인데, 그녀의 오페라 〈L' amour de loin〉(2000)을 처음 봤을 때 충격적이었습니다. 기존의 오페라라는 장르의 선입견을 깨고, 비다시피 하여 세팅의 변화도 거의 없는 무대에 단 세 명의 캐릭터만을 무대에 출연시켰지만, 처음 접하는 자리아호의 음악과 함께 극에 온전히 몰두할 수 있었습니다. 독일 작곡가 락헨만의 경우는 처음에는 무척 거리를 두었습니다. 소위 복잡성, complexity가 연주자와 청중을 너무 힘겹게 한다고 생각했습니다. 그러다가 어느 날, 그의 음악이 얼마나 디테일한가에 놀라게 되었습니다. 작품에 나타나는 섬세함에 반하게 되었습니다.

지형주: 선생님의 작품에 자주 국악기가 등장하는 것은 멀리는 타케미츠의 영향은 아닌가 싶네요. 〈해령-Black Smokers〉에서도 국악기 연주법이 무척 상세하더군요. 거문고와 피리를 택하신 이유가 있나요?

- 강종희: 처음에는 위촉곡들을 계기로 국악기를 편성하기 시작했는데, 최근에는 거문고를 포함한 작품들을 쓰게 되었고, 쓰기 시작한 악기를 더 연구하고 싶어 〈해령-Black Smokers〉에서도 편성하게 되었습니다. 곡의 구상 단계에서, 차가운 바다에서 검은 연기가 솟아오르는 해령의 모순적인 모습을 보며 거문고의 음색과 표현들을 떠올렸습니다. 피리의 경우는 중음역대에서 그 악기 특유의 음색과 표현들로 독특한 느낌을 만들고 싶었습니다. 여기에 첼로를 더하여 세 악기 각자의 개성과 어울림을 활용하고자 이 편성으로 도전해 보았습니다.

지형주: 이중악기의 혼종성 혹은 상호문화성에 대한 선생님의 생각은 어떤지요? 자료를 조사하다 보니 "Composing traditions: Cultural consciousness and hybridity in cross-cultural musicking"이라는 선생님의 논문을 발견할 수 있었습니다. 어떤 내용인가요?

- 강종희: 싱가폴 출신의 인류학자 이통순(Tong Soon Lee) 교수님의 제의로 쓰게 되었습니다. 피츠버그 유학 시절에 알게 되었는데, 한

국 문화에 관심이 많은 분이셨습니다. 제 글은 2021년 Routledge Handbook of Asian Music: Cultural Intersections라는 제목으로 출판된 책에 수록되어 있습니다. 제목 그대로 책은 아시아 음악을 주제로 하고, 문화적 교차의 의의, 문화적 흐름, 문화 간 경계와 차이의 인식 등의 표현들에 대해 독자가 아시아 여러 지역 음악 문화 관련 논문들을 통해 고찰할 수 있도록 이통순 교수님께서 편집하신 입문서입니다. 수년 전 〈바다의 아침〉과 〈진달래꽃〉을 쓰며 교수님과 음악에 대한 대화를 나누었었는데, 이후 교수님께서 저의 작업 과정과 작곡된 내용을 문화 혼종적 음악하기(musicking)의 사례로 하여, 곡에 대한 내용과 함께 이 주제로 글을 써볼 것을 권유하셨습니다. 글을 쓰며 창작자인 저와 연주자, 그리고 관중 각자가 요즘 만들어진 음악을 다루는 관점들에 대해 스스로 질문하고 고민할 수 있는 기회였습니다. 서양의 현대음악도 계속 만들어지고 있고, '국악'도 전통 레퍼토리들에 더해 다양한 기획과 방향으로 현재 진행형이라는 점에서, 문화적 다원성, 교차를 통한 새로운 가능성에 대해서도 많은 생각을 했습니다.

지형주: 선생님의 작품 목록을 보니 인용음악을 사용하여 청중에게 친근하면서도 작품의 성격이 다양하다는 생각이 들었습니다.

- 강종희: 어떤 곡이든지 결국은 저의 성향이 드러나는 것 같습니다. 가곡 〈두 길〉은 완전히 조성으로 쓰였고요. 학회발표나 공모작은 학구적

으로 작곡할 때가 많습니다. 위촉곡의 경우는 '일반 대중이 원하고 즐길 수 있는 곡'을 부탁받을 때가 많습니다. 〈바다의 아침〉은 처음 바이올린, 해금, 첼로의 삼중주로 위촉받아 세 악장을 작곡했고, 해외 투어를 위해 바이올린, 생황, 첼로 구성에 단악장 형태로 바꾸었다가, 최근 해금과 피아노 듀오로 편성 요청을 받아, 다시 세 악장 버전을 개작 초연하기도 했습니다. 〈춘천가는 밤기차〉는 '인디클래식'을 표방하는 작곡가와 연주자 그룹 Now Ensemble을 염두에 두고 작곡한 것입니다. 김현철의 동명가요 선율 일부에서 화성적 아이디어 등을 구성해 만들었고, 곡 중간에는 짧은 선율 일부도 넣었죠. 이 곡도 최근 바이올린과 피아노의 듀오 버전으로 개작하였고, 원곡과 재작업한 곡들 모두 여러 차례 미국에서 연주되었습니다.

지형주: 자신의 작품 중에서 〈드로잉〉(Drawing)을 대표작으로 꼽는 이유는 무엇인가요?

- 강종희: 〈드로잉〉은 개인적으로 가장 의미 있는 곡입니다. 제가 쓰고 싶었던 종류의 추상적 표현이 이 곡부터 드러났다고 생각합니다. 초연은 2012년 미국의 June In Buffalo 현대음악 페스티벌에서 이루어졌는데, 초연 한 해 전 여름, 저는 런던과 파리의 몇몇 미술관을 방문할 기회가 있었습니다. 20세기 초의 그림, 특히 칸딘스키의 기하학적 추상화와 미로의 초현실주의 그림은 저만의 그림을 만들도록 영감을 주었습니다. 이전에는 음정으로 선율을 만들고 그것을 반복하며 고전적으로 구성해 나가

는 틀을 벗어나지 못했습니다. 반면, 〈드로잉〉(Drawing)에서는 음정을 제스처적으로 표현하고, 그 변형이 작품 전체에 그려지면서 텍스처를 이루어 나갑니다. 소리가 공중에 떠다니거나 쓱 붓질하는 듯한 상상을 하며 작업했습니다. 또한 이 곡에서는 제가 이전에 해왔던 전형적인 작곡방식을 탈피하여, 클라이맥스에 대한 기대를 충족시키지 않으려고 노력했습니다. 이 곡을 쓰기 전과 후로 음악적 구성에의 접근 방식이 달라지기도 한 것 같습니다.

지형주: 〈해령-Black Smokers〉도 그런 전개 방식의 연장이겠네요. 그렇다면 이 곡의 구성은 어떻게 됩니까?

- 강종희: 〈해령-Black Smokers〉는 〈드로잉〉(Drawing)의 표현적 성격에 더해, 구조적 틀에 있어 다층적인 구성 방식을 적용했습니다. 〈해령〉의 처음은 속도가 빠르지 않고 자유롭게 움직이는 제스처들이 등장하나, 이어 잠시 등장하는 짧은 반복 패턴이 앞의 캐릭터와 교대로 출연하다가, 곡 후반부에는 상대적으로 빠른 속도감을 주며 구조적으로 큰 비중을 차지하게 됩니다. 아이디어 두 개가 교대로 배치되는 구조에 더해, 느림-중간-빠름의 속도감의 변화를 전반적으로 적용한 점에서는 '만중삭'(慢中數)의 개념도 말씀드릴 수 있습니다. 이에 더해, 기-경-결-해의 개념을 음악적 전개에 반영했습니다. '밀고 달고 맺고 푸는' 국악적 구조 개념입니다. 국악에서는 한 장단에서 전체 구조에 이르기까지 다양한 형식적 층에 이 개념을 적용합니다. 〈해령-Black Smokers〉 이전에 썼던 곡들에서도 이러한 개념들을 적용한 적이 있으며, 이 곡에서는 서양음악적 개념에서 대조적 성격의 단편들을 시간적으로 펼쳐내는 데 있어 위에 말씀드린 세 가지 개념들을 중첩하여 사용하였습니다.

지형주: 〈해령-Black Smokers〉가 올해 다시 재연되는 것으로 알고 있습니다. 어디서 재연되나요? 개작도 이루어지겠죠?

- 강종희: 올해 10월 29일 일신홀에서 열리는 대한민국 작곡제전 시리즈에서 연주됩니다. 기본적인 구조는 유지하되, 지난 연주에서 나타난 디테일한 부분의 연주 효과를 일부 수정할 계획입니다. 제 기대와 다르게 표현된 음색적 표현, 소리들 간의 밸런스, 거문고의 음정이나 첼로의 제스처 연주 등 좀 더 제가 상상했던 음악에 가깝게 만들기 위해 고민해 볼 문제입니다.

지형주: 재연 축하드립니다. 앞으로의 선생님의 작곡 방향이나 이슈에 대해 말씀해 주세요!

- 강종희: 감사합니다. 더없이 일반적인 답변이 될 수도 있을 것 같은데요, 동시대적인 음악에 대해 고민하는 중이고, 이 고민과 함께 제가 원하는 음악이 어떤 것인지 계속 찾아나가려 합니다. 아직 공연 기회는 없었으나 음악극 형식 혹은 서사를 기반으로 하는 작품을 해보고 싶고, 국악의 전통적 요소를 저만의 새로운 그릇에 담는 연구도 계속할 계획입니다.

작곡가 **이은지**

이은지
〈피보다 붉은 오후〉

글 · **김예림**

이은지(1982-)는 작품에 대한 여러 장치를 음악 곳곳에 숨겨놓는 작곡가다. 그리고 그 장치들은 우리에게 각기 다른 면모를 보이며 의미를 형성한다. 이은지는 연세대학교 작곡과 학사 졸업 후 독일로 넘어가 슈투트가르트 국립음대에서 석사를, 칼스루에 국립음대 최고연주자과정 최고점수 졸업 및 그라츠 국립음대에서 교환 장학생을 이수하였다. WDR(독일서부방송국), Impuls.cc, Hoepfner 재단 등 다수의 현대음악제에서 작품을 발표하였다. 대표 작품으로는 〈인탈리오〉(Intaglio, 2015)와 〈시간의 향기〉(Duft der Zeit, 2013-2014) 등이 있다. 다양한 작품 활동을 통해 칼스루에 국제 작곡 콩쿠르에서 수상(2013)하고, 2017년에는 파안생명나무 작곡가로 선정되었다. 현재 수원대학교, 연세대학교, 중앙대학교, 한국예술종합학교에 출강하고 있다.

확장되는 정체성

변화하는 자신의 모습에 만족하지 못하는 사람도 있지만, 그 모습에 매일 설레며 새롭게 나아가는 사람도 있다. 이은지는 변화를 만끽한다. 물론 자신이 추구하는 중심은 놓지 않으면서, 한편으로는 더 세밀하게 자신을 만들어가며 새로움을 맞이한다. 그렇기에 그의 작품은 비슷한 듯 들려도 확실히 다르다. 매 순간 고민한 흔적이 조금씩 묻어나오고, 그 고민은 새로운 음악으로 안내한다. 그렇게 그는 급격하게 자신을 변화시키려 하지 않고 조금씩 자신을 다듬어나간다. 조금 느릴지 몰라도 계속 고심하고 시도하며 자신의 정체성을 확장하고 있다.

응축된 시간, 와해된 시간

음악은 시간 예술이다. 한번 흘러 지나가면 되돌릴 수 없다. 그리고 소리가 나는 도중에는 음악은 과거를 보여줄 수도 있고, 현재와 미래를, 그리고 이 모두를 동시에 제시할 수 있다.

이은지 작곡가는 여기서 더 나아가 시간의 상대성과 절대성에 대해 생각하기 시작했다. 우리가 좋아하는 사람과 있으면 시간이 빨리 가듯, 작품 속에서 어떤 장치를 통해 시간의 흐름을 조절할 수 있을까에 대해 생각한 것이다. 그래서 그는 '호흡'을 키워드로 삼아 시간의 흐름을 통제하였다. 음을 일부러 길게 늘어뜨려 속도와 방향성을 둔화시키기도 하며, 같은 속도 안에서 다이내믹과 연주기법에 변화를 주어 시간이 흘러간다는 인지를 방해함과 동시에 속도의 촉진을 꾀하기도 한다. 예를 들어 〈스컬프투라 템푸스〉(Sculptura Tempus, 2019)는 약 9분 동안 다양한 방식을 통해 시간의 상대성과 절대성을 보여준다. 알다시피 9분이라는 음악의 시작과 끝은 절대적인 시간을 보여준다. 그러나 그 중간에 이루어지는 소리의 움직임은 청자마다 다르게 받아들이는 장치로 작용하고, 그 안에서 각기 다른 시간을 제시한다. 소프라노와 나레이터, 앙상블 그리고 전자음악으로 구성된 〈시간의 향기〉(Duft der Zeit, 2013-2014)에서도 마찬가지다. 하나의 테이프 안에 시간과 관련된 문구와 이를 뒷받침하는 음향이 뒤섞여 있다. 일곱 부분으로 나뉜 모든 섹션 가운데 동일하게 짜인 것은 없다. 호흡이 아주 느린 것과 타임머신을 탄 것과 같이 흔들리는 속도감 등 여러 구성을 통해 매 순간 다른 시간을 제시한다. 그리고 그 테이프에 담긴 호흡들은 각각 다른 시간의 방을 선보인다.

통제와 자유

이은지의 작품을 들으면 '통제'가 떠오른다. 모든 음들은 적재적소에 배치되어 있고, 어느 것 하나 그 틀에서 벗어나지 않게 들린다. 마치 하나의 실수마저도 용납하지 않을 것처럼 제자리에 들어맞아 있다. 수많은 음표 속에 어긋나는 것마저 통제되어 있는 것이다. 그가 그려놓은 어려운 현대연주기법과 분절분절 나뉘어 있는 리듬들, 그리고 수많은 음들이 이러한 느낌을 배로 만든다.

그런데 어느 순간 작품 속에서 '자유'를 만끽할 수 있는 순간이 찾아온다. 딱딱하게 짜인 구조 속에서 일말의 희망이라도 보는 듯이 통제되지 않은 모습이 흘러나온다. 무속음악의 '무'(巫)와 없다는 의미의 '무'(無)의 개념이 녹아든 작품 〈Mu〉(2017)가 바로 통제 속 자유를 원 없이 펼쳐준다. 철두철미하게 그려놓은 음들을 지나 지휘자가 지휘봉을 내려놓으면서 약 2분간 아무런 규칙 없이 모든 악기가 일제히 소리를 내기 시작한다. 연주자 나름대로 만들어놓은 규칙은 있을 수 있으나, 그 부분을 듣는 청자는 빽빽하게 짜여 있던 스케줄에서 벗어나 갑자기 개인 정비 시간을 얻은 듯 자유로움을 만끽할 수 있다. 이은지는 바로 이 부분에서 작품 속 자유를 선포했고, 또 이 자유는 따로 떨어져 나가 또 다른 규칙 속에서 새로운 작품이 될 수 있음을 암시하였다.

이렇게 통제와 자유를 작품을 통해 맛보게 하는 이은지는 오랜 시간 사유를 통해 조금씩 조금씩 자신의 음악세계를 넓혀가고 있다. 자신의 선호가 바뀔 수 있음을 자연스럽게 받아들이면서 변화를 두려워하지 않고, 있는 그대로 마주한다. 자신의 음악을 직시하고, 상황을 바라보며, 변화를 갈구하고 새로운 곳으로 계속해서 나아간다.

플루트, 첼로, 프리페어드 피아노를 위한 〈피보다 붉은 오후〉
〔An afternoon redder than blood, 2023〕

자연을 보다, 자기 자신을 보다.

미래악회 제48회 작품발표회(2023년 10월 12일, 예술의전당 리사이틀홀)에서 연주된 〈피보다 붉은 오후〉(An afternoon redder than blood, 2023)는 시인 조창환의 시 '피보다 붉은 오후'(2001)에 영감을 받아 작곡되었다. 또한 이은지가 이전에 쓴 소프라노와 피아노를 위한 〈세레나데〉(Serenade, 2018)의 음악적 내용을 시와의 연결성을 생각하며 개작하였다. 플루트, 첼로, 그리고 프리페어드 피아노로 구성된 이 작품은 악기가 만들어 낼 수 있는 소리를 포함한 다양한 현대주법 및 연주기법이 주를 이루며, 소리들은 한 호흡으로 길게 이어진다. 그리고 다양한 주법으로 형성된 소리는 시의 공감각적인 자연을 묘사하고 개인의 복잡한 내면의 한 면을 언뜻 보여준다.

하나의 긴 호흡으로 이루어진 이 작품에서 플루트의 통램 기법(Tongue-ram)과 마우스피스를 자유자재로 열고 닫으며 공기 소리를 형성하는 주법은 정확한 소리와 공기 그 사이를 가로지르는 공감각적 심상을 드러낸다. 첼로 역시 지판과 줄받침 가까이에서 활을 긋거나 브릿지 위에서 연주함으로써 뚜렷하게 무언가를 지칭하는 소리보다는 공기 중에 떠 있는 모습을 만들어낸다. 프리페어드 피아노의 경우 이와 반대로 부유하는 심상을 드러내기보다는 와셔(washer)와 지우개, 고무 막대기, 조각 접착제 등의 다양한 물질을 끼워 피아노 현이 울리는 딱딱하고 둔탁한 음향을 주로 사용하였다.

작품은 피아노와 플루트 연주자가 스펀지를 종이에 비비며 시작한다. 아주 천천히 그리고 소리가 날듯 말듯 움직이는 스펀지는 얕게 속삭이는 소리를 자아내다 이내 사라진다. 첼로 연주자는 현에 손을 갖다 대 진동을 없앤 후 연주를 진행한다. 이윽고 등장한 높은 음역에서 들리는 피아노의 둔탁한 소리가 고요함을 깬다. 플루트와 첼로는 점차 공기 소리를 내는 것에서 벗어나 뚜렷한 음으로 이동하고, 반대로 피아노 연주자는 피아노 현을 피치카토로 연주하거나 종

(bell)을 현에 문지르는 것으로 희미한 배경을 형성한다. 마치 조창환의 시 구절 중 '푸른 잔디 가운데로 투명한 햇살이 폭포처럼 / 쏟아진다'의 시상을 음악으로 표현한 것 같다. 이후 뚜렷한 음들로 제시되는 소리들과 프리페어드 피아노 음색, 글리산도, 공기 소리 주법, 지판에 가깝게 연주하는 방식이 동시다발적으로 제시되면서 곡의 흐름이 빨라진다. 마디44에 이르러 모든 악기의 소리가 빠져나가고, 갑자기 동시에 스포르찬도(*sfz*)와 포르테(*f*)로 화음이 한 번씩 제시되며 앞서 불러일으켰던 이미지들로 돌아간다. 마디60-84까지 이루어지는 음들의 조화는 이제 어떤 음색이 어느 악기에서 나온 것인지 모를 만큼 뭉뚱그려진다. 온갖 주법이 한데 뒤엉켜 제시되고, 리듬은 불규칙적이며, 정확하게 들리는 음이 없다. 계속해서 뒤엉킨 소리를 통해 다양한 이미지를 제시하다 마디116부터 사그라져 간다. 플루트는 점차 명확한 음에서 공기 소리로 변화해가고, 첼로는 활이 브릿지로 이동하며 소리의 색이 빠져나간다. 피아노 역시 건반을 치거나 현을 뜯는 것이 아닌 종으로 현을 문지르며 페이드 아웃된다. 작품이 흐르는 동안 여러 시각적, 청각적 이미지들을 나열했다가 이제는 하나하나 다시 주워 담아 아무 것도 없는 침묵으로 돌아가 끝을 맞이한다.

작품과 시가 긴밀하게 연결된 만큼 조창환 시에서 드러나는 심상들은 이은지의 작품에서 언뜻 비춰진다. 시구 '피보다 붉은 모란 꽃잎이 / 툭 / 떨어진다'의 이미지는 프리페어드 피아노의 둔탁한 소리로 자연스레 연결된다. '아그배나무 가득 희고 작은 꽃이 / 바글바글 / 피어있다'의 분위기는 세 악기가 만들어내는 뒤엉킨 소리들과 연결되는 것 같다. 디테일하게 보이는 이미지가 그려지는 것은 아니지만, 어떤 석양빛으로 가득 찬 숲속에서 빛나는 생명체를 보는 생생함이다. 이렇게 자연을 느끼고 느끼다 이내 화자는 작품을 통해 내면으로 돌아온 듯하다. 왜인지 모를 따스함과 쓸쓸함을 동시에 체험한다. 자연에서 따뜻한 느낌의 붉은색을 느꼈기에 따스함을 느낀 것인지, 어두운 검붉은 색인 것인지 정확하게 구분하지는 못하지만, 자연을 통해 느꼈던 복합적인 심상을 곱씹으며 듣는 이로 하여금 자신이 어떤 기분인지, 어떤 색감을 마주하고 있는지 계속해서 들여다보게 한다.

[연주영상 보기]

Score

An afternoon redder than blood

Eun-Ji Anna LEE

환경과 자연: 조화와 공생의 류流

김예림: 이전 비해사 인터뷰와 다른 인터뷰를 보면 '은유'와 '메타포'를 중요하게 여기신다고 하시면서, 하나의 답으로 나오는 음악을 지양한다고 말씀하셨습니다. 또 이 이야기로부터 시간이 꽤 흘렀는데 지금도 비슷한 음악관을 갖고 계신지요?

- 이은지: 개인적으로 저는 어떤 음악을 들었을 때 '너는 지금 이거를 생각해야 해', '지금 이 이야기를 하고 있어'라고 명확하게 드러나는 것을 선호하지 않았어요. 너무 메시지가 확실하면 종종 우리가 생각할 수 있는 공간이 닫혀버린다고 느껴지거든요. 그런데 이 이야기는 꽹장히 옛날 이야기예요. 예전에 인터뷰에서 말했던 생각과 이런 은유적인 이야기 같은 경우는 다양하게 볼 수 있는 공간으로부터 매력을 느껴 그랬던 것 같아요. 마치 영화를 본 후에 다양하게 해석하는 것처럼요. 당연히 시간이 지나면서 생각이 조금씩 바뀌긴 했어요. 현재는 조금 다르다고 볼 수 있을 것 같아요. 이제는 '이게 뭐지?'라는 느낌보다는 근본적이고 근원적인 부분을 더 생각하려고 노력합니다. 예를 들어, 뭔가 새로운 것을 시도해보고 안 먹어본 것, 안 해본 것에서 시작했다면 이제는 원래 갖

고 있는 재료의 느낌에 더 관심이 생겼다고 얘기하는 게 더 맞을 것 같네요. 사실 지금은 이렇지만 또 이후에는 달라질 수도 있을 것 같아요.

김예림: 이전 작품들을 들었을 때 '음색'과 '음향'에 집중하신다고 느꼈습니다. 이 부분도 음악관 변화와 마찬가지로 시간이 지나면서 바뀐 부분이 있을까요?

- 이은지: 사실 예전에는 어떤 소리 자체에 꽹장히 관심이 많았던 것 같아요. '이렇게 사용하면 어떤 소리가 나올까'나 '은유적인 소리와 같은 것을 어떻게 다양하게 만들 수 있을까'와 같이요. 소리의 조합과 주법에 관심이 많았기에 소리를 통한 다양한 시도를 했었어요. 그런데 지금은 사실 어떤 소리를 들으면 가끔 그게 그냥 '소리지'라고 가끔 생각이 들기도 합니다. 시간이 흐르고 흘러 지금 생각해 보면 예전에 다양하고 새로운 소리를 계속 듣다 보니 스스로 변화를 추구하고 싶어서이지 않았을까 싶어요. 이를테면 미술에 있어서 어떤 색을 좋아한다고 해도 다양하고 미묘한 색 있잖아요. 빨간색이어도 쿨톤 빨간색이 있고 웜톤이 있고요. 음악에 있어서도 그러했었던 거죠. 그리고 여기서 조금씩 변화해서 소리 자체뿐만 아니라 소리의 근본에 대해서 생각하게 되는 경향도 생겼다고 볼 수 있을 것 같아요. 그런데 현재 작품을 쓸 때 음색과 음향도 중요하지만 음악에서의 시간적인 것을 조금 더 생각하는 편이에요. 어떤 소리를 던져주는 이미지보다는 '내가 한 아이디어를 어떻게 음악이라는 시간 안에서 엮어낼

까'라는 고민이 더 큰 것 같아요.

김예림: '시간을 엮어낸다'라는 부분을 더 설명해 주세요.

- **이은지:** 그러니까 예전에는 어떤 시간이라는 생각보다는 어떤 소리가 주는 이미지에 더 많이 포커스를 맞췄어요. 작품에 대해 고민할 때 '어떤 소리를 만들고 조합해서 쓸까'에 더 집중했다면, 지금은 이 이야기를 어떤 시간이라는 공간에 담을까 생각을 더 많이 하는 것이죠. 그러면서 그 호흡이 '더 느려야 하는지 더 빨라야 하는지'에 대한 생각을 많이 합니다. 정말 (속도 자체를) 늘려버릴까, 고민하는 거죠. 이를테면 하나의 이야기만 10분을 할 수도 있고 1분 안에 짧게 끝낼 수 있잖아요. 기본적으로 어떤 시간에 대한 이미지를 만들어 갈지에 대해 고민합니다. 곡을 듣는 사람은 시간 안에서 작품을 들어야 하니까 예전의 저보다는 시간이라는 음악 안에서의 요소를 더 중요하게 생각하는 것 같아요.

김예림: 〈Sculptura Tempus〉(2019)에서부터 '시간과 호흡'이 주요 키워드라고 보았습니다. 특히 '호흡'이 더욱 중요해진 것 같았는데요. 변화의 계기가 궁금합니다.

- **이은지:** 2013년 아르코 사업의 일환으로 신진 아티스트 지원을 받았을 때 작곡발표회를 초연으로만 구성해야 했어요. 처음으로 한 작품 안에서의 구조적인 시간이 아닌, 더 포괄하는 시간에 대한 고민을 많이 했습니다. 이때 한병철

선생님의 『시간의 향기』를 읽으면서 시간을 탐구하고, 시간을 엮어나가는 방식에 대해서 생각했고 작품을 구상할 수 있었어요. 또 〈Mu〉라는 작품이 어찌 보면 그 시작점인 것 같아요. 〈Mu〉를 통해 시간에 대한 시야가 열렸거든요. 이 작품에는 중간에 멈춘 듯한, 물론 멈춘 것은 아니지만, 어떤 방출된 시간이 있어요. 제가 제어하지 못했던 시간이 연주자들의 템포에 의해서 조절되는 것이지요. 그리고 무속의 무(巫)의 미도 있는데, 자기가 없어지는 것 같고 신적인 존재를 영접하는 것 같은, 다시 말해서 자기를 내려놓는 시간도 드러냈다고 생각해요. 그래서 결론적으로 이 작품 안에 여러 가지 시간이 존재했던 것 같아요.

김예림: 작품 활동을 하시는 작곡가이시면서도 학생을 가르치고 계시잖아요. 선생님께서 지금까지 겪었던 경험에 비추어 보았을 때 후배들에게 전하고 싶은 말씀이 있을까요?

- **이은지:** 어려운 질문이네요. (웃음) 학생들한테 항상 하는 말이 '열려 있는 게 중요하다'에요. 저에게도 제 시야에 갇혀 다른 것은 배제하는 시기가 있었기도 하거든요. 그런데 지금 와서 보니 그러면 안된다고 생각해요. 여러 가지를 처음에 받아들일 때 그 작품에 대한 비판 의식보다는, 먼저 있는 그대로 수용해서 자신의 지식을 쌓아나가야 한다고 생각해요. 이런 것을 수만 번 반복해서 경험치가 어느 정도 쌓이고 난 다음에야 그 다음에 듣는 작품 혹은 곡을 써내려갈 때 평가할 수 있다고 봐요. 그 수준에

올랐을 때 작품을 듣고 나 스스로 필터링을 해야 하는 거라고 이제야 저도 느끼는 것이에요. 쌓아 올리지 않은 상태에서 내가 싫어한다고 걸러버리면 안 되는 거죠. 하나만 좋아해서 하나만 선택하는 것과 여러 개를 듣고 경험해본 후에 거기서 선택하는 것은 완전히 또 다른 이야기잖아요. 그래서 저는 이런 면에서 사람은 언제든지 변한다고 생각해요. 호불호도 변하고, 나아가고자 하는 방향성도 변하지요. 결국 시간이 흐를수록 모든 것은 변하겠지만 일단은 무엇이든지 경험해 보라고 얘기해주고 싶어요.

김예림: 마지막으로, 앞으로 어떤 시도를 해보고 싶으신지, 추구하고자 하시는 방향이 있으실까요?
- 이은지: 어려운 질문입니다. 지금의 저는 제가 추구하는 방향이 중요하다기보다는, 좋은 잔향을 가진 음악을 작곡하는 싶다는 마음이 더 큰 것 같습니다.

작곡가 **조미나**

Mina Cho

조미나
〈사물놀이 판타지: 계절〉

글 · 손민경

미국 보스턴과 한국을 중심으로 왕성하게 활동하는 **조미나**(1981-)는 작곡가, 재즈피아니스트, 음악학자이다. 연세대학교에서 신학을 전공했고, 버클리 음악대학에서 영화음악과 재즈작곡 복수전공을 했으며, 이후 뉴잉글랜드음악원에서 재즈작곡 석사 및 재즈작곡 전공/음악학 부전공으로 박사학위를 취득했다. 클래식 음악과 재즈 기반의 교육을 받은 그는 한국 전통음악과 현대 재즈, 가스펠, 글로벌 뮤직, 즉흥음악 간의 상호작용을 강조하는 작곡방식을 추구하고 있다. 국악재즈소사이어티, 보스턴 한국전통예술원에서 예술 감독으로 활동하여 다수의 지역 기관과 공동체의 예술 문화 보급에도 힘쓰고 있다. 대표작으로 〈판소리 칸타타: 길령전〉(2019), 〈사물놀이 판타지: 계절〉(2022), 〈그레이스 비트 퀄텟: 환상비트〉(2023) 등이 있다. 현재 미국 에멀슨 대학교 공연예술학과 협력교수로 재직 중에 있으며, 브랜다이스 대학에서 한국음악과 역사와 관련하여 두 번째 박사학위 논문을 마무리 중에 있다.

음악 장르의 결합 속, 문화적 칸막이를 지우다

국악재즈(Gugak Jazz). 미국 보스턴을 기반으로 활동하는 한국 출신 작곡가이자 연주자인 조미나 음악의 핵심 키워드이다. 이 콘셉트는 그의 문화 환경과 음악 교육 배경에서 출발했다. 어릴 때부터 배운 클래식 피아노와 미국으로 유학 간 이후 습득한 재즈와 현대음악, 그리스 터키 음악 등에서 발전된 것이다. 성장하면서 그는 '한국적인 재즈는 무엇일까'라는 질문을 하게 되었는데, 여기에는 다양한 문화와 인종이 혼재하는 미국 사회 속 한국음악인으로서의 오리지널리티(originality)에 대한 고민이 내재해 있다. 그 무렵 보스턴에 들어온 다양한 국악인들을 만나 자연스럽게 이들과 협업하게 되면서 한국 전통음악을 기반으로 재즈와 다양한 글로벌 음악을 결합한 공연예술을 제작해 왔다. 2018년 그는 비영리 예술단체 국제국악재즈연구소를 설립하고, 음악 그룹인 국악재즈소사이어티(Gugak Jazz Society)를 창단하면서 여러 작품을 선보여왔다. 물론 국악과 재즈의 결합은 이미 90년대에 크로스오버, 퓨전음악 등에서 시도가 되어왔고 동시대 음악씬에서도 다양하게 진행되고 있지만, 그의 국악재즈는 무언가 다른 힘이 느껴진다. 그것은 바로 그의 음악 안에 문화·역사적으로 서로 멀리 떨어진 한국과 그리스, 터키, 미국, 베네수엘라 등의 음악들이 그의 특별한 손길을 거쳐 한데 공존해 있기 때문이다.

동화(assimilation)가 아닌 상호 공존(coexistence)

역사적으로, 문화적으로 멀리 떨어진 상이한 음악 장르를 한 음악에 모을 때, 어느 정도의 어색함과 부자연스러운 사운드가 생기기 마련이다. 하지만 조미나는 재즈를 비롯한 다양한 장르가 국악과 결합될 때 어느 한쪽 장르가 다른 장르에 의해 희생되거나 타협되는 것이 아니라, 두 장르의 본질이 살아있고, 동등한 상태에서의 상호작용이 가능하도록 구상했다. 이는 관념적인 이상주의에 그친 것이 아니라 그녀의 각 음악 장르의 배경과 뿌리의 철저한 이해와 악기의 세부적인 연주법 탐구에 기반한다. 예를 들어 〈사물놀이 판타지: 계절〉(2022)에서 그는 영남 사물놀이 사설 '별달거리' 장단을 활용하기도, 지역 사물놀이에서 도입부에 해당하는 '월산가'를 차용하기도 했다. 즉 사물놀이의 원형이 최대한 보존되고 희생되지 않으면서도, 재즈에서도 좀 더 현대적인 화성이 섞인 재즈로 세련되게 만든 것이다. 이와 유사한 음악어법과 스타일은 〈환상비트〉(Beat Mirage)(2023)에서도 찾아볼 수 있다. 이러한 시도는 한때 동서양 음악 융합으로, 각 음악의 고유한 특성을 담으면서 함께 공존하는 혁신을 일으킨 요요마의 실크로드 앙상블 프로젝트를 연상시킨다.

음악으로 내 이야기 스토리텔링하기!

물론 한국의 전통 민요와 사물놀이의 원형 장단을 불러오는 것이 국가 단위의 문화적 전통을 활용한다는 측면에서 혹자들에게는 그녀만의 개별적인 음악 정체성은 무엇인가에 대한 의구심을 들게 할지도 모른다. 그러나 조미나는 음악 안에 자신의 진실한 스토리와 목소리를 담고자 하였다. '이야기가 있는 음악'을 중요시하는 그는 음악과 스토리가 같이 움직이거나, 음악 안에 내러티브가 존재하는 방식의 표제적 작품을 주로 창작한다. 이 내러티브는 가상의 소설 속 이야기나 허무맹랑한 판타지가 아닌, 자신이 평소에 품어왔던 생각들이나 실제로 겪은 일들을 재구성한 것이다. 가령, 〈판소리 칸타타: 길령전〉(2019)에서 주인공 길령이는 스스로의 존재를 부정하며 자살을 시도하던 중 혼수상태에서 예수의 십자가형을 우연히 목격하는데, 이는 조미나 자신의 기독교적 감수성을 직접 투영한 것이다. 길령이의 이야기를 통해 조미나는 서양의 기독교와 한국의 전통 영성, 크리스천 신앙인으로서의 삶을 이야기한다. 또한 〈사물놀이 판타지: 계절〉에서는 주인공 순이의 파란만장한 음악 여정과 삶을 통해 인생의 계절, 생명과 죽음의 의미에 대한 생각을 잔잔히 나눈다.

국악재즈로 자신의 이야기를 담담히 들려주는 조미나. 재즈의 사회문화적 의미에 대해 음악학자 루이스(George Lewis)는 "재즈는 아프리카계 흑인 공동체에서 출발할 만큼, 미국 내의 소수자들, 소외된 목소리를 들을 수 있는 플랫폼을 제공하고 체제적 불의에 도전하는 역할"이라고 말한다. 물론 작곡가 조미나가 곡을 쓸 때 직접적인 정치적 의도는 없다고 했지만, 필자는 이러한 소수 인종과 관련된 음악적 결합이 미국 사회에서 이들의 소리를 낼 커뮤니티를 결집해줄 것으로 생각한다. 그의 음악의 진정성은 미국 사회에서 여전히 인종적으로, 문화적으로 마이너리티에 속한 음악 장르인 한국 전통음악을 재즈음악과 함께 드러냄으로써, 미국 사회 속 아시아인들과의 연대, 포용, 상호협력으로 이들의 목소리를 내고자 한 것으로 나타난다.

〈사물놀이 판타지: 계절〉
(Samulnori Fantasy: Season, 2022)

자연(自然)의 흐름, 자연스러운 국악재즈의 만남으로 풀어내다!

글로벌 무대에서 상이한 한국과 미국의 음악을 한데 엮고 섞는 작업을 해온 조미나는, 〈사물놀이 판타지: 계절〉에서 한국의 전통 사물놀이를 활용한 진취적인 소리를 드러낸다. 사물놀이는 국내 대표적인 전통 타악음악이기도 하면서 "한국음악의 세계화 진출과 확산에 발판이 된 첫 성공을 일으킨 음악," "진정한 한국음악 드러밍, 혼과 핵심문화가 담긴 다이내믹스"로 거론될 정도로 국제 무대 진출에 한발 앞서간 음악이기도 했다.

보컬, 피리, 태평소, 사물놀이, 3명의 코러스, 피아노, 베이스, 드럼, 색소폰으로 편성된 이 작품은 창작 음악극의 형태로 2022년 미국 보스턴에서 국악재즈소사이어티에 의해 초연되었다. 약 100분간 펼쳐지는 이 음악극은 하늘에서 '별달거리'를 통해 하룻밤 여행을 나온 음악 사제(司祭)직 옥토끼 '레인'과 소리꾼으로서의 꿈을 포기하고 유학길에 오른 '순이'의 이야기로, 전주곡과 후주곡이 담긴 2막 5장으로 구성된다. 장면마다 조미나는 사물놀이를 중심으로, 재즈와 블루스, 블랙 가스펠, R&B, 즉흥음악의 다양한 장르를 접목하여 한국 전통 연희(演戲)적 요소를 덧붙여 흥미롭게 풀어낸다.

전주곡 '달빛 기도'에서는 달빛세계를 향해 인간세계에 비를 내리게 해달라는 순이의 기도가 상호문화(intercultural) 음악어법의 성가 양식으로 드러난다. 느린 빠르기(♩=68)에서 E와 B음을 중심으로 5음음계 혹은 E프리지안 선법을 유영하는 진행이 등장하는 이 곡은 보컬리스트의 중저음부에서 웅장하고 길게 울려 퍼지는 음으로 시작된다. "풍우우전 월광지천" 한 음절 단위로 길게 늘어져 등장하는 이 노래는 곳곳에 시김새와 요성(떠는 음)과 돈꾸밈음이 사용되어 신께 간절히 비는 듯하다. 이어서 피리와 정가, 가스펠 코랄 3인의 콰이어가 등장하며, 정가가 자유롭게 E음의 페달음 위에서 단선율적으로 움직일 때, 가스펠 코러스는 아카펠라로 현대화된 수직적인 재즈화성(F#7, FM7, FM9, FM7(add9), EM7)을 만들어 내는데, 이때 미스테리한 실버메탈 같은 음색이 등장하면서 몽환적인 분위기를 자아낸다. 이와 동시에 정가의 한국어 가사와 서양의 영어가사가 병치된 다중텍스트 성가의 등장은 재즈의 집단적 즉흥연주와 어우러져 지상세계와 천상계를 포괄하는 우주적 만남과 소통을 상징화한다.

"덩 덩 쿵덕쿵 쿵덕쿵덕쿵덕쿵 쿵덕쿵 쿵덕쿵 쿵덕쿵덕쿵덕쿵"의 별달거리 장단의 구음으로 시작되는 1악장 '달나라의 옥토끼, 보름달 축제'에서는 재즈의 스윙리듬과 국악 장단과의 흥겨운 결합이 이뤄진다. 옛 선조들이 해와 달과 별을 보고 풍성한 농사를 기원한 것에 별달거리 장단이 유래하듯 이 악장 역시 메마른 여름 땅에 비를 내려달라는 인간의 간절한 호소를 담고 있다. 이러한 역동적인 장단은 점차 가스펠 그루브로 전환되는데, 그 과정에서 사물놀이와 재즈 두 장르 리듬의 합성(合成)이 이뤄진다. 중요한 것은 서양식의 마디별 강약 단위에 따른 방아를 찧는 듯한 진행이 아닌, 국악의 그루브를 살리고 호흡을 기준으로 하는 박 단위로 흘러간다는 것이다. 즉, 두 리듬의 합성은 당김음과 악센트, 변박의 빠른 전환, 여러 마디를 가로지르는 붙임줄 등으로 서양식의 마디 단위를 유연하게 넘나들도록 표현하여, 국악의 장단과 모던 재즈의 감성이 자연스럽게 엮이게 되도록 했다.

제3악장의 '달빛 그림자 속에'에서는 전통 칠채 장단을 기반으로 한 한국 전통 민요인 강원도 아리랑이 신나고 활기차게 펼쳐진다. 그의 아리랑은 재즈 코드 위에 D와 A음의 5음음계를 중심으로 한 모던한 칠채가락이 들려오는데, 5/8와 6/8의 박을 번갈아 아리랑 본연의 장단을 표현했고, 악센트와 테누토를 통해 흥의 다이내믹을 유지하도록 했다. 그런 다음 자연스럽게 이 곡의 주요 악군인 사물놀이 밴드가 점점 시동을 걸면서 화려하고 열정적인 휘모리 장단의 퍼레이드가 펼쳐진다. 반복되는 빠른 장단은 흥에 흠뻑 취한 현란한 몸짓이 동반되면서 음악의 흐름을 클라이맥스로 끌어올린다.

혹자에게는 이 음악이 작곡가 개인의 순수한 예술적 감성과 개성적 소리를 담기보다는 미국의 다문화적인 상황과 외국인 청중을 참작해서 만든 음악처럼 들릴지도 모른다. 하지만 조미나는 한국과 미국음악을 단순히 기술적으로만 결합하거나 표면적인 공통점을 잡아 융합시킨 것이 아닌, 두 장르가 이음새 없이 어우러져 마치 하나의 장르인 듯 물 흐르듯이 엮이게 했다. 더욱이 사물놀이, 판소리, 재즈뿐만 아니라 호남, 영남지방 등 지역 고유의 노래까지 충실히 탐구하여 한국인 귀에 생소한 전통까지 들려주도록 했다. 이러한 각 음악 정통의 깊은 탐색 위에 자연을 노래하며 국악과 재즈를 자연스럽게 결합시킨 것이 이 음악의 핵심이 아닐까.

[연주영상 보기]

Score

Moonlit Invocation
달빛 기도

Music & Words by Mina Cho

Intro *Prayerfully*

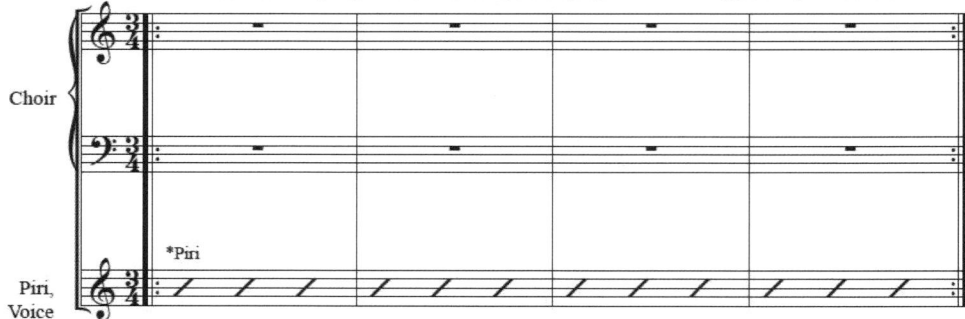

*All instruments: Freely improvise over the E major/A major pentantonic, E Phrygian, E Spanish scales.

Choir

*Piri

Piri, Voice

A *Freely* ♩ = 68

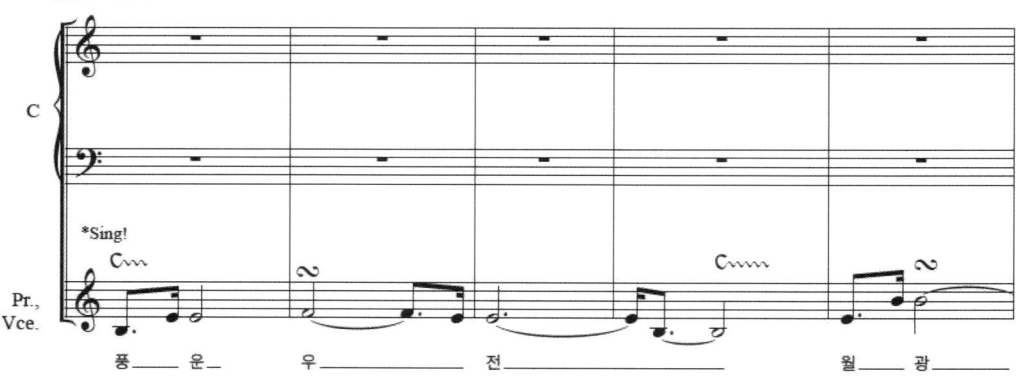

C

*Sing!

Pr., Vce.

풍___운___ 우___ 전___ 월___광___

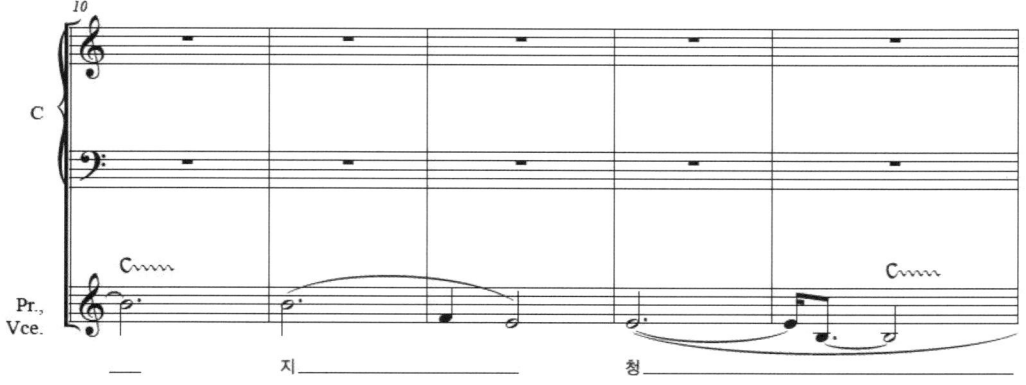

C

Pr., Vce.

___ 지___ 청___

손민경: 선생님께서는 여느 작곡가와 다르게 신학을 공부하신 남다른 이력을 갖고 계신데요. 대학교에서 신학을 전공한 후에 미국으로 와서 음대에 진학을 하셨는데, 그 배경이 궁금합니다.

- 조미나: 어렸을 때부터 교회에서 반주자로 섬겼는데, 블랙 가스펠 음악을 매우 좋아했습니다. 하지만 당시 한국 교회에서 그런 음악을 연주하는 것은 흔하지 않았고, 정통 복음 성가나 찬송가와 같은 음악을 주로 연주했어요. 개인적으로 머라이어 캐리(Mariah Carey), 커크 프랭클린(Kirk Franklin), 조 페이스(Joe Face) 등의 가스펠 음악가들을 너무 좋아해서 그들의 음악을 혼자 연습해보곤 했죠. 유치원 때부터 클래식 피아노 교육을 받으며 나름 행복했지만, 좀 더 자유롭고 즉흥적인 연주를 하는 나 자신을 이따금 그려봤는데, 그럴 때 더 많이 설렜던 것 같아요. 클래식 피아니스트가 되고자 하는 꿈을 꾸며 고등학교 때까지 입시 준비를 했는데요. 여러 가지 연유로 연세대학교 신학과에 입학하게 되었습니다.

대학교에서 공부하는 동안 신학이 음악과 동떨어져 있지 않고, 음악적으로, 학문적으로도 긴밀한 연관성을 갖고 있음을 깨달았어요. 신학 공부를 통해 오히려 음악적인 영감이 충만해졌고, 클래식 피아니스트가 되고자 하는 꿈을 내려놓으니 진로의 선택지도 다양해졌죠. 그때 김철민 음악감독님을 만났는데, 그분께서 제가 동경해 왔던 음악 이야기를 들으시고는 버클리 음대에서 공부해 보는 것을 제안해 주셨습니다. 경제적인 여건만 보자면 유학을 꿈꿀 수 없는 상황이었는데, 막연히 버클리 음대에서 공부해야겠다는 꿈을 가지게 됐어요. 꿈을 키우며 차근차근 유학 준비를 시작했고, 4학년 때 합격통지서와 장학금을 받았습니다. 졸업 후, 제 꿈을 축복해 주시고 부족한 부분들을 채워 주셨던 감사한 분들의 도움으로, 기적과도 같이 보스턴에서 새로운 음악 인생을 시작할 수 있었습니다.

손민경: 버클리에서 재즈 작곡과 영화음악 작곡을 배우셨는데, 한국에서 배워왔던 클래식과는 매우 다른 음악세계라고 생각이 되는데요.

- 조미나: 버클리에 오자마자 제 눈 앞에 펼쳐진 세상은 굉장히 글로벌한 느낌이었어요. 현재 글로벌 음악의 범위는 꽤 넓어졌지만, 당시에는 '월드뮤직'이라는 용어가 주로 쓰였고, 그 중심에는 라틴음악과 아프리카 음악이 있었죠. 한국에서 배워왔던 정통 재즈에 국한되지 않고, 문화적으로 확장된 스타일의 재즈를 경험하게 되었는데, 그 매력에 깊이 빠져들었어요. 그런 음악적 경험에 가장 큰 영향을 주신 분은 베네수엘라 출신 피아니스트 레오 블랑코(Leo

Blanco) 선생님이셨습니다. 정통 재즈 어법을 바탕으로, 자신의 작품을 화려한 남미 리듬과 흐드러진 색감의 수채화로 그려낸 듯한 즉흥적 화성을 자유롭게 구사하며 연주하는 모습이 신선하고 충격적이기까지 했어요. 저에게 전혀 색다른 음악세계를 열어주었죠.

무엇보다 저를 매료시켰던 것은 역동적이고 다이내믹한 리듬이었어요. 졸업할 때까지 선생님과 리듬에 대해 굉장히 열심히 공부했던 기억이 납니다. 이후에도 자연스럽게 남미 음악을 연주할 기회를 많이 찾았고, Afro-cuban 음악과 서아프리카 음악 등에 대한 공부도 계속 이어나갔어요. 공부한 내용들은 저 나름의 작곡으로 풀어내는 것을 즐겼는데요. 그런 곡들을 모아 2010년 미국에서 발매했던 첫 음반이 〈오리지널리티〉(Originality)입니다.

손민경: 판소리 칸타타 〈길령전〉에서 국악과 재즈, 클래식 칸타타와의 결합이 흥미로웠습니다. 어떤 계기로 창작이 되었는지요?

- 조미나: 2017년 뉴잉글랜드 음악원 박사 졸업 연주회에서 그간의 음악 여정을 돌아보며 그리스, 터키 음악과 한국 전통음악을 융합한 창작품들을 발표했고, 좋은 평가를 받았어요. 이제 연주회에서 발표한 작품들을 바탕으로 졸업작품을 제출해야 했는데, 뭔가가 제 마음을 불편하게 하는 거예요. 지도교수님과 진지한 논의 후 결국 최종 제출을 미루고 작품을 다시 쓰기로 했어요. 타 문화와의 융합을 소재로 하지 않고, 오롯이 한국음악을 깊이 있게 다루는 재즈

창작곡을 쓰는 것으로 방향이 바뀌었고요. 작품을 새로 쓰면서 브랜다이즈 대학에서 두 번째 박사과정을 시작했고, 에릭 체이프(Eric Chafe) 교수님과 바흐의 〈마태 수난곡〉과 〈요한 수난곡〉에 관한 공부를 하게 됐어요. 대본가(Librettist)와 작곡자와의 관계, 그리고 바흐가 신학 텍스트를 음악적으로 해석하는 태도와 기술에 영감을 받았고, 제가 진행하고 있던 새 작품에도 영향을 주었습니다. 기독교인으로서의 개인적 경험과 신학, 클래식 음악과 재즈, 그리고 국악에 대한 연결점들이 보이기 시작했어요. 서양의 칸타타와 한국의 판소리, 그리고 서양 오케스트라와 재즈 오케스트라가 교차되며 국악 재즈 오케스트라에 대한 아이디어들이 떠올랐고요. '한국적으로 표현된 예수의 수난은 어떤 모습일까?'라는 질문을 전제로 "판소리 칸타타"라는 장르의 곡을 쓰기 시작했어요. 〈길령전〉 탄생의 시작이었죠.

길령이는 꿈속에서 돌아가신 어머니와 재회하여 한바탕 눈물을 쏟아내기도 하고, 예수에 대한 사연 많은 이야기도 듣게 되는데요. 이리저리 떠돌다 결국 예수님의 장례가 치러지는 곳에 다다르게 됩니다. 이때 그의 영혼을 위로하고자 길령이가 부르는 노래가 바로 '상여소리'에요. 전통 상여소리 선율이 블루스 선율이 되고, 재즈 오케스트라가 연주자들이 상여를 메고 가는 상여꾼이 되고, 길령이를 노래하는 소리꾼은 상주가 되었죠. '오호' 구음을 연주자들과 관객들이 주고받으며, 이야기 속 인물과 연주자, 관객, 우리 모두 하나가 되었던 감동적인

경험이었어요.

손민경: 〈사물놀이 판타지: 계절〉에서 제목만 봐도 국악과 재즈의 융합이 느껴지는데, 각 음악은 매우 독특한 장르인데 어떻게 함께 어울리게 만드셨는지요? 단순한 혼종을 넘어 두 이질적인 장르를 자연스럽게 엮기 위한 선생님의 방식이 있다면요?

- 조미나: 여러 층위에서 생각해 볼 수 있는데요. 제 음악에서 가장 중요한 요소 중 하나는 리듬과 공간감이에요. 특히 국악과 재즈의 융합을 시도하는 프로젝트에서 서로 다른 두 장르가 추구하는 리듬에 대한 본질적인 이해와 표현, 그리고 공간의 특색 있는 활용이 상당히 중요하다고 생각합니다. 그 공간은 마디 안에서 리듬을 국악적 혹은 재즈적으로 해석하는 태도가 될 수도 있고, 재즈 리듬섹션, 사물놀이 파트, 소리꾼의 선율과 재즈화성이 각각 돋보이거나 함께 어우러지는 섹션일 수도 있어요.

〈계절〉에서 저는 국악과 재즈를 화학적으로 결합해 새로운 것을 창조한다기보다는, 전통 사물놀와 재즈 본연의 매력을 최대한 살리고 싶었어요. 예컨대, "월산가"는 웃다리 사물놀이를 시작하며 불리는 노래인데, 제 곡에서의 〈월산가〉는 세마치 장단을 기본형으로 한 베이스 반주로 시작됩니다. 도입에서 사물놀이와 리듬섹션이 서서히 공간을 채우고 안정적인 앙상블이 완성되고 나면, 보컬이 "월산가" 선율을 노래하죠. 그런 다음 사물놀이 멤버들이 함께 노래를 하고, 피아노와 피리 간주 기점부터 점차

적으로 재즈적인 화성이 돋보이는 게 되죠. 분위기 전환을 위해 장단도 굿거리로 바뀌고요. 이후, 창작된 멜로디, 구음과 스캣 기법(가사 대신에 뜻이 없는 말로 즉흥적으로 프레이즈를 만들면서 부르는 것)이 혼합된 선율이 소개되면서 좀 더 빠른 자진모리 장단으로 바뀌고, 피아노 솔로와 사물놀이 솔로 구간이 소개되면서 마침내 재즈 연주자와 사물놀이 연주자들이 자유롭게 한바탕 놀 수 있는 판이 형성됩니다.

손민경: 미국에 이민 온지 19년 정도가 되셨는데, 궁극적으로 선생님은 음악가로서 어떤 비전을 갖고 있는지요?

- 조미나: 진심이 담긴, 곧 제 이야기가 담긴 음악을 만들고 연주하며 관객들에게 좋은 에너지를 전달할 수 있다면 정말 행복할 것 같아요. 인생을 살아가며 제 삶의 이야기가 타인을 이해하고 나 자신을 더욱 깊이 이해함으로 인해 점점 더 풍성해졌으면 합니다. 다채로운 음악언어가 내 안에 존재하고, 음악을 통해 자유롭게 나올 수 있도록 계속 노력하고 진화하는 음악가가 되고 싶습니다.

손민경: 오늘 긴 시간 솔직하면서 유익한 말씀 감사드립니다. 앞으로 진심이 담긴 멋진 음악 활동을 응원합니다.

작곡가 **전현석**

Hyun suk Jun

전 현 석
〈VISTARA〉

글 · **이예지**

공간음악의 새로운 가능성을 탐색하는 작곡가 **전현석**(1978-)은 추계예술대학교 작곡과를 졸업하고, 한국예술종합학교 음악테크놀로지과와 오스트리아 그라츠 국립음대에서 학위를 취득했다. 그는 상상을 통한 즐거움과 색채와 공간을 통해 느낄 수 있는 감각의 경험에서 즐거움을 얻었고, 이를 통해 공간 내에서 다양한 예술과의 협업을 통해 신선함을 줄 수 있는 소리를 추구한다. 대표적인 작품으로는 4대의 클라리넷을 위한 〈방랑자〉(Wanderer, 2010), 〈페이즈〉(Phase, 2022), 〈토카타〉(Toccata, 2020), 〈날다〉(NALDA, 2015) 등이 있다. 오스트리아 그라츠시 음악진흥상, 이탈리아 통일 150주년 국제작곡콩쿠르 1위 및 청중상 등에 입상하며 활발하게 활동하고 있다. 현재 추계예술대학교, 이화여자대학교, 전남대학교에서 후학을 양성하고 있다.

소리와 공간의 교차점, 그 경계를 넘어서

전현석 작곡가의 음악 세계는 공간과 시간, 그리고 상상력의 무한한 확장에서 출발한다. 그는 공간에서 경험할 수 있는 다양한 감각에 매료되었고, 시공간을 소재로 한 전자음악으로 자신만의 음악관을 선보였다. 특히 현대무용단, 시각예술가, 설치예술가와 작업을 다양하게 진행하며 음악이 공간 내에서 여러 예술과 결합하며 전달해 줄 수 있는 미적 가치를 발굴해낼 필요성을 느꼈고, 여러 위치에 놓인 스피커에서 나오는 소리의 움직임에 매력을 느꼈다. 그는 전자음악을 통해 하나의 공간이 추상화된 공간, 그리고 여러 가지 감각을 느끼는 원초적인 공간으로 변모한다는 과정에 주목했으며, 그곳에서 경험하는 모든 것에서 큰 즐거움을 얻었다. 이로써 소리와 공간이 만나면서 공간이라는 물리적 제약을 탈피하고, 소리 또한 공간을 통해 일차원적인 음향을 넘어서며 경계를 확장하는 작업을 일구었다.

그가 공간음악을 최초로 시도한 작품 〈방랑자〉(Wanderer, 2010)에서는 4대의 클라리넷을 서로 다른 무대 공간에 배치하여 공간감이 선사하는 음색의 다채로움을 느낄 수 있다. 모든 악기는 사방으로 관객을 둘러쌓아 연주하는데, 이는 마치 전자음악으로 둘러싸인 관객처럼 여러 소리의 움직임을 느끼게 된다. 작곡가는 공간의 이러한 소리 움직임에서 마치 공간 안에서 소리를 조형해내는 상상을 하기도 한다. 점 단위의 음군 연주를 통해 음악이 진행되면서 음향의 공간 확장과 소리의 움직임에 대해서 재고해볼 수 있다.

현실과 상상의 융합

공간음악은 단순히 물리적 한계에 갇히지 않는다. 그것은 우리의 감각이 닿을 수 있는 현실 세계를 넘어, 상상력이 펼쳐지는 무한한 영역으로 확장된다. 이 비현실적 공간에 대한 탐구는 더욱 입체적이고 다채로운 사운드스케이프를 창조해낸다.

이러한 개념을 담은 작품 〈날다〉(NALDA)에서는 음악적 에너지가 내면의 모호하고 추상적인 형태에서 시작하여, 외부 세계를 거쳐 다시 내면으로 회귀하는 끊임없는 순환을 보여준다.

이 과정에서 에너지는 구체화되고 조형화되며, 내면과 외부 세계는 서로에게 영향을 주고받는 인과관계를 형성한다. 이러한 상호작용은 상승하려는 욕구를 지닌 미세한 요소들을 탄생시키고, 점진적으로 복잡한 텍스처로 진화해 나간다.

현악합주를 위한 〈빛의 강〉(Lichtfluss for String Orchestra, 2021)은 개별 음향의 파동이 모여 형성된 '빛의 강'을 청각적으로 구현한 작품이다. 미셸 히어로니무스(Michael Hieronymus)의 동명 그림에서 영감을 받아 탄생한 이 곡은, 흰색 배경 아래 숨겨진 금빛을 드러내는 그림의 기법을 음악으로 재해석했다. 작곡가는 그림이 지닌 모호하면서도 강렬한 시각적 흐름을 음악으로 옮겨, 미세한 소리 입자들이 모여 공간을 가로지르는 장대한 음향의 강을 창조해냈다. 이처럼 작곡가 전현석의 공간음악은 현실과 상상, 시각과 청각, 내면과 외부를 자유롭게 넘나들며, 청중에게 새로운 차원의 감각적 경험을 선사한다. 보이지 않는 것을 시각적으로 보이게 하고, 내면세계에 존재했던 상상들을 현실에서 느낄 수 있도록 만듦으로써, 소리의 무한한 가능성을 펼쳐낸다.

변화하는 시간에 대한 음악적 고찰

시간은 끊임없이 흐르며 변화를 가져온다. 현재는 순식간에 과거가 되고, 미래는 어느새 현재로 다가온다. 이러한 시간의 흐름을 음악으로 포착하고 표현하는 것은 작곡가에게 끊임없는 도전이자 영감의 원천이다.

메조 소프라노, 타악기와 테이프를 위한 〈크로노스의 정원〉(The Garden of Kronos)은 시간의 무자비함을 그리스 로마 신화의 크로노스를 통해 표현한다. 다양한 시계 소리의 전자음향적 변주, 타악기와 소프라노의 유기적 결합, 그리고 셰익스피어의 소네트 60번이 어우러져 시간의 흐름과 인간 존재의 덧없음을 감동적으로 그려낸다. 또한 〈점들〉(dots, 2017)은 백남준의 작품에서 영감을 받아 공간에 갇힌 현악사중주의 이미지를 음악으로 구현했다.

작품 〈테이프를 위한 해부학〉(ANATOMY I for tape)은 음향 간의 운동성과 연결에 초점이 맞춰져 있으며, 특히 동작에 따른 행위에서 악기에서 나는 최종적인 소리까지의 연결과정을 음악 진행의 주요한 소재로 이용하였다. 이를 통해 작곡가 전현석은 변화하는 시간 내에서 유기적으로 발생하는 변화의 과정들을 음악으로 포착하고, 자신만의 독자적인 철학관으로 전자음악에 대한 해석을 풀어나간다.

오케스트라를 위한 〈VISTARA〉
(VISTARA, 2013)

우주의 무한한 시공간을 음악으로 구현하다

우주는 끊임없이 팽창하고, 인류의 우주에 대한 관심은 무한하다. 작곡가 전현석은 우주가 지니는 시공간에서 발생하는 모든 과정을 입체적으로 분석하고, 드넓은 차원을 10분의 전자음악으로 압축했다.

2013년, ARKO한국창작음악제에 출품된 작품 〈VISTARA〉는 한 과학자의 흥미로운 주장에서 영감을 얻었다. 우주의 시작부터 지금까지 우주는 고유한 소리를 만들어내고, 현재까지 지속되며 변한다는 것이다. 특히 빅뱅의 시작부터 현재까지 우주의 미세한 울림을 환원해보니 장3도에서 단3도로 변화한다는 이론에서 무한한 시간과 공간의 확장이라는 아이디어를 얻을 수 있었다.

작품은 오케스트라 편성을 가지며, 핵심 모티브는 미세한 음향의 파동이다. 이는 마치 물결을 일으키는 것 같이 움직이는데, 짧고 파편적인 동기가 계속해서 발전하는 양상은 빅뱅을 시작으로 우주가 확장되는 과정을 무수한 파장의 확장으로 표현한 것이다. 이때 공기를 활용한 관악기의 에어사운드를 통해 공기층을 떠올리게 하며 우주를 연상시킨다. 또한 패턴화된 동기가 짧은 시간 내에 압축적으로 빠르게 크레셴도 했다가 사라지며 특정한 공간감을 형성한다. 단기간에 큰 소리를 밀어내는 듯한 형태는 소리의 밀도와 파형의 발전을 통해 공간의 확장을 이루는 양상을 표현한다. 이러한 물결은 증식 과정을 거쳐 점점 증폭되어가고, 꾸준히 양적인 부피감으로 변화되어 종국에는 넘쳐흐르고 공간의 벽을 뚫는 빛을 은유한다.

섹션A에서는 길고 짧은 음의 제시와 지속음, 트레몰로를 통한 반복 운동, 잇단음표의 흘러가는 모양 등 다양한 파형의 모습이 제시된다. 이후 섹션B에서는 소리가 매우 작아지고, 음의 조합이 해체되면서 진공상태의 공간이 연상된다. 음을 최소화하며 무음이 내는 텅 빈 공간감, 진공의 상태가 연출되는 것이다. 이러한 침묵은 단순한 소리의 부재가 아니라 모든 소리의 시작점이자 의미가 집약된 공간, 즉 우주의 파생 지점으로 작용한다. 이를 통해 우주의 광활함과 불확실성이 강조되며, 오히려 무음이 주는 거대함과 긴장감이 청자를 압도한다.

섹션C에서는 음역대가 확장되면서 각 악기의 레이어가 중첩을 이루며 공간감이 형성되었다. 증식되는 파형을 통해 에너지의 증식을 내포하는데, 파형은 한 기점의 변곡점을 통해 무수한 확산을 해나간다. 이렇게 악곡이 진행될수록 플루트의 고음, 현악기의 피치카토, 그리고 시간차에 따라 빠르게 쏟아지는 각 악기의 소리는 새로운 레이어를 형성한다. 이는 파형이 증식되고 커지는 과정에서 특정 임계치를 넘어서는 지점인데, 다양하게 일어나는 여러 운동과 패턴들이 뒤섞여서 마치 방향성이 제각각인 무중력성을 표현한다.

이렇듯 작품 전체에서 지속적인 파형의 움직임은 청취자로 하여금 새로운 소리에 대한 호기심을 자극한다. 또한 불특정 음들은 시간차를 두고 수직적, 수평적으로 결합되는데, 이러한 복잡한 음향 구조는 다양한 요소가 공존하고 계속해서 확장해가는 우주의 섭리를 음악적으로 표현한다. 동시에 대조의 요소도 주목할 만하다. 먼저 잇단음표가 반복적으로 등장하는데, 고정된 운동감이 만들어내는 박자 단위의 진행을 회피하고, 잇단음표가 반복될 때 각 악기에서 시간차를 두고 등장함으로써 복합적인 음향층을 만들어낸다. 이는 지속적인 운동을 가지는 파장과 대극점을 이루며 변화무쌍한 우주의 속성을 담는다. 또한 개별단위의 솔로 악기는 하나의 파형을 의미하고, 이와 대조적으로 타악기는 베이스드럼의 긴 호흡 스크래치 표현 방법으로 또 하나의 독립된 파형을 형성하는데, 이러한 대조적인 파형이 조합되고 해체하면서 우주라는 공간에서 일어나는 비확정성을 강조한다.

〈VISTARA〉는 소리의 파형이 다차원적으로 파생되는 것을 표현했고, 이를 통해 우주 생성 과정을 독창적으로 해석했다. 악기의 다양한 기법과 특성을 활용하여 우주의 무한함을 청각적으로 구현하며, 시공간의 확장을 소리로 표현했다. 특히 시공간 내에서 발생하는 작은 에너지부터 큰 에너지까지 모든 영역을 포착하며 그 다채로움을 음악으로 구현했다. 이로써 청각적 효과가 특정 공간감을 부여하고 시간성을 표현하며 소리의 가능성을 확장하는 혁신적인 시도를 보여주었다.

[연주영상 보기]

VISTARA

(2011 / 2013)

für Orchester

Hyunsuk Jun

환경과 자연: 조화와 공생의 류流

이예지: 평소에 작곡 아이디어를 어디서 얻는지 궁금합니다.

- 전현석: 저는 곡을 작곡할 때 주로 소리 재료의 특징에서 아이디어를 얻는 경우가 많습니다. 소리를 통해 그 소리의 물리적 특성을 관찰하고, 그 과정에서 떠오르는 연상을 바탕으로 작품의 특성을 만들어 가는 작업방식이 익숙하고 즐겁습니다. 예를 들어, 앙상블 작품 〈물방울의 그림자(Der Schatten des Wassertropfens)〉에서는 물방울 소리를 컴퓨터로 분석한 후, 그 분석 결과를 바탕으로 곡의 음 조직과 음향의 형태를 결정했습니다. 이 작품은 물방울 소리라는 구체적인 소리 재료에서 아이디어를 얻어 곡으로 발전시킨 사례입니다.

또 다른 사례로, 오케스트라 작품 〈VISTARA〉를 들 수 있습니다. 이 곡에서는 금속 타악기의 강한 어택에서 형성된 배음 구조를 사용했는데, 이는 소리 재료의 물리적 특성에서 아이디어를 얻은 것입니다. 이 작품에서도 텍스트에서 읽은 빅뱅 이론과 같은 흥미로운 연구를 바탕으로 아이디어를 구체화했지만, 기본적으로는 소리 관찰과 재구성이 곡을 만들어 가는 큰 동력이 되었습니다.

이예지: 작품을 쓰는 과정에서 추구해 왔던 방향과 음악관을 소개 부탁드립니다.

- 전현석: 제가 작곡하는 방식은 어쿠스틱 음악과 전자음악이 서로 강하게 영향을 주고받으며 발전해왔습니다. 이 둘은 많은 사람에게는 별개의 장르로 인식되지만, 제 작업에서는 서로에게 큰 영향을 미치고 있습니다. 특히 어쿠스틱 작곡에서는 공간음악에 대한 다양한 시도를 하면서 전자음악의 아이디어를 많이 활용했습니다. 전자음악에서의 음향 합성 방법과 음색들은 제 작곡 작업에 있어서 중요한 선택의 기준이 되었습니다. 반대로, 어쿠스틱 작곡에서 이루어지는 여러 아이디어도 전자음악 작업에 직접적인 영향을 미쳤습니다.

약 10년 전부터는 어쿠스틱 작곡에서 다양한 공간 음악적 아이디어를 실험하고 있습니다. 단순히 평면적 공간을 넘어서, 수직적 공간을 활용하는 작업을 진행하고 있으며, 요즘은 귀로 인지하기 어려운 미시적 세계를 공간음악 안에서 구현하는 방법도 고민하고 있습니다.

작곡을 해오면서, 작품의 내용이 작업하던 시기의 심리적 상태와 밀접하게 연결되어 있다는 점을 많이 느끼게 되었습니다. 음악은 저에게 있어 하나의 일기장 같은 존재이며, 제 개인의 성격과 생각이 반영된 결과물입니다. 이러한 이유로, 제 음악을 타인에게 들려주는 일이 때로는 즐겁지 않고, 나의 내면을 그대로 드러내는 것처럼 느껴지기도 합니다.

이예지: '우주'라는 거대한 주제를 다룬 이 작품에

서, 굉장히 다채롭고 흥미로운 사운드를 느낄 수 있었습니다. 작품에서 특별히 구현하고자 했던 음색이 있으신지 궁금합니다.

- 전현석: 우주에서 발생하는 움직임을 새로운 동적인 파형의 운동으로 표현하고자 했습니다. 이를 위해 여러 가지 주법과 음형이 사용되었고, 음가가 짧은 음부터 긴 음까지, 서로 다른 움직임을 보여주고자 했습니다. 특히 긴 음가의 동음이 지속되는데, 아주 여린 소리지만 사라지지 않는 진동으로 이어지는 것이 특징입니다. 이는 시간 진행에 따른 파형의 주기적인 운동이 포착되는 것인데, 이러한 이면에는 음향의 복합적인 층이 짧게, 혹은 인지조차 하기 힘들게 길게 배치되어있는 양상입니다. 이렇게 파형의 속성을 담고자 했고, 다채로운 음색의 배치에 중점을 두었죠.
특별히 의도한 것은 탐탐을 금속 막대로 두드린 후 녹음된 음향을 분석하여 음향 조직으로 구성했고, 이 과정 중 소음성이 강한 데이터는 제거하고 음악 재료로 적합한 음 조직을 선별했습니다.

이예지: 특정 사운드를 구현하기 위한 방식에서 **특별히 중점에 두는 부분이 궁금합니다.**
- 전현석: 저는 제 자신이 선호하는 음색 부분에서 여러 선택의 폭을 넓히는 방법을 구상하며 실험하고 있습니다. 최근 작업에서는 화성 이론을 은유한 음 조직을 구성 후 기능화성 이론을 적용한 작곡 방식을 실험해보고 있습니다. 이외의 방법으로 개별적 파라미터를 음 조직에 직접 적용하는 방법과 때로는 직관에 의존한 음 조직을 구성하는 방법 등 작업의 특징에 따라 다양하게 적용하고 있습니다.
이와 더불어 형식과 음형 부분에서 복합성을 고민하고 있습니다. 얼마 전까지는 시간 구조화 방법에서 인지되고 이해가 쉬운 내러티브를 선호하였으나 이러한 부분을 비틀거나 변형하는 방법을 고민 중입니다. 가령 시작점에서 끝점까지의 이동이 음악의 진행이라면 이 둘을 봉합하여 폐쇄시키거나 윤회처럼 시작을 몇 번씩 해나가며 등장 소재의 갈등과 충돌 등을 고민해보고 있습니다.

이예지: 영향을 받은 작곡가가 있다면, 소개 부탁드립니다.
- 전현석: 세상에는 수많은 훌륭한 작곡가들이 존재하며, 이들 각각은 자신만의 독특한 음향 세계를 구축했습니다. 제가 특히 영향을 받은 현대 작곡가 중 한 명은 지아친토 셀시(Giacinto Scelsi)입니다. 그의 음악은 지속적인 음들의 흐름 속에서 원시적이며 근원적인 감각을 불러일으킵니다. 셀시는 음 하나하나에 집중하여 그 음의 깊이와 변화를 탐구함으로써, 음악에서 종종 간과되는 차원을 탐험하는 데 뛰어난 재능을 보였습니다.
그의 작품은 전통적인 화성 구조나 리듬적 전개보다, 음의 미세한 변화와 그로 인해 발생하는 공명에 더 중점을 둡니다. 이러한 접근 방식은 저에게 큰 영감을 주었고, 음의 본질과 그 본질이 청중에게 미치는 영향을 깊이 고민하게 했습니다. 특히, 그의 음악에서 느껴지는 영적인 깊이와 끊임없이 변화하는 음의 흐름은 저에게 중요한 학습과 창작의 자극이 되었습니다.

이예지: 선생님께서 지향하시는 작품 양상과 앞으로의 행보가 궁금합니다.

- 전현석: 현재 〈Orbit〉 for large ensemble and electronics라는 작품을 작업 중입니다. 태양계 행성의 궤도에 놓인 각 행성의 공전주기를 소재로 전자 음향과 앙상블을 위한 작품입니다. 〈VISTARA〉처럼 공간은 상상 속의 공간으로서, 궤도의 각 행성의 움직임을 소재로 작업 중입니다. 전자음악이 포함된 작업이기에 공간 내 궤도의 운동을 상상할 수도 있지만 이 작업에서는 간접적으로 은유화된 움직임을 주된 소재로 사용하였습니다.

다음 작업으로는 보이지 않는 감각과 공간을 주제로 작업을 이어가려고 합니다. 이 작품은 4인을 위한 인성과 전자 음향을 위한 작품인데, 중심 소재는 '현재와 중첩된 가상의 현실 공간'이며, 시간 구조도 다층적으로 비틀어 보며 작업해보고자 합니다.

"현재와 중첩된 가상의 현실공간"에 대한 개념은 매우 흥미롭습니다. 이 아이디어는 물리학의 끈 이론에서 영감을 받은 것으로, 이 이론은 우리가 인식하는 공간과 시간 이외에도 여러 차원이 중첩되어 존재할 수 있다는 가정을 합니다. 이러한 개념을 음악에 적용했을 때, 우리가 인식하는 현실의 공간과 시간 외에 또 다른 차원의 음악적 경험을 창출할 수 있는 가능성이 열립니다.

이 새로운 방향은 기존의 공간음악이 가진 명확한 방향성, 예를 들어 동서남북의 공간적인 구조를 넘어서서, 물리적으로는 존재하지 않지만 청각적으로 상상할 수 있는 "가상의 차원"을 음악 속에 삽입하는 것을 목표로 합니다. 이 가상 공간은 실제 무대에서 구현될 수 없지만, 음향을 통해 청중의 머릿속에 다양한 차원을 넘나드는 경험을 불러일으킬 수 있습니다.

예를 들어, 특정 음이나 음색이 실제로는 고정된 위치에서 발생하지만, 음향 처리와 공간적 배치로 인해 청중에게는 그 음이 여러 차원에서 동시다발적으로 발생하는 듯한 느낌을 줄 수도 있습니다. 이는 끈 이론에서 말하는 여러 차원의 중첩을 음악적으로 방법으로도 이용할 수 있으며, 청중에게는 물리적 현실을 초월한 새로운 음악적 경험을 제공할 수 있습니다.

이러한 접근은 청중에게 음악적 공간을 넘어서 시간과 차원을 초월한 새로운 감각적 경험을 제공하며, 이는 궁극적으로 음악이 가진 가능성을 더욱 확장시키는 작업을 기대하게 합니다.

VI. 자연에 대한 절대음악적 사고

작곡가 **문석민**

문 석 민

〈자연스러운〉

글 · 송예진

문석민(1986-)은 소리 예술인 음악의 확장성을 고민하는 작곡가이다. 서울대학교에서 작곡을 공부한 그는 일반적인 악기 소리부터 소음까지 감각 가능한 다양한 소리를 발굴하고, 또 그 소리 재료들을 유기적으로 구성하는 방법을 탐구해 왔다. 미술가, 안무가 등과의 협업을 통해 비음악적인 재료를 음악 안으로 흡수할 수 있는 가능성을 모색하고 있다. 최근 공연으로 '물질과 시간'(2020년, 오민과 공동 기획)이 있다. 그의 작품은 한국, 미국, 독일, 이탈리아, 러시아, 리투아니아 등에서 디베르티멘토 앙상블, MDI 앙상블, 네오 콰르텟, 앙상블 미장, 앙상블 TIMF 등에 의해 연주되었다.

비선형적 음악의 미학

작곡가 문석민은 음악을 넘어선 현대의 종합예술을 바라보며 그 경계에서 활약하고 있다. 전통적인 음악 재료와 형식에서 벗어나 새로운 음향과 그 조합에 큰 관심을 가지고 있으며, 작가, 미술가 등 여러 분야의 예술가와 협업하며 음악에의 다양한 실험적 접근을 하고 있다.

새로움과 익숙함 사이에서

문석민의 음악적 실험은 개념적으로, 또 음악적으로 익숙한 감각을 버리지 않으면서 새로움을 탐색하는 과정에서 빛을 발한다. 문석민이 오민 작가와 함께 만든 시청각 비디오아트 〈부재자〉는 실제로 '부재'라는 개념을 음악적으로 탐구하여 만들어졌다. 〈부재자〉 중 첫 곡 '데이비드'는 음악이라면 당연히 있어야 할 '음'의 부재를 나타낸다. 쉼표만으로 구성된 듀엣곡이며, 비디오에는 연주자의 머리와 어깨까지가 담겨 쉼표를 연주하는 연주자의 표정과 움직임을 볼 수 있다. 음향에 있어서도 문석민은 여러 다양한 시도를 한다. 라헨만(Helmut Lachenmann, 1935-)의 구체음악적 사고의 영향을 받아 거칠고 불안정한 소리를 선호하는데, 이로 인해 그가 악기를 변형시키고 주법을 달리하여 발굴해낸 소리 역시 거칠고 불안정한 소리가 많다. 한 악기를 작품에 사용할 때는 직접 그 악기를 다양한 방법으로 연주해보면서 가능한 많은 소리를 탐색한다. 음향에 대한 다양한 시도는 새로움을 추구하기 위함만은 아니다. 악기의 기본적인 소리와 실험적인 소리를 동일한 위계에 놓고 자유롭게 사용하며, 최종적으로 만들어지는 음향적 측면에서의 좋은 소리 조합만을 생각한다. 그러나 아무리 특수한 주법을 사용하고 독특한 음향을 발굴하려 해도 전통적인 악기를 사용한다면 이미 몇십 년 전에 시도된 것의 되풀이에 그친다. 그렇기 때문에 문석민은 '나의 작품은 새롭다'고 하지 않는다. 악기든 주법이든 어떠한 의도에 의해 변형된 소리는 단지 음악적 재료의 범위를 넓혀줄 뿐, 그것을 사용한다는 것 자체는 이제는 큰 의미를 가지지 못하는 것이다. 그는 반복되거나 일상적인 것들 사이에서도 새로운 걸 보려고 노력하는 마음을 가지며 새로움과 익숙함 사이 어딘가에서 꾸준히 자신의 영역을 개척

한다.

소리의 탐구와 개념의 탐구

문석민의 작업은 '소리의 탐구'와 '개념의 탐구'로 구분할 수 있다. 우선 플루트 독주곡인 ⟨From Air⟩(2013)는 트릴, 숨소리 등 플루트가 가진 음향적 특성 자체를 음악의 소재로 삼아 플루트가 낼 수 있는 다양한 소리를 들려준다. 현실과 꿈의 경계에서 느낀 개인적 감정을 음향적으로 표현한 ⟨Vanilla Sky for 6 players and video⟩(2018)에서는 볼펜을 클릭하는 소리, 음료수 캔을 찌그러뜨리는 소리 등 악기가 아닌 일상 소품에서 발생하는 소리를 작품에 사용하였다. 이와 같은 소리 탐구의 작업과는 다르게 문석민은 개념에서 출발한 음악을 시도하였다. 화성적 동력이 없는 현대적 무조 음향을 쓰더라도 소나타 형식의 동력으로 작품을 진행시키려 한 ⟨Organism I for 5 players⟩(2014), ⟨Organism II for string quartet⟩(2015/2018)이 대표적이다. 앞서 언급한 ⟨부재자⟩나, '이제'라는 단어에서 문득 느껴진 어색함이 작곡 배경이 된 ⟨Yije for flute, oboe, violin, cello and conductor⟩(2020)도 개념 탐구의 범주에 속한다.

주목할 점은 문석민의 음악이 음악의 재료인 소리와 시간을 기존과 다른 방식으로 만들고 조합하여 구성된다는 것이다. 여기에서 '기존'은 선형성을 바탕으로 하는 음악을 말한다. 음악은 선적인 시간의 흐름 속에서 조직되고 의미를 가진 개별 소리가 모여 큰 주제를 형성한다. 비선형적으로 보이는 동시대 음악에서도 선형성은 중요하다. 전통적으로 선형성을 만들어주던 음악의 구조나 화성, 선율에 국한하지 않고 연결구나 재현 등의 음악적 장치, 서사와 같은 음악 외적인 것에까지 관점을 확장한다면, 그래서 어떤 음악이 이 점들을 고려하고 있다면 여전히 그 음악은 선형적이다. 그러나 문석민은 기존의 틀을 깨고 선형성의 필요에 의문을 제기하였다. 동시대 음악은 음 재료 자체에 대한 탐구이니, 목적지향적인 조성음악이 가졌던 관계와 연결의 강박에서 벗어나 보자는 것이다. 문석민은 비선형성을 동시대 음악의 어쩔 수 없는 결과가 아니라 그 자체로 추구할 만한 것으로 두면서 소리 재료만을 신경 쓰며 조합하고 배치하는 것에 중심을 두고 작곡을 한다. 이처럼 문석민은 비선형의 미학을 추구한다.

'자연스러움'의 역설

5인의 연주자를 위한 〈자연스러운〉은 기후 위기를 주제로 기획된 공연 'Project 1.5°C & 34.7°F'의 위촉으로 작곡되었다. 기후 위기라는 주제 속에 있지만, 문석민은 주제를 직접 음악에서 다루기보다 기후 위기에서부터 촉발된 '자연스러움'에 대한 사고를 자신의 경험에 빗대어 재해석, 재성찰하여 음악으로 풀어낸다.

이 작품은 작곡가의 주관적 경험인 '자연스러움에 대한 의문'에서부터 시작되었다. 기후 변화는 자연스러운가? 근현대의 급격한 기후 변화는 화석연료 사용, 온실가스 배출 증가 등의 인위적인 요인에 의해 부자연스럽게 발생한 것이다. 그러나 우리가 이상함을 직접적으로 감지하기 시작한 것은 기상이변 등의 '자연스럽지 않은' 현상을 통해서였고, 이미 지구의 평균기온이 오르기 시작한 지 백 년이 넘은 시점이었다. 이 기후 변화는 자연스럽게 찾아왔는가? 부자연스러움을 느끼지 못하던 그때를 정말 자연스러웠다고 할 수 있는가? 반대로, 이미 기온 상승을 자연스럽게 받아들이고 있었다면 그 연장선상의 기상 이변도 부자연스럽다고 하기 어렵다. 이렇게 기후 위기를 마주하는 우리의 역설적 태도를 문석민은 자신의 자연스러움에 대한 경험과 연결 지어 동시대 음악으로 확장한다.

문석민은 동시대 음악이 전통적 구조와 위계에서 자유로워 보이지만 반대로 동시대 음악이라도 여전히 전통적 틀 속에서 판단하는 측면이 남아있다는 점을 꼬집었다. 종종 자신의 음악에 따라온 '음악이 부자연스럽다'는 평을 들으며 '동시대 음악에서는 무엇이 자연스러운 것인가?', '자연스러운 음악의 기준은 어디에 있는가?'라는 질문을 던졌다. 2023년에 작곡한 〈자연스러운〉은 '부자연스럽다'는 비평에 대한 응답이자, 기존의 자연스러움의 틀을 벗어나 또 다른 방향의 자연스러움을 추구하려고 했던 시도이다.

〈자연스러운〉은 대금과 37관 생황, 알토 색소폰, 바이올린, 피아노 다섯 악기의 편성이다. 이

례적인 편성만큼이나 작품의 구조도 독특하다. 13분 남짓한 곡이지만 12개의 섹션으로 이루어져 있어 주제의 발전보다 여러 음색의 조합과 변화를 다양하게 드러내는 것을 목표로 한다. 여러 섹션으로 나뉨에도 반복되는 요소가 있고, 이 반복은 선율이나 리듬이 아니라, 음향 주제에 의해 드러난다. 음향 주제란 어떤 악기의 단일한 소리나 특정 음색의 조합 같은 음향이 스스로 주제화된 것이다. 이 음향 주제라는 개념을 통해서도 작곡가의 의도가 귀에 감지되는 소리의 색 자체라는 것이 드러난다.

가장 처음 등장하는 음향 주제는 피아노 솔로이다. 피아노 내부의 현과 댐퍼 사이에 두꺼운 종이를 끼워, 작품의 시작 부분부터 종이로 인해 지직거리는 소리가 만들어진다. 피아노가 단독으로 등장하는 도입부는 느슨한 음 구성으로 시작했다가 음가를 점점 축소하고 몰아치는 하행 선율을 만들며 다음 섹션으로 넘어간다. 이후 대금과 생황이 피아노에 포개져 층을 형성하며 등장하여 이 섹션의 정체성, 곧 음향 주제가 되어준다. 바이올린은 글리산도로 상승하며 사라지는 음향을 주된 동기로 사용한다. 이 작품에서 두드러지는 것 중 하나로 음향과 리듬이 함께 움직인다는 점이 있다. 다섯 악기는 함께 전면에 나서기보다는 번갈아 등장하며 낮은 밀도감을 보여주기 때문에 특정 악기가 등장하거나 빠질 때 어색함이 생길 수 있다. 그러나 이 곡은 주법과 다이내믹으로 자연스럽게 그 연결들을 만들어냈다. 작고 느리게, 혹은 악기의 소리를 그 일부만 드러내는 방식으로 악기 간의 연결을 구성한다.

이 작품이 추구하려고 했던 것은 부분적으로 단절되더라도 전체는 유기적으로 연결됨을 보여주는 것이다. 작곡가는 이러한 의도를 음향의 두께, 밀도와 다이내믹 변화, 주제의 배치 등으로 풀어낸다. 그렇기 때문에 이 작품을 '자연스러운 작품'으로 여기기 위해서는 악기별 소리와 음향적 특수성에 대한 이해가 필요하다. 소리의 흘러감 자체에 집중하며 전체적인 음악을 조망한다면 음향 주제라는 개념이 더 이상 낯설지 않게 느껴질 것이다.

자연스럽다는 말은 다양한 곳에 붙을 수 있다. 환경, 자연 자체를 가리킬 수도 있지만, 문석민은 기후 변화라는 자연의 주제를 확장시켜 '자연스러움' 개념을 활용한다. 인위적이지 않고 그 자체로 움직이거나 원래의 특성이 그대로 살아있는 것이 자연이라면 엄밀하게 따져보았을 때 현대음악은 (혹은 인간이 만들어 낸 모든 음악이) 자연스러울 수 없지만, 이미 변화하고 있는 이 환경 자체를 자연으로, 자연스러운 것으로 받아들일 수도 있지 않겠냐고 바로 이 〈자연스러운〉을 통해 제안한다.

[연주영상 보기]

송예진: 안녕하세요. 5인의 연주자를 위한 〈자연스러운〉에 대해 소개를 부탁드립니다. 이번 시리즈의 주제인 '자연과 환경'과 어떤 관련이 있을까요?

- 문석민: 한 기획자분이 기후 위기를 주제로 공연을 기획하셨고, 저도 그 공연에 참여하게 되어서 쓰게 된 곡입니다. 처음 저에게 작품 의뢰가 들어왔을 때 주제가 어려워서 어떻게 곡을 쓸지 난감했는데, 기후 위기라고 했을 때 매년 평균 기온이 올라가면서도 아주 크게 체감은 못 한다는 점에서 생각의 출발점을 잡았어요. 우리는 기후 위기를 비가 한 달 내내 온다든지 홍수가 난다든지 하는 날씨의 이변이 생겼을 때 느끼잖아요. 그런데 사실 지구의 평균 기온이 올라간 지는 오래되었고요. 그래서 이런 기후의 변화에 대한 인식이 자연스러운 것인지 의문을 가지게 되었습니다.

제 음악이 가끔 '연결이 자연스럽지 못하다', '특히 섹션과 섹션의 연결이라든지 주제가 변할 때 그런 연결이 자연스럽지 않다'는 말을 들어요. 그런데 그런 자연스럽다는 기준이 어떤 것인지에 대해서는 제대로 들은 바가 없어요.

그 기준이 옛날 조성음악의 것인지, 또는 동시대 음악의 특정 사조의 것인지, 그게 아니라면 그들이 생각하는 자연스러움의 기준은 무엇인지 이런 의문을 떠올렸어요.

그래서 〈자연스러운〉은 기후위기의 자연스러움과 제 개인적인 자연스러움을 연결 지어서 나온 작품입니다. 제 작품이 비선형적이라고 하는데, 이미 다른 작품들도 비선형적이에요. 왜 자꾸 선형적인 것을 얘기하는지에 대한 생각을 담은 곡이라고 할 수 있습니다.

송예진: 〈자연스러운〉의 작곡 과정에 어려운 점이 있었나요?

- 문석민: 기후위기라는 주제로 음악을 만드는 것 자체가 가장 어려웠습니다. 그리고 제가 추구하던 '자연스럽지 않게 들리는데 실제로는 자연스러운 것'을 구현하는 게 난관이었어요. 표면적으로는 부자연스럽고 파편화되어있지만, 그러나 전체를 생각했을 때는 자연스럽다는 느낌을 주고 싶었는데, 그렇게 음악을 진행시키는 게 어려웠죠. 그래서 구조를 짜는 데도 오래 걸렸던 것 같습니다.

송예진: 주로 사용하는 작곡 기법이 있다면 어떤 것일까요? 음악에서는 새로운 음향, 현대 주법을 적극적으로 이용하는 것처럼 느껴졌습니다.

- 문석민: 저는 악기로 낼 수 있는 소리는 다 해봐요. 〈자연스러운〉을 작업할 때에는 생황을 구하기 어려워 연주자분이 주신 자료와 제가 구할 수 있는 모든 정보를 동원해 소리 재료를 추

출했고, 가야금이 포함된 다른 작품을 작업했을 때에는 가야금을 빌려서 별 시도를 다 해보고 거기서 소리 재료를 추출하기도 했어요. 그런 다음 추출된 소리 재료들을 이리저리 조합해 보는 과정을 거치는데, 그 과정에서 감각 가능한 모든 소리를 동등한 레벨로 간주하는 것이 저에게 중요합니다. 일부러 비일반적인 소리를 고르지도 않고, 일반적인 악기 소리를 절대 안 쓰고 싶은 것도 아니에요.

저는 음악에 이야기 같은 게 있는 건 힘들다고 생각해요. 작곡할 수 있는 재료는 소리밖에 없고, 그걸 어떻게 변형하고 전개하는지가 저에게 중요하기 때문에 처음에 쓸 재료를 정하는 것이 중요해요.

송예진: 음색의 조합이 인상적입니다. 곡의 구조, 음향, 기보 등 여러 측면에도 관심을 가진다고 하셨는데요. 일반적으로 어떤 방식으로 새로운 시도 혹은 그냥 시도를 하려 하는지요?

- 문석민: 기보에서는 정확한 정보 전달, 즉 제가 내고 싶은 소리를 연주자가 쉽게 낼 수 있도록 하는 것을 가장 중요하게 여깁니다. 새로움은… 다양한 가능성이 열려있긴 하지만 발견될 건 다 발견이 되었다고 생각합니다. 새롭게 발견한다는 생각은 하지 않아요. 하다 보면 새로운 게 나올 수는 있는데, 저에게는 새로운 건 중요하지 않고 조합이 더 중요해요.

송예진: 작곡가님께서 남기신 글 중 음악이 완성된 이후에 프로그램 노트를 일부러 지어냈다는 내용도 있어서 놀랐어요. 〈자연스러운〉도 그랬나요?

- 문석민: 일부 작품에서는 그런 적도 있었지만, 〈자연스러운〉의 프로그램 노트에 담긴 내용은 음악을 만들기 전에 생각이 어느 정도 정리되어 있는 상태였습니다. 이 작품이 기후 위기라는 주제를 담고 있긴 하지만 최근에 가지고 있는 음악적인 고민과도 연결되어 있다는 것을 프로그램 노트에 적어보고 싶었어요. 요즘은 곡을 시작했던 동기라든지 생각 등을 담아내려고 많이 노력하고 있어요.

송예진: 〈자연스러운〉에서 특히 강조하고 싶은 부분이 있으신가요?

- 문석민: 작품에서 뭔가 꼭 알아줬으면 좋겠다 하는 바람은 없어요. 대신 이 곡이 자연스럽게 들렸는지 안 들렸는지가 제일 궁금해요. 사람마다 다 자연스러움의 기준이 다를 테니 다 잘 려있고 연결이 안 되어있다고 들어도 상관없고, 자연스럽게 들어준다고 해서 좋다거나 그렇지도 않아요. 이 곡이 자연스럽다고 생각했던 사람들은 저와 자연스러움의 기준이 비슷할 수 있겠네요.

송예진: 그러면 있는 그대로 듣고 각자의 감상을 가져가는 게 중요할까요?

- 문석민: 제게는 항상 음악적으로는 소리 조합이 중요하고, 소리가 동시에 났을 때 그 음향 덩어리가 잘 융화되는지가 중요하고, 그 음향이 어떻게 변화해나가는지도 중요하거든요. 그런

측면을 음악적으로는 주의 깊게 다뤘어요.

음악 작품을 감상할 때 감상자마다 어느 부분의 음향이 좋게 들렸다고 생각하는 부분이 다를 텐데, 감상자들이 그런 마음에 드는 부분을 한 군데라도 가져갔으면 좋겠다고 생각하면서 소리를 조합하고 배치해요.

송예진: 작곡가님의 음악은, 스스로 자연스러운 음악이라 생각하시나요?

- 문석민: 이 작품을 부자연스럽다고 할 사람도 분명히 존재할 거라고 생각해요. 일부러 이 곡은 섹션을 잘게 나눴고, 이런 음악은 주로 단절되는 인상을 주기 쉽거든요. 형식을 이렇게 구성한 건 오기에서 비롯된 것일 수도 있어요. 보통 '연결'을 얘기할 때 경과구 같은 걸 얘기하잖아요. 그런 경과구를 하나도 안 넣었어요. 그런 것 없이도 전체적인 흐름이 자연스럽게 들리는 것, 또 비선형적인 것도 자연스러울 수 있다는 것을 의도하긴 했는데, 결과가 그렇게 되었는지는 모르겠네요.

송예진: 동시대 음악이 비선형적이고 비서사적이라면, 그러한 맥락에서는 작곡가님의 작품이 자연스럽다고 할 수 있을까요?

- 문석민: 저는 이미 동시대 음악이 비선형적이라고 생각해요. 많은 곡들이 서사적이지도 않고요. 그렇지만 그런 와중에도 선형적인 걸 찾는 분들이 은근히 많다는 걸 많이 경험했어요. 그렇기 때문에 제 여태까지의 음악들이 더 부자연스럽다는 얘기를 들었는지도 모르겠어요.

제가 경험한 바로는 동시대 음악이 선형적이고 서사적이라 생각하시는 작곡가 또는 연주자가 더 많아요. 그래서 '비선형적, 비서사적 음악'이라는 짧은 글을 쓴 적도 있고, 〈자연스러운〉이라는 작품도 만들게 된 것 같습니다.

송예진: 앞으로 나올 음악도 궁금해집니다. 지금 구상/작업 중인 작품이 있다면 간단히 소개 부탁드립니다.

- 문석민: 지금은 구상 중인 작품이 없지만 음악의 소리적 측면만이 아니라 거기서 벗어난 음악의 확장성에 대해서 계속 연구하고 있는데, 그걸 생각해 보려면 우선 다른 장르와 협업을 많이 해보는 게 중요하다고 생각하고 있습니다. 미술가나 안무가와 협업했던 것도 음악의 확장성에 대한 시도를 해보려고 했던 거라서, 앞으로 작품활동을 한다면 그쪽으로 갈 것 같아요.

송예진: 긴 시간 인터뷰에 임해주셔서 감사합니다!

작곡가 **이지애**

이 지 애
〈돌이킬 수 없는〉

글 · **원유선**

이지애(1993-)는 새로움이 없다고 여겨지는 시대에 여전히 음악적인 새로움을 갈망하는 보기 드문 젊은 모더니스트이다. 이화여자대학교 작곡과에서 윤승현 교수와 이병무 교수를 사사했으며, 독일 바이마르 국립대학 작곡 석사과정을 졸업하였다. 현재 요하네스 쇨호른(Johannes Schöllhorn)의 지도로 독일 프라이부르크 국립대학 콘체르트엑자멘 과정에 있으며, 현대음악 앙상블 블랙의 멤버로도 활발히 활동 중이다. 조선일보 신인음악회에 참여하였고, 2020년 중앙콩쿠르 작곡 부문 1위에 수상하는 등 전도유망한 작곡가로 입증받은 바 있다. 대표작으로 〈Solipsismus "All dessen müd,"〉(2020), 〈Moebius〉(2021), 〈Channel〉(2022), 〈돌이킬 수 없는〉(2023) 등이 있으며, 저서로 『클래식 감상 수업』(2022)이 있다.

정보 과잉 시대, 새로움의 틈새를 파고들다

예술 비평가 니콜라 부리요(Nicolas Bourriaud, 1956-)는 21세기 동시대의 예술활동을 "개가 주인이 던져버린 것을 다시 물고 오는 활동"으로 진단한 바 있다. 인터넷에 과거의 문화들이 기하급수적으로 쌓이는 상황 속에서, 작곡가들이 더 이상 무에서 유를 창조하기보다는 이미 있는 것들을 변형하거나 재조립해서 무언가를 만드는 것에 더 관심을 기울이고 있다는 것이다. 그는 이제 예술이 던지는 질문은 '어떤 새로운 것을 우리가 만들 수 있는가'에서 '이미 가진 것으로 무엇을 할 수 있는가'로 바뀌고 있다고 이야기한다. 사실 부리요의 도발적 진단은 음악에서도 오래전부터 나타난 현상이다. 20세기 후반부터 새롭지 않아도 음악적 가치를 가질 수 있다는 생각이 등장하였고, 최근에는 음향적 새로움은 이제 실험될 만큼 실험되었다는 회의적 입장이 나오고 있기 때문이다.

그럼에도 불구하고 이지애는 여전히 미지의 새로움을 갈구하는 작곡가이다. 동년배의 젊은 한국 작곡가들이 디지털 문화의 영향을 받아 과거의 재료들을 조립해서 음악을 만들기를 즐겨하는 것과 달리, 이지애는 꿋꿋이 어쿠스틱 악기에서도 새로움을 찾을 수 있다는 입장이다. 여전히 그는 손 사보를 선호하고 첼로나 바이올린처럼 전통 악기들로 음악을 수작업하는 것을 고집한다. 그렇다면 이지애는 어떻게 음악적인 새로움을 찾아가고 있을까?

아비 없는 자식은 없다

20세기 이후의 창작음악은 과거와의 급격한 단절로 보이지만, 사실상 옛것에 대한 반응으로부터 나온 것이다. 아비 없는 자식은 없듯이, 과거에 대한 재발견과 재해석, 갈등과 충돌은 새로움의 발판이 되어왔다. 작곡가 이지애 역시 새로움을 찾기에 앞서 수련의 과정부터 차근차근 거치는 중이다. 처음부터 자기 개성을 드러내기보다는, 온고지신(溫故知新)의 태도로 과거의 기법들을 빈틈없이 학습해서 온전한 새로움을 찾으려 하는 것이다. 여기에는 돌다리도 백번 두드리는 신중하고 치밀한 성격도 한몫했다. 그렇지만 이미 알려진 기법이라도 익숙한 표현으로 쓰는 것을 지양하며, 과거를 활용하지만 과거에 안주하지 않으려고 노력한다. 그래서인지 그의 작품들은 전통적인 기법을 철저하게 자기 것으로 만들되, 과거와 대결한다는 인상을 준다. 또한 옛것과 새것, 질서와 무질서, 통제와 우연의 양가적 모순이 나타나며, 계속해서 예측을 비껴가는 것이 매력적이다.

대표작 〈Solipsismus "All dessen müd"〉(2020)는 이기심으로 팽배한 인간의 의식 속에서 나타나는 타인과의 관계를 악기들(플루트, 베이스 클라리넷, 트럼펫, 바이올린, 첼로)이 내는 소리 간의 특정한 관계로 빗대어 표현한 작품이다. 이목을 사로잡는 건 인간의 의식을 상징하는 소리인 '옹알이'다. 'f', 's', 'ss'. 'sch' 등 첼로 연주자가 속삭이는 소리가 여러 악기들로 번져가면서, 음들 간의 긴장과 충돌, 구심력과 원심력, 인과관계와 비인과관계의 대조가 첨예하게 나타난다. 새로운 기법을 쓴 것이 아닌데도 높은 호소력과 독창적 표현이 돋보이는 작품이다. 이후 작곡된 〈Moebius〉(2021)와 〈Channel〉(2022)에서는 인용기법이 사용되었고, 이듬해 작곡된 〈돌이킬 수 없는〉(2023)과 〈Illusional〉(2023)에서는 우연성 기법이 촘촘하고 수준 높은 방식으로 활용되었다.

이지애는 결국엔 아무도 탐구하지 않은 혁명적인 음악을 쓰고 싶다고 야심찬 포부를 밝힌다. 과거의 양식들을 무섭게 흡수해가는 상황으로 미루어볼 때, 곧 어떤 기법에도 기대지 않는 이지애만의 독창적인 음악이 나올 것으로 기대된다.

시류에 휩쓸리지 않는 음악

이지애의 음악적 태도에서 눈에 띄는 것은 음악은 음악으로 승부해야 한다는 점이다. 그가 가장 기피하는 것은 음악이 외적인 수단으로 변질되는 것이다. 이를테면 환경보호 같은 메시지를 드러내기 위해 음악적 내용은 뒷전이 되어버리는 것을 피하려 한다. 또한 최근 첨단기술의 확산으로 멀티미디어 음악이 활발히 발표되고 있지만, 현란한 시각적 요소 때문에 음악이 묻혀버리는 것도 경계하고 있다. 따라서 메타버스, 기후위기, AI 등 이목을 끄는 주제들로 기획된 음악회에서도 그는 음악적 아이디어가 본질이 되는 작품을 쓰고자 시도하였다. 환경문제를 주제로 삼은 음악회에서 그는 '음악적 쓰레기'를 주제로 작품을 발표하였고, 메타버스를 소재로 삼은 작품에서도 경계를 허무는 소리가 어떤 것인지를 고찰하며 소리 중심적인 사고가 돋보이는 음악을 작곡해냈다. 이처럼 유행하는 주제나 사고방식에 휩쓸리지 않고 음악적 본질에 집중하려는 태도가 바로 이지애의 장점이자 개성이라 할 수 있겠다.

플루트, 베이스 클라리넷, 호른, 트럼펫, 바이올린, 첼로, 콘트라베이스, 피아노를 위한 〈돌이킬 수 없는〉
(Irreversible for Flute, Bass Clarinet, Horn, Trumpet, Violin, Violoncello, Contrabass, and Piano, 2023)

과거로 과거를 폐기처분하다

〈돌이킬 수 없는〉은 2023년 9월 26일 일신홀에서 열린 앙상블 블랙의 정기연주회 'Earth: The Color of Trash'에서 발표된 작품이다. 당시 연주회에서는 여섯 곡이 연주되었는데, 이지애의 곡이 유독 돋보였던 것은 기후위기를 묘사하는 편리한 방식을 택하는 대신 '음악적 쓰레기'에 대한 고찰을 시도했기 때문이다. 표준국어대사전에 따르면 쓰레기의 정의는 "비로 쓸어 낸 먼지나 티끌, 또는 못 쓰게 되어 내다 버린 물건"을 일컫는다. 흥미롭게도 〈돌이킬 수 없는〉에서는 이러한 정의에 기초하여, 음악적 쓰레기를 '오래되고 낡은 음악적 관습'이나 '본인의 과거 작곡방식'으로 전제하고 있다.

그러면 음악적 쓰레기는 이 곡에서 어떻게 다뤄지고 있는가? 이 곡에는 8개의 악기(플루트, 베이스 클라리넷, 트럼펫, 호른, 바이올린, 첼로, 더블베이스, 피아노)가 사용되었다. 또한 멘델스존의 음악을 포함하여 총 여섯 곡의 고전음악(모차르트의 〈피아노 소나타 제16번〉과 〈교향곡 제41번 '주피터'〉, 하이든의 〈트럼펫 콘체르토〉, 거쉰의 〈랩소디 인 블루〉, 요한 슈트라우스의 〈황제 왈츠〉)이 주요 재료로 인용된 것이 특징이다. 지금도 기후 위기를 표현한 적잖은 곡들이 '일회용'으로 발표되고 사장되어 버리는 현실을 생각한다면, 기존 음악들의 '재활용'은 꽤 합당한 판단으로 보인다.

초반부에는 인용된 곡들이 차례대로 제시된 후 음향적으로 왜곡되고 해체되는 과정이 반복해서 나타난다. 첫 시작부터 귀를 사로잡는 것은 누구나 알 법한 멘델스존의 〈결혼행진곡〉이다. 7마디에 걸쳐 인용된 곡이 짧고 굵게 등장하고, 짤막한 휴지부가 이어진 다음, 곧바로 원곡의 음향적 변형이 이뤄진다. 이어서 모차르트의 〈피아노 소나타 16번〉 중 핵심적 특징인 알베르티 베이스가 피아노에서 20여 차례 반복된 후 현악에서 하모닉스로 변형되며, 그 위로 여러 대의 목관악기가 스포르찬도의 짤막한 음가를 슬랩(slap) 기법으로 거칠게 타악기처럼 연주한다.

시간이 갈수록 인용되는 길이는 짧아지고, 인용한 선율적 파편들이 모자이크처럼 중첩되기도 한다.

곡의 중반부에는 인용된 음악들이 본격적으로 해체되는 과정이 나타난다. 과거의 음악들이 해체되는 방식 특수주법을 통해 이루어진다. 우리가 쓰레기라고 할 때 떠오르는 이미지들, 즉 구겨지고, 찢어지고, 주름지고, 손상되고, 거칠고 찌그러진 형태들이 악기의 갖가지 현대주법들로 구현되는 것이다. 여기서는 플러터 텅잉(flutter tonging), 바르토크 피치카토(Bartók pizzicato), 콜레뇨 바투토(col legno battuto)와 같은 특수기법들을 비롯하여, 트럼펫의 타격음(slap), 피아노의 화이트 클러스터(white cluster) 등이 집중적으로 사용되었다. 이 밖에도 목관악기에서 슬랩 주법과 하모닉스 주법을 혼합하거나, 호른의 밸브를 반쯤 누르면서 불완전한 소리를 내는 등 특수주법들이 몹시도 촘촘하게 사용되면서 쓰레기의 이미지들을 청각적으로 재현해낸다.

후반부부터는 이 곡의 진면목이 나타난다. 지휘가 멈추고, 연주자들은 앞서 쓴 주법들을 재활용해서 연주하며, 2분이 지난 후에는 본인들이 연주하던 악보들마저도 모조리 찢어버린다. 특수주법으로 리듬과 음향만 남은 앙상한 음악들이 여기저기서 불쑥 튀어나오고 떠돌아다니는 모습은 쓰레기장에서 산발적으로 쓰레기들이 흩날리는 광경을 연상시킨다.

연주는 끝났지만 작품은 아직도 끝나지 않았다. 작곡가는 악보를 들고 무대에 올라와서 자신의 곡마저 찢어버린다. 일견 우스꽝스러운 해프닝처럼 보이지만, 사실 이 부분은 매우 중요하게 해석된다. 이지애는 작품에서 인용을 통해 과거의 산물들을 하나하나 재활용하였다. 재활용된 산물들은 특수주법으로 점차 해체되다가, 급기야 마지막 부분에서는 악보를 찢는 퍼포먼스를 통해 완전히 폐기처분되었다. 이러한 과정은 단순히 쓰레기의 음악적 재현이 아니라, 작곡가의 자기고백처럼 들린다. 즉 물리적 쓰레기뿐만 아니라 모든 문화적 산물들이 기하급수적으로 축적되고 넘쳐나는 시대에, 과거의 산물들과 손절하고 진정한 새로움을 찾아 떠나겠다는 작곡가 개인의 음악적 선언처럼 들린다는 말이다. 이처럼 쓰레기라는 '사회적 문제'에서 '음악적 문제'로, 그리고 '개인적 문제'로 순환(recycling)해가는 문제의식이 몹시도 흥미로운 작품이다.

[연주영상 보기]

원유선: 작년에 발표한 〈돌이킬 수 없는〉(2023)을 재미있게 들었습니다. 가장 흥미로웠던 건 곡의 콘셉트였어요. 보통 기후위기를 주제로 삼은 음악회에서는 자연환경을 모방하거나 현재의 위험성을 경고하는 메시지를 드러내는 경우가 많은데, '음악적 쓰레기'를 주제로 삼아 작곡한 이유가 무엇이었나요?

- 이지애: 평소에 음악이 정치적 요소로 이용되는 것에 대해 회의적인 편입니다. '환경보호를 하자'는 메시지를 드러내는 건 일견 바람직해 보이지만, 음악이 부차적 수단이 되어버릴 수 있다고 봐요. 또 기후위기에 대한 곡을 쓸 수는 있지만, 플라스틱 악기를 만드는 건 의미를 강조할 수 없다고 생각합니다. 음악이 뒷전이 되는 건 물론이고 정치적으로 이용될 수 있는 위험성이 있다고 보기 때문이죠. 음악 외적인 것을 분별없이 모사하는 것도 지양하려고 합니다. 우리가 뻐꾸기소리나 새소리처럼 자연에 대한 충실한 묘사라고 받아들이는 것도 실은 후천적으로 세뇌당한 것일 수 있다고 보거든요.

원유선: 〈Channel〉(2022)처럼 메타버스를 주제

로 기획된 연주회에서도 음악적인 문제로 환원하여 작곡한 것 역시 같은 맥락으로 볼 수 있겠네요.

- 이지애: 네, 최근 기술이 대두되면서 다양한 시청각 매체들을 활용한 음악들이 많은데, 저는 청각보다 시각이 우선시될 수 있다고 생각해서 지금까지는 다른 매체들의 혼합은 섣불리 시도하지 않고 있습니다. 마찬가지로 프로그램 노트에서도 작품의 의도를 노골적으로 드러내지는 않으려고 합니다. 사람들의 상상력을 막기도 하고 음악에 답이 있는 것은 모순이라고 생각하니까요.

원유선: 2020년 『음악춘추』에서 했던 인터뷰에서 예술가가 가져야 할 태도는 익숙함에서 벗어나는 것이라는 요지로 이야기한 적이 있습니다. 지금도 마찬가지인가요?

- 이지애: 네, 안주하지 않고 관습에서 탈피하려는 건 제 삶의 모토이자 양식입니다. 일단 진부한 건 우울해요. 활력도 떨어지고 혼자만의 세계에 갇히는 것이 싫습니다. 같은 목적지를 갈 때도 늘 새로운 경로를 개척해보려고 하고, 같은 패턴의 이야기나 단어를 반복해서 쓰는 것도 싫증나 하죠. 익숙해지려는 것이 감각적으로 느껴지기 시작하면 어떻게든 그 자리를 떠나거나 변화를 주려고 노력합니다. 그래서인지 지금까지는 매번 다른 양식들로 곡을 써왔습니다. 만약 제가 2020년에 중앙음악콩쿠르를 위해 썼던 양식으로 〈돌이킬 수 없는〉을 썼다면 분명히 우울해졌을 거예요. 날 것을 마주하는 신선함을 몹시 즐기는 편입니다.

원유선: 그런데 새로움을 추구하면서도 한편으로는 과거의 전통을 몹시도 철저히 탐구해나간다는 점이 선생님 음악의 이중성이자 역설적 지점 같습니다. 이른바 '전통과의 대결'이랄까요?

- 이지애: 음악의 본질에 초점을 두다 보니 그런 것 같습니다. 음악사적으로도 새로운 것을 발견할 때는 대부분 기존의 것으로부터 파생된 아이디어를 사용하는 경우가 많으니까요. 그러다 보니 때로는 그게 하나의 강박과 고집처럼 굳어지는 것 같아서 요즘은 그런 생각에서 벗어나려고 하기도 해요.

원유선: 지금 말한 음악의 '본질'이 정확히 무엇을 의미하는 것이죠?

- 이지애: 본질은 그 시대만의 아름다움이라고 생각합니다. 따라서 제게 음악의 본질이라는 건 '옛것을 유지하면서 새로운 것으로 나아가자'는 의미와 맞닿아 있습니다. 그렇지만 전통의 기반을 적나라하게 드러내는 건 아니에요. 뿌리를 붙잡으면서도 온전히 새로운 것으로 나아가자는 거죠.

원유선: 음악의 근본을 유지하고 뿌리를 계승해가겠다는 의미로 들리네요. 실제로 대표작들에서 서양 전통 악기들에서 파생된 독특한 현대 주법들을 구사하는 것이 인상적이었습니다. 특별히 어떤 점을 고려하여 현대 주법들을 사용하는 편인가요?

- 이지애: '현대 주법 그 자체'에 먼저 주안점을 두지는 않아요. 주법을 먼저 고려하고 작곡하는 건 주객전도된 거라고 보거든요. 아이디어와 콘셉트가 어떠한 소리로 들릴지를 먼저 생각하고 거기서 특정한 주법들이 파생된다고 보시면 됩니다. 그런데 여기서 말한 '소리'라는 것이 꼭 음색만 이야기하는 건 아니에요. 다이내믹, 템포, 형식, 음색 모두 포함된 개념이고, 전체 구조조차도 나타내고자 하는 아이디어에 근거해서 배치하려고 합니다.

원유선: 작곡 외에도 다방면에 재능이 많은 것 같습니다. 2022년에는 『클래식 감상 수업』이라는 책을 공저로 출간했고 많은 사랑을 받았는데요. 책을 출간하게 된 동기는 무엇이었나요?

- 이지애: 온라인에 음악 뉴스레터로 발간했던 내용들이 책 발간으로까지 이어졌어요. 2020년 코로나로 인해 시간적 여유가 많아지면서, 평소 알고 지내던 김지윤 작곡가님과 뉴스레터를 발간해보자는 이야기가 나오게 되었습니다. 그래서 2020년 7월부터 시작하게 되었고, 구독자들을 고려하여 과거의 작품들을 새로운 음악적 관점에서 최대한 재밌고 정확하게 조명하려고 노력했어요. 그러던 중 운 좋게도 출판사의 편집자에게 연락이 와서 책으로까지 발간하게 되었죠.

원유선: 공연된 영상을 보니 작곡자의 의도를 탁월하게 해석한 연주가 눈에 들어오더라고요. 연주자와의 관계나 소통방식이 궁금합니다.

- 이지애: 연주자와의 소통을 중요시해서 제 또래 연주자를 선호하는 편이고요. 틀에 박히지 않은 연주를 원해서 일부러 현대음악을 잘 접

해보지 않은 연주자들과 작업하는 경우도 많습니다. 작품에서 거칠고 날카로운 소리들도 많이 쓰다보니, 제 작품과 맞는 결의 소리를 낼 수 있는 연주자를 찾으려고 시도해왔어요. 그동안은 미리 유튜브로 연주를 다 들어보고 제 작품과 맞는 소리를 가진 연주자와 컨택해서 연주를 진행했습니다.

원유선: 〈돌이킬 수 없는〉의 유튜브 티저 영상에서 지도교수인 작곡가 요하네스 쇨호른과 음악적 쓰레기의 본질을 가지고 대화하는 장면이 재미있었습니다. 그동안 독일에서 함께 공부하면서 어떤 영향을 받았는지 알고 싶네요.

- 이지애: 저의 스승이신 쇨호른은 대단한 작곡가입니다. 음악이나 사물의 본질을 꿰뚫어 보는 안목과 통찰력이 남다른 작곡가죠. 쓰려는 주제에 대해 표면적인 것 이상으로 깊이 사고하는 방식에 영향을 많이 받은 것 같아요. 평소 쇨호른은 새로운 걸 찾는 데 집착하지 말라고 조언합니다. 아무리 새로움을 발견하려고 해도 이미 다 나와있다고 말이죠. 그렇지만 공부하면 할수록 쇨호른은 저와 다른 측면에서의 새로움을 추구한다는 생각이 듭니다. 그 새로움은 무에서 유를 창조하는 단편적인 것만은 아니에요. 더 나아가서 자신의 개성을 찾는 과정이라는 다각적인 것을 의미하죠. 이러한 배움을 얻어서 저의 시야를 넓힐 수 있었습니다.

원유선: 향후 어떤 곡을 작곡하고 싶으신가요? 개인적으로 우연성 기법까지 섭렵한 최근작을 들여다보면서 머지않아 선생님만의 독자적인 곡이 탄생하지 않을까 기대도 됩니다.

- 이지애: 그동안은 과거의 것들을 충실히 습득하고 거기서 새로움을 찾아가는 방식들을 사용했지만, 요즘에는 거기서 벗어나려고 하는 중이에요. 최근에 3분 내외의 오케스트라 음악을 쓰고 있는데, 아직까지는 온전히 저만의 것을 찾지는 못해서 이래저래 고민이 많습니다. 직전 곡과 비교해서 재미있고 색다른 곡을 써보고 싶어요. 물론 저만의 독자적인 음악을 만드는 것도 중요하지만, 한편으로는 나만의 개성이 깃든 양식을 찾는 것에 양가적인 감정을 느끼기도 합니다. 궁극적으로는 저만의 양식을 구축하고 싶지만, 언제까지나 편하게 안주하고 싶지는 않거든요. 그래서 현재와 타협하지 않고 계속해서 실험을 하며 절대적이지 않은 예술 세계를 창조하고 싶고요.

원유선: 답변 감사합니다. 저도 여러모로 즐거운 자극을 받았네요. 앞으로의 작품활동을 진심으로 응원하겠습니다.

작곡가 **장은호**

Eunho Chang

장은호
7대의 악기를 위한 〈파노라마〉

글 · 정다운

순간적으로 드러나는 감정과 감각적인 텍스처에 관심을 가진 작곡가 **장은호**(1983-)는 계명대학교에서 작곡을 공부하고, 이후 폴란드 쇼팽 국립 음악대학교에서 석사 및 작곡 박사 학위를 취득하였다. 그는 동아음악콩쿠르, 국제 시마노프스키 콩쿠르, 제30회 스페인 소피아 왕비 작곡상 우승 등 다양한 수상 업적을 쌓았고, 2022년에는 문화예술발전 유공 〈오늘의 젊은 예술가상 음악부문-문화체육관광부 장관 표창〉을 받았다. 아르디티 현악 사중주, 앙상블 콩트레샹, 디베르티멘토 앙상블, 스페인 라디오 텔레비전 오케스트라, 경기필하모닉 등의 연주단체에서 그의 작품이 연주되었다. 또한 KAIROS, Requiem Records에서 그의 작품을 담은 음반을 발매하기도 하였다. 2011년부터 2018년까지 쇼팽 국립 음악대학교에서 강의하였으며, 현재 계명대학교 음악공연예술대학 작곡전공 교수로 재직 중이다.

소리는 소리로 말한다

장은호는 작곡가의 아이디어가 소리로 제대로 표현이 되지 않는다면 죽은 작품이나 마찬가지라고 이야기한다. 제아무리 대단한 철학과 사상을 가지고 있어도 그것이 제3자에게 소리로 제대로 표현이 되지 않으면 의미가 없다는 것이다. 그래서 그는 자신의 작품을 유려한 언변으로 말하기보다는, 누구보다도 창의적이면서도 공감을 주는 좋은 소리로 '말하려' 한다. 우연히 길을 가다가 들리는 소리들, 갑자기 떠오른 울림 같은 것들을 1차적인 재료로 수집하고, 이에 대한 다양한 변주와 제스처를 시도해 본다. 최근에는 한국전통음악에서 표현되는 다양한 자연발생적 음색, 패턴, 제스처를 현대적 기법으로 표현하는 것에도 관심을 기울이고 있다. 이때 한국전통음악 요소는 전통의 계승으로서의 의미보다는 자유롭게 확장된 음 요소의 하나로 활용된다. 그의 작품에서 서양 성악가가 한국전통음악을 연상시키는 창법과 현대음악의 기법을 경계 없이 넘나드는 데서 독특한 아름다움이 느껴진다.

상상력을 자극하는 소리를 찾아서

어떠한 표현 대상을 떠올렸을 때 그는 그것을 구체적으로 묘사하기보다는 대상에 예술적 창의력을 가미하여 떠오른 음색을 다양한 악기의 주법에서 탐색한다. 그래서 관객들은 각자의 상상력에 의거하여 그 소리를 듣는다. 그가 최근 발표한 〈센세이셔널 블리스〉(Sensational Bliss, 2021-2022)는 장은호가 그간 모아두었던 좋아하는 소리, 관심을 기울이는 소리, 그가 조합한 음악적 패턴 등을 산발적으로 뿌리듯 만든 작품이다. 그는 다양한 소리의 재료에서, 혹은 어느 순간 감각에 포착된 울림들을 모아, 스케치하고 대조하고 결합하는 실험을 통하여 본인이 좋아하는 소리를 찾는다. 이 과정에서 상상력이 중요하게 작동한다. 틀이 없는 상상력은 재료를 찾고 직조하는 데 큰 역할을 한다. 상상력을 가미한 탐색을 통하여 무엇을 쓸지 결정하며, 이러한 작은 결정들이 모여서 한 작품을 만든다. 이렇게 만들어진 장은호의 소리는 자연스럽게 반짝이며 흐른다.

장은호는 '소리는 소리로 말한다'고 하였는데, 그의 성악작품 두 명의 소프라노를 위한 〈카페〉(Le cafe for two sopranos, 2013), 챔버 오페레타인 〈성스러운 에밀리〉(Sacred Emily, 2015), 인성이 포함된 앙상블 작품인 〈그래피티〉(Graffiti, 2015)를 들어보면 내용이 담긴 말에서 의미를 소거하고 그 추상성을 가져와 소리로 표현한 듯한 느낌이 든다. 언어의 의미와 뉘앙스, 말의 어조는 그의 음악에서 하나로 수렴되어 소리로 변환된다. 관객들은 이 소리를 들으며 말의 내용을 자유롭게 상상할 수 있다.

빠져들게 하는 소리

'소리'로 승부하는 작곡가답게 그가 만들어 낸 소리는 흡인력이 강하다. 플루트 솔로와 앙상블을 위한 〈고혹〉(2013)은 플루트가 국악의 피리소리 같은 효과를 내며 시작되는데, 곧이어 플루트의 현대적 주법으로 이음새 없이 연결된다. 플루트의 소리는 시대와 공간을 초월하며, 상이한 차원과 세계를 종횡무진으로 엮는다. 플루트의 '고혹'적인 음색은 흡인력이 강하여 청자를 그 속으로 빨려 들어가게 만드는데, 이를 피아노와 현악기가 조용히 뒷받침하며, 베이스 드럼, 비브라폰 등의 타악기가 음색을 더해 청자를 최면 상태로 이끈다. 피아노는 녹아내리게 만드는 아르페지오와 빠른 선율뿐 아니라 피아노 내부의 현을 튕기거나 부속을 두드리는 등의 특수주법으로 시시각각 변화하는 반짝임을 만든다. 현악기의 피치카토는 최면 속으로 들어가게 하는 클릭 소리를 연상시킨다. 비브라폰의 건반을 활로 연주하여 전자음향의 효과를 내며, 튜불라벨, 여러 대의 심벌즈, 공, 차임벨 등 다양한 타악기들이 변화무쌍하게 플루트의 주변에서 색깔을 내어 결과적으로는 플루트 소리의 미궁으로 자연스레 들어가게 한다.

〈센세이셔널 블리스〉 중 한 곡에서는 강질이며 리릭한 판소리 연주자와 날카롭고 기교적인 음색의 콜로라투라 소프라노가 함께 연주한다. 판소리 연주자의 중후한 구음과 맛깔나는 창, 소프라노의 에로틱한 고음을 대치와 대조가 묘한 매력을 준다. 피아노의 빠른 동음 반복, 트레몰로가 고수가 연주하는 북소리처럼 들리기도 하며 관악기의 특수주법은 판소리의 또 다른 버전인 것 같기도 하다. 그래서 장은호의 곡을 듣다 보면 자신도 모르게 소리의 세계로 이끌려 들어간다. 작곡가가 곡에 대해 언명한 아웃라인이 상당히 느슨하기 때문에 각자의 반짝이는 상상력으로 해석하며 청취할 수 있다는 점이 큰 매력이다.

7개의 악기를 위한 〈파노라마〉
(Panorama for seven instruments, 2015)

'반짝이는 폭발'의 아름다움

이 곡은 2015년 밀라노 엑스포의 위촉으로 작곡되었다. 당시의 슬로건은 "Feeding the Planet, Energy for Life"(지구를 먹여 살리고, 생명에 필요한 에너지를 공급)였다. 편성은 플루트, 클라리넷, 비브라폰(각종 타악기 포함), 피아노, 바이올린, 비올라, 첼로이며, 인트로와 31개의 단편으로 구성된다. 자연의 아름다움과 화려함, 자연의 경이로움과 거대한 힘을 묘사한 곡으로, 다양하게 발현되는 자연 현상을 악기들의 상이한 제스처, 다이내믹의 변화, 음색을 다채롭게 하는 새로운 기법과 텍스처의 배열로 설명하였다. 그는 특히 시시각각 움직이는 빛과 빛의 에너지를 묘사한 데 주력한 것으로 보이지만 이 곡이 특정한 대상에만 한정되어 있지는 않다. 이 곡은 대자연이 주는 경이로움과 장대함을 에너지의 움직임이라는 추상성으로 수렴하여 표현한 것으로 보인다.

초반부에서는 다양한 에너지들이 여러 음악 요소로 산발적으로 표현되어있다가 어느 순간 함께 융화되고 후반부에는 폭발하여 강한 에너지를 만든다. 인트로의 날렵하고 짧은 비브라폰 연주는 신호음이자 마술봉의 타격처럼 느껴진다. 이어지는 피아노의 고음역에서의 반음계적 상행 진행은 소리에 반짝임을 더해주는데, 이러한 반짝임은 곡 전체에서 주기적으로 반복되어 황홀경을 선사한다. 급격한 다이내믹의 변화를 동반한 클라리넷의 동음 트레몰로는 미지의 에너지가 꿈틀거리는 듯 강한 인상을 주며 청자의 귀를 사로잡는다. 현악기들과 플루트는 크게 두드러지지는 않지만 속닥거리며 전면에 나선 소리의 배경을 만든다. 인트로에 몇 개의 주법과 악기들이 추가되고 클라리넷에서 시작된 에너지의 꿈틀거림이 첼로의 상행 글리산도, 바이올린과 비올라의 트레몰로로 퍼지며, 새로운 에너지를 형성한다. 피아노 내부의 현과 부속들은 또 하나의 악기가 되어 소리에 미세한 변화를 준다.

단편2에서 플루트가 처음으로 선율을 연주하는데, 여기에는 미세한 제스처의 움직임들이 있어 언제든 날아가 버릴 것 같다는 인상을 주다가 비스비글리안도(bisbigliando, 속삭이듯이)에서 작은 폭발을 보이고 잦아든다. 이후 본격적으로 에너지의 응축이 표현된다. 각기 따로 놀던 플루트, 클라리넷, 비브라폰의 에너지가 스포르찬도와 포르티시모로 결합된다. 현악기들은 반음계적 스케일을 종횡무진 연주하며 텍스처의 밀도를 높인다. 명확한 음고보다는 거친 숨소리를 많이 냈던 플루트와 클라리넷이 빠른 음형을 반복하며 에너지를 모으고, 피아노도 트레몰로로 분위기의 상승을 돕는다. 포르티시모의 다이내믹에 이르고, 각 파트들의 움직임이 합쳐져 미세하게 빨라졌다가 느려지는 과정을 거치며, 한 호흡으로 가다듬어진다.

단편6에서 반음계적 상승 음형의 사이를 뚫고 가만히 들어온 악기들이 살며시 음을 낸다. 비스글란도, 플랩, 키클리킹 같은 관악기의 특수주법은 조용히 들어온 파편들이 서로 속삭이듯 대화하는 것 같은 느낌을 준다. 반음계 상승 음형이 각 파트에서 여러 층으로 나타나고 탐탐, 트라이앵글, 씨즐링 심벌, 베이스 드럼, 비브라폰 등이 순서를 바꿔가며 나타나 에너지의 변화를 이끈다.

단편12부터 D음을 구심점으로 모든 파트가 한 방향으로 모이는 추세를 보이며 베이스 드럼의 트레몰로는 접착제 같은 역할을 한다. 이후 한 음을 향한 집중성과 에너지의 강도는 더욱 증폭된다. 한 번 더 반음계적 상승 음형의 반복과 그 변형을 거쳐 단편19에서 드디어 폭발한다. 폭발한 에너지는 이런저런 모양으로 변화되며 산발적인 잔여 폭발을 일으키기도 하고, 다음 폭발을 위해 준비하기도 한다.

단편23에서는 에너지의 대폭발이 일어난다. 수없이 많은 소리의 조각들이 자기 빛깔을 내며 제각기 움직이다가 한 음을 스포르찬도와 포르티시모로 일사불란하게 소리를 내는 반전은 경이로움을 일으킨다. 악기들과 동시에 연주되던 탐탐은 폭발이 극에 달하자 베이스 드럼에게 자리를 내어주고, 베이스 드럼은 다른 악기들과 반박의 시차를 두고 타격하여 흥분을 고조시킨 후 트레몰로로 분위기를 이어간다. 이후 에너지를 폭발시키기까지의 양상을 다채롭게 변화시키며 서서히 피아니시모로 잦아들며 종결된다.

이 곡을 들으면 '반짝임'(glittering)과 '폭발'(explosion)이라는 두 단어가 선명하게 떠오른다. 피아노의 고음역에서 연주하는 반음계 스케일은 직관적으로 반짝임을 그리는 듯하고, 이 때문에 빠르고 강렬한 폭발은 파괴적이기라기보다는 아름답게 느껴진다. 또한 속삭이는 관악기 소리, 모토를 온(on)으로 해놓은 비브라폰의 울림, 현악기의 등 정교하고 다채로운 음색의 향연이 환영을 만들며 끝없는 소리의 바다로 청자를 빠뜨린다.

Panorama

for seven instruments

EUNHO CHANG [2015]

환경과 자연: 조화와 공생의 류流

1차: 2024년 7월 16일 서면 인터뷰
2차: 2024년 7월 17일 서면 인터뷰

정다운: 선생님의 작품들을 들어보니 사운드가 매우 화려하고 폭발적인 에너지를 가졌다는 생각이 들었습니다. 일전에 다른 인터뷰에서 보니 청중 중 누군가가 "새로운 음악을 알게 해줘서 고맙다"는 말을 전했다고 했던데, 본인의 음악이 사랑을 받는 이유는 뭐라고 생각하시는지요?

- 장은호: 글쎄요, 아마도 제가 표현하는 소리들이 청중들에게 다양한 상상력을 만들어 주기 때문이 아닌가 싶습니다. 일반 클래식 음악에서는 들어보지 못하는 독특한 음색, 제스처들이 그들에게 '이것은 뭘까?', '무엇을 표현한 것인가?', '이런 느낌이 드는구나!'라는 많은 생각을 만들어 주지 않았나 싶습니다.

정다운: 독특한 음색, 제스처는 여타의 현대음악 작곡가들에게도 다 있는 것인데, 그러면 현대음악 작곡가로서 다른 작곡가들과 차별화되는 지점은 무엇인지 궁금해집니다. 청자의 상상력을 자극한다는 점일까요? 저도 들어봤을 때 새롭고 신선한 느낌이 있었습니다. 듣기도 좋았고요.

- 장은호: 소리 대상의 다양성과 관점이 아닐까 싶습니다. 같은 현대주법을 쓰더라도 그 주법에서 표현되는 소리를 어떠한 관점으로 쓰느냐에 따라 결과물이 다르기 때문인데요. 저는 어떠한 소리의 표현을 만들기 위해 명료한 음악적 아이디어를 좀 더 다채롭게 표현하고자 합니다. 예를 들어, 바람 소리를 표현하고자 했을 때 이것을 휘파람으로도 만들 수 있겠지만 예술적 창의력을 가미하여 다양한 악기에서 바람 소리와 비슷한 음색을 탐구하여 음악을 엮어나가는 것이 상당히 매력적으로 다가옵니다. 이러한 2차적 표현들이 아마도 관객들에게 은유적으로 다가갈 것이고, 다양한 생각을 만들게 하는 것이 아닐까 싶습니다.

정다운: 작곡가로서 지향하는 음악적 방향은 무엇인지 궁금합니다.

- 장은호: 저는 '소리는 소리로 표현해야 한다'는 관점으로 작품을 쓰고 있습니다. 아무리 멋진 생각, 철학, 사상 등을 가지고 있어도 그것이 제3자에게 소리로서 표현이 되어야 한다고 생각합니다. 말이나 소개는 유창한데 막상 소리를 들어보면 갸우뚱하는 작품들은 저에게 있어 죽은 작품이나 마찬가지입니다. 그래서 가급적 소리의 의미는 간단하고 명료하게 하면서, 그 중심에서 어떻게 다양한 표현들을 변주할 수 있는지에 중점을 두고 작업을 합니다. 소리의 소재는 결국 저의 관심사에서 만들어집니다. 현재는 순간의 감정, 대담한 음색적 색채에 관심을 두고 있습니다. 〈센세이셔널 블리스〉가 이러한 예라고 볼 수 있습니다.

정다운: '소리는 소리로 표현해야 한다'는 말이 딱 와닿네요. 소리의 의미는 간단명료하게 하고, 소리 자체로 드러낸다면 결국 작곡가가 '내 음악은 이렇다'라고 말로 설명하기보다는 작곡가가 표현하고자 하는 소리와 아이디어를 관중이 자신의 감각으로, 직관적으로 듣게 한다는 뜻으로 해석됩니다. 〈센세이셔널 블리스〉를 들어보니 다양한 소리들이 작곡가가 의도한 어떤 '감각'으로 수렴된다는 느낌을 받았습니다. 가야금 소리도, 생황 소리도, 인성도, 판소리도, 그 외의 악기들도 모두 결국 동일한 감각을 향하고 있어서 이질적인 특성들이 의외로 잘 어울린다는 생각이 듭니다.

- 장은호: 네, 그렇습니다. 〈센세이셔널 블리스〉(Sensational Bliss)〉는 저에게 있어 '나만의 음악책'이라고도 말할 수 있는데요. 제가 좋아하는 소리, 관심을 가지는 소리, 창의적인 음악적 패턴 등을 채집해온 것을 산발적으로 뿌리듯 작곡을 한 작품입니다. 그래서 어떤 부분에서는 누구나 들어봤던 익숙한 표현에서부터 '이건 뭘까?'라는 의문의 소리 그리고 이러한 것들이 자연스럽게 융화되어 표현된 부분도 있습니다. 이런 발상이 나올 수 있었던 것은 '틀이 없는 상상'인데요. 사실 어쩌면 이것은 꽤나 상투적인 어법일 수 있습니다. 그렇지만 끊임없이 소리에 대한 탐구와 자연스러움에서 부여받은 소리의 표현들은 결국 인위적인 표현 방식에서 만들어지는 것이 아닌 자연스럽고도 형식이 없는, 생각지 못한 곳에서 반짝이는 것들을 얻을 수 있다고 생각합니다.

정다운: 폴란드에서 활동하시다가 한국에 들어오신 걸로 알고 있는데, 음악적인 분위기가 어떻게 다른지요? 일전에 다른 작곡가를 인터뷰할 때 외국에서는 스타인웨이 피아노를 가지고 프리페어드 피아노곡을 아낌없이 연주했는데, 한국에 오니 그러기 힘들더라는 이야기를 하더라고요. 피아노 현을 뜯는 기법도 사용하시던데, 우리나라에서도 그런 연주법을 구사하는 데 문제는 없는지도 궁금해집니다.

- 장은호: 유럽에서의 공연과 한국에서의 공연은 조금 다른 양상을 띠고 있습니다. 유럽은 현대음악 공연기획이 자주 있기 때문에 행정적, 실무적인 부분에서 큰 문제가 없습니다. 작곡가와 연주자에게 안정적인 대우를 해줍니다. 그러나 한국의 경우 아직 전문적인 현대음악 공연기획의 관심이 조금 더 필요한 시점입니다. 비단 이러한 상황은 어느 나라든 어쩔 수 없는 음악계의 현실이기도 하겠죠. 공연의 어려움 중 피아노도 한 일부분이고요. 저도 처음 한국에서 공연할 때 프리페어드 피아노를 썼다가 큰 문제가 있었습니다. 그래서 한국에서 공연할 때는 프리페어드 피아노 사용을 가급적 피하고 있습니다.

폴란드에서의 활동은 정말 좋았죠. 위촉의 경우도 작곡가 중심으로 진행되고, 기획하는 기관이나 단체에서 모든 것을 맡아 진행하기 때문에 저는 작품에만 몰두하면 되거든요. 요즘도 계속 폴란드뿐만 아니라 해외 연주자들과의 작업을 하고 있습니다.

정다운: 최근 작품에서 한국 전통음악적인 요소도 많이 사용하셨는데요. 이것도 새로운 소리, 새로운 감각의 소재로 볼 수 있을까요? 〈센세이셔널 블리스〉와 달리 〈산조 4〉는 외국인이 연주했는데, 현대적인 기법과 함께 판소리 기법이 병치되었고, 그걸 또 외국인이 노래를 하니 굉장히 색다른 느낌이었습니다.

- 장은호: 저에게 있어 한국 전통음악의 요소는 하나의 음악적 도구입니다. 즉, 음 요소로서 사용합니다. 그래서 사실 한국의 소리를 이어나간다는 개념과는 약간 거리가 있다고 보시면 됩니다. 한국의 전통음악 소리에서 느껴지는 음색적 제스처, 울림, 표현에는 서양 현대음악에서 느낄 수 없는 이국적 표현들이 많다고 생각합니다. 이것은 결국 저에게 확장된 개념의 음악적 표현이라고도 할 수 있습니다. 처음에는 전통음악 요소를 단편적으로만 생각을 해서 연습곡 형식으로 스케치를 많이 해보았고, 이후에는 단련된 나만의 음악적 제스처를 찾는 것에 집중했습니다. 어떨 때는 순간 느껴지는 울림들을 잘 포착하여 스케치를 해놓고, 여러 음악적 소재와 대조하거나 결합해 봅니다. 이러한 실험에서 내가 좋아하는 소리들을 찾고 '결정'하는 것이 저에게는 매우 중요한 작업입니다. 위의 과정들을 거쳐 여러 결정들이 모여서 하나의 작품을 이루는데, 〈센세이셔널 블리스〉가 좋은 예라고 볼 수 있습니다.

정다운: 현재 진행 중이거나 계획 중인 작품, 공연에 대해서도 말씀 부탁드립니다.

- 장은호: 올해 9월 6일에 저의 성악 작품(가곡, 콘서트용 성악곡) '밤의 노래'가 대구콘서트하우스 챔버홀에서 공연될 예정입니다. 사실 저는 가곡을, 특히 조성적 가곡을 쓰는 것을 조금 어려워 합니다. 그런데 작년에 꼭 해야 하는 신작 가곡 위촉이 들어와서 한 곡 만들어 보았습니다. 작업을 하다 보니 생각보다 재미있어서 1시간 분량의 가곡을 만들어 연주해보면 좋겠다 싶어 작년에 작업을 완료하였고, 올해 소프라노 이윤경 선생님과 함께 공연합니다.

또 제가 4년간 작업해온 대규모 오케스트라를 위한 〈모먼트〉(Moment)를 올해 완성하였습니다. 3관 편성, 4악장 구성이며, 대략 1시간 정도 길이의 작품입니다. 지금은 완성된 작품을 수정하고 있습니다. 4년간 작업을 하다 보니, 생각이 바뀌는 부분도 있고, 보완이 필요한 부분은 다시 재작업을 하려고 합니다. 이 작품은 제가 만 40세가 되는 기념으로 저에게 헌정하는 작품으로서, 기관이나 단체에서 위촉을 받은 것이 아닌 스스로에게 위촉한 작품입니다. 작품 초연은 이제 유럽, 미국 시장으로 나가서 홍보할 예정입니다.

정다운: 스스로에게 위촉한 작품이라니, 작곡가로서도 의미 있는 작품이겠네요. 기대됩니다. 말씀 감사했습니다.

작곡가 **정현수**

정현수
피아노 트리오를 위한 〈그 섬에 가면〉

글 · **장유라**

주변의 버려지는 아름다운 것들을 소리의 어울림을 통하여 듣고 들려주기를 쉬지 않는 작곡가 **정현수**(1969-)는 서울대학교 음악대학 작곡과와 동대학원을 졸업하였다(이경화, 백병동 사사). 이후 영국 런던대학교 킹스 칼리지에서 해리슨 버트휘슬 경의 지도로 박사학위를 취득하였다. 제35회 서울창작음악제, 제23회 대한민국 작곡상 실내악부문 수상을 하였으며, 국제현대음악협회(ISCM) 스웨덴 세계음악제에 입선하였다. 그의 작품은 대구국제현대음악제, 대한민국창장관현악축제, 범음악제, 아시아작곡연맹연주회 등을 비롯하여 독일, 영국, 벨기에, 아일랜드, 러시아 미국, 일본, 대만, 스웨덴 등 해외에서도 활발히 연주되고 있다. ISCM 한국위원회 사무총장, 광주문화재단 정책자문위원, 전남대학교 예술대학장, 운지회 사무총장을 역임하였고, 현재 뮤직 노마드 회장, 루미나시아 음악감독, (사)한국작곡가협회 이사, 전남대학교 음악대학 교수로 재직 중이다.

체험 표현의 음악, 음들의 자유로운 조화

해석학자 딜타이(Wilhelm Dilthey, 1833-1911)에 따르면 음악 작품에서의 음 흐름이란 "서로를 향해 다가가고, 또 서로로부터 멀어지는 형상들 간의 자유로운 조화"이다. 이러한 음들의 흐름은 "자유로운 가능성으로 가득하며, 그 어디에도 필연성이란 없다." 왜냐하면 음악은 하나의 체험 표현이기 때문이다. 즉 음악 작품은 개인이 체험한 것을 음의 흐름으로 표현한다. 이때 음악은 현재와 과거의 회상에 맞추어, 이 체험에 연결된 다양한 방식으로 표현된다. 이는 역사적으로 전개되어 가는 음 세계의 과정이기도 하다. 작곡가 정현수의 음악은 개인의 체험들이 음들의 자유로운 조화를 통하여 표현된 역사적 전개 과정의 음악이다. 역사의 전개 과정들은 듣는 이들에게 영혼의 감동으로 다가온다.

자전적 외침의 독창성이 두드러진 시 음악(Poem Music)

작곡가 정현수의 음악 작품에서는 체험을 바탕으로 한 멋진 시(詩)들을 만날 수 있다. 시의 제목은 주변에서 쉬이 찾을 수 있는 것들이다. 일상의 〈다반사〉, 음식을 먹는 〈레스또랑에서〉, 아이의 〈숨쉬기〉, 자기의 모습을 담은 〈숙성케 하소서〉에 이른다. 작곡가는 이러한 시(詩)에 피아노로 옷을 입히기도, 여러 악기를 사용하여 세속칸타타 〈일상〉(Cantata Profane Carpe Diem)으로 만들기도 한다. '일상'이 특별함이 된다. 시가 주는 소소한 기쁨이 이에 딱 맞는 음들을 만나 특별해진다. 그래서 이들은 이 시대의 예술가곡을 대표하는 곡으로 부족함이 없다. 또한 그의 시 음악(Poem Music)은 시대를 어우른다. 정간보로 작곡된, 이제는 화석이 되어버린 칠언 한시로 된 시창(詩唱)은 마치 유유히 날아가는 한 마리 학과 같다. 그 아름다움에 잠시 시공을 초월한 느낌이다. 〈임평우화〉(臨平藕花)와 〈공양〉의 정간보 악보는 그 어떤 음악 악보보다 아름답다. 그가 택한 시어들, "싸리꽃을 애무하는 산 벌의 날개짓소리 일곱 근"이 정간보로 그려져 은은한 전통의 빛을 발한다. 그런가 하면 디킨스(Emily Elizabeth Dickinson, 1830-1886)의 명상적 시어에 묵주나 염주처럼 한알 한알 꿰어 만든 〈인성과 실내악을 위한 음악〉은 작곡가의 말처럼 그야말로 '자전적 외침'이다. 천경자 화백의 혼을 불어넣어 탄생한 회화에서 전해지는 '여자들만의 외침'이다. 삶의 체험에서 나온 처절한 외침인 것이다. 반면 어린이들을 위한 음악극에서의 합창곡들은 듣는 것만으로도 '보이는' 음악이다. 그들의 움직임이 보이고 그들의 웃음이 쉽게 그려진다. 시의 운율이 음악 안으로 흘러 들어가 내용과 소리가 그야말로 '하나'가 된다.

자유를 향하여

작곡가 정현수는 자신의 기악음악에서도 '말'을 놓치 않는다. 표제를 가진 기악음악이 많다. 듣는 이들이 표제를 보고 무언가를 떠올리며 감상하도록 배려한 것이다. 그러나 그 내면을 들여다보면 내용과 형식, 미와 표현 사이의 갈등한 흔적들이 가득하다. 절실한 마음으로 원하는 소리의 형상을 찾은 흔적들이다. 피아노 솔로를 위한 〈어느 곰 인형 이야기〉에서 꿈, 소망, 주변, 일상의 것을 뻔한 클리셰가 아닌 요소들의 변형, 변주, 조합을 통해 이야기를 전개한다. 세월호의 아픔으로 차마 드림(Dream)이라 이름 붙이지 못해 끙끙거렸던 〈두드림, DoDream〉에서 갈등의 흔적들은 피아노의 두음(E♭과 C♯)과 이들의 특별한 음정 관계들의 유기적 전개로 이루어진다. 피아노의 두드림이 듣는 이들의 기대 이상으로 길게 이어지면서 증폭된 반향은 후련한 카타르시스를 느끼게 한다. 이것은 작곡가 정현수가 만들어낸 아픔의 '치유'가 아닐까! 이제 그는 시를 선택하는 것을 넘어 스스로 시를 지어 음악의 소재로 사용한다. 메조 소프라노와 여섯 연주자를 위한 〈물이 마른다〉(2023)에서 '삶과 음악의 동형성'을 주창한 딜타이의 '체험, 표현, 이해의 해석학적 철학'이 잘 드러난다. 그의 체험이 자작시에 표현되고, 표현된 음악에서 그에 대한 온전한 이해가 이루어진다. 그렇기에 그의 작품에 사용되는 음악 언어는 현실을 의식적으로 변형하려는 주지주의(主知主義)가 아니다. 그렇다고 긴장 없는 균형의 공식으로 작동되는 것은 더더욱 아니다. 오히려 절대음악의 형식미가 이 시대의 정통 음악 언어로 풀어져 녹아있다. 물론 가끔은 더 진하게 감정을 풀어 놓지 못한다는 아쉬움도 있다. 그의 바람처럼 더 풀어헤쳐 자신을 놓아주고 음악에만 맡겨도 될 것 같다는 생각이 강하게 들기도 한다. 그의 음악은 자유를 누려도 될 만큼 충분히 성숙하다.

피아노 트리오를 위한 〈그 섬에 가면〉
(Air of the Island for Piano Trio, 2023/2024)

세련된 서정성으로 '예술 그 자체'가 된 제주 민요들!

피아노 트리오 〈그 섬에 가면〉은 제주국제현대음악제 위촉으로 2022년에 작곡되어 2023년 제주국제현대음악제에서 초연되었다. 그 후 뮤직노마드 창립15주년 기념음악회에서 개작 초연되었다. 제주 섬에서 느낀 신비롭고 독특한 분위기의 자연환경이 주는 감성을 표현하는 이 곡은 특히 제주 창민요와 무가, 동요 등을 소재로 하였다. 즉 세마치장단의 〈너영나영〉, 굿거리장단의 〈오돌또기〉와 〈서우젯노래〉, 자진모리의 〈봉지가〉, 〈제주도 아리랑〉, 그리고 제주민요의 특징적인 사설 표현이 사용되었다. 제주 방언에서 유래한 사랑 민요인 〈너영나영〉은 명랑하고 흥겨운 느낌의 노동요와는 다른 남녀 간의 사랑을 노래하고 있으며, 〈오돌또기〉 역시 네 마디의 메기는소리와 네 마디의 받는소리로 되어있다. 제주의 자연을 묘사하는 대표적인 민요이다. 〈서우젯노래〉는 제주도 해녀들의 무가(舞歌) 중 하나로 뒤로 갈수록 빨라진다. 작곡가는 이 작품에서 제주민요의 특징적인 리듬을 변형, 변주하여 피아노, 바이올린, 첼로의 악기 특성에 맞게 그만의 독특한 음악어법을 사용하였다. 선율악기의 멜리스마적 특성과 타악기의 강한 비트의 연타, 이에 대조되는 하모닉스의 투명한 음색은 한바탕의 유희로 이끈다.

전체 연주 시간은 약 13분이다. 악장의 구분은 없으나 리듬과 음색 변화에 따라서 크게 세 부분으로 나뉜다. 직접 인용된 부분에는 제주민요의 이름이 표기되어 있다. 변박이 자주 등장하며 다양한 리듬이 융합되고 해체되는 것이 이 곡의 가장 큰 특징이다. 융합되고 해체되는 가운데 각 민요의 서정성이 피아노 트리오 구성 악기를 통해 독특한 음색으로 노래 되는 것 역시 이 곡의 주요 흐름이다. 조성의 지시는 따로 없으나 그렇다고 무조성의 불협화가 주를 이루지도 않는다. 주요 동기가 다양하게 변화하고, 연속적인 반복음이 많이 사용되면서 음색의 밀도를 높여 긴장을 형성하여 클라이맥스에 도달하는 점은 절대음악의 특색에 가깝다. 민족의 혼이 담긴 민요가 녹아있는 작품이면서 마지막 부분 예상치 못한 악기 음색의 변화는 앞부분 타악기 특징을 희석시켜 전체 음악의 흐름에서 음색의 밀도에 균형을 준다.

부분Ⅰ은 ♩=108 빠르기에 세마치장단이 변형되어 프롤로그를 형성하며 시작된다. CGD의 첼로 상승 도약 음정은 바이올린의 CFC 하행 도약 음정과 대응을 이루며 부점 리듬과 함께 주요 동기로 사용된다. 이는 이어서 나오는 제주민요 〈너영나영〉을 암시하는 것이라 할 수 있다. 민요의 메기고 받는 형태가 세 악기에서 번갈아 가며 특징적으로 나온다. 민요 장단이 '덩 덩 덕 쿵덕'에서 '쿵덕쿵덕'만 나오거나 '덕 쿵덕'만 나오기도 한다. 피아노와 바이올린 순서로 주선율이 함축적인 형태로 나오더니 뚝! 한마디의 정적이 흐른다. 이어 나오는 다소 늦은 템포(Meno mosso)는 서정적이다. A Tempo로 돌아와(A) 부분Ⅰ의 〈서우젯소리〉가 사용되는 부분(B)으로 이어진다. A가 도약 선율이었다면 B는 수평적이고 반복적이다. 리듬 선율의 반복은 세 악기에서 균등하게 교차된다. 두 현악기가 C♯-A♯의 간격으로 긴 선율을 노래하면서 차츰 성부를 채워나간다. 민요 〈오돌또기〉는 더욱 잘게 나뉘어진 리듬이 박진감을 형성해간다. 피아노의 양손은 옥타브와 성부가 꽉 찬 옥타브가 싱코페이션을 반복하면서 현악기의 상승 선율선을 뒷받침하며 클라이맥스에 도달하도록 힘을 보탠다. ff 바이올린의 높은 ♮음은 피아노와의 유니슨을 통해 매우 강한 인상을 준다. 술 타스토(sul tasto)와 술 폰티첼로(sul ponticello) 주법으로 음색의 변화 지시가 있으나 연주에서는 크게 드러나지 않는다. 사설표현은 많지 않은 음표들로 이루어져 있다. 이어서 나오는 부분Ⅱ(capriccioso)를 위한 준비로 여겨지는 부분이다. 부분Ⅱ와 부분Ⅲ은 음색과 선율에서 대조를 이룬다. 특히 밀도의 차이가 두드러진다.

부분Ⅱ는 마디 220에서 시작된다. 온전하게 다른 음색과 리듬이며, 순차적 온음 하행 진행(F♯-E-D-C-B♭-A♭-G♭)이 특징이다. 현악기의 스타카토 반복음은 타악기의 성질을 보이며 피아노의 긴 음들과 대조를 이룬다. 수평적인 선율진행이 이어지다가 처음에 나왔던 동기(CGD)의 변형이 마치 뿔랑(Francis Poulenc, 1899-1963)적인 음색으로 피아노에서 반복된다. 현악기 역시 이러한 음색을 따라한다. 즉 타악기의 음색이 강조된 부분이다. 악센트와 다이내믹이 많이 사용되었다. 모든 악기가 같은 음형을 ff로 강하게 반복한다. 장구의 신들린 연주가 연상된다. 그야말로 이 곡의 절정에 해당한다. 부분Ⅲ은 ♩=74의 하모닉스 부분으로 정가를 떠올리게 한다. 바이올린의 하모닉스는 여창이고, 첼로의 노래는 남창이다. 긴 숨으로 불리는 정가의 예술성이 현악기로 노래 되면서 세련된 서정성을 보여준다. 마치 신성한 의식을 행하는 음악이 빠르게, 때로는 점점 느리게, 또 때로는 시간 자체가 뒤틀어져 경건에 다다르는 형상이다. 자연과 인간이 음악으로 '하나'되어 삼라만상을 만나게 된다.

[연주영상 보기]

Air of the Island
for Piano Trio

Hyun-Sue Chung

환경과 자연: 조화와 공생의 류流

1차: 2024년 6월 24일 오전 12시 사당동
2차: 2024년 6월 26일 서면 인터뷰

장유라: 선생님께서는 서울대학에서 백병동, 이경화 선생님께 사사하셨고, 런던 유학에서는 버트위슬 경 선생님에게 배우셨는데, 유학 후에 어떤 음악관의 변화가 있으셨는지 궁금합니다.

- 정현수: 입시 작곡을 이탈리아에서 수학하고 지휘자로 활동하시는 박순덕 선생님께 배웠는데, 화성학, 대위법, 음악의 원리 등 탄탄한 기본기를 쌓을 수 있었습니다. 이경화 선생님께는 창작에 있어서 유연한 생각과 낭만주의 음악의 깊이를 배웠고, 제 학부와 석사 은사이신 백병동 선생님께는 음악의 정수와 작곡의 만상을 익히고 작곡가로 자립하여 사고하고 활동해 나가는 능력을 전수받은 것뿐만 아니라 선생님의 좋은 스승으로서의 면모를 직접 겪으며 지금까지도 꾸준히 영향을 받고 있습니다. King's College London에 석좌교수로 계셨던 Harrison Birtwhistle 선생님과는 제 작품에 대하여 심도 있는 토론 위주의 지도를 받았습니다. 겉으로 보인 다소 까다로운 성격에 비해 당시 함께 유학 생활하던 제 가족도 세심하게 챙겨주시는 등 인간관계와 사회적 책임 또한 중요함을 깨닫게 해 주셨습니다. 유학 전후로의 제 삶의 변화는 인간으로, 작곡가로 성장해가는 계기가 아닐까 싶네요. 교육 기관에서의 주어진 틀에 맞춘 다소 경직된 음악관에서 벗어나 다양성을 인정하고 넓은 스펙트럼을 시도하는 것을 두려워하지 않게 된 것도 같은 맥락에서 이해할 수 있습니다.

장유라: 2012년 Music & Text 음악회에서부터 음악과 문학의 융합된 작품세계를 펼치고 있으신데요. 선생님의 시 음악(Poem Music)에 대한 의견을 여쭙고 싶네요.

- 정현수: 지금에 와서는 음악이 시와 달리 근본적으로 다른 예술 장르이고 기능과 의미가 다르지만, 음악과 문학, 특히 시와의 만남은 오랫동안 이어져 왔습니다. 두 매체가 가진 소통성과 의미를 구체적으로 지목하며 그 원리에 따라 작곡한다는 것은 이 둘의 차이에 근거하여 서로를 보완하는 방법으로, 창작의 지평을 넓히고 음악과 시의 목적, 즉 정서의 함축적 표현과 그를 통한 교감을 완수하는 데는 상당한 절차와 다양한 방법이 있을 것입니다. 저는 인간만이 갖는 두 개의 다른 중요한 체계: 시와 음악, 이 둘의 가능한 조합을 탐구하고 그 방법들로 음악과 시의 지평(horizon)을 넓혀 하나의 유기체로 엮어내는 작업을 비중 있게 다루어 왔습니다. 인성을 포함한 실내악곡, 합창곡뿐 아니라 한국 전통음악 정가 장르의 시창과 시조까지 영역을 넓혀 인성 작품들에 대한 나름의 작곡어법을 꾸준히 전개해온 것도 이 관심에서 비롯된 작업의 일환입니다. 본격적으로 시 음

악(Poem Music)을 주창하면서 일련의 작곡어법을 완성해 나간 과정 및 결과물로서의 악보를 담은 제 저서이자 악보집 〈운율의 맥박_Rhyme Beats〉(전남대학교 출판부)를 통해 시와 노래를 어우르면서 궁극적으로 도달한 완성의 경지에서는 운율이 뛰며(Rhyme Beats) 소리의 형상을 이루어낸다고 설명하였습니다.

장유라: 진솔한 시들에 피아노 반주가 인상 깊었습니다. 다양한 음형들이 시어에 참 잘 어울린다고 생각했어요. 선생님에게 피아노가 유난히 편한 악기인가요? 음형들의 선택에 어떠한 경험들이 작용했나요?

- 정현수: 아주 어린 나이에 피아노를 시작하기도 했고, 많은 작곡가처럼 저도 피아노와 많은 시간을 보내며 멋진 주제를 찾고 작품의 구상을 하기도 합니다. 어떠한 악기를 쓰든 중요하게 여기는 음색과 음형의 특징적 사용과 그 조화를 통해 각 작품의 아이덴티티를 구축하는 편입니다. 특별히 텍스트가 있는 작품에서는 모든 음악적 요소가 텍스트와 연동되어 조직적으로 구성되니 그런 측면에서 시어와 어울린다고 느끼게 하나 봅니다.

장유라: 선생님의 작품에서 위로(〈DoDream〉(2014), 〈청춘〉(2019))와 배려(〈어느 곰인형 이야기〉(2014))를 느끼게 됩니다. 이는 선생님의 음악관과 관련이 있을 것 같아요.

- 정현수: 2014년 피아노와 타악기를 위한 두드림(DoDream)을 작곡하던 중 세월호 사고가 터졌습니다. 두드림은 희망적 염원의 의도를 담은 작품인데, 한참을 먹먹하게 지낸 후에야 어렵게 작품을 완성할 수 있었습니다. 그 과정에서 작곡에 임하는 시간 자체가 제가 겪은 감정의 트라우마를 극복해가는 일종의 의식처럼 느껴지고 저에겐 힐링으로 마무리되는 심적 정화를 이루게 된다는 것을 경험했습니다. 이후 저는 작곡하면서 힐링하고 심적으로 위로받고 있으며, 휴머니즘을 최대 가치로 여기고 인간의 정서에 공감하고 그 감흥의 스펙트럼을 음악으로 승화하는 작업을 하고 있습니다.

장유라: 〈도시의 아침이 밝아오면〉(2022)에서 제가 느낀 것은 프로그램 음악이라기보다는 오히려 절대음악(예: 〈메타신포니아〉(2020))에 가깝다고 생각되었습니다. 작품의 제목과 선생님의 음악 내용 간의 관련이 궁금합니다.

- 정현수: 제 음악이 작품 창작에 있어 영감을 주는 무엇인가에서 출발하는 것은 분명합니다. 그러나 본격적인 작업에서는 그 정서와 치환을 형성한 음악 요소들의 구성이 주된 대상입니다. 아마도 그 점이 제 음악을 대부분 여전히 절대음악에 가깝다고 느끼게 할 것입니다. 어떤 때에는 제목과 프로그램 노트는 감상자와의 공감대 형성을 위한 방편이라 여겨지기도 합니다. 소통을 도울 뿐 큰 의미가 없을 수도 있는 거지요. 제 악보를 다룬 연주자들에게도 제목이나 의도는 차치하고 음악적 흐름에 치중하여 설명할 때가 많습니다.

장유라: 〈물이 마른다〉(2023)에서 자작시를 텍스트로 사용하셨습니다. '은빛 강물 수놓으며 눈물이 흐른다' 마지막 절이 마음에 큰 울림으로 다가왔습니다. 이 시를 쓰게 된 동기가 궁금합니다.

- 정현수: '물이 마른다'는 처음에 윤동주 '자화상'을 텍스트로 자기 혐오에 이른 화자의 회한을 기후 위기에 직면한 우리에게 이입할 수 있겠다 싶어 계획한 작품입니다. 그런데, 오랜 기간 준비 중인 음악극 프로젝트에서 시 '자화상'을 중점적으로 다루게 되어 새로이 텍스트 '물이 마른다'를 제가 직접 쓰게 되었습니다. 작곡할 음악적 내용이 있는 상태에서 출발한 텍스트로서 '어떤 왕이 이룰 수 있는 하나뿐인 소원을 하늘의 별들을 갖고 싶다 하자 민들레로 뜰에 내려와 별이 사라졌다는 회한의 전설'을 가져와 라인을 썼습니다. 이에 그 비극적 결말이 싫어 민들레가 홀씨로 날아 하늘 위 은빛 강물(은하수)을 수놓으며 회한과 참회의 눈물로 거듭난다는 이야기를 덧붙여 나름의 서사를 만들어 냈습니다. 희망적 미래를 염원하는 마음을 담았지요.

장유라: 2024년 창단 15주년을 맞은 뮤직노마드가 궁금합니다. 매우 감동적인 음악회였어요. 창단과 그동안의 활동, 앞으로의 방향에 대하여 말씀해 주시겠어요?

- 정현수: 뮤직노마드는 광주광역시 소재 국립대학인 전남대학교에 교수로 부임한 이듬해인 2009년에 창설한 현대음악 작곡 동인단체입니다. 초연 위주의 창작품 연주회를 매해 개최해오며 광주 호남권을 대표하는 현대음악 창제작 단체입니다. 지난해 서울문화재단의 지원을 받아 공연한 '현대음악으로 그린 이중섭의 사랑, 그리움 그리고 희망'으로 그간 광주에서만 개최한 연주회 활동반경을 서울로 확대하고, 올봄 'Urban'과 'Pastorale'을 주제로 뮤직노마드 15주년 기념음악회를 이어 갔습니다. 올 하반기에는 대구국제현대음악제 주최 단체인 '젊은 음악인의 모임'과 교류음악회를 진행합니다. 향후 해외에서의 공연을 목표로 음악극 창제작과 그간의 초연작품 중 재연작 선정 그리고 최근 3년간 뮤직노마드 정기연주회의 대표적 화두인 지구환경 위기에의 대처 실천의 일환으로 '환경과 음악' 포럼 개최 등 예술가로서 세상의 이슈에 참여적인 활동을 이어가고 있습니다.

장유라: 작곡을 공부하는 후배들에게 또 앞으로 한국 작곡계가 나아가야 할 방향에 대한 의견을 부탁드립니다.

- 정현수: 모든 창작이 그러하듯 꾸준히 연마하고 작곡가로서 자신의 소리를 찾아가는 수도승 같은 자세가 필요하다고 생각합니다. 창작곡의 가치를 깊이 있게 이해하고 소신껏 재연하려는 좋은 연주자들과의 협업도 중요하고 음악 외 여러 분야와의 예술적 융합에의 노력도 작곡가로서 필요한 덕목이라 여겨집니다. 한국의 창작음악계가 예전에 비해 비교적 다양한 양식의 음악들을 수용하고 그 스펙트럼을 확장해가는 경향을 보여 매우 고무적입니다.

기조 강연

임준희(작곡가, 한국예술종합학교 교수)

그동안 음악미학연구회는 수년동안 한국작곡가협회와 공동으로 음악 예술 발전의 가장 중요한 두 축인 "창작"과 "비평"의 상호협력을 위하여 "한국창작음악-비평과 해석 사이" 시리즈를 발간하고 학술포럼을 개최해 왔습니다.

이러한 활동은 특히 창작을 하는 작곡가들에게는 매우 의미가 있다고 생각하는데 수년 동안 연주자들이 주목을 받아 온 한국의 예술 현장에서 그 시선을 창작으로 돌리고 시대성 있는 비평을 통해 작곡가들에게 영감과 방향성을 제시해 주면서 동시에 또 다른 새로운 창작의 세계로 발걸음을 뗄 수 있게 해주는 원동력이 되어 왔다고 믿기 때문입니다.

이번 학술포럼의 주제는 현시대의 가장 중요한 화두인 "문화융합: 공명과 소통의 합(合)"으로써 지금 나라와 나라, 민족간의 갈등, 종교와 이념의 갈등등으로 전쟁과 반목이 극심하여 그 어느 때 보다도 서로에 대한 소통과 공감이 절실한 이 시기에 시의 적절한 주제가 아닌가 생각됩니다.

융합이라는 말의 사전적 정의가 "서로 다른 종류의 것이 녹아서 서로 구별이 없이 하나로 합해지는 것"이라 하는데 이러한 의미의 융합이 완전히 이루어지는 일은 사실상 거의 불가능하다고 할 수 있습니다. 그러나 융합이라는 개념을 서로 다른 문화나 예술을 깊이 있게 이해하고 존중함을 통해서 소통하고 공명하는 의미로 받아들인다면 이를 통해 매우 다양하고도 신선한 예술적 탄생들이 가능하리라 생각됩니다.

특히 우리 민족은 최근의 K-컬쳐 신화에서 볼 수 있듯이 "뒤섞임", "어울림"등이 뛰어난 "비빔밥 민족"으로써 일찍이 이러한 융합적 사고에서 그 개방성과 유연성이 탁월한 민족으로 입증이 되어 왔습니다.

저 또한 작곡가로서 오랜 시간 동안 한국 전통음악의 독창성과 고유성에 매료되어 서양음악과의 접목에 관심을 기우려 왔습니다. 여기서 저에게 중요했던 부분은 이 두 예술세계 중 어느 한쪽이 주도적이고 어느 한쪽이 종속적이어서 서로에게 흡수되기보다는 각각의 예술세계를 흥미를 가지고 이해하려 노력하고 그 고유성을 살리면서 동시에 저의 창의력을 더해 새로운 무엇인가를 만들고자 노력해 왔다고 할 수 있습니다.

그러므로 오늘의 학술포럼이 현 시대의 다양한 방식의 "융합"에 관한 고민들로 탄생한 한국 작곡가들의 현대음악 작품들과 이론가들의 깊이 있는 분석과 발표를 통해 한국 창작 음악의 문화융합의 다양한 양상을 이해하고 미래의 새로운 영감과 비전들을 제시할 수 있는 그러한 소중한 시간이 될 수 있길 바랍니다..

'한국적인 것', 그 경계의 종말

글: 윤예원 (서울대학교 대학원 음악과 이론 음악학 석사과정)

당신이 경험한 최초의 '한국적인 것'은 무엇인가? 필자의 가장 오래된 한국적인 경험은 '명절'인 듯하다. 어릴 적 가족들과 함께 차례를 지낸 뒤 한복을 입고 세배했던 그 시간들은 어른이 된 지금까지도 따뜻하고 또 소중한 기억으로 남아있다. 필자의 기억에서처럼, 아직까지도 대중들에게 한국적인 것이란 우리의 전통과 매우 관련이 깊다고 할 수 있겠다. 어쩌면 당연하게 자리한 이 고정 관념은 변하지 않을 것만 같기도 하다. 그러나, 이러한 선입견에 전면적으로 문제의식을 제기하며 한국적인 것의 의미를 다시금 고찰하는 시도가 이루어졌다. 지난 10월 21일 개최된 '한국창작음악연구 – 비평과 해석 사이 2023 학술포럼'이 바로 그 자리였다.

음악미학연구회와 한국작곡가협회가 공동 주최한 이번 학술포럼은 서울대학교 종합교육연구동 201호에서 개최되었다. 좌장 원유선의 진행으로 임준희의 기조연설 이후, 1부에서는 네 명의 작곡가와 그들의 작품에 대한 발표가 있었고, 2부에서는 '문화융합은 한국 현대음악에 어떤 의미를 가지는가?'를 주제로 박준영, 박명훈, 이용석, 지형주의 라운드 테이블이 진행되었다.

1부의 첫 번째 발표자 강지영은 "매끄러운 '융합' 대신 '불화'의 아름다움"이라는 표제 하에 정일련 작곡가의 〈대금, 쉥, 베이스 고토와 앙상블을 위한 '그래비티'〉(2012) 작품을 고찰하였다. 한국과 독일의 두 가지 정체성을 지닌 정일련은 장단을 작품 주조의 기본 틀로 삼고, 서양음악 조율 체계에 잘 들어맞지 않는 악기들의 미세한 음정 차이를 그대로 두는 방식을 택하였다. 강지영은 이러한 양상을 자크 랑시에르(Jacques Ranciére)의 '불화' 개념으로 설명하며 매끄럽게 융합되지 않는 '불화' 그 자체를 작품의 미적 가치로 해석하였다. 이는 〈그래비티〉가 갈등과 대립, 다양한 것의 공존을 보여주고 있으며, 동양과 서양의 것을 하나로 융합시키고자 하는 기존의 사고에 전환점을 제시하며 차이와 다름의 가치를 보여주기도 했다. 이러한 해석은 더 나아가 한국적인 것과 그렇지 않은 것의 구분뿐만 아니라 그것을 나누어 바라보아야 할 필요성을 사라지게 하였고, 경계 자체를 희미하게 만들어 새로운 시각에서의 아름다움을 제시하였다.

두 번째 발표자 김예림은 "먹을 때마다 새로운 맛"이라는 주제로 임준희 작곡가의 〈혼불 7 '조우'〉(2022) 작품을 다루었다. 매 순간 다양한 악기와 기법을 시도하는 임준희는 〈조우〉에서 대금과 오케스트라 간의 다채로운 요소를 맛깔나게 다루어 청중들에게 신선한 경험을 선사한다. 김예림은 작품을 '된장 크림 파스타'라는 퓨전 음식 요리에 비유하며 기존의 것들을 이용해 완전히 새로운 작품을 탄생시킨 것으로 보았다. 김예림의 발표는 한국 음악과 서양 음악 사이 경계를 넘나들며 양측의 음악적 요소들을 능통하게 다루어낸 이 작품을 통해 단순한 융합과는 다른, 재탄생의 의미를 엿볼 수 있게 하여 심도 깊은 고찰을 가능하게 해 주었다.

세 번째 발표자 김지은은 김지현 작곡가의 〈판소리와 6인의 연주자를 위한 '춘향의 말'〉(2022) 작품 속 "도심 속 궁궐에 흐르는 이야기"를 포착하여 음악 속 숨겨진 깊은 의미를 청중에게 전달해주었다. 문학적 원천에서 소재를 얻어 동서양의 경계에서 자신만의 음악적 언어로 메시지를 전달하는 김지현은 작품 속 가사의 순서를 변경하여 기존의 이야기와는 조금 다른 방식으로 진행하거나 판소리의 작창 방식을 사용하는 동시에 전통 유럽 예술음악 작곡 기법으로 악기를 다루었다. 이러한 작품의 양상을 두고 김지은은 가사 순서의 변형은 보다 강하고 능동적인 여성으로서의 춘향을 드러내고 있으며, 기법적 측면에서 변형과 유지를 사용한 균형 잡힌 동서양의 표현은 변화하는 환경 속 전통의 의미가 드러나고 있는 것으로 해석하였다. 동서양, 그리고 전통과 현대 사이 문턱에 걸터앉아 춘향의 마음을 전하는 이 음악은 시간적, 공간적 측면에서 양립하는 지점 모두를 포용하고 있다는 점에서 예술적 가치를 보여주고 있는 것이다.

네 번째 발표자 박수인은 엄시현 작곡가의 〈관악 앙상블을 위한 폰콜〉(2020) 작품 속 "음악의 일상성, 평범의 특수성"을 조명하였다. 끊임없이 자신의 음악적 경계를 확장하고자하는 엄시현은 고객센터 담당 직원과의 통화를 소재로 작품 〈폰콜〉을 전개하였다. 계속해서 다른 부서로 전화가 연결되는 짜증스러운 상황은 점차 분노의 강도가 고조되며 더욱 극적으로 펼쳐지게 되고 이는 청자로 하여금 극한의 공감을 끌어내게 된다. 박수인은 이러한 양상을 다분히도 일상적인 경험이 특별한 예술로 승화된 형태로 진단하였다. 자주 경험한 일상의 작품화를 통해 예술에서 느끼기 쉽지 않은 공감의 감정을 경험하게 해주었고, 가볍고 유쾌하게 우리의 마음을 두드리며 지나가는 것으로 해석한 것이다. 깊이 있는 문제의식 대신 누구나 끄덕일 수 있는 주제를 다루어 이전에 언급되지 않았던 일상의 문화를 작품에 담아낸 지점을 명확히 포착하였다.

2부의 라운드테이블에서는 총 세 가지 질문을 바탕으로 토론이 진행되었다. "현재 한국 창작음악에서의 융합은 어떠한 예술적 지향성을 지닌 의미로 사용되고 있는가?"라는 첫 번째 질문, "창의적인 융합을 위해 어떠한 방법론과 아이디어를 사용하고 있는가?"라는 두 번째 질문, "한국창작음악에서 과연 제대로 된 화학적 융합이 일어났다고 볼 수 있는가?"라는 마지막 질문에 대한 여러 논의가 오갔다.

첫 번째 논의에서 박명훈은 질문의 문장 자체가 '한국'으로 그 범주가 제한되어 있음을 지적하며 융합은 한국뿐만 아니라 모든 음악에서 추구하는 바임을 주장하였다. 이와 반대로 이용석은 '한국'에 대한 많은 논의가 필요하다고 주장했으며 지형주는 작곡가마다 '한국' 음악에 대한 생각이 다르기 때문에 여러 가지 견해가 생겨날 수 있음을 주장하였다. 두 번째 논의에서는 제도권 안팎에서 어떻게 음악적인 방법론들이 생겨나고 있는지 실제 사례를 통해 이를 파악할 수 있었고, 세 번째 논의에서는 제대로 된 화학적 융합이 쉽지 않음을 보여줄 수 있는 상황들과 함께 이 지점에 대해 다 함께 고민해보는 시간을 가졌다. 특히, 마지막 논의에서 음악에서 융합을 인식하는 순간 이는 진정한 융합이라기보다 병존으로서 존재하며 진정한 융합은 인식적인 측면을 동반하지 않는다는 이용석의 주장은 가장 직접적으로 또 강렬하게 현실을 이해할 수 있게 해주었다.

이번 학술포럼에서는 한국에서의 문화융합을 다각적인 측면에서 분석하여 여러 예술적 가치를 탐색하는 시간을 가졌다. '융합'의 키워드를 중심으로, 작품 해석을 비롯한 실질적 문제들에 대한 논의들은 현재의 문제를 파악하여 앞으로 한국 현대음악이 나아가야 할 방향을 제시해주었다. 많은 음악인들이 모여 서로의 의견을 이해하고 새로운 의의를 찾아가는 과정을 보여준 이 날의 시간들은 유일한 한국 창작음악 학술포럼으로서 그 입지를 공고히 하고 있었다.

이 날의 논의는 내게 '한국적인 것'의 경계가 이제는 점차 사라지고 있음을 보여주는 듯 했다. 경계를 넘나들며 새로운 지점을 찾아낸 임준희, 서로 다른 요소를 활용하여 재탄생을 보여준 김지현, 일상적인 문화적 요소로 공감을 끌어낸 엄시현, 흐려진 경계 사이에서 자신만의 세계를 그려낸 정일련까지, 이들이 보여준 것은 한국적인 것에 국한되었다기보다 한국과 함께한 그들만의 세계로 보였다. 음악적 매개변수, 내용, 서사의 측면뿐만 아니라 정체성의 측면에서도 한국적인 것은 더 이상 작곡가들을 속박하지 않았다. 작곡가들은 오히려 이것을 딛고 일어서 새로운 예술 세계를 펼칠 수 있는 하나의 토대로서 '한국적인 것'과 함께하고 있었다.

이러한 이유에서, 서두에서 언급한 최초의 한국적인 경험과 달리 앞으로의 한국적인 것에 대한 경험은 매우 다채로울 것으로 예상된다. 특히, 음악에서 이러한 변화를 적극적으로 다루고 있다는 사실은 너무나도 흥미롭게 느껴진다. 미래의 한국적인 것은 어떠한 모습을 하고 있을 것 같은가? 앞으로의 음악에서 어떤 이야기들이 오가게 될까? 작금의 논의와 함께 계속해서 이 질문에 대한 응답을 추적하는 것, 그것이 오늘날 필자에게 남은 과제가 아닐까 싶다.

완전히 섞인 '핫초코'를 향하여

글: 최윤 (서울대학교 의예과)

아무리 저어도 사라지지 않는 핫초코의 가루를 경험해본 적이 있을 것이다. 우유에 녹지 못하고 결국 가라앉아 버린 초코 가루는 잔을 다 비운 후에도 바닥에 남아 사소한 아쉬움을 남긴다.

10월 21일 열린 "한국 창작 음악 연구 비평과 해석 사이" 학술 포럼은 현재 한국 클래식 음악계를 담은 '핫초코'의 상태를 되돌아보게 한 소통의 장이었다. (사)음악미학연구회와 (사)한국작곡가협회가 공동주최하여 올해 다섯 번째 개최를 맞이한 이 세미나는 '문화융합: 소통과 공명의 합'을 부제로 진행되었다. 역동적인 21세기에 들어 더더욱 화두가 되고 있는 주제이자, 최근 음악미학연구회에서 발간한 '한국창작음악 비평과 해석 사이' 6권의 핵심이기도 하다.

1부는 '한국 현대 음악 작품에 나타나는 문화융합 양상'을 중심으로 전개되었다. 기조 강연에서 임준희 작곡가는 지난 100년 이상의 기간동안 서양 문화가 우리나라 전통을 포함한 동양 문화에 비해 우위를 차지했던 현실을 지적하였다. 실제로 하나가 되는 것이 불가능하더라도 서로 다른 예술을 이해하고자 하는 노력이 있어야 소통이 이루어지며 새로운 예술의 탄생으로 이어진다는 말씀을 전하였다. 이러한 노력의 구체적인 사례는 이어진 강지영, 김예림, 김지은, 박수인 음악학자의 발표 및 이문희 작곡가, 노재현 음악학자와의 토론에서 확인할 수 있었다.

강지영 음악학자는 정일련 작곡가의 〈대금, 쉥, 베이스 고토와 앙상블을 위한 '그래비티'〉에 대해 한국과 독일이라는 작곡가의 이중문화성을 뛰어넘은 작품이라 평가하였다. '한국적인 것'에서 출발하거나 이를 지향하지 않고, 다양한 문화 확장의 가능성을 탐구했다는 것이다. 특히, 다양한 목소리들이 근본적으로 일치할 수 없는 차이 불일치와 불화의 아름다움을 보여주는 작품을 통해, 융합에 대한 새로운 시선에 주목하였다. 김예림 음악학자는 임준희 작곡가의 〈혼불 7 '조우'〉를 처음 나왔을 때는 충격적인 음식이었지만, 이제는 인기 메뉴로 자리 잡은 퓨전 한식에 비유하였다. 3악장 9개의 섹션에서 대금 솔로와 오케스트라가 서로 밀당하듯 번갈아서 등장하는데, 조화롭지 못할 것 같은 요소가 만나 기묘한 음향이 완성되었다고 한다. 한국적이면서도 서양적인, 불편하면서도 편안한, 익숙하면서도 새로운 이 곡은 어느 하나로 단정되지 않고, 매번 다른 감상 포인트가 존재하는 곡이라고 평가하였다. 김지은 음악학자는 김지현 작곡가의 〈판소리와 6인의 연주자를 위한 '춘향의 말'〉을 도심 속 궁권에 흐르는 이야기로 풀었다. 작곡가가 연주자에게 최소한의 틀만 제공하여 소리꾼의 작창이 가능한 구조, 구성진 소리와 도시적 배경, 서정주의 연작시에서 순서를 바꾸어 춘향 내면의 성장에 주목한 주제는 작곡가가 원하는 한국적인 서양음악 작곡가로서의 정체성을 드러낸다고 비평했다.

세 발표에서 모두 '한국적'이라는 표현이 중심이 되어 반복적으로 등장하였다. 세 작품 모두 가시적으로 쓰인 대금, 솅, 베이스 고토, 판소리 등 동양적 요소가 이 작품이 융합적이라고 판단되는 일차적인 이유인 것도 공통적이었다. 현대 음악에서 국악적인 느낌을 국악기 없이도 나타내는 방식은 없을지에 대한 의문이 들었다. 표면적인 동양의 요소를 배제하고 근본적인 융합을 다루는 작품이 부족하기도 하고, 비평가 역시 '한국적'인 것을 무의식적으로 찾는 것에서 벗어나기 힘든 상황임이 느껴졌다.

이러한 점은 원유선 음악학자의 발제로 박준영 교수, 박명훈 교수, 이용석 작곡가, 지형주 음악학자가 참여한 2부 토론에서 심화되었다. '문화 융합은 한국 현대음악에 어떤 의미를 가지는가?'를 주제로 진행된 의견 교환의 장에서는 동서양의 융합에 대한 지속적인 의문이 제기되었다. 현재 한국의 창작 음악에서 융합은 어떠한 예술적 지향성을 가진 의미로 사용되고 있느냐는 질문에 대해 박명훈 교수가 던진 의문이 정곡을 찔렀다. 발제문부터 굳이 '한국' 현대 음악으로 제한한 것을 지적한 것이다. 또, 박준영 교수는 한국의 문화 융합은 '어떻게'만을 강조하였지, '왜' 이루어져야 하는지에 대한 고찰은 충분히 이루어지지 않았다는 의견을 제시하였다. '한국의 동시대 창작 음악에서 과연 제대로 된 화학적 융합이 일어나고 있다고 볼 수 있는가?'에 대한 질문에서 박준영 교수는 우리의 주체성과 독립성이 사회문화 전반에 부족하여 더 양질의 융합이 이루어지지 못한다는 의견을 제시하였다. 박명훈 교수 역시 완전한 융합이 일어난 사례를 보지 못했다고 하였으며, 이용석 작곡가는 완벽한 작품을 만들어야 한다는 부담 속에 개인의 창의성이 오히려 제한된다는 아쉬움을 토로하였다.

일정량의 용매에 녹일 수 있는 용질의 양은 제한되어 있다. 1부의 발표에서 드러난 현실도, 2부 토론에서 나온 의견에서도 한국의 문화융합은 아직 많은 과제를 남겨두고 있는 다 섞이지 못한 가루와 액체의 상태임이 나타났다. 그렇지만 같은 양의 고체도, 용매의 양을 늘리거나 온도를 올리면 더 용해될 수 있다. 문화융합도 더 앞으로 나아갈 수 있다. 2부 토론에서 제시된 것처럼, 학교의 정규교육 외에도 대중매체나 국악 연주자와의 교류를 통해 작곡가의 삶이 다른 문화와 접점을 이루는 것이 필요하다. 음악 외의 세계에서 영감을 얻는 방법도 고려해야 한다. 재즈의 사례처럼 서로 다른 두 문화가 시너지 효과를 내고 기존에 없던 제3의 퀄리티를 보여야 한다. 또, 민속악기를 쓰지 않고도 자국의 전통을 음악에 녹여낸 국민악파나, 브람스 교향곡 1번의 '알프 호른 선율'을 알프 호른 없이도 표현한 사례처럼 서양의 민속 선율을 클래식에 녹이는 것과, 동양의 전통을 사용하는 것에는 어떠한 차이가 존재하는지 학문적으로 접근해볼 필요가 있지 않을까하는 생각이 들었다.

현 상황을 직시하고, 다양한 연령과 작곡가부터 음악학자, 비평가, 학생이라는 여러 배경을 가진 사람들을 융합했다는 것에 이번 세미나의 의의가 있다. 이러한 토론의 장이 계속 유지되어 언젠가, 완벽하게 섞인 "핫초코"를 자연스럽게 받아들이는 날이 오길 바란다.

저자 소개 (가나다 순)

강지영
서울대학교 음악대학 작곡과 이론전공 학사, 음악학 석사학위를 받고, 독일 베를린예술대학(UdK)에서 박사 학위를 받았다. 유학 기간 동안 독일학술교류처상(DAAD-Preis)과 베를린 주정부 장학금을 받았고, 베를린예술대학에서 음악학과 강사로 재직한 바 있다. 현재 한양대학교 음악연구소 전임연구원으로 재직 중이며, 서울대학교, 서울시립대학교, 한양대학교에서 강의하면서 음악회 해설 및 리뷰, 프로그램 노트 등 음악에 관한 글을 기고하고 있다. 주로 20세기 이후 서구와 한국의 현대음악에 대해 분석적으로 접근하여 그 미학적 성격을 규명하는 작업을 하고 있다.

권애영
경희대학교 성악과를 졸업하고, 서울신학대학교에서 교회음악 석사학위(합창지휘 전공)를 취득하였다. 이후 서울신학대학교 교회음악과에서 강사로 재직하였으며, 연주 현장에서 활동하던 중 음악이 우리의 삶에 어떤 가치를 지니는지에 대한 깊은 질문을 품게 되면서 음악미학 분야에 관심을 갖기 시작했다. 현재 서울대학교에서 음악학 석사과정을 수료하였고, 연주 비평단체 멜로스의 필자로 활동하고 있다.

김연수
서울대학교 작곡과 이론전공을 졸업하고, 현재 동대학원 음악학과 석사과정에 재학 중이다. 21세기 및 동시대 현대음악을 중심으로 음악과 테크놀로지, 음악과 (디지털) 콘텐츠, 개념음악에 관해 다양한 음악미학적 접근을 시도한다.

김예림
서울대학교 작곡과 이론전공 학부 및 음악학 전공 석사를 졸업하였다. 현재 동대학원 박사과정에 있으며, 음악과 과학기술이 연결된 20,21세기 현대음악에 관심을 갖고 있다.

김주희
성신여자대학교 작곡과에서 이론을 전공하고, 서울대학교 음악학 석사과정에 재학 중이다. 음악미학연구회 연구 비평 프로젝트 '멜로스'에서 필자로 활동하고 있으며, 음악을 미학적 관점에서 연구하는 것에 흥미를 갖고 상호텍스트성과 관련된 작품 연구에 관심을 두고 있다.

노재현
서울대학교 음악대학 작곡과 작곡전공 및 동대학원 음악학과를 졸업하고, 프랑스로 건너가 에꼴노르말과 파리국립고등음악원에서 작곡과 이론 과목을 공부했다. 일드프랑스 대학과 스위스 사허재단 장학금을 받아 "제라르 그리제의 스펙트럴 음악의 탄생과정: 친필악보, 받은 영향 및 시간성에 관하여"라는 연구 주제로 파리8대학에서 박사학위를 취득하였다. 현재 가천대, 명지대, 성신여대, 세종대, 중앙대 그리고 총신대에서 강의 중이며, (사)한국작곡가협회, ACL-Korea 그리고 (사)음악미학연구회에서 이사로 활동 중이다. 2021년, 2023년 그리고 2024년에 한국연구재단에서 지원받아 각각 그리제, 메시앙 그리고 불레즈의 음악을 연구한 바 있다.

박수인

현대음악에 주된 관심을 가지고 연구, 강의, 음악(회) 비평, 대중을 위한 음악 글쓰기, 공연기획, 음악회 해설, 공연 프로그램 노트 집필 등 학계와 현장을 가로지르며 활동한다. 20세기 음악의 시간성과 형식에 관한 연구로 박사학위를 받은 후 2023년 한국연구재단 학술연구교수에 선정되어 음악의 시간성 문제를 매체와의 관계를 통해 살피는 연구를 진행했으며, 2024년부터는 한양대학교 음악연구소 연구조교수로 재직하면서 이 주제를 청취환경과 문화적 맥락으로 확장시킨 연구를 수행하고 있다. 국립안동대학교 강사, 음악학술 매거진 '씨샵레터' 책임편집, 한국작곡가협회 실행이사, 그밖에 공연기획사 제이에스바흐 프로덕션 팀장, 문화예술 매거진 'ANTIEGG' 시니어 에디터 직을 맡고 있다.

박진주

성신여자대학교 작곡과에서 이론을 전공하고 서울대학교에서 음악학과 석사과정을 수료하였다. 음악미학연구회에서 〈비평과 해석 사이6 – 문화융합: 소통과 공명의 합〉의 필진으로 참여하였고 연주 비평 프로젝트인 '멜로스 연주와 비평'에서도 활동하고 있다. 현재 슈베르트 피아노 소나타에 나타나는 내러티브적 양상에 대한 연구로 졸업 논문을 준비하고 있다.

손민경

서울대학교 작곡과 이론전공을 졸업하고, 미국 노스웨스턴 대학교에서 음악학 전공 석사 학위를 받은 뒤 〈Western Composers' Encounter with Korean Traditional Music〉를 주제로 서울대학교 음악학 박사학위를 취득하였다. 2022-23년 풀브라이트 장학금을 수혜하여 하버드 대학교 음악학과 박사후 연구원에 재직하였고, 현재 서울대학교 동양음악연구소 연구교수와 미국 노스이스턴 대학 박사후 연구원으로 재직중이다. 글로벌 시대 서양과 한국의 음악 문화 교류 현상을 추적하여 음악의 예술 미학적 의미에 주목하고 있다. 한국현대음악 창작비평 시리즈 1권부터 필진과 편집위원으로 참여하고 있으며, 국내외 학술대회와 저널에 다수의 연구논문을 발표하였다. 주요 논문으로 "Negating Nationalist Frameworks: Aesthetics of Unsuk Chin's Musical Individualism in Twenty-First-Century East Asian Composition," (The Journal of Asian Music 2022), "Reflections on the Challenges of Musical Representations of Korean Historical Texts in Cord Meijering's Marsyas" (Music and Politics, 2024), "미국 포스트모더니즘 작곡가 존 존"(2022), "21세기 음악에서의 탈식민주의 담론"(2023) 등이 있으며, 단독저서로 『21세기 문화적 경계를 넘어서: 서양작곡가들의 한국음악 수용』(서울대학교출판원, 2024년 1월)가 있으며, 2024 대한민국학술원 우수학술도서로 선정되었다.

송예진

서울대학교 음악대학 작곡과 이론전공(부전공 철학, 언론정보학)을 졸업하였다. 학부 졸업논문 "표제적 연주회용 서곡의 절대음악적 해석의 시도"(2023)에서 멘델스존과 19세기 음악미학 연구를 하였으며, 현재는 동대학원 음악학과 석사과정에 진학하여 음악 신호 처리와 음악 인공지능, 음악미학에 관심을 가지고 공부 중이다.

안정순

한양대학교에서 서양음악사 전공으로 박사학위를 받았다. 2022년 '차세대 음악학자 우수논문상'과 '화음평론상'을 수상했다. 주요 연구로는 "베르크의 오페라 ≪보체크≫ 다시 읽기: 슈말펠트의 집합 복합관계도에 대한 해석학적 접근", "《디도와 에네아스》의 초연 연도에 대한 논쟁과 그 의미"(2022) 등이 있으며, 공저로는 『고전의 유산』과 『음악, 그리고 이야기』가 있다. 현재 한양대학교 강사이자 화음챔버오케스트라 계간 웹진 『畵/흡. zine』의 주필로 활동하며, 음악과 인문학의 경계를 넘나드는 글쓰기에 매진하고 있다.

오희숙

서울대학교 음악대학 음악학과 교수로 재직 중이다. 이화여대 피아노과를 졸업하고, 독일 프라이부르크 대학교에서 음악학 석사 및 박사 학위를 취득했다. (사)음악미학연구회 대표로 활동하면서. 음악미학과 현대음악을 분야를 중심으로 연구활동을 하고 있으며, 최근에는 한국연구재단 우수학자 연구 프로젝트에 선정되어, 첨단 테크놀로지가 결합된 디지털 현대음악과 AI 음악을 포스트휴머니즘 미학의 관점에서 연구하고 있다. 대표 저서로는 『문화상징으로서의 인용음악』(2022), 『음악이 멈춘 순간 진짜 음악이 시작된다』(2021), 『상호문화성으로 보는 한국의 현대음악』(2020), 『작곡으로 보는 한국현대음악사』(2019) 등이 있다.

원유선

이화여자대학교 작곡과와 철학과를 졸업하고, 서울대학교 음악대학에서 음악학 석사 및 박사학위를 취득하였다. 디지털 세계가 아날로그 세계와 맞물리며 나타나는 새로운 음악적 상상력에 주목하며, 음악에 도래한 뉴노멀의 양상을 계속해서 예의주시하고 있다. 단독 저서로 『뉴노멀의 음악: 디지털 컨버전스 음악으로 미래를 듣다』(2021)가, 책임편집서로 『디지털 혁명과 음악: 유튜브, 매시업, 그리고 인공지능의 미학』(2021)이, 공저로 『음악에서의 AI와 포스트휴머니즘 미학』(2022) 등이 있다. 현재 (사)음악미학연구회 편집위원장, 『한국 창작음악-비평과 해석 사이』 시리즈의 책임편집자로 활동하며, 서울대학교, 이화여자대학교, 경희대학교, 가천대학교에서 강의하고 있다.

윤예원

부산대학교 음악학과 작곡 전공을 졸업하고, 현재 서울대학교 석사과정 음악학 전공에 재학 중이다. 20-21세기 현대음악과 동시대 음악의 미학적 가치에 큰 관심을 가지고 있다. 현재는 음악과 테크놀로지의 결합, AI의 음악 작품의 미학적 의의에 대해 연구를 진행하고 있다.

이민희

서울대학교 음악대학에서 논문 "디지털 미니멀 음악(Digital Minimal Music)의 양상과 미학 연구"로 박사학위를 받았으며 주요 관심 분야는 현대음악, 음악극, 오페라, 한국의 현대음악 등이다. 공저로 『한국오페라 1950-2020 1-3』(2023), 『북 치는 소년: 박동욱의 삶과 음악』(2023), 대표 논문으로 "이건용 오페라에서 나타나는 한국어의 음악적 표현에 관한 연구"(2024), "미니멀 음악의 샘플링에 관한 연구"(2024), "독립된 음악창작 카테고리로서의 '소극장오페라'에 대한 고찰"(2021), "온·오프라인의 상호작용으로 구축되는 연쇄적 관극 문화에 관한 고찰"(2019), "미니멀리즘 음악의 수렴하고 발산하는 정의들에 관한 고찰"(2017) 등이 있다. 충남대학교 예술문화연구소 전임연구원, 경북대·추계예대 강사를 역임했으며, 현재 (사)음악미학연구회 이사, 충남대·공주교대 강사이다. 음악평론가로 활동 중이며 비평웹진 멜로스의 대표이다.

이예지

이화여대 작곡과 학사, 서울대학교 음악대학 음악학 석사를 졸업했다. 음악, 인문학, 철학, 심리학, 미술학 등 다방면의 학문에 깊은 소양이 있으며 이를 기반으로 예술 작품을 다각적 시각에서 관조하는 것에 애정을 가지고 있다. 드넓은 세상에서 예술이 필수 불가결한 학문임을 널리 알리기 위해 음악 미학의 초월적 가치를 많은 이들에게 소개하는 음악학자가 되고자 한다.

이창성

서울대학교 음악대학 작곡과 이론전공을 졸업하고 현재 동대학원 이론·음악학 석사과정에 재학 중이다. 학부논문 "《슈퍼 마리오 오디세이》에 나타난 게임음악의 역할과 의미"를 통해 현대사회에서 게임과 음악의 관계에 대해 고찰한 바 있으며, 2023년부터 공연예술 전문잡지 『객석』에 "Play Game & Music" 칼럼을 연재하고 있다. KBS 1FM(클래식FM)에서 PD 및 작가로 근무하였으며, 현재는 서울대학교 음악학과 조교로 재직중이다.

이혜진

성신여자대학교 음악대학 작곡과 조교수로 재직 중이다. 성신여대 작곡과를 졸업하고, 서울대학교에서 음악학 석사 및 박사학위를 취득했다. 19세기 음악사, 음악미학, 한국창작음악 분야를 중심으로 연구 활동 중에 있으며, 주요 논문으로 "19세기 후반기 '표제적 연주회용 서곡'의 장르적 의미에 관한 고찰", "리스트 교향시에 나타난 '음악과 언어의 관계변화'에 관한 고찰", "한슬리크와 19세기 후반 독일음악계" 등이 있다.

임현택

국립국악고등학교와 단국대학교에서 거문고를 전공한 후 서울대학교에서 국악작곡 전공으로 석사학위를 취득하였다. 이후 베를린 훔볼트대학교에서 음악학 박사과정을 수료하고, 프란츠 리스트 바이마르 음악대학교로 옮겨 음악학 박사학위를 취득하였다. 주요 논문으로는 "캐릭터 카드를 활용한 율명의 교수·학습 지도 방안"(2024), "김기수의 악전 이론에 적용된 근대 정간보의 부호 제작 원리"(2023), "한글 기록 방향과 연계한 세로형 정간보 교수·학습 지도 방안"(2023), "현행 낙양춘의 형성과정 재고"(2021), "윤혜진 작곡 거문고 독주를 위한 〈마른 숨〉에 나타난 순환적 어법 연구: 중심음의 순환 방식을 중심으로"(2020), "캐릭터 카드 제작을 통한 율명의 교수·학습 지도 방안"(2019), "관악영산회상 중 상령산의 선율 구조: 피리 선율과 대금 연음을 중심으로"(2019), "음악교육의 관점에서 바라본 정간보 창안의 주체"(2018) 등이 있다. 현재 이화여대 강사, 국립부산국악원 학예연구사로 활동 중이다.

장유라

중앙대학교 음악대학 피아노과를 졸업하고, 미국 오클랜드 Holy Names 음악대학원에서 피아노교수학 석사, 중앙대학교 대학원 음악학 박사수료, 중앙대학교 대학원 철학과 (예술철학전공) 박사학위를 취득하였다. 국내, 외 다양한 연주활동을 비롯하여 중앙대학교, 서울교육대학교, 국립청주과학대학교,전주대학교 등에서 강의하였고, 극동정보대학 초빙전임교수를 역임하였다. (사)음악미학연구회 총서 《그래도 우리는 말해야 하지 않는가: 음악의 연주, 분석, 작품의 해석》《베토벤의 위대한 유산》《한국창작음악-비평과 해석사이》시리즈 2~5권의 공저자로 참여하였다. 현재 서울대 음악대학 대학원 음악학전공 박사과정을 수료하고 두번째 박사논문을 준비하고 있다.

정다운

음악비평웹진 『멜로스』의 편집위원으로 활동하며 음악에 관한 다양한 글을 쓰고 있다. 이화여대 영어영문학과와 숭실대학교 현대기독교음악(CCM)과를 졸업 후 서울대학교 대학원에서 〈미디어의 미디어가 된 오페라: 존 애덤스의 《닉슨 인 차이나》 연구〉로 음악학 석사학위를 취득하였다. 《실내악: 무한한 상상력의 락(樂)》, 《오페라 속의 미학 II》, 《베토벤의 위대한 유산》, 《음악, 죽음을 노래하다》 등 여러 저서의 공저자로 참여하였다.

조민경

서울대학교 학부에서 작곡과 이론전공(현 음악학과), 인문대학 미학과를 복수 전공했다. 동 대학원에서 오케스트라 지휘로 석사학위를 받았으며, 현재는 서울대학교 음악학과 박사과정에서 학업을 이어가고 있다. 19세기 연주담론의 지형과 리하르트 바그너의 지휘론을 연계하여 탐구한 논문으로 한국서양음악학회 주관 차세대 음악학자 우수논문 공모전에서 우수상을 수상하였다. 음악사와 미학, 연주 실재를 폭넓게 아우를 수 있는 음악학자로 성장하고자 노력한다.

지형주

연세대학교 음악대학 작곡과와 동대학원을 졸업하고 쾰른대학교 철학부에서 음악학으로 박사학위(Ph.D)를 취득하였다. 현재 연세대학교 음악연구소 전문연구원으로 연세대, 성신여대, 카톨릭대에서 강의하고 있으며, 음악미학연구회 이사 및 한독음악학회 부회장으로 활동 중이다. 한국 창작음악 관련저서로 『이영조 음악』과 『한국을 노래하는 세계의 작곡가. 작곡가 정태봉 음악연구』에 공저자로 참여하였으며, 음악미학연구회의 『한국창작음악-비평과 해석 사이』 시리즈에 편집위원 및 저자로 집필 중이다.

(사)음악미학연구회 Study Group for Music Aesthetics

음악미학연구회는 음악미학에 관심 있는 음악학자들과 서울대학교 음악학 전공 석·박사 학생들을 중심으로 구성된 스터디 모임이다. 정기 세미나를 통해 음악미학의 다양한 주제를 연구하는 한편, 연구서 발간을 통해 음악학을 연구하는 후속세대를 위한 학문적 토대를 마련하고 있다. 또한 현대 사회와 문화 전반에 대한 연구를 통해 음악미학의 영역을 확대하고, 음악애호가 및 대중과의 소통을 시도하고 있다.

연혁

2010년 8월	제1차 정기 세미나 개최
2010년 10월~12월	제2차~제3차 정기 세미나 개최
2011년 1월~12월	제4차~제7차 정기 세미나 개최
2012년 12월	「총서1: 음악 말보다 더 유창한 – 현대 독일·영미권의 음악미학의 논의들」 발간
2013년 1월~12월	제8차~제19차 정기 세미나 개최
2014년 1월~12월	제20차~제26차 정기 세미나 개최
2015년 6월	「총서2: 글로벌 시대의 동아시아 현대음악」 발간
2015년 1월~12월	제27차~제31차 정기 세미나 개최
2016년 8월	「총서3: 작품으로 보는 음악미학」 발간
2016년 2월~ 12월	제32차~ 제35차 정기 세미나 개최
2017년 7월	「총서5: 한국을 노래하는 세계의 작곡가 : 작곡가 정태봉 음악 연구」 발간
2017년 1월~ 12월	제36차~ 제41차 정기 세미나 개최
2017년 8월	「총서4: 오페라 속의 미학. 1 : 몬테베르디에서 진은숙까지」 발간
2017년 8월	제1회 공개 학술 포럼 <오페라 속의 미학 I : 몬테베르디에서 진은숙까지>개최
2018년 1월~ 7월	제42차~ 제44차 정기 세미나 개최
2018년 7월	「총서6: 그래도 우리는 말해야하지 않는가: 음악의 연주·분석·작품의 해석」 발간
2018년 8월	제2회 공개 학술 포럼 <오페라 속의 미학 II: 오페라, 낯선 사랑을 통역(通譯)하다!>개최
2018년 8월~ 10월	제45차~ 제47차 정기 세미나 개최
2018년 10월 15일	(사)음악미학연구회 사단법인 설립 <문화체육관광부 및 문화재청 소관 설립허가 제2018-209호>
2018년 11월 27일	제48차 공개 학술 포럼 (사)한국작곡가협회 공동주최 심포지엄 개최
2019년 2월	「비평과 해석 사이 시리즈 001『실내악: 무한한 상상력의 락樂』」 발간
2019년 5월~ 7월	제49차~ 제52차 정기 세미나 개최
2019년 7월	「총서7: 오페라 속의 미학. 2 : 오페라, 낯선 사랑을 통역하다」 발간
2019년 8월	제3회 공개 학술 포럼 <오페라 속의 미학 III: 오페라, 시대를 지휘하다!> 개최
2019년 10월	「비평과 해석 사이 시리즈 002『관현악: 사람과 세계의 창窓』」 발간
2019년 10월 26일	제53차 공개 학술 포럼[한국창작음악-비평과해석사이] (사)한국작곡가협회 공동주최 포럼개최
2020년 1월 11일	제55차 정기 세미나 개최
2020년 3월 16일	「총서8: 바그너의 죽음과 부활: 음악극 연출을 통한 작품의 재탄생」 발간

2020년 6월	제56차 정기 세미나 개최
2020년 7월 10일	「총서9: 베토벤의 위대한 유산: 미학과 사회학으로 바라보기」 발간
2020년 9월	제4회 공개 학술포럼 <오페라 속의 미학IV: 한국 오페라, 노래가 되어 날아오르다!> 개최
2020년 10월	「비평과 해석 사이 시리즈 003『독주곡: 사고와 신념의 상想』 발간
2020년 10월 24일	제58차 공개 학술포럼 <한국창작음악-비평과해석사이> 개최
2021년 1월 ~6월	제59차~62차 정기 세미나 및 총회 개최
2021년 8월 27일	제5회 공개 학술포럼 <오페라 속의 미학V: 오페라, 여성의 운명을 변주하다!> 개최(63차)
2021년 9월 15일	「총서10: 뉴노멀의 음악. 디지털 컨버전스 음악으로 미래를 듣다」 발간
2021년 10월	「비평과 해석 사이 시리즈 004『성악곡: 음유와 서정의 화畵』 발간
2021년 10월 23일	제64차 공개 학술포럼 <한국창작음악-비평과해석사이> 개최
2021년 11월 26일	「총서11: 디지털 혁명과 음악 유튜브, 매시업, 그리고 인공지능의 미학」 발간
2022년 1월~6월	제65차~68차 정기 세미나 및 총회 개최
2022년 6월 1일	「총서12: 오페라 속의 미학: 동아시아의 목소리를 담다」 발간
2022년 9월 3일	제6회 공개 학술포럼 <오페라 속의 미학VI: 오페라, 너무나 인간적인 너무나 기계적인> 개최
2022년 10월	「비평과 해석 사이 시리즈 005『전자음악: 인식과 소통의 감感』 발간
2023년 1월~6월	제72차~74차 정기 세미나 및 총회 개최
2023년 8월 18일	제7회 공개 학술포럼 <오페라 속의 미학VII: 음악, 문화, 시대의 교차점에서: 오페라, 오페라> 개최
2023년 10월 21일	제76차 공개 학술포럼 <한국창작음악-비평과해석사이> 개최
2023년 10월	「비평과 해석 사이 시리즈 006『문화융합: 소통과 공명의 합슴』 발간
2024년 1월~6월	제77차~80차 정기 세미나 및 총회 개최
2024년 8월 21일	제8회 공개 학술포럼 <오페라 속의 미학VIII: 오페라, 음악으로 쓴 인간의 사유> 개최

(사)음악미학연구회 회원명단

강경훈(서울대 석사과정)

강예린(서울대 공연예술학 박사과정)

강지영(독일 베를린예술대 박사, 서울대 강사)

권세진(서울대 음악학 석사과정)

권애영(서울대 음악학 석사과정)

김가온(서울대 음악학 석사과정)

김나연(서울대 음악학 석사과정)

김서림(서울대 음악학 석사 및 박사과정)

김서윤(서울대학교 작곡과 이론전공 학사 및 존스홉킨스 피바디음대 작곡 석사과정)

김석영(서울대 작곡과 이론전공 학사 및 음악학 석사, 미국 텍사스 오스틴 대학교 박사과정)

김소이(서울대 음악학 석사)

김소정(서울대 공연예술학 석사, 서울대 공연예술학 박사과정)

김예림(서울대 작곡과 이론전공 학사 및 석사, 서울대 음악학 박사과정)

김연수(서울대 음악학 학사, 서울대 음악학 석사과정)

김주희(서울대 음악학 석사과정)

노재현(서울대 작곡과 학사 및 석사, 프랑스 파리8대

학 음악학 박사, 국민대 및 중앙대 강사)

류혜린(서울대 작곡과 이론전공 학사 및 음악학 석사)

마들렌 포군테(서울대 음악학 박사과정)

박성우(서울대 작곡과 이론전공 학사 및 음악학 석사, 독일 뮌헨대 박사과정)

박유미(서울대 음악학 박사, 서울대 강사)

박진주(서울대 음악학 석사과정)

배묘정(서울대 공연예술학 박사, 서울대 강사, 서강대 트랜스내셔널인문학연구소 연구교수)

손민경(서울대 작곡과 이론전공 학사, 미국 노스웨스턴대 음악학 석사, 서울대 음악학 박사)

송예진(서울대 음악학 학사, 서울대 음악학 석사과정)

신예슬(서울대 작곡과 이론전공 학사 및 음악학 석사)

심지영(서울대 작곡과 이론전공 학사 및 석사, 서울대 음악학 박사수료, 미국 CUNY 대학교 음악학 박사과정)

오희숙(독일 프라이부르크대 음악학 박사, 서울대 교수)

우혜언(독일 뮌스터대 음악학 박사, 한국예술종합학교 강사)

원유선(서울대 음악학 석사 및 박사, 경희대 및 이화여대, 서울대 강사)

원유현(서울대 음악학 석사과정)

유선옥(서울대 음악학 석사, 서울대 음악학 박사, 성신여대 강사)

유태연(서울대 작곡과 이론전공 학사, 서울대 음악학 석사)

윤예원(서울대 음악학 석사과정)

이민희(한국예술종합학교 음악학 석사, 서울대 음악학 박사, 추계예대 강사)

이산하(서울대 작곡과 이론전공 학사, 서울대 음악학 석사, 미국 노스텍사스 대학교 음악이론 박사과정)

이예지(서울대 음악학 석사)

이용숙(서울대 공연예술학 박사, 오페라 평론가, 서울대 공연예술학과 강사)

이정민(미국 듀크대 박사, 미국 줄리어드 음대 음악학 교수)

이정환(서울대 독문과 학사 및 석사, 서울대 독문과 박사과정)

이지연(서울대 작곡과 이론전공 학사 및 음악학 석사, 미국 뉴욕시립대 박사, 미국 휴스턴대 교수)

이창성(서울대학교 작곡과 이론전공 학사 및 석사과정)

이현지(서울대 작곡과 이론전공 학사 및 음악학 석사)

이혜수(서울대 음악학 석사과정)

이혜진(서울대 음악학 석사 및 박사, 성신여대 교수)

이규빈(서울대 공연예술학 석사, 서울대 공연예술학 박사과정)

임현택(서울대 국악과 석사, 독일 바이마르대학교 음악학 박사, 이화여대 강사, 국립부산국악원 학예연구사)

임수진(서울대 음악학 석사과정)

임혜숙(서울대 음악교육학 박사, 전남대 및 부산대 강사)

장유라(중앙대 철학과 박사, 서울대 음악학 박사과정)

정다운(서울대 음악학 석사)

정은지(서울대 음악학 석사)

조민경(서울대 작곡과 이론전공 학사, 지휘 전공 석사, 음악학 박사과정)

조인희(서울대 음악학 석사과정)

조수현(서울대 음악학 석사과정)

조유경(미국 퀸스칼리지 학사, 일본 동경대 미학과 석사 및 박사, 도쿄 예술대 특별연구원 PD)

진내량(서울대 음악학 박사, 중국 베이징음대 교수)

지형주(독일 쾰른대 음악학 박사, 연세대 강사)

최진경(서울대 음악교육학 박사, 목포대 강사)

하가영(서울대 작곡과 이론전공 학사, 서울대 음악학 석사수료)

한상희(서울대 음악학 석사과정)

함정민(서울대 음악학 석사)

문화적 텍스트로서의
한국과 일본의 현대 오페라

오희숙, 윤상인, 손유경, 조키 세이지 지음 | 234쪽 | 17,000원

'음악으로 문화 읽기'라는 아이디어에서 출발하여 음악학자와 문학 연구가가 함께 만나, 한국과 일본의 현대 창작오페라를 들여다보았다.

한국의 작곡가 이영조, 이건용, 최우정과 일본의 작곡가 단 이쿠마, 하야시 히카루, 호소카와 도시오!

이들의 작품에서 우리는 「청산리 벽계수」로 유명한 조선시대의 명기 황진이, 식민지 시대의 김유정 문학에 등장하는 악덕 영감, 살인을 저지르고 남에게 죄를 뒤집어씌우려는 술집 아가씨, 그리고 일본의 유명한 전설에 등장하는 은혜 갚는 학, 일본 근대 문학의 아버지로 꼽히는 나쓰메 소세키의 소설에 등장하는 고양이, 그리고 3.11 동일본 대지진으로 가족을 잃은 여인을 만날 수 있다. 전통적 민담과 문학작품, 드라마틱한 삶과 현실 사회의 모습 등 다양한 층위가 음악에 담겨져 있다.

이러한 맥락에서 이 책은 서로 다른 배경을 가진 한국과 일본의 음악학자와 문학 연구가가 '음악으로 문화를 해석하고 이해하자'는 문화적 텍스트로서의 한국과 일본 현대 오페라 공통의 관심사를 가지고 발간하게 되었다. 현대 오페라 연구를 통해 한국과 일본의 문화, 사회를 읽어 내고자 하는 것이 필자들의 바람이다.

중국 현대 오페라의
문화적 정체성

오희숙, 이창숙, 진내량, 신혜경 지음 | 358쪽 | 18,000원

왜 중국인가?

중국의 현대 오페라! 우리에게는 매우 낯선 영역이다. 한국의 현대음악도 대중들에게 잘 알려지지 않은 상황에서, 중국의 현대 오페라는 한국에서 거의 공연되지 않을 뿐만 아니라 학술적 연구도 드물다. 이 미지의 세계를 중문학자, 한국과 중국의 음악학자, 미학자가 함께 탐험해 보았다.

21세기 글로벌 시대에 들어서면서 '중국'이 정치·경제적으로 중요한 역할을 하는 상황 속에서, 이제 현대음악 분야에서도 중국의 뉴웨이브 경향이 주목받고 있다. 과연 중국의 긴 역사적 전통과 문학적 맥락은 서양음악과의 만남을 통해서 어떤 모습을 만들어내는가? 이러한 문제의식을 가지고, 이 책에서는 중국의 대표적인 현대 오페라 궈원징의 〈광인일기〉, 저우롱의 〈백사전〉, 탄둔의 〈진시황〉과 브라이트 셩의 〈홍루몽〉을 중심 연구대상으로 삼았다. 이 작품들은 모두 중국의 역사와 문화를 반영하는 주제를 가지고 있으며, 직간접적으로 중국의 전통문화와의 밀접한 관련성을 보여주고 있다.

중국의 현대 오페라는 어떤 문화적 정체성을 담고 있을까? 이러한 궁금증을 이 책에서 풀어보고자 한다.